海疆文学
书写与图像

——以金门林树梅为中心

陈　茗◎著

人民出版社

序

汪毅夫

　　厦门岛与大担、二担岛近在咫尺。大担、二担之东，草木朦胧者，烈屿岛（俗称小金门）也。波涛浩渺中若隐若现者，金门本岛也。庆元兄的祖上，康熙年间迁居烈屿，那里有庆元兄祖上的墓庐、族亲和朋友。庆元兄出任福建省金门同胞联谊会副会长、会长至今已经有十五年之久，庆元兄热爱乡梓，服务乡亲，经常出没风涛，往返厦、金二岛，为人所熟知。近年，庆元兄尤爱乡邦文献，谈起金门文物，如数家珍。庆元兄的女公子陈茗，为父风所染习，硕士论文作的是《金门解严后的十五年文学》；三年前到我的名下攻读博士，考虑再三，我丢下金门奇人林树梅这样一个题目，让她硬着头皮去做。三年后，陈茗不负所望，完成了她的博士论文《海疆文学书写与图像——以金门林树梅为中心》。

　　道光年间，金门林树梅淘井得铁笛，恒于岛上最高峰太武山头月夜吹之，裂帛干云，人称为奇人。林树梅之奇，此一也。而林树梅之奇非止于此。林树梅出生海岛，周岁过继林家，母陈氏早卒，树梅自幼随父出入水师海疆要塞，此身世之奇也。林树梅青少年时期两渡台湾，几为风涛巨浪吞没；为凤山县曹瑾幕僚时，勘察并兴修水利，训练乡勇，以至亲自燃点大炮，徒步深入深山丛林，平息族群械斗，此历练之奇也。积十年勘探的经验，林树梅绘《闽海握要图》，凡闽台沿海山川扼要、潮汐、水道、港口无不在其中，并有文字解说，此航海防海之奇也。鸦片战争厦门战事爆发前夕,林树梅远在邵武、光泽,应当局之招,即奔赴前线,在厦门慷慨从军,修筑工事,挖井得泉,操练兵勇,虎溪岩英夷即便插翅也难于逾越,此从军之奇也。林则徐回福州,招林树梅入幕,树梅献防海策,则徐目之为"国士"、"南金",并自绘松鹤图为树梅之母寿,林则徐陨落于广东普宁,次年,林树梅亦郁郁而终,此林树梅士为知己者死之大奇也。林树梅的诗文亦奇矣,其奇不在文字,不在构思谋篇,而在他是鸦片战争时期全力从事海疆文学创作的第一个作家和诗人。林树梅亦能篆刻绘画,在篆刻理论方面尤其有建树,此又一奇也!

陈茗的论文的重点不在于论述林树梅之奇,但是林树梅的文学创作与他的奇特人生经历是分不开的;正因为林树梅的出身、生活环境和种种经历,在鸦片战争时期文士中是很奇特的,反映到他的文学创作才可能有特别之处。因此我们不能不提到"知人论世"这个老话题。陈茗对林树梅的研究,从知人论世开始,而知人论世又不能不从作家的作品入手、从文献入手。因此,逼着陈茗去调查林树梅的著述,意外发现了一部很有用的《浯江林氏家录》,写出一篇《林树梅著述考》;又逼着她去点校《啸云诗钞初编》、《啸云文钞初编》,搜集林树梅的佚文佚诗;又逼着她在点校诗文集的基础上作出一篇《林树梅年谱》(附于本书之后的只是一个《简谱》)。这个路子,是研究古今作家传统的路子,也是很扎实的传统的治学方法。

《海疆文学书写与图像》,书名已经显示本书的独创。"海疆文学书写",是作者首先提出的一个新的研究概念。前此,学术界有研究边塞诗的,有研究海洋书写的。海洋与海疆这两个概念既有联系,但是也有区别;同样,海洋书写与海疆书写也存在区别,这个问题,陈茗在本书中已经有所讨论。中国古代史研究,多用"边疆"一词,较少关注"边塞";中国古代文学研究,多讲"边塞诗",很少讲"边疆诗"或"边疆文学"。中国现当代史研究,也是多用"边疆"一词,较少关注"边塞";现当代文学研究则只关注"边疆文学",几乎不讲"边塞诗"或"边塞文学"。无论是现当代或者古代史的研究,边疆既包括陆地上的疆域,也包括海上的疆域;古代文学研究讲"边塞诗",我们从最有代表性的边塞诗——唐代边塞诗看,关注的仅仅是陆地的疆域,而不包括海疆。我们可以说,海疆书写或海疆文学与边塞诗或边塞文学有联系,但不能说海疆书写或海疆文学是边塞诗或边塞文学的分支。海疆书写是一个相对于边塞诗或边塞文学的概念,因此,陈茗在研究中提出这个研究概念是很有意义的。

林树梅交游很广,有封疆大吏如林则徐,有直臣如陈庆镛,有地方官员如周凯、曹瑾,有名士如张际亮、刘家谋,有书法家兼篆刻家如吕世宜,有画家兼诗人如谢琯樵,有金门籍同乡诗人如蔡廷兰,还有水师将领如陈化成及其子弟。本文在论述林树梅的交游时并非面面俱到,而是突出重点,侧重于艺文的交往,与林则徐的交游一节,不仅辑得林公佚诗若干句,且可补《林则徐年谱》的个别不足。金门吕世宜居厦门,所有有关吕世宜的论述都不曾注意到吕氏有园在海沧,而陈茗在林树梅诗中找到证据。上海古籍出版社出版的《张惠言集》有仁和陈善《茗柯文补编外编后序》,而未收富阳周凯《〈茗柯文〉后序》,陈茗在《内自讼斋文集》卷六发现周氏此文,亦有助于阳湖派古文的研究。开澎进士蔡廷兰的研究,台湾学者已经取得很好的成绩,陈茗则从《浯江林氏家录》发现一篇蔡氏为林树梅写的寿言,亦可补蔡廷兰研究之不足。谢琯樵是诏安画派的代表人物,其姐谢浣湘亦能诗,陈茗从《咏雪斋诗录》发现林树梅为之作的序,不仅在林树梅诗文的辑佚方面有所建树,对了解谢琯樵的生平及谢浣湘的创作亦不无帮助。诸如此类,不一而足。我一直以为,科学研究能有整体突破,固然是好事,但是如果一时做不到,一鳞一爪,时有发明发现,也是对研究工作的推进;而诸多的一鳞一爪的发明发现,至少,在局部的研究上也会有所突破。我们没有理由轻视科学研究的基础工作,也没有理由轻视科学研究中的细微末节。

本书对林树梅古文的论述,也很下功夫。周凯是阳湖派古文家张惠言的得意弟子,周凯任兴泉永道,在厦门复兴玉屏书院,并延请《福建通志》总纂、光泽高澍然担任主讲。高澍然是建宁古文家周仕琦的再传弟子。闽南古文称一时之盛。阳湖派古文和周仕琦派古文,无论是古文理论还是创作的内容与风格都存在较大差异,沿波讨源,陈茗对林树梅的古文作了追源溯流的工作,并且论述了林树梅的古文成就及其风格,也颇有见地。如果说,生平、著述、交游的研究,是考论结合的话,这部分的研究,则有较强的理论色彩,更以论辩见长。

　　值得欣慰的是,陈茗在读博期间,先后在国家图书馆《文献》、中华书局《文史知识》、《福州大学学报》、《福建论坛》、《集美大学学报》、《古典文学知识》及《金门日报》副刊等发表有关林树梅的论文十多篇,成绩卓然。学术研究,自强不息;学术之外,一时一事之得失,淡淡视之。陈茗勉诸!

　　庆元兄十六七岁时,在厦门主编学生文学刊物《万山红》(见《厦门文艺志》),四十多年过去了,庆元兄和我由一介文学青年转而成为文学研究者,而陈茗则能读父书,作为庆元兄的老朋友,欣喜更是难于言表的。

　　已近岁杪,陈茗问序于予,稍作发挥如此。

目 录
CONTENTS

绪　论

「海疆文学书写」，是本书首先提出的一个新的研究概念。本书以金门奇人林树梅的「海疆文学书写与图像」作为研究对象。林树梅流传下来的「图像」很少，本书主要依据的还是林树梅本人的书写。

林树梅（1808—1851）出身于福建金门岛，将门子，在水师营中长大，出入闽海水师要塞①。两次渡台，一生活动范围主要在闽海海疆。鸦片战争时期在厦门从军，抗击英夷。晚岁入林则徐幕。林树梅曾从富阳周凯，光泽高澍然治古文，古文有较高的修养，并兼工诗、绘画与篆刻。

选择金门林树梅为研究课题，是比较早就确定下来的。但是，论文的题目，则是通读林树梅的诗文集，完成了《金门林树梅年谱》之后，再三琢磨才形成的。

<hr/>

① 「闽海」一词，本文袭用明代沈有容将军《闽海赠言》的用法，指的是现在的福建沿海、台湾和澎湖诸岛。林树梅有《〈闽海握要图〉说》，见《啸云文钞初编》卷十。其诗文集中也多次用「闽海」一词。在行文过程中，为了强调台湾，也会将福建与台湾并称。

第一节 "海疆文学书写"的提出

在阅读和研究林树梅时,始终思考着这样一个问题:与林树梅的一生联系最紧密的关键词是什么?本人想到两个词:一个是"奇人",即"奇特人生",他有许多与一般文人不同的奇特经历和表现;另一个是"海疆",他的一生没有离开过海疆,生平经历、交游倡酬、创作书写、制图绘画,都与海疆有着密切的关联。

林树梅从小随父出没海涛,是"奇";他往返台湾,三次遇险,九死一生,是"奇";他辅佐台湾凤山令曹瑾治县,徒步入闽粤社、"番社",化解闽粤械斗,与"生番"同寝食数天,当他离开番社,"生番"甚至还恋恋不舍地苦留之,是"奇";他训练过乡勇,亲自点燃过大炮,是"奇";鸦片战争时期他从过军,防守厦门,勘察地形,掘井得泉,汀漳龙道观察徐继畬命名为"林泉";当局还拟授以官职,林树梅力辞,是"奇";家乡金门大寒,他赶制棉衣分送穷人,是"奇";他兼工诗古文词,善画、精于篆刻,是"奇";他本姓陈,自幼过继林家,一身承担传继两姓子嗣后代的重任,他令两个儿子复姓陈,亦是"奇";晚岁入林则徐幕,封疆大吏林则徐,目之为"南金"、"国士",并解身上狐裘赠之,画松鹤图为树梅之母寿,是"奇";至于他淘井得铁笛,恒月夜于海上峰巅吹之,声裂云霄;往潮州倒骑牛背,笛吹《梅花三弄》,是带有文学的夸张和漫画色彩的"奇";洋人闻知林树梅的大名及其特殊经历,竟然为他拍了照,将他的奇特人生往西洋介绍,更是奇。

林树梅是福建省同安县金门岛（金门建县于民国初年）人，他四十多年的生活，除了两次短暂前往闽北的邵武、光泽，其余的时间都活动在沿海（北自浙江温州，南至广东南澳）以及台湾、澎湖列岛。他的文学书写，他的绘图绘画，都以这一地带的海域海岸作为对象，包括与此相关的人物与事件。本人想到"海洋"一词，因为林树梅的出生（水师将门子）、成长，都是在海洋上的岛屿，他的活动（随父镇海疆、渡台、厦门从军，入林则徐幕献防海策）都与海洋有关联；他的书写与绘事的对象，也大多没有离开过海洋与边海。海洋是林树梅人生的大背景、大舞台。仔细想想，鸦片战争时期的作家、诗人，从生到死，与海洋关联如此紧密的，似乎难于找到第二位。可是，到了《金门林树梅年谱》完成之后，本文又觉得"海洋"一词，有点宽泛。最后，认为还是"海疆"一词可能更为准确。

海洋，是地球上广大连续水体的总称。① 文学语言的海洋，是相对于陆地（包括陆地上的江河湖沼及水塘等陆地上的水域）而言的连续而广袤的水域。例如，我们可以讲，海岸线以外的水域就是海，是洋，是海洋；岛屿上的海滩、海礁、崖岸之外就是海，是洋，是海洋。无论是地理学上的，还是文学上的"海洋"，都是一个非常广袤的水域体。本文使用的"海疆"一词，顾名思义，是海上疆域的意思。海疆，是一个主权国家海的疆域或疆界，在它的疆域或疆界之内，这个国家可以行使它的主权。也就是说，海疆，是相对于陆地的疆界而言的；海疆与陆地的疆界，都是一个主权国家的疆界。研究海疆地理，从地理学的角度来说，它属于边疆地理学；研究海疆史，就历史学而言，它属于历史地理学中的边疆史学。本文的研究，"海疆"一词，其地理内涵应当是：一个主权国家拥有主权的海域及拥有主权或管辖权的岛屿；主权海域的陆地部分，即大陆的海岸线及岛屿的海岸

① 地理学上，海与洋是有区别的。洋，指地球表面上广袤的水域。深度大，盐度高，水色高，透明度大，盐度和气温不太受大陆影响；有独特的潮汐系统和海流系统。海，则是大洋的边缘部分，深度较小，水色低，透明度不高。盐度和温度受大陆影响较大，没有独特的海流系统和潮汐系统。而文学语言则无此区别，往往海与洋连称，或单称为海或洋。

线部分。①"海洋"一词,却没有这样丰富的内涵。林树梅一生的活动范围,就是在本文所说的"海疆"的疆域之内,如果更具体地说,就是中国东南的海疆疆域之内,闽海区域范围内的海疆疆域之内。林树梅是一个历史人物,尤其是在鸦片战争特定年代的历史人物,本研究不能不涉及海疆史。海疆史的学术范畴,与本文研究密切相关的,应当包括对海疆疆域主权的宣示、海岛及海岸线城乡的开发治理、海上交通与贸易,以及发生在海疆疆域之内的一切事件及相关的人物等的研究。林树梅自幼随父镇守闽海各要塞、海上巡哨,鸦片战争时期从军抵御海上侵略,献防海策于林则徐,都事关海疆主权;入台湾曹瑾幕,则事关海疆的岛屿的开发与治理。林树梅交往的师友,吕世宜、林文湘、林焜熿、胥贞咸是金门同乡,林必瑞、林必辉是厦门人,就不必说了。父执福建水师提督、江南水师提督陈化成,长年镇守海疆;林树梅的老师中,例如李致云,树梅拜其为师并从其游是在平潭岛;周凯虽为富阳人,而其活动在闽海的身份则是兴泉永道观察和台湾道观察。建宁张际亮,林树梅与之结识较早,而酬唱最丰富的时期则是张氏到厦门拟渡海依台湾道姚莹之时……这些人的生命有长短,名声有轻重,建树的领域也不尽相同,而他们每一个人与林树梅情谊的维系,都很难脱离海疆这样的前提与背景。如果本文的分析大体不误的话,那么,林树梅的一生联系最紧密的关键词,选择"海疆",无论从内涵还是从外延看,比选择"海洋",应当更加切合实际,更加恰

---

① 关于"海疆"一词的内涵,我们采用中国社科院研究员李国强《新中国海疆史研究60年》关于海疆史研究范围的提法:"中国海疆史研究的范围至少包括三个方面:我国拥有主权的海域;我国拥有主权或管辖权的岛屿;沿我主权海域的陆地部分,即海岸线部分。"(《新中国海疆史研究60年》,《中国边疆史地研究》2009年第3期)周凯在《〈厦门志〉序》和《〈金门志〉序》中分别说厦门岛、金门岛属于"海疆"。详《厦门志》卷首(鹭江出版社1996年版,第1页)和《金门志》卷首(《台湾文献丛刊》第80种,台湾银行经济研究室1960年版,第1页)。林树梅《哭芸皋夫子》自注:"修厦、金二岛志。制府以'海疆可依'入告。"(《啸云诗钞初编》卷三)林树梅《书周芸皋夫子遗像后》:"六年不迁,盖海疆要区,上方难得其人代之也。"(《啸云文钞初编》卷八)林树梅《闽海握要图》说:"海疆形势实不易明,盖自岭南迄辽海,径七千二百余里,萦折八千五百余程,非躬亲遍历,安能了悉?"又:"先君子官水师三十余年,常乘风破浪,剿贼重洋,北至天津,东抵辽沈,南极琼崖、交趾,径还数千里,始悉海疆形势之全。"(《啸云文钞初编》卷十)《上总督颜公补陈战守八策》:"安不忘危,诚今日海疆之先务。"(《啸云文钞初编》卷十二)林树梅《书谢退谷先生蛤仔难图后》:"谢退谷先生所著《蛤仔难纪略》,谓西渡五虎、闽安为甚捷。益见海疆门户之宜防。"(《啸云文钞初编》卷十四)本文"海疆"一词的范围,大抵指的是清朝政府管辖的海域、海岛和陆地的海岸线部分。

切。而"海疆文学书写",就是以海疆为书写对象的文学写作或创作。

林树梅的文学书写,除了极少数写作对象是邵武、光泽风光、人与事,以及极少数研究篆刻艺术的作品外,都事关海疆。林树梅的著作,除了专门讨论篆刻的《说剑轩余事》,收入《啸云诗钞初编》和《啸云文钞初编》的诗文,本文都认为是文学作品。不错,《啸云文钞初编》的一部分是书策,是实用性很强的文章,但是,林树梅是古文家,他是以古文家的身份来写这些作品的,本文也视其为文学作品。所以,林树梅的书写,是海疆文学书写。"海疆图像"是"海疆文学书写"的补充。林树梅善画,他的画,可以分成五类:一类是地图,如《闽海握要图》、《瑯峤图》、《蛤仔难图》、《烈屿图》,这类是地理学的地图或海防图。第二类,是实用图,如《凤山水利图》、《团练乡勇图》。第三类,闽海风物和记事图,《鹭江秋泛图》、《寄园图》、《白鹿洞图》、《澎湖施赈图》。第四类,人物画像,如《周芸皋夫子小像》,周芸皋,即周凯。第五类,文人写意画,如无确定对象的山水、花草等。前两类不属于艺术创作,却是非常重要的海疆图。第五类虽然是文人创作,但与海疆没有太大的直接关系。本文的"海疆图像",主要指的是前面四类的图与画。林树梅的图画,现存仅仅见到《闽海握要图》、《瑯峤图》、《鲁王墓图》、《凤山水利图》四幅,本文对林树梅图画的研究,主要依赖于他的文字。林树梅的图画,通常都有诗文相配,大多数图画遗佚了,诗文却流传下来,所以"海疆图像"的研究,并不重在这些图像的绘画艺术,而是通过对相关的文字分析论述,来发掘这些图像所表现与海疆相关的历史,鸦片战争前后闽海水道、港汊,水师镇守、防卫、换防,台湾的治理开发,海岛赈灾,以及某些人物和事件等等。

就本文的正题和副标题和全文的论述而言,"文学书写"、"图像"与"海疆"相组合,成为"海疆文学书写"和"海疆图像"。

第二节　中国海疆文学书写的回顾

　　本节对中国海疆文学书写的回顾,不是专门的论述,只能作简略的勾勒,目的是为本文写作做一点铺垫的工作,挂一而漏万。

　　最早关注海上疆域的著作,莫早于《山海经》一书。《山海经》的写作年代,一般认为成书于春秋时期。《山海经》由《山经》与《海经》组成。《海经》又分成"海外经"、"海内经"、"大荒经"三大部分。《山海经》所说的"海内"、"海外"的概念,可能和我们今天的含义不完全相同,但是,"海内"为近海,比较靠近陆地,这样的理解应当接近本义。《山海经》卷十"海内南经":"海内东南陬以西者。瓯居海中。闽在海中,其西北有山。一曰闽中山在海中。"《山海经》书写海外海内南、西、北、东各经方位,都有用一"陬"字,陬,是角,角落的意思。就是说,《山海经》的作者,在描述海外、海内、南、西、北、东时,心目中有一个模糊的界点——陬。或许,海陬,就是后人海疆概念的发轫。瓯、闽,即今天中国的东南,其范围大致指浙江南部至福建全境的沿海地区。"闽中山",即闽中的海岛,闽中有岛在海中,不难解释。"瓯居海中"、"闽在海中"稍费解,但是下句"一曰"可以视作上两句的注脚,即瓯有山在海中,闽有山在海中。总之,瓯闽的区域是包括陆与海两个部分,包括海域的部分,其海上的疆域疆界,远达海中的岛屿;海中的岛屿,是瓯闽的一部分。

　　《禹贡》是《尚书》中的一篇,成书年代,学术界的看法亦有分歧,但是,

《禹贡》作于《山海经》之后,《汉书·地理志》之前,当是没有问题的。《山海经》虽然是地理书,但夹杂许多神话故事与传说。《禹贡》是比较纯粹的地理书,它把中国划分成"九州",在行政区划上有很大的贡献。此外,对疆域疆界也比《山海经》有更明晰的概念,如提到"五服"①之说。但是,对海域的书写,不如《山海经》,其文字表述,仅限于"入于南海","东入于海","东渐于海"一类。

《史记·秦始皇本纪》有秦始皇、秦二世巡游海上的记载。这些记载,秦始皇、秦二世的巡游往往被解读为是为了寻找不死之药,荒诞不经。秦始皇、秦二世寻找不死之药,本文不为之辩护,但是他们的巡游海上,是否仅仅是为了寻找不死之药? 请看以下的叙述:

> 还过吴,从江乘渡,并海上,北至琅邪。方士徐市等入海求神药,数岁不得,费多,恐谴,乃诈曰:"蓬莱药可得,然常为大鲛鱼所苦,故不得至,愿请善射与俱,见则以连弩射之。"始皇梦与海神战,如人状。问占梦,博士曰:"水神不可见,以大鱼蛟龙为候。今上祷祠备谨,而有此恶神,当除去,而善神可致。"乃令入海者赍捕巨鱼具,而自以连弩候大鱼出射之。自琅邪北至荣成山,弗见。至之罘,见巨鱼,射杀一鱼,遂并海西。②

秦并吞六国,最后形成统一大局,为了稳定天下,秦始皇出巡以弹压之。秦始皇南巡从海上北回,也有疆域远至海上之意。料想不到的是,梦见"海神"挑衅其权威,竟然与战。海神本无其物,故以巨鱼喻之。从琅邪而至荣成山,始终未见到巨鱼,直至黄海之滨的之罘,方遇之,遂射杀以解其恨。秦始皇巡游至海上,射杀巨鱼,隐含着秦帝国对海上疆域的拥有,以及不可容忍受到挑战之意。③古代帝王五年一巡狩,秦始皇由陆地的巡狩,进而扩展至海上,实

---

① 五服:"五百里甸服:百里赋纳总,二百里纳铚,三百里纳秸服,四百里粟,五百里米。五百里侯服:百里采,二百里男邦,三百里诸侯。五百里绥服:三百里揆文教,二百里奋武卫。五百里要服:三百里夷,二百里蔡。五百里荒服:三百里蛮,二百里流。"(《尚书·禹贡》)
② 司马迁:《史记·秦始皇本纪》,标点本,中华书局1959年版,第263页。
③ 秦始皇南巡,过青草湖,遇风,几不得渡。始皇大怒,令刈湘山树,赭其山。射杀大鱼事,与之相类似。

为一大创举。秦始皇卒后,葬处"以水银为百川江河大海,机相灌输,上具天文,下具地理"①,百川江河大海,都在秦帝国的疆域之内,这就是秦始皇的用心。汉武帝也曾出巡海上:"上遂东巡海上,行礼祠八神。"②又从海上北至辽西:"天子既已封秦山,无风雨灾……上乃去,并海上,北至碣石,巡自辽西,历北边至九原。"③天子在泰封禅,祭天祭地;巡海上,祭祠海神。

　　东汉末建安五年(200),官渡之战,曹操大破袁绍军,北方基本统一。此后的数年中,曹操致力剪除袁氏的残存势力。建安十二年(212),曹操带领大军亲征乌桓,袁绍、袁熙逃往辽西,被杀。冬十月,曹操回师,经过碣石,作《步出夏门行》,其第三章云:

　　　　东临碣石,以观沧海。水何澹澹,山岛竦峙。树木丛生,百草丰茂。秋风萧瑟,洪波涌起。日月之行,若出其中;星汉灿烂,若出其里。幸甚至至哉,歌以咏志。④

这首诗是中国歌咏海洋的诗歌之祖,也是用诗歌形式歌咏海疆的首次书写。"天气肃清,寒霜霏霏"(第四章),气候虽然十分恶劣,但是,曹操的心却很舒畅,毕竟东部碣石一带的海疆安定了,沧海无波了,"逆旅整设,以通贾商"(第四章),海边的旅馆重新开张,做买卖、做生意的人又可以自由来往了。"溥天之下,莫非王土",这首诗实际上还宣示了东汉王朝的权势和权威,平定乌桓之后,东汉碣石一带的海域疆域依然巩固。

　　首先用赋的形式书写海的是晋朝的木华,《文选》录有他的《海赋》。木华以海"其为广也,其为怪也,宜其为大也"。作者借海的气势声威以赞颂晋朝的强大。《海赋》描写海的南、北、西、东云:

　　　　尔其为大量也,则南溢朱崖,北洒天墟,东演析木,西薄青徐。经途瀴溟,万万有余。吐云霓,含龙鱼,隐鲲鳞,潜灵居,岂徒积太颠之宝贝,

---

①　司马迁:《史记·秦始皇本纪》,标点本,中华书局1959年版,第265页。
②　司马迁:《史记·封禅书》,标点本,中华书局1959年版,第1397页。
③　同上书,第1399页。
④　中华书局编辑部:《曹操集》,中华书局1959年版,第11页。

与随侯之明珠。①

李善注引《广雅》:"瀗,渍也";又引《小雅》:"薄,迫也。"大海,南浸渍朱崖(即海南岛),西迫近青州、徐州。都是实写。北至"天墟"(北边的陆地),东至"析木"(天河),是虚写。晋朝海疆大抵如此。在海的疆界之内,有各种各样的物产、珠宝,不胜枚举。南齐张融写于交州(今广东、广西及越南北部一带)的《海赋》也很有名,有一小段描写船只出港远航:

> 浮舻杂轴,游舶交艘。帷轩帐席,方远连高。入惊波而箭绝,振排天之雄飙。越汤谷以逐景,渡虞渊以追月。遍万里而无时,浃天地于挥忽。雕隼飞而未半,鲲龙趋贪教。而不逮。舟人未及复其喘,已周流宇宙之外矣。②

赋作虽然有夸大的成分,但是南齐之时,中国南疆造船业已经有较高的水准,海上交通和贸易开始发达,当已经成为事实。

晚唐五代闽诗人黄滔《贾客》诗有云:"大舟有深利,沧海无浅波。利深波也深,君意竟如何? 鲸鲵凿上路,何如少经过。"③黄滔这首诗说的是,不要为了一时的利益而远涉沧海。的确,海上风波多有不测、非常危险。唐代的海疆文学书写,暂不论,宋代的书写,有两个方面值得注意。一是妈祖的信仰,二是市舶司的建立与海上贸易。妈祖,姓林,名默,或称林默娘,北宋初年福建莆田湄洲屿(一说湄洲湾港里村)人。默娘从小凫水驾舟,出没风波,能急人之难。雍熙四年(987),默娘在海上救难,被风卷走,卒于海上,年仅二十八。海边父老相信默娘没有死,而是升天了,故尊之为神,建庙祭祀。到了宋代,中国东南沿海航海的船只多了,从事海上贸易的人多了,而出海免不了遭遇台风暴雨,船碎人亡的事往往发生,这样,保护航海的女神妈祖也就随之诞生了。南宋时,妈祖被尊为灵妃,歌咏妈祖的诗随之出现。④莆田籍大

---

① 萧统:《文选》卷十二,影宋克家刻本,中华书局1977年版,第181页。
② 萧子显:《南齐书·张融传》,标点本,中华书局1972年版,第724页。
③ 《全唐诗》卷七百四,中华书局1960年版,第8094页。
④ 《圣墩祖庙迎神歌》作者廖鹏飞,绍兴十二年(1142)进士,详刘福铸、王连弟主编:《妈祖历代诗咏》,中国文史出版社2005年版,第1页。

诗人,对妈祖的信仰也十分关注,其《白湖庙二十韵》前半首云:

> 灵妃一女子,辩香起湄洲。巨浸虽稽天,旗盖俨中流。驾风樯浪舶,
> 翻筋斗鼍鳅。既而大神通,血食羊万头。封爵遂槃贵,青圭蔽珠旒。轮
> 奂拟宫省,盥荐皆王侯。始盛自全闽,俄遍于齐州。静如海不波,幽与神
> 为谋。营卒尝密祷,山椒立献囚。①

妈祖神通广大,她是航海的保护神,始终呵护出海的百姓,保护他们出海平安
无事。刘克庄还说,灵妃的信仰,当时已经遍及全闽,并且传到山东沿海。

宋朝在广州、泉州等地设立市舶司(相当于海关一类的机构),这个机
构的设立,表明南中国海上贸易已经相当发达,民众商贸的愿望、能力也达到
前所未有的高度。刘克庄《泉州南郭二首》云:

> 闽人务本亦知书,若不耕樵必业儒。惟有桐城南郭外,朝为原宪莫
> 陶朱。②

> 海贾归来不富赀,以身殉货绝堪悲。似闻近日鸡林相,祇博黄金不
> 博诗。

前一首诗是刘克庄在泉州的见闻。南宋时期,泉州成为南中国对外贸易的大
港,也是"海上丝绸之路"东方的起点。和福建各地一样,泉州人原本过的
是耕读的生活,不耕樵,则必读书;不读书,则耕樵。刘克庄说,现在的泉州城
南,已经改变了耕读的习惯,早上贫穷如原宪,做起海上的生意,晚上就变成
富裕的陶朱公了!第二首,刘克庄反对海上贸易,以为十分危险。其实,南宋
时期,泉州地少人多,许多人不得不依靠海上贸易以维持生计,即使葬身鱼腹
也在所不辞,这是一方面。另一方面,我们从中看出泉州人那种特有的冒险
精神,百折不挠的精神。南宋末年建阳熊禾也是反对海上贸易的,他认为,商
贸伤田,是舍本逐末之举,但是,他又不能不承认,泉州人航海技术已经相当
娴熟,蹈海如履平地,海上贸易给他们带来巨大财富,其《上致用院李同知论

---

① 《全宋诗》五十八册卷三〇八〇,北京大学出版社 1998 年版,第 36746 页。
② 《全宋诗》五十八册卷三〇四四,北京大学出版社 1998 年版,第 36300 页。

海舶》有云：

> 劝此贾舶人,入海入登仙。远穷象齿微,深入骊珠渊。大贝与南琛,错落万斛船。取之人不伤,用之我何怨?①

入明之后,泉州后渚港衰微,福建的另外两外港口——长乐的太平港和漳州月港逐次繁荣。永乐间,郑和下西洋,长乐成了郑和船队的补给港。郑和的出海,出海之前的种种准备工作,以及在中国海的航行,或许当时有许多的书写,可惜连重要的档案都没有留下来,本文的回顾只能暂附阙如。明至清初,海疆的书写,需要特别注意的在四个方面:

其一,到底是实行海禁还是开海禁?一般说来,泉、漳一带的乡绅民众是主张开海禁的,万历以后,李贽、黄克缵、何乔远、张燮等人都是主张开海禁的。黄克缵认为闽地狭而人稠,应当利用海上之便,发展商贸:"七闽地狭人稠,岁所耕犹,不足供半年之食,稍无岁,则米价踊贵,人心惊惶,赖……招徕商贾,南自东粤,北至江南,递相灌输,民藉以宁。"②李贽认为边海民从事海上贸易,也是非常辛苦的:"商贾亦何可鄙之有?挟数万之赀,经风涛之险,受辱于官吏,忍诟市易,辛勤万状,所挟者重,所得者末。"③

其二,明末至清中叶,琉球为属国。册封琉球王的使臣均从福建长乐梅花出洋,使臣出洋成为海疆文学书写一个不可或缺的内容。明代谢杰(字梅绎)出使琉,其《梅花开洋》诗云:"仙崎渡口水飞楼,十丈青莲太乙舟。风笛数声江阁暮,梅花五月海门秋。天高北极星辰转,地坼南溟日夜浮。此去若过乌鹊渚,好将消息问牵牛。"谢杰,长乐人。梁章钜云:"本朝册封存琉球使舟,皆由五虎门开洋,而梅花、广石之名不著。梅绎为吾邑江田里人,熟悉其地,故独著之于诗耳。"④

其三,倭患。明嘉靖中叶之后,中国东部至南部沿海,不断遭受倭寇的侵扰,福建所受的祸患尤其严重,城镇陷落,民众掳被掠为奴,远卖至日本。宁

---

① 《全宋诗》七十册卷三六七三,北京大学出版社1998年版,第44096页。
② 《柬朱四还中丞》,《数马集》卷三十三,明末刻本。
③ 《又与焦弱侯》,《焚书》。
④ 《东南峤外诗话》卷七,道光刻本。

德秀才蔡景榕所作《海国生还集》,记载了他被掠至脱离虎口的惊人心魂的经历。有侵略,就有反抗侵略,张经、戚继光、俞大猷都是著名的抗倭名将。张经,侯官(今福州)人,嘉靖三十四年(1555)大破倭寇于王江泾,有《半洲诗集》。戚继光,登州(今山东蓬莱)人,嘉靖三十四年、四十四年两次入闽平倭,其《闽海纪事》一文详细记载了在闽平倭的过程。嘉靖四十一年(1562),经过数年艰苦奋战,闽地倭寇首次被荡平,戚继光在《纪事》诗写道:

> 十年荼毒悲闽徼,壬戌扬旌屺水湄。剑倚秋风平剧垒,帆悬涨海聚新夷。翻思往日同盟地,何似中流击楫时。报国志酬民恨雪,艰虞此意更谁知?①

一拨倭寇被荡平了,但是海疆并不从此太平无事,倭寇正在聚集新的力量。尽管如此,戚将军说,他杀敌报国的志向是不会改变的。俞大猷,福建晋江人,除千户所,守御金门,在金门建有啸卧亭,林树梅青少年时代曾经往游其地。戚继光入闽。俞大猷协同戚氏作战,闽倭遂平。大猷亦能诗,有《正气堂集》。

其四,海疆主权的宣示与行使。明中叶之后,平倭是海疆安全的捍卫;万历之后,歼灭据台之倭及对彭湖、台湾"红毛"的驱逐,则是明朝朝廷主权的宣示与行使。沈有容,安徽宣城人,万历二十六年(1598),为福建浯铜都尉,转浯屿游击,改署石湖。时倭据东番(今台湾),掠扰闽、浙。三十年(1602),有容"以二十一舟出海,遇风,存十四舟。过彭湖,东番,与倭遇,格杀数人,纵火沉其六舟,斩首十五级,夺还男妇三百七十余人。倭遂去,东番海上息肩者十年"。万历三十二年(1604),"红毛番长韦麻郎驾三大艘至彭湖,求互市,税使高案召之也。有容白当事,自请往谕。见麻郎,指陈利害。麻郎悟,索还所掠寀金,扬帆去"②。先后在闽十五年,沈有容升山东总兵,在闽官民(以福、泉、漳乡绅为多)赠以诗文,有容将其汇刻为《闽海赠言》③

① 《止止堂集》,王熹校释,中华书局2001年版,第18页。
② 张廷玉等:《明史·沈有容传》,标点本,中华书局1974年版,第6938—6939页。
③ 《闽海赠言》,《台湾文献出丛刊》第56种,台湾银行经济研究室1960年版。

一书,该书所收录陈省、何乔远、叶向高以下近七十人的作品,诗文超过二百篇,其中包括随沈有容渡台的陈第所作《东番记》一文。大量的诗文,极大地丰富了闽海的海疆文学书写。天启二年(1622),荷兰人据澎湖。四年春,益遣总兵俞咨皋讨之,荷人大败,擒其将高文律,斩之。福建巡抚南居至厦门,调集水师,筹军务,有视师中左所(今厦门)诗:

寥廓闽天际,纵横岛屿微。长风吹浪立,片雨挟潮飞。半夜防维楫,中流谨衲衣。听鸡频起舞,万里待扬威。

一区精卫土,孤戍海南边。潮涌三军气,云蒸万灶烟。有山堪砥柱,无地足屯田。貔虎聊防泛,蛟龙藉稳眠。

连横曰:"此诗第一首仅言驻厦用兵之事,而第二首则言澎湖之险要。'有山'、'无地'两句,可作一篇防海论。"① 崇祯十七年(1644),明亡,福王在南京建立小朝廷,次年复亡。唐王朱聿键又在福州建立另一个小朝廷。清兵入闽,唐王被杀,东南沿海的抗清力量以鲁王朱以海为旗帜以相号召,不久,郑成功迎鲁王于金门,鲁王麾下聚集了张苍水、沈孚远、王忠孝等文人。这一时期文人的书写则表现为遗民的书写。永历十五年(1661),郑成功大军登陆台湾,次年,驱逐据台的荷兰人,中国在台湾主权不容侵犯。郑成功收复台湾后,康熙二十三年(1673),郑克塽降清,台湾入清朝版图,清廷拥有中国完整的主权。

清顺治十八年(1661),清廷下迁界令,东南沿海的经济和文化遭受极大破坏,台湾归入版图之后,沿海的经济文化逐渐恢复。从清初到在林树梅之前的一百多年时间,海疆的书写继续缓慢地发展着,下文在论述林树梅时还会有所涉及。

---

① 连横:《台湾诗乘》卷一,《台湾文献出丛刊》第64种,台湾银行经济研究室1960年版,第2页。

第三节　林树梅研究现状

　　林树梅,初名光前,少赋梅诗,师赠字树梅,以字行。又字实夫,自号"啸云"。以神骨清癯,又自称"瘦云"。淘井得铁笛,吹声澈云,众呼为"铁笛生"。自称"世外人",人呼"金门羽客"。同安县金门(今福建省金门县)人。本姓陈,本生父陈春圃,金门左营百总;本生母谢氏;兄弟六人,树梅排行第六。两岁时,过继给金门千总林廷福,廷福特别怜爱他,母陈氏爱抚备至。林廷福官至闽安镇副将。林树梅虽然为将门子,从小受到较好的传统文化教育。七岁丧母之后,随父出没风波,在海坛(今福建平潭),从武平李致云学。十七岁,随父远赴台湾,次年随父守澎湖。道光十年(1830),富阳周凯为兴泉永道观察,驻厦门,于玉屏书院倡古文,树梅从之学。道光十五年(1835),树梅执赘从光泽高澍然乞授古文法,周凯聘高氏为厦门玉屏书院主讲。高澍然是建宁古文家朱仕琇的再传弟子,曾主讲福州著名的鳌峰书院。陈寿祺辞去《福建通志》总纂后,由高澍然继任。在周凯与高澍然的指授下,树梅古文日进。道光十六年(1836),树梅二十九岁,应台湾凤山令曹瑾之招,渡海入其幕,南至瑯峤(在今台湾屏东),并协助曹瑾兴修水利。道光二十年(1840),爆发鸦片战争,林树梅在厦门慷慨从军,勘察地形,训练乡勇,上书当局陈防守利弊。道光三十年(1850),林则徐招其入幕,树梅献防海策;十月,林则徐前往广西处理粤事,林树梅随行至泉南,暂时告假归里,林则徐赠以诗并貂裘,约赴军前。数日后,林则徐卒于广东。林树梅悲恸欲绝,次年郁郁而卒,年仅四十四岁。林树梅的著述较丰富,有《啸云文钞初编》、《啸云诗钞初编》、《静远斋文钞》、《说剑轩余事》等。① 林树梅还善绘事,工于篆刻。②

关于林树梅的研究,首先是林树梅的著作文献的研究,除了旧刻本、旧钞本之外,目前已经刊行的有:

> 林树梅:《啸云诗钞》,林策勋编,菲律宾宿雾市:大众印书馆1955年版;1968年重印版。
>
> 林树梅:《啸云诗编校释》,郭哲铭校释,台北:台湾古籍出版社2005年版。
>
> 施懿琳等:《全台诗》第四册(收入林树梅诗共36题),台北:远流出版有限公司2004年版,第362—377页。

第一和第二种刊本的成绩和不足,将在第四章第一节《著述考》中加以讨论。简单说,这两种版本只有诗而不收文,因此本人另对林树梅的诗文作全面的校勘,名为《啸云诗文钞》交出版社出版。郭哲铭校释的《啸云诗编校释》卷首有一篇《一代奇人——林树梅》的前言,对林树梅的生平、功业、著作和其他成就有一简要评述,包含着作者对林树梅的崇敬之情;对林树梅之文许以"骏迈雄健"之评,也是很正确的。限于体例和篇幅,文章未作更深入一步的探究。

《全台诗》资料丰富,编者对每一篇诗的出处、各本异同都交代得十分清楚,林树梅诗也不例外。不过,《全台诗》也有欠缺之处,应当删去林树梅的诗有一首,应当补入的有两首。应删去的是《重至台江闻湘云已化去三载矣》:

> 台江不若湘江深,湘竹湘云愁我心。难买欢情到白首,人生何用多黄金。③

---

① 林树梅著述,详本文第四章第一节"著述考"。
② 分别详本文第四章第二节"绘画考"、第二节"篆刻考"。
③ 施懿琳等:《全台诗》第四册,台北:远流出版有限公司2004年版,第377页。

作者自注:"年甫十四,前作《湘云曲》,其人也。"① 台江,明清指福州城南濒临闽江码头一带。明代诗人徐燉之先祖由荆山迁至台江,曾祖以"台江大市通衢,人尚纷华",不利教子读书,故迁至省城鳌峰。② 台江又是福州的冶游地,林树梅的友人张际亮作《南浦秋波录》,"是《录》,张亨甫所著,盖述台江冶游之事"③。郑玉笋作有《香雪集》,郑玉笋,台江校书也,其自序见谢章铤《浣纱溪·题〈香雪集〉后》④。林树梅曾冶游台江,结识湘云,重来此地,湘云已化去三载矣。《啸云诗钞续篇》存林树梅道光二十八年(1848)年后诗,此诗是林树梅晚期的作品。林树梅曾为湘云作《湘云曲》,此诗《啸云诗钞初编》及《啸云诗钞续篇》不存。总之,《重至台江闻湘云已化去三载矣》一诗,既不作于台湾,亦与台湾的人和事无关,当删。

当补的有两篇,一篇是《怀人绝句》二十二首之十七:

> 仙风吹我到蓬莱,恰好龙涎瘴雾开。卅里荷花一潭水,爱莲人爱放舟来。

自注:"瑯峤有龙涎潭,周三十里,悉种荷花。台湾周光邰茂才见树梅游记,谓足令人艳动心魂,香齿颊。"⑤ "树梅游记",即林树梅所作《〈瑯峤图〉记》。《〈瑯峤图〉记》有云:"而龙涎有潭,广三十里,皆荷花,鱼虾不可胜食。"⑥ 道光十七年(1837)七月,凤山令曹瑾闻琅峤闽粤民番纠斗,令林树梅往喻之,七日,树梅出县城东门,八月朔归。据自注,周光邰茂才为台湾人;瑯峤,在台湾南部。此诗怀周光邰及瑯峤之行,故当补入。

第二篇《怀叶司马式宜》:

> 亲厚如兄弟,家人亦不疑。记从经岁别,愁寄半屏诗。白露出分袂,红绵又满枝。惊心人事改,况是各天涯。

---

① 《啸云诗钞续篇》,林策勋编《啸云诗钞》附,菲律宾宿雾市:大众印书馆1968年重印版,第5、7页。
② 详《荆山徐氏族谱·世系考·孟房信支鳌峰派》,钞本,福建师范大学图书馆藏。
③ 谢章铤:《南浦秋波录题后》,《赌棋山庄诗集》卷六。
④ 《酒边词》卷三。
⑤ 《啸云诗钞初编》卷六。
⑥ 《啸云文钞初编》卷四。

此篇见《啸云山人诗钞初编》卷三,又见《啸云诗钞初编》卷三。叶式宜司马,林树梅道光十六年至十八年(1836—1838)时的朋友,树梅在台湾作《三月六日同叶式宜司马挈眷归大湖》,诗见《啸云山人诗钞初编》卷二,《啸云诗钞初编》不载。道光十八年,林树梅内渡,五月十六日,曹瑾为之饯行。此后林树梅次大湖,"晤叶式宜、林惠畴二司马,咸谓夏令风信不常,遂止大湖"①。树梅在大湖候风,直至八月望夜才出南濠,遇风,漂至福建东山,九月回金门。所以此诗说"白露出分袂";"红绵又满枝",则已经到了次年的三四月间。林树梅怀叶司马诗作于道光十九年春夏间。此诗怀台湾友人,故亦当补。

文学史著作,首先提到林树梅的是台湾学者廖一瑾博士的《台湾诗史》。《台湾诗史》是台湾第一部诗史,1983年完成,是她的博士论文。1989年出版,1999年再版。该书第五章第二节《嘉庆年间诗人》有一小节专门论述林树梅的诗,这或许是林树梅最早的诗歌评论。由于是诗史著作,点到即止,且云"嘉庆年间,再渡台湾,佐凤山县令"②。把林树梅列入嘉庆诗人,误。林树梅生于嘉庆十三年戊辰(1808),嘉庆最后一年是二十五年(1820),这一年树梅只有十三岁。林树梅再次渡台,入曹瑾幕在道光十六年(1836),详本文附录《金门林树梅年谱简编》。

台中东海大学杨永智先生致力研究明清台湾的刻书,他的《明清时期台南出版史》③研究明清台湾的刻书,颇多创见,让人有耳目一新之感。此外,他所作的《金门林树梅刻书考》④,对林树梅所刻书作了详细的考订,并附有私人所藏林树梅所刻书的若干幅书影。

大陆学者最早关注林树梅的是汪毅夫教授和陈庆元教授。1994年汪毅夫教授对《台湾诗史》林树梅的载述进行辨误。⑤汪毅夫教授另外有两篇

---

① 《戊戌内渡记》,《啸云山人文钞》卷三。
② 廖一瑾:《台湾诗史》,台北:武陵出版社1989年版,第144页。此条1999年《台湾文史哲》再版未作修订。
③ 杨永智:《明清时期台南出版史》,台北:学生书局2007年版。
④ 台中:《东海中文学报》第15期,2003年7月。
⑤ 《〈台湾诗史〉辨误举隅》,《福建论坛》(人文社会科学版)1994年第4期。

论文:《林树梅作品札记》(1994)①和《林树梅作品里的闽台地方史料》②。《林树梅作品里的闽台地方史料》一文,利用林树梅作品中有一些鲜为人注意的史料,论述中琉关系的问题、械斗的问题、行船供奉天后的问题、二次殡葬的问题等,举证丰富,论述精辟,为前人所未道。

陈庆元教授有两篇论文:《将门子·古文家·诗人》③和《春来杜宇莫啼冤——读林树梅〈修前明鲁王墓即事〉诗兼谈鲁王疑冢真冢与新墓》④。前一篇论文说,林树梅出生于将门,在鸦片战争特殊的年代从军并成为一位爱国的战士;林树梅的古文和诗有自己的特色。此文后一部分析比较简略。后一篇从林树梅的《修前明鲁王墓即事》诗说起,以为林树梅寻访的鲁王墓虽然是疑冢,但却表现作者对家乡文化的热爱,论文结合新的考古资料,论定了鲁王的真冢和真墓。

2009年,也就是本人进入本文写作阶段的同时,10月,台湾成功大学施懿琳教授在台南一次学术研究会上发表了《我家居金门,当门挹溟渤——林树梅〈啸云山人诗文钞〉的海洋书写历史追述》⑤,论文"主要探讨林树梅诗文的'海洋'元素,如何镂印在他意识底层,以致发之于笔端;并将之与'父亲的事功'及'王朝兴衰(宋,明,清)两大面向做勾连,透过海洋与战争的印记、世代与王朝的链接,将诸多诗文作品与文献史料联串起来,成为声息相通的存在"⑥。12月,台湾东海大学举办台湾古典散文学术研讨会,施懿琳教授又在会上发表《行船·占测·海战——从〈啸云山人文钞〉看林树梅的航海纪要与海防观念》,论文指出:"身为娴熟清国沿海地形、海洋事务以及善于海战的幕僚,林树梅最具特色的是他将自己的亲身经验,具体且细腻地呈现在给执政者提出的建言中。"施教授也指出林树梅的某些不足:"以今日的眼光来看,由于经验的局限,使得林树梅脑中只有清国沿海的形

---

① 汪毅夫:《台湾社会与文化》,海峡文艺出版社1994年版。
② 《台湾研究集刊》2004年第1期。
③ 《福建师范大学学报》1999年第1期。
④ 《中国典籍与文化》2004年第1期。
⑤ 陈益源主编:《2009闽南文化国际学术研讨会论文集》,台南:禾顺彩色印刷制版股份有限公司2009年10月印行。
⑥ 《行船·占测·海战——从〈啸云山人文钞〉看林树梅的航海纪要与海防观念》引述,《台湾古典散文学术研讨会论文集》,台中:东海大学2009年12月印行,第368—369页。

势图,尤其是闽海地图更是深镂在他思维模式中,真所谓足以'运全闽于指掌',但这样的思考格局在鸦片战争之后显然是不足的。"① 施懿琳教授两篇论文都着眼于"海洋元素",虽然和本文的"海疆"书写稍有差异,但对本文的写作有很大的启发。文献方面,施懿琳教授说,她看到的《啸云山人文钞》十四卷本,缺十三卷。其实,林树梅的文集有《啸云山人文钞初编》十卷本和《啸云文钞初编》十四卷本两种②,本人见到的《啸云文钞初编》第十三卷也在其中,是个完整的本子。

和林树梅有关的论文还有王俊胜教授《金门文士林树梅与曹瑾在凤山知县任内的事功关系初探》和龚显宗教授《论林树梅曹瑾之相得益彰——以〈啸云诗文钞〉为据》③,这两篇论文专门探讨林树梅如何佐理凤山县令治县及修水利,功不可没。杨国祯教授的《林则徐与台湾》④,此文提到林树梅入林则徐幕,对学术界有所启示,但是作者误记《又题〈啸云丛记〉二首》为林则徐赠林树梅诗,经核,此二诗见刘家谋《观海集》卷一,题作《题〈啸云丛记〉》⑤,非林则徐所作。

施懿琳教授说:"金门林树梅的研究,目前在学术界已成极受瞩目的对象。"⑥ 林树梅的研究,有着比较重要的意义。另一方面,林树梅的研究虽然已经得到重视,已经有多篇论文,但是对林树梅的研究还有较大的空间。

最后,是本人所写的关于林树梅的文章。本文在写作的过程中,完成的章节,以单篇论文的形式陆续发表的有:

    1.《金门林树梅年谱简编》⑦;

    2.《林树梅拜高澍然为师始末》⑧;

---

① 《台湾古典散文学术研讨会论文集》,台中:东海大学 2009 年 12 月印行,第 391 页。
② 详本文第四章第一节"著述考"。
③ 《凤山知县曹瑾事迹集》,高雄:中山大学 2004 年印行。
④ 《台湾研究集刊》2004 年第 3 期。
⑤ 详本文第五章第五节"诗友倡酬"。
⑥ 《行船·占测·海战——从〈啸云山人文钞〉看林树梅的航海纪要与海防观念》,《台湾古典散文学术研讨会论文集》,台中:东海大学 2009 年 12 月印行,第 369 页。
⑦ 《福州大学学报》2009 年第 3 期。
⑧ 《福建论坛》2009 年增刊。

　　3.《〈啸云丛记〉小考》①；

　　4.《横槊论兵亦壮哉　海天形胜谈笑来——林树梅与张际亮的交游》②；

　　5.《即看壮气能吞敌——金门林树梅鸦片战争在厦门慷慨从军述论》③；

　　6.《〈全台诗〉林树梅诗订补》④；

　　7.《酒酣慷慨谈兵事——台湾训导刘家谋与金门奇人林树梅的一段交游》⑤；

　　8.《林则徐与金门奇人林树梅的唱和与交游》⑥；

　　9.《此翁是我金石交——清道光间金门林树梅与吕世宜交游考》⑦；

　　10.《林树梅拜周凯为师始末》⑧；

　　11.《一身承祧两姓　其责亦綦重哉——林树梅血脉宗族观念之讨论》⑨。

　　以上这些论文有长有短，《金门林树梅年谱简编》约两万字，《〈啸云丛记〉小考》只有两千多字。有的文章，专家已有所关注，施懿琳教授说《金门林树梅年谱简编》一文对"林树梅的生平及著作做了细腻的考证和作品系年"⑩。《金门林树梅年谱简编》及其他文章仍然有不够周详的地方，在本文最后定稿之前，还将进行补充和修正，尽可能做得更加完善。

————————

　　① 《金门日报》副刊 2009 年 5 月 2 日。
　　② 《金门日报》副刊 2009 年 7 月 4 日。
　　③ 《炎黄纵横》2009 年第 8 期。
　　④ 《金门日报》副刊 2009 年 9 月 19 日。
　　⑤ 《闽都文化》2009 年第 3 期。
　　⑥ 《文史知识》2009 年第 10 期。
　　⑦ 《集美大学学报》2009 年第 4 期。
　　⑧ 《厦门教育学院学报》2009 年第 4 期。
　　⑨ 《泉州师范学院学报》2010 年第 1 期。
　　⑩ 《行船·占测·海战——从〈啸云山人文钞〉看林树梅的航海纪要与海防观念》，《台湾古典散文学术研讨会论文集》，台中：东海大学 2009 年 12 月印行，第 368 页。

第四节 本书研究的方法与路径

　　本书研究的路径首先是资料的搜集。汪毅夫、汪文顶等老师多次说到俞元桂先生当年撰写《中国现代散文史》就是从搜集资料、编纂现代散文著作书目开始的。汪文顶教授说："俞先生治现代散文史，一如既往地从钩稽史料起步，带领课题组成员搜罗原始文献，编纂《中国散文理论》、《中国现代散文总书目》、《中国现代散文精粹类编》等，摸清现代散文'家底'，把散文史的编著建立在翔实可靠的史料基础上。"① 遵循这一路径，我开始做林树梅资料的搜集。林树梅是清朝嘉庆、道光间金门人，从林氏去世至今，不过一百五十多年。金门不过是个蕞尔小岛，有文献记载以来，在籍人口数从来没有超过 10 万。1949 年之后，金门县归于台湾地区管辖，与厦门、泉州仅一水之遥的金门遂与大陆阻隔数十年。当大家如梦初醒的时候，有的学者想起了林树梅。于是，两岸学者不惜辛苦绕道香港到对岸访书。当我从事本书写作的时候，先是"小三通"开启了，厦门、金门两门对开，到了 2009 年，又实现了直航等大三通。尽管如此，部分台湾的出版物查找还比较困难，多亏台湾朋友的赐赠，本书的写作才得以顺利进行。

　　资料的搜集首要的是林树梅的著作。林树梅的诗集，本人搜集了三种，即《啸云山人诗钞初编》四卷、《啸云诗钞初编》八卷和《啸云诗钞》八卷

---

　　① 《俞元桂先生学术道路》，《福建师范大学文学院百年学术大系》上册，海峡文艺出版社 2007 年版，第 121 页。

附《啸云诗钞续编》。文集,本人也搜集了三种,即《静志斋文钞》不分卷、
《啸云山人文钞初编》十卷、《啸云文钞初编》十四卷。《啸云诗钞》八卷附
《啸云诗钞续编》是林树梅裔孙、菲律宾华人林策勋所编,1955 年初版于菲
律宾宿雾市,1968 年再版。再版本流入台湾,本人有幸得到复印件。资料
得到后,进一步做了辨析的工作,弄清了《啸云山人诗钞初编》与《啸云诗
钞初编》之间、《静志斋文钞》、《啸云山人文钞初编》和《啸云文钞初编》
之间关系。

　　有些学者并不完全赞成研究一个作家或诗人,一定非得注意他的出生和
成长环境不可。但是,研究林树梅,不关注他的岛居条件,不去关注他的人文
生活背景,不去观察他随父镇守海上要塞,就不可能深入了解他的思想,便不
能了解他的海疆文学书写。因此,光绪《金门志》、民初以来所修的多种《金
门县志》、《金门史稿》①,以及金门县地方文史研究者(其中颜立水先为金
门人,居同安)出版的种种地方史研究著作,如《金门姓氏分布研究》、《金
门的古墓与牌坊》等,都在本文阅读视野之内 ②。

　　林树梅兼有水师将门子和文士的双重身份。明清以来有不少著名将领
如俞大猷、陈化成(林树梅之父执)、江继芸等都曾统兵金门。明朝沈有容将
军,曾统领浯屿寨,寨原建于金门,后来虽然移至石井,和金门的关联仍然密
切。同时,金门还产生了不少水师将领,林树梅之父即是其中一位。海防,清
代水师编制和职官,对本人来说相当陌生,但是要深入研究林树梅,不能对清

　　① 　林豪:《金门志》,光绪刻本,《台湾文献丛刊》第 80 种,台湾银行经济研究室 1960 年版;
刘敬:《金门县志》,1921 年钞稿本,福建师范大学图书馆藏;许如中:《新金门志》,金门县 1958 年版;
金门县:《金门县志》(增修本),金门县 1991 年版;谢重光、杨彦杰、汪毅夫:《金门史稿》,鹭江出版
社 1999 年版。

　　② 　叶钧培:《金门姓氏分布研究》,金门县 1997 年版;陈炳容:《金门的古墓与牌坊》,金门县
1997 年版;叶钧培:《金门姓氏堂号与灯号》,金门县 1999 年版;张荣强:《金门人文探索》,张火木:
《金门古今战史》,杨树清:《金门旅群发展》,以上《金门学丛书》第一辑,金门县 1996 年版;颜立水:
《金门与同安》,《金门学丛书》第二辑,金门县 1998 年版;颜立水:《颜立水论金门》,金门县文化局
2008 年版;杨清国:《金门教育史话》,《金门学丛书》第三辑,金门县 2001 年版;叶均培、黄奕展:《金
门族谱探源》,《金门学丛书》第三辑,金门县 2001 年版;郭尧龄编:《郑成功与金门》,金门县文献
委员会 1978 年第 3 版;郭尧龄编:《鲁王与金门》,金门县文献委员会 1971 年版;金门县文献委员会:
《金门先贤录》第一辑,金门县文献委员会 1970 年版;金门县文献委员会:《金门先贤录》第二辑、第
三辑,金门县文献委员会 1972 年版。

代的海防、水师一无所知。例如林树梅之父林廷福,官至水师副将。"副将"一职,很容易被误读为职位不高的将领,其实,水师副将为从二品,职位已经相当高了。卢建一教授《福建海防研究》①和卓克华教授《古迹·历史·金门人》②,都从不同角度阐述了闽海海防的重要和各个时期闽海水师编制的情况,这对本书研究林树梅出生、家庭和成长的背景有很大的启示。

林树梅两渡台湾,第一次随父镇守,第二次入凤山县曹瑾幕。不了解清朝台湾历史、社会、经济和文化,也很难研究林树梅台湾的书写。二十多年来,汪毅夫教授从事台湾历史、社会、文化和文学的研究,取得了很大的成绩。他的《台湾近代文学丛稿》、《台湾文学史·近代篇》是大陆学者最早研究台湾近代文学的专著,草创之功,为后来者的研究、包括本书的撰写提供了许多宝贵的经验和思路。他的《台湾文化概观》、《台湾社会与文化》、《中国文化与闽台社会》、《闽台历史社会与民俗文化》、《闽台区域社会研究》、《闽台地方史研究》③,视野开阔,资料丰富,颇多创见,对本书的写作有着很好的示范或启示作用。

我们通常讲的"知人论世",还应包括所研究的作家、诗人的交游。林树梅的行踪主要在闽海,交友也是特别多,但是所交结的师友,上自林则徐,下至行伍,所交游者有的有集子传世,有的则连作品都很难找到,如林树梅少年时代的同乡好友,也是将门子弟的胥贞咸,著有《胥鹊巢诗集》,(光绪)《金门志》虽有著录,但已遗失。林则徐、高澍然、周凯、吕世宜、陈庆镛、刘存仁、张际亮、刘家谋等的集子(限于篇幅,版本不一一罗列),都不难寻找。林树梅曾受韶安谢琯樵之托,为其姐谢浣湘的诗集作序,谢浣湘的《咏雪斋诗录》最后找到的还是台湾的重印本④。我们今天见到的《咏雪斋诗录》,光绪间刊刻时已被删削,故树梅序中所欣赏的"喜姬抱雏,少慰慈姑九原之望"

---

① 方志出版社 2003 年版。

② 台北:兰台出版社 2009 年版。

③ 《台湾近代文学丛稿》,海峡文艺出版社 1990 年版;《台湾文学史·近代篇》,海峡文艺出版社 1991 年版;《台湾文化概观》,与吕良弼先生合作,福建教育出版社 1993 年版;《台湾社会与文化》,海峡文艺出版社 1994 年版;《中国文化与闽台社会》,海峡文艺出版社 1997 年版;《闽台历史社会与民俗文化》,鹭江出版社 2000 年版;《闽台区域社会研究》,鹭江出版社 2004 年版;《闽台地方史研究》,福建教育出版社 2008 年版。

④ 台南:大新出版社 1990 年版。

等句①,已经不在集中。在讨论林树梅交游的过程中,本人意外发现林则徐与林树梅倡酬的佚诗三句,愚者千虑,偶有一得,林树梅与林则徐相比,名望远不能相比,但是,对林树梅的研究,反过来,又有助于对林则徐的研究。

本书的研究方法,并没有更多的推陈出新之处。或许说,采取的是比较笨的方法,首先是对《啸云诗钞初编》和《啸云文钞初编》做点校的工作。林树梅的文有《静志斋文钞》、《啸云山人文钞初编》、《啸云文钞初编》;诗有《啸云山人诗钞初编》、《啸云诗钞初编》,而无《静志斋诗钞》。在点校过程中,笔者发现《啸云山人诗钞初编》、《啸云诗钞初编》卷首高澍然的《序》,高澍然《抑快轩文集》丙编卷四作《静远斋诗钞序》,由此可以推知林树梅的诗集,应当和文集一样,也有《静远斋诗钞》、《啸云山人诗钞初编》和《啸云诗钞初编》三种,当初,林树梅呈送给高澍然订正的诗集名为《静远斋诗钞》。《静远斋诗钞》今不存。点校本《啸云诗文钞》已完成,25 万字,有打印稿。《啸云诗文钞》附有本人搜集的林树梅的佚诗 23 首,佚文 22 篇。

其次,是撰写《金门林树梅年谱》。年谱的撰写,作为研究方法也是非常传统的。但没能弄清楚林树梅的家世与及他的经历,没有对其著作和作品进行编年,研究林树梅的书写,可能会出现张冠李戴,以后为先或以先为后的笑话。《金门林树梅年谱》约 8 万字,文字较多,将其删减成 3 万字的《金门林树梅年谱简编》,作为本书的附录之一。

再次,本书的研究以林树梅的海疆文学书写与海疆图像为方向。"海疆"是一个特定的概念,从学科划分,海疆的研究,属于地理学的范畴,研究海疆的地形、地质、地貌;属于历史学的,海疆史(边疆史的分支)的研究,则属于专门史学的范畴并兼有历史地理学的内容。因此,本书的研究,既有文学与地理学的交叉,又有文学与历史学中的边疆史研究的交叉。如果说本文有创新之看的话,以文学为基础,学科的交叉研究,或许是其中之一吧。中国古代有边塞诗(陆地的),而没有海疆诗的说法。中国的陆地文明和海洋文明有融通的一面,又有陆地排斥海洋的一面,明清的"海禁",可以说达到登峰造

---

① 《咏雪斋诗草跋》,谢浣湘《咏雪斋诗录》,福建诏安 1937 年重印本,台南:大新出版社 1990 年重排本,卷首。

极的地步。这种观念对中国历代文学的研究,不能不受到影响,近百年来,对中国海洋或海疆文学的研究几近空白。不错,唐代的边塞诗很有特色,是唐诗的一个重要组成部分,但是,不是历代的边塞诗都如唐代那么好,那么出色。中国古代、近现代的海疆、海疆文学作品,虽然不是非常发达,但是也有其值得关注的地方,尤其是近代以来,中国人把更多的目光投注到海洋,眼界比任何时代更加开阔。本书的海疆文学书写的研究,无意标新立异,无非是为了还原林树梅书写的现实,指出其书写的特色而已。希望本书的研究,能得到学术界的认可,如果还有可能,或许能为海洋文学或海疆文学的研究起一点点推波助澜的作用。

最后,本书的写作也做了一点调查,笔者曾经通过"小三通"到金门岛,在金门后浦了解到林树梅当年居住的大致地点。在叶钧培老师的帮助下,林树梅后裔赠以林树梅裔孙林策勋所编《浯江林氏家录》复印件①,这部《浯江林氏家录》收录了早年林树梅编的《浯江林氏家录》,还有林树梅的若干篇佚文,喜出望外。在金门,还得知林廷福、林树梅坟墓尚在,灌木杂草交错,不可容足,不能亲往一瞻,又有遗憾。幸而陈炳容老师赠以《金门的古墓与牌坊》一书,书中有林廷福墓的照片和墓碑碑文②,又转而为喜。

本书除了绪论和结论之外,共分七章。附录四种:一、《啸云诗辑佚》;二、《啸云文钞辑佚》;三、《〈啸云诗文钞〉点校前言》(节录);四、《金门林树梅年谱简编》。

---

① 林策勋编:《浯江林氏家录》,1955 年家印本。
② 《金门的古墓与牌坊》,金门县 1997 年版,第 105 页。

第一章
海客生长居海甸
——金门岛居环境

本章研究林树梅出生和成长的海岛生存环境，研究林树梅出生的水师之家的环境，同时关注金门岛的人文生活环境。

第一节　海岛金门

金门岛,在泉州市南、厦门市东的海上。旧名浯洲,又名仙洲;明初,改今名。金门开发不知始于何时。据传西晋末年,士民南渡,到金门者六姓。唐德宗贞元十九年(803),闽观察使柳冕奏置,为万安牧马监地,以陈渊为牧马监,据传从陈渊到金门的有十二姓。后人十分尊敬陈渊,为立孚济庙、牧马侯祠。林树梅亦作有《募修孚济庙疏引》一文[①]。宋、元、明、清隶属于同安县。元始建盐场征盐税,至正六年(1346)置管勾司。明洪武二十年(1387),置金门守御千户所。清顺治三年(1646),郑成功以金门、厦门为据地反清。康熙元年(1662),清兵攻下金门。1914年,国民政府置思明县(今厦门市),金门属焉。1915年金门建县。1949年,国共对峙,金门县由台湾地区管辖,仍称福建省金门县。

金门与同安隔海而望,倏然若偃卧之形,故俗谓之仙人倒地。明代曹学佺诗有云:"浯洲断屿入海水,仙人倒地眠不起。"[②]金门建县时面积约150km²,包括金门、小金门(又称烈屿)、大嶝、小嶝、角屿、大担、二担诸岛[③]。金门县金城镇是县治所在地,面积134.25km²,略大于厦门本岛。太武山是金

---

① 《啸云文钞初编》卷十三。
② 《端山兰若歌为池直夫作》,《石仓四稿·西峰集·六四草》,日本内阁文库藏《石仓全集》本。
③ 1949年以后大金门、小金门、大担、二担,由台湾地区管辖,仍称金门县;大担、二担分别改名为大胆、二胆。大嶝、小嶝、角屿,先后划入南安县和同安县,今属厦门市翔安区;翔安区人民政府所在地设在大嶝。

门本岛的最高峰,虽然海拔只有 253m,却为海上过往船只航行的标识。

金门人口,有详细记载的年份是道光十二年(1832,这一年林树梅二十五岁),男 36942 人,女 25550 人,合计 62492 人。① 1915 年建县时人口,男 44141 人,女 35216 人,合计 79357 人。② 八十多年间,增加 16865 人。

金门岛四周是海,出入全靠船只。金门环岛港湾口岸,有料罗湾、后浦港、枋港、金山港、刘澳港,古宁澳港,其他可以停泊船只的还有 23 处。③ 道光间,金门后浦渡、后丰渡、水头渡俱有船通厦门;同安渡,泊后浦西南隅,通往同安后县城;刘五店渡,与同安渡同泊一处,通往刘五店 ④;官澳渡,通往南安安海;西黄渡,小渡船可通同安莲河;金山渡,泊金山宫,往厦门;烈屿渡,小船来往后浦;青岐渡,往厦门。这里说的渡,是渡口、码头的意思。金门的船只与台湾的来往也比较频繁,林国平教授等据江树生译注《热兰遮城日志》编成的《1637 年 6 月至 1639 年 11 月大陆各地与台湾间往来情况表》统计(统计数字仅大员一港)。1637—1639 年,为明崇祯十年至十三年,距明亡清兵入关仅仅数年。这三年多,大陆往台湾的船只 383 艘,其中烈屿(小金门)102 艘,金门 13 艘,烈屿、金门合计 115 艘,占总数的 30.02%;搭载人数 13575,其中烈屿 2713 人,金门 299 人,烈屿、金门合计 3012 人,占总数的 22.19%。台湾往大陆的船只 406 艘,其中往烈屿 118 艘,往金门 7 艘,烈屿金门合计 125 艘,占总数的 27.17%;搭载人数 12579,其中往烈屿 2843 人,往金门 160 人,烈屿金门合计 3003 人,占总数的 23.87%(以上百分比的数字是我们另行计算的)。⑤ 如果这个数字大体不误的话,那么每个月就有 6 个船次、150 人次往来于金门(含烈屿)与台湾大员港之间。这是明朝崇祯的情况,明清之际,沿海施行"清界",金门民众被强迫内移,康熙中"复界",民众回迁。从日后金门人移居到澎湖、台湾居住的情况看,金门与台、澎来往一直

① 林豪:(光绪)《金门志》卷三 "户口" 据 "道光十二年册档",《台湾文献丛刊》第 80 册,台湾银行经济研究室 1960 年版,第 35 页。

② 许如中:《新金门志》,金门县 1958 年版,第 214 页。

③ 同上书,第 696—700 页。

④ 林树梅《同王香雪先生渡海至刘五店》:"一棹过沧海,家乡缥缈间。"(《啸云诗钞初编》卷二)。

⑤ 刘国平、邱季端主编:《福建移民史》,方志出版社 2005 年版,第 153 页。

比较频繁。出入金门岛必须乘船,打鱼也必须乘船,岛民出没风涛浪中,是正常而且普通的事;出没于风涛浪中,还必须具备驾舟驾船的本领。林树梅说"海客生长居海陬,风涛险恶能操舟"①,应当一点也不夸大。

就气候条件说,金门的纬度在北纬 24 度 22 分至 24 度 25 分之间,年平均气温 24.7℃,二月份最低,平均也达到 16.5℃;降霜天数,年平均只有 4.7 天。降雨量,1042.9 毫米,虽然比厦门少,但相对于比内陆地区也并不太低;日照全年 1947.1 小时。金门的海风大,平均风速 3.6 米/秒。日照时间长,海风大,蒸发量也大,年均蒸发量达 1913.3 毫米(以上统计年份为 1954 年至 1987 年)。② 蒸发量接近于降雨量,金门不适宜种植水稻,栽种的粮食主要是地瓜,此外还有花生。以地瓜为主粮的金门居民,生存质量受到较大影响。一年四季,海风大,冬春尤烈,金门到处可以看到风狮爷,那是金门人的辟邪物(烈屿的辟邪物为风鸡)。

金门人的另一生活来源是晒盐和捕鱼。自元代建盐场之后,明清也设置类似机构管理。晒盐需要柴火,或许这个原因,金门的林木遭到很大的破坏,到了清代风沙成灾,蒸发量大大增加。靠山吃山,靠海吃海,捕鱼也是民众谋生的主要手段,但是鱼产品不能久存,金门市场小,必须到厦门、同安出售,交易也不容易。再说,出海捕鱼常常受到风暴伤害,金门的渔民生活相当艰难。

"浯岛弹丸撮土,物产无多"③,粮食多依赖大陆、特别是台湾,都是用船只运输而来。如果碰上台湾年成不好,或者海上盗贼猖獗,招商采籴受阻,米价上涨,民众更加不堪。林树梅有时住在福州,还不断打听故乡的粮价,不单纯只是为了家人的生活,更多的还是了解乡人的生存大计。

金门的文化属于闽南文化。金门的民间建筑,除了华侨建造的洋房,和同安等地并无二致。民间信仰,除了牧马侯祠、风狮爷等海岛信仰外,和闽南大多数地方相同或相近,只不过更加繁复多样而已。民初以来,金门没有经历激烈的社会变革,没有移风易俗的倡导,因而可能保留更多晚清民初遗存的风俗习惯。认识这一点,对本文某些以今例古的推断,或许稍稍有点帮助。

---

① 《再渡台湾呈曹怀朴明府》,《啸云诗钞初编》卷三。
② 金门县:《金门县志》(增修本),金门 1991 年版,第 309—317 页。
③ 《问吴君体士浯岛粮价书》,《啸云文钞初编》卷二。

第二节 海防与水师建制

康熙间,清政府在厦门置水师提督,节制福宁、海坛、金门、南澳、台湾五镇;此外,还有闽安协镇(受海坛镇节制)、安平协镇、澎湖协镇(受台湾镇节制)。

道光十年(1830),林树梅之师周凯为兴泉永道观察,驻厦门。有感于"厦门处泉、漳之交,扼台湾之要,为东南门户,十闽之保障,海疆之要区也"[1],修《厦门志》,而专立"海防略"以阐明保障海疆的重要性。周凯得知玉屏书院诸生林焜熿搜罗金门资料甚富,又极力鼓动修《金门志》,并为之序:

> 余既辑《厦门志》,顾念金门与厦门相唇齿,虽富庶不及,而地之险要尤甚。其山川则有太武雄峻高耸,为贾舶往来之标准;其险则有料罗塔脚,为商贾所停泊,渡台贩洋之所自。于厦门为外捍,无金门则厦门孤悬海岛。国朝设总兵官统二营弁兵镇之。广袤且百余里,隶马巷厅,以县丞分治之。明时,澎湖属焉,实海疆要区也。[2]

同治十三年(1664),章倬标序:

> 金、厦两岛为泉、漳屏障,金尤为厦咽喉;踞上流,足控制台、澎,而与

---

① 周凯:《〈厦门志〉序》,《厦门志》,鹭江出版社 1996 年版,第 1 页。
② 林豪:(光绪)《金门志》,《台湾文献丛刊》第 80 册,台湾银行经济研究室 1960 年版,第 1 页。

海坛、铜山、南澳各水师互相犄角。曩者倭寇及郑氏均先由此地阑入，闽中诸郡遂罹烽燹。是全岛虽丸泥片壤，而海门锁钥，要地攸关。厦有志而金独阙如焉，可乎？①

周、章两篇序都说到金门在海疆守防的重要。厦门与金门唇齿相依，都是东南门户，十闽保障，二岛的守防直接关系到漳州、泉州的安全；对扼守台湾也至关重要。金门在厦门之东，又是厦门的屏障。同时，金门还是商船停泊的港口，民众渡台贩洋的出发地点。《金门志》仿《厦门志》例，专立"兵防志"一卷。林焜熿《凡例》说："金门最重者，莫如'兵制'、'海防'，故纪之不厌其详，并辑为'沿海略'。"② 林树梅是《金门志》参阅者之一，对《金门志》的编纂③，他曾致书林焜熿表达自己的某些见解④。

对金门"海疆要区"重要性的认识，有文献可征的始自明洪武年间。洪武二十年（1387）明朝设金门千户所。明代，千户所是"卫"下面的一个军事防御机构，金门千户所是永宁卫下属的一个"所"。明初，为了防倭，在今泉州石狮设立永宁卫，永宁卫与天津、威海并称为明代沿海"三大卫"。洪武二十五年，江夏侯周德兴筑金门城，"濠深广丈余，周回六百三十丈，高连土墙二丈五尺，窝铺三十六，门四"⑤。千户所下设官澳、田浦、峰上、陈坑五个巡检司。又在金门置水寨："浯屿寨，在（同安）县东南，水砦也。《志》云：洪武初江夏侯周德兴置砦，与福州烽火、兴化之南日为三寨，景泰间复增漳州之铜山，福州之小埕，共五寨。寨置于浯洲太武山下，实控泉州南境，外扼大、小担二屿之险，内绝海门、月港与贼接济之奸。成化中，或倡孤岛无援之说。移入至厦门内港，乃曰浯屿寨。山嶨崎岖，贼轻舟入浅，我舟大，难以转舒，每失

---

① 林豪：（光绪）《金门志》，《台湾文献丛刊》第80册，台湾银行经济研究室1960年版，第5页。
② 同上。
③ 《〈金门志〉纂辑姓氏》："参阅：即用县知县刘仪（武进人，进士）、副贡生掌教浯江书院王乃斌（号香雪，仁和人）、举人掌教浯江书院许廷圭（字锡瑶，南安人）、议叙布政司经历林树梅（字瘦云，金门人）、监生庄中正（字诚甫，平和人）。"（光绪）《金门志》，《台湾文献丛刊》第80册，台湾银行经济研究室1960年版，第9页。
④ 详《与家巽夫茂才论〈金门志〉书》，《啸云文钞初编》卷二。
⑤ 洪受：《沧海纪遗译释》第二，郭哲铭译释，金门县文化局2008年版，第50页。

事机。旧浯屿弃而不守,番船得所据为窟穴。"① 浯屿寨移至内港之后,海防线内移,倭寇船只乘虚而入,酿成"庚申之难"。金门人洪受明隆庆间撰《沧海纪遗》,非常悲痛地记载这次事件②,他又撰《议水寨不宜入厦门》一文,以为浯屿寨不宜入厦门,应回置于金门:"以此重镇,而必设于浯屿者。盖其地突起海中,为同安、漳州接壤要区,而隔峙于大、小担、烈屿之间,最称险要。贼自外洋东南首来者,此可以捍其入;自海沧、月港而中起者,此可以阴阻其出,稍有声息,指顾可知。"他还说,如果嘉靖间"料罗有水寨,贼敢入乎?"③ 洪受的意见没有得到当局的重视,致使天启二年(1622),"红毛夷"攻澎湖之后,又出没浯屿、东椗等地。三年,"红毛夷"登料罗,浯、铜把总丁赞出汛拒战而死。崇祯七年(1634),"红毛夷"又入料罗。

据(光绪)《金门志》,康熙初,在金门设援剿右镇总兵官,十九年(1680)改为金门镇总兵官。标下中、左、右三营,兼辖铜山、枫岭、云霄、诏安、海澄五营。后将铜山、枫岭二营改归福宁镇管辖,云霄、诏安、海澄三营改归漳州镇管辖,本镇只领标下三营。康熙二十七年(1686),裁去中营;嗣又兼辖闽安、铜山。嘉庆间,闽安改归海坛镇,铜山改归南澳镇,仍专辖左、右二营。就是说,在嘉庆之前,金镇总兵原为三营,管辖的范围南至铜山(今福建东山),北至闽安(福州闽江口),嘉庆之后,专管所辖有左、右两营,守防的范围,东达澎湖,北至湄洲菜子屿与海坛连界,南至将军澳与铜山营连界,上下四百余里,洋面辽阔、港汊迂回,任务繁重。金门镇兵人数各个时期不太一,嘉庆十六年(1811),也就是林树梅四岁那年,左、右两营共有战守兵1738 名。道光间,兵额有所减少。道光间左、右营战船数如下:

左营战船:"金"字号同安梭船七只、"捷"字号米艇船一只;"集"字号大洋船一只,大小八桨船二只。

右营战船:"汤"字号同安梭船七只、"成"字号大横洋船一只、"胜"字号米船艇二只,"捷"字号米艇船一只、大小舟彭船二只。

———————————

① 顾祖禹:《读史方舆纪要》卷九十九,中华书局 2005 年版,第 4528 页

② 嘉靖三十九年(1560)三月二十三日,倭寇从料罗登岸,大肆烧杀抢掠,骚扰至五月间,屠戮积尸,白骨山堆,"倭贼囊满填壑,装乘船北游"。参看洪受:《灾变之纪》第八,《沧海纪遗》,郭哲铭译释,金门县文化局 2008 年版,第 184—188 页。

③ 洪受:《沧海纪遗》,郭哲铭译释,金门县文化局 2008 年版,第 55—56 页。

左、右营有水陆汛:

左营水陆汛:水汛,南至晋江石圳,与本标右营水汛分界;北至香炉屿,与海坛镇湄洲水汛分界。陆汛在金门,西南临海、北至欧厝。水汛之下又设分防水汛:分防晋江深沪水汛、分防晋江祥芝水汛、分防惠安崇武水汛、分防惠安黄崎水汛。

右营水陆汛:水汛,北自晋江石圳,与本标左营水汛分界;南至南椗以外,系本营所辖漳州地方。陆汛在金门,北至陈坑。水汛之下又设分防水汛:分防晋江围头水汛、分防海澄镇海水汛、分防漳浦井尾水汛、分防漳浦将军澳水汛。

每一营,每一汛和分防汛,配备的官兵、船只（水汛）、炮台（陆汛）都有一定的数额。我们从《金门志》中的"兵防志"可看到清朝嘉庆、道光间海防建制已经比较严密,兵员也有相当的数量。[1]

清制,金门水师必须与台湾换防,这种制度称作"班兵"。金门的许多水师官兵,都有驻守台湾的经历。[2] 林树梅的父亲、外祖父陈必高、林树梅蔡夫人养父陈一凯都亲历过台湾,对台湾的情况都比较熟悉。

林树梅的父亲林廷福行伍出身,由金门左营经制外委,进百总、进千总、署左营守备,之后才调任海坛左营守备。战死于吴淞炮台的江南水师提督陈化成,于道光四年（1924）、七年、九年,三任金门水师总兵官。死于厦门抗英战争的江继芸,道光十二年（1832）任左营游击,二十一年（1841）任金门水师总兵官。林树梅少年时期的朋友胥贞咸,道光十五年署左营游击。金门古宁头人李光显、后浦人邱良功,都出自金门水师,他们分别升任广东提督和定海总兵。李、邱二将军之事,也是林树梅所亲闻的。

---

① 清代金门海防建制的描述,参考林豪:(光绪)《金门志》中的"兵防制",《台湾文献丛刊》第 80 册,台湾银行经济研究室 1960 年版,第 80—85 页。

② 康熙六十年（1721）,"始定以内地水师营分兵丁轮班戍守,三年一换,以均劳逸,而兵制定焉"。胡建伟:《澎湖纪略》卷六,《台湾文献丛刊》第 104 种,台湾银行经济研究室 1960 年版。

第三节　文学与宗族文化传统

　　金门虽然是一个小小的海岛，却有着比较深厚的文化传统。近年来，金门县主政者正在努力把金门打造成一个文化岛，实为有历史由来之举。朱熹为同安主簿，过金门，作《次牧马侯祠》诗：

　　　　此日观风海上驰，殷勤父老远追随。野饶稻黍输王赋，地接扶桑拥帝基。云树葱茏神女室，岗峦连抱圣侯祠。黄昏更上丰山望，四际天光蘸碧漪。①

牧马侯，即唐代的陈渊，详本章第一节及第五章第一节。朱熹此诗说，金门东连海上的"扶桑"国（指日本琉球一带），负有护卫王室的职责。朱熹还在金门设立燕南书院。②不过，早在北宋淳化三年（992），在朱熹临莅金门前150年，金门岛的陈纲已经成了进士，成为同安县（含今厦门市、金门县以及龙海县的局部）的第一个进士。陈纲，字举正，金门阳翟人。初授建州观察推官，陈纲请以北苑茶上供，余者皆赋民而收其租，则民不困而国亦利。诏如其请，建州民德之。以太常博士知晋州。累官淮南、江浙、荆湖制置

────────────

①　解智：《孚济庙志》引，洪受《沧海纪遗》，郭哲铭译释，金门县文化局2008年版，第221页。

②　《沧浯琐语》："朱子主邑簿，采风岛上，以礼导民；浯既被化，因立书院于燕南山。自后家弦户诵，优游正义、涵泳圣经，则风俗一丕变也。"参见林豪：（光绪）《金门志》卷十五引，《台湾文献丛刊》第80册，台湾银行经济研究室1960年版，第392—393页。

发运使。能诗，今存《留题霍山应圣公庙》一首①。陈纲弟陈统，大中祥符五年（1012）进士，景祐五年（1038）为湖南提点刑狱，祠部郎中。能诗，今存《读元颜二公中光颂碑》、《经浯溪元次山旧隐》二首②。陈统子陈昌侯，皇祐元年（1049）进士。两宋时期，阳翟陈氏还有陈械，庆历二年（1042）登进士第；陈械从弟陈良才（一作才良），重和元年（1118）登第；良才孙陈櫄，庆元二年（1196）登第。

南宋四大遗民之一邱葵（1242—1332），字吉甫，号钓矶，金门县小嶝人。著有《周礼补亡》、《钓矶诗集》等。邱葵居海岛中，风度凝然，如振鹭立鹤。受业于朱熹的弟子吕大奎、洪天赐，绝意仕进。景炎元年（1276），大奎遇害，邱葵痛愤忘生。宋亡后，与遗民野老相倡酬，或独自歌咏以抒写其志。元朝廷派马祖常等征聘之，邱葵作《御史马伯庸与达鲁花赤征币不出》诗明其志："天子书征老秀才，秀才懒下读书台。张良本为韩仇出，黄石特因汉祚来。太守枉劳阶下拜，使臣且向日边回。床头一卷春秋笔，斧钺胸中独自裁。"③卢若腾评此诗，以为"春秋大义凛然"④。邱葵隐居海岛，足履不逾泉州之界，韬晦其迹，诗多写乡间山寺，亦清新可喜，惟小诗稍染语录气息，理学家所难免耳。

金门历代进士40人，宋代6人，清代6人，其余28人均产生于明代。宋代，金门还属于开发的时期，明清之际，两朝不约而同采取迁界的策略，边海及海岛成为一片废墟，回迁重建，又得花费很长的时日，文化的复原则需要更长的时间。金门如此，其他地方也是如此，东山是明末黄道周的故乡，入清之后，东山默默无闻。福清，明代出现过闽中十子派的领袖林鸿，晚明出现过叶向高、林章、林古度以及翁白，入清之后，也无人与他们比肩了。明代金门的进士，平林蔡氏四人：蔡贵易，隆庆二年（1568）登第；蔡守愚，万历十四年（1586）登第；蔡懋贤，万历十七年（1589）登第；蔡献臣，万历十七年登第。万历十七年这一年，金门一岛有五人同时登第，即蔡懋贤、蔡献臣、陈基虞、

① 顾炎武：《求古录·霍山中镇庙石刻》，《全宋诗》第二册卷九六引，北京大学出版社1991年版，第1074页。
② 《全宋诗》第六册卷三四七，北京大学出版社1991年版，第4274页。
③ 杨天厚、林丽宽译注：《〈钓矶诗集〉译注》，金门县文化局2006年版，第230页。
④ 杨天厚、林丽宽译注：《〈钓矶诗集〉序》，金门县文化局2006年版，卷首。

蒋孟育、张华秀,时称"五桂联芳"。许獬,万历二十九年(1601)登第;张朝綖,崇祯十三年(1640)登第,他们会试时都是第一名。林釬,万历四十四年(1616)一甲第三名登第。

金门明代进士有集流传至今的有:

> 蔡献臣《清白堂集》十五卷;
> 蔡复一《遁庵全集》十八卷;
> 许獬《丛青轩集》六卷;
> 卢若腾《留庵文集》十八卷(残)、《岛噫诗》一卷。

蔡复一,字敬夫,及进士第后除刑部主事,出为湖广参政,仕至兵部侍郎。复一在湖北时与竟陵派领袖人物钟惺、谭元春游,颇多倡酬。蔡复一请钟惺选其诗,钟惺了无忌惮,任意删削,云:"去取了无忌,惟君知我情。"① 钟惺称他与蔡复一,两人"爱同兄弟"②。钟惺又为蔡复一之父蔡霁作《蔡先生传》,并及蔡复一。晚明,闽中(福州)诗派力振风雅,继续鼓吹学唐,蔡复一与闽南其他诗人之诗,不受闽派的拘束,他在湖北所作,则与竟陵派为近。蔡复一《分水关》:"雪散千林檐菊花,马头孤月挂藤斜。行人不忍扬鞭过,未出闽关尤是家。"分水关,是福建崇安(今武夷山市)与江西铅山的分界山,不忍扬鞭过此山,写出诗人对故乡有忆念,耐人寻味。陈田《明诗纪事》以为"五言时有佳句"③,并加以登录。

许獬,字子逊,一字钟斗。登第后,授庶吉士,寻授编修。獬性至孝,望云成病,告假归,旋病卒,年仅三十七。许獬之文,时人比之嘉靖间唐顺之,蔡献臣《许钟斗集序》云:"岁辛丑,子逊果擢南宫第一,选读中书秘书,其制举义,于下士争慕效之,以为唐应德复生。"④ 许獬不仅制义很出名,诗序策文亦佳,其同年友熊明遇《〈丛青轩集〉序》云:

---

① 李先耕等标校:《选蔡敬夫诗讫寄示三律》其三,《隐秀轩集》卷七,上海古籍出版社1992年版,第111页。
② 李先耕等标校:《蔡先生传》,《隐秀轩集》卷二十二,上海古籍出版社1992年版,第364页。
③ 陈田:《明诗纪事》庚籤卷十八,上海古籍出版社1993年版,第2559页。
④ 方清河译注:《丛青轩集译注》,金门县文化局2008年版,第21页。

子逊诗则逸闲清绮,动与天游;论则云行波立,策则气填膺激,表
则刻羽引商,序则揆权规构,柬则真挚朗发,俱成一家言。盖邃渊者,
思致之密;博综者,涉颂之深;而其矞票鸟者,出于寥廓之外,殆天授,非
人力也。①

虽然推挹未免太过,亦能说明许獬诗文的确有其特出之处。

蔡献臣,字体国,号虚台,别号直心居士。成进士后,授刑部主事,调兵部
职方主事,迁礼部主客郎中,以参政衔分巡常镇,迁湖广按察使,清介亮直,屡
杵权贵,罢归。天启间,"红夷"已经占据台湾,蔡献臣有感于金门海防的薄
弱,当务之急,宜在料罗建城,并筑两座炮台。天启六年,议曰:

本澳有官厅、有妈宫。妈宫之前营房对列,泛兵居之。近左起一小
阜,其下二盘石并入海,大各四、五丈;又左一石山如虹,直亘海中。甲
子夏,予至澳相其地形时,方议置铳台于盘石上……蔡子曰:三山横
亘海外。澎湖,闽南之界石;浯洲、嘉禾,泉南之捍门也。曩时诸夷风
帆,犹在旬月之外;自倭奴潜贩东山,而红夷城大湾,寇贼奸宄,渊薮
往来,其指同安、海澄间,信宿耳。嘉禾、澎湖设将宿兵,贼或未敢遽
窥;独浯易而无备,实启戎心。急而图之,不已晚乎? 则料罗之城,讵非
百年石画哉!②

蔡献臣的《清白堂稿》与通常的别集有的不一样,就是稿中特立"时务"一
类,这一类中,除了上引的《浯洲建料罗城及二铳台议》一文外,还有《癸亥
山海兵饷议》、《论彭湖戍兵不可撤》、《外洋攻击倭船申文》等,都是事关
海防的之文。蔡献臣生平所作诗数百首,《读诗漫兴》二首其二云:"轻淳入
口总相宜,妙得粗浅更有谁? 作者固难知不易,东坡文字谪仙诗。"③此诗大
体能反映蔡献臣的诗学观念。

卢若腾,字闲之,一字海运,号牧州。登第后,授兵部主事,后外迁浙江

---

① 方清河译注:《丛青轩集译注》,金门县文化局2008年版,第11页。
② 《浯洲建料罗城及二铳台议》,《清白堂稿》卷三,金门县1999年影钞本,第156页。
③ 《清白堂稿》卷十二,金门县1999年影钞本,第1213页。

布政使司左参议,分司宁绍巡海兵备道。唐王立,授以都督院右都御史,巡抚温、处、宁、台。与清兵战,中矢;闻隆武被俘,赴水被救,辗转回金门。清兵破金门,率家渡台,病卒于澎湖。卢若腾节操和诗文颇得林树梅仰慕,本文将在第五章第一节加以论述。这里还有必须简单交代一下卢若腾的那个时代,唐王朱聿键被杀之后,鲁王朱以海驻金门,在鲁王麾下聚集一批文人,除了卢若腾,还有张煌言,徐孚远、王忠孝、诸葛倬等,他们在金门写下大量的诗文,风靡一时。

　　除了进士,明代还有一位文人值得重视,他就是《沧海纪遗》的作者洪受。洪受,字凤明,金门凤山人。以贡历国子助教、夔州通判。生活年代,在嘉靖、隆庆间。与洪受的同乡前辈不同,《沧海纪遗》一书专纪金门的地理、历史、文化,虽然不是方志,多少带有方志的性质,而文字比方字活泼,更具有可读性。《沧海纪遗》共分十门:山川、建制、人材、风俗、宾祀、本业、物产、灾变、词翰、杂记。附有地图(已佚),间附有自己所作,如上文引用的《议水寨不宜入厦门》,卷九《抚院诉词》、《建中军镇料罗以励寨游议》,都有关海防。《词翰》中还收录了包括洪受本人作的《太武岩十二奇》①等载述金门山海风光的诗文,因为编辑的年代较早,所录诗文多为晚出的《金门志》等转录。

　　(光绪)《金门志》所载清初至道光之前的别集还有:

　　　　卢勖吾(卢若腾之孙)《戏余草》;
　　　　许炎《瑶州文集》、《宁我草堂诗抄》;
　　　　张对墀《同江集》十二卷;
　　　　张汝瑚撰《匏野》初二集、《贤赏堂文集》。

与林树梅同时代的作家诗文集有:

　　　　林文湘《酴醾山房诗文集》;
　　　　胥贞咸《胥鹤巢诗集》;
　　　　吕世宜《爱吾卢文抄》三卷、《笔记》二卷;

---

① 郭哲铭译释:《沧海纪遗》第九,金门县文化局 2008 年版,第 197 页。

　　林焜熿《竹畦诗文抄》十卷、《浯洲见闻录》四卷、《宫闺诗话》四卷、《竹畦笔尘》四卷。

　　胥贞咸，也是将门子弟，他从小与林树梅一起长大，树梅曾为其诗集作过序。林文湘、吕世宜、林焜熿年龄都比林树梅大，都受业于周凯、高澍然。第五章我们将论及这几位林树梅同乡的诗友。

　　今天我们来看金门这个人口仅有数万人的海岛社会，不难发现，这里的宗族文化比较发达。辛亥革命之前中国的农村社会，特别是在一些交通不太发达的地区，不少的村落，都是同宗同族聚集而居的，绵延至今，这种社会形态并没有完全消失。现代的金门宗族文化，似留着更多的古代社会的痕迹。

　　首先是家庙或宗祠。目前，金门的家庙宗祀，共 160 余座，大小金门加起来不到 150km²，平均不到 1 km² 就有一座家庙宗祠。陈氏的家庙宗祠多达 32 座；蔡氏一姓，琼林村蔡氏祖庙宗祠就有 7 座之多；小金门有 17 座家庙宗祠，林氏就有 6 座。这些祖庙宗祠，有部分是近年修的，另一部分修建的年代较长早、后来重修或维修。今天我们见到的浯阳陈氏"五恒祠堂"始建于宋乾道元年（1165）；"蔡氏家庙"重建于乾隆三十五年（1770），蔡氏"新仓上房十一世宗祠"建于道光二十年（1840），在琼林蔡氏 7 座祖庙宗祠中建得最晚，被称为"新祖厝"。此外，像水头黄氏家庙始建于明洪武末年（1390—1398），珠山薛氏家庙始建于乾隆三十三年（1768）。①

　　其次，修家谱、族谱。家谱、族谱可以探究这一宗一族源自何地。例如阳翟陈氏，是颍川衍派，古宁头李氏是陇西衍派，等等。多数的家谱、族谱，都有辈分字行的排序，例如阳翟陈氏是这样排列的："志克卿允子，公侯伯仲延；笃庆丕先泽，昭穆衍稷贤。"阳翟陈氏宗祠两旁的柱子，也刻上这二十个字。神主昭穆，也按此顺序左右排列。子孙繁衍，不一定都住在阳翟，一讲辈分字，很自然就产生宗族情。

　　再次，举行祭祖、扫祖墓或其他宗族活动。在家庙、宗祠祭祖是宗族活动，扫祖墓也是一种宗族活动。虽然经过历代的战乱，但是金门某些宗族的

---

　　①　此段文字资料来源于陆炳文：《金门祖厝之旅》，金门县 1996 年版。

祖墓却经历数百年保守了下来。阳翟陈氏六世祖宋陈大灿（1073—1132）墓在山柄山；陈氏八氏祖宋进士陈櫺（1156—1234）墓在前仔山①，等等，都是年代久远的古墓。

　　金门的宗族文化，固然含有维系宗亲和睦相处、尊老爱幼、维护族群利益的内涵，但也包含着叙祖德（多数宗族内往往有一位或几位科名或功名较显的人物）的意义。祖德的力量有时极为强大，东晋谢安、谢玄的威名，不仅被南朝刘宋时期的大诗人时时记起，作有《述祖德诗》②，南齐谢朓也有《和王著作八公山》③诗加以追忆，直到明代的谢肇淛还作《述祖德诗》④。金门没有谢安、谢玄这样显赫的人物，但是，像阳翟陈氏宋朝出了6位进士，陈纲还是开同（安）进士；琼林蔡氏明隆庆、万历间科名不断，其村原名平林，以至御赐"琼林"；万历间，后浦许氏出现会元许獬；南明时聚贤卢氏出现兵部尚书卢若腾，等等。这些家族的荣耀都极大地激励甚至刺激着后人，阳翟陈八郎祠有副对联："世泽绵延，俎豆蒸尝隆下典；家声丕振，凤毛麟趾仰先型。"这副对联很能反映宗族对子孙后代的期望。道光五年（1825），祖籍金门后移居澎湖的蔡廷兰回乡祭祖，并作《〈琼林蔡氏族谱〉序》，道光二十三年（1843）又渡海晋京春考，经金门谒祖坟，作《琼林新仓二房十一世宗祠记》⑤，次年进士及第。蔡廷兰及进士第，原因很多，但从他的祭祖、谒祖坟及为族谱作序，为宗祠作记中，他何尝没有受到祖上"科甲连云"的鼓励与刺激？

---

① 陈炳容：《金门的古墓与牌坊》，金门县1997年版，第23—24页。
② 黄节注：《谢康乐诗注》卷二，台北：艺文印书馆2005年版，第51页。
③ 郝立权注：《谢宣城诗注》卷三，台北：艺文印书馆1976年版，第108页。
④ 谢肇淛：《小草斋集》卷三，天启刻本。
⑤ 陈益源：《蔡廷兰及其南海杂著》，台北：里仁书局2006年版，第37、43页。

结　语

　　人类的生活环境,简单说,包括三个方面,一是地理环境,二是物质环境,三是人文环境。在现代社会中,交通便捷、资讯发达、物质条件相对丰富,生活环境对一个作家或诗人的影响会小一些,但是,并不可能完全没有,就中国而言,欠发达地区、贫困的农村和高度发达、比较富裕的沿海大都市,生活环境仍然大不一样。在还比较封闭的清朝嘉庆、道光间,生活在东南沿海的岛民和生活在江浙通衢大道的民众,生活环境的差异就大了。

　　金门四周是海,嘉庆、道光间,出入海岛的交通全靠船只,不少人以打鱼为生,因此很多岛民出没风波、驾船如履平地,不过是寻常之事而已。海岛常常刮大风,蒸发量大,不宜种水稻,民众的口粮以地瓜为主,影响了生存质量。海岛的生活,又使得金门的民众,又比较能吃苦耐劳。

　　明清两代,金门是福建沿海重要的水师重地之一。不仅是一些家境较差的子弟当兵,即使某些将门之子,也不一定会把当水师视如畏途。就是文人的弟子,也有从戎为水师的,如林文湘"诗宗韩、杜,兼长骈体;著有《酦醸山房诗文集》若干卷",而其子林章荣,则入水师,为镇标外委千总①。

　　水师的职责是保卫海疆,一方面是严防"海盗"的滋事,另一方面是抵御外来的入侵者。明嘉靖间有倭寇的骚扰、天启间有"红毛"的窥视,清代

---

① 　林豪:(光绪)《金门志》卷十,《台湾文献丛刊》第80册,台湾银行经济研究室1960年版,第233—234页。

道光间，英军公然穿过金门海域攻打厦门，由于金门防守较为严密，免受了英军的侵扰。清代，金门水师与台湾换防形成制度，因此，金门水师的部分官兵同时也熟悉台湾的防御。

金门从清道光间到民初，人口都在5—7万人之间，道光之前，人口只会比这个数字少，而不会更多。但是，在这个蕞尔小岛，从北宋初到晚清，却产生了40来个进士，还出过两个状元。明清以来，金门还出现不少作家和诗人。进士、举子、作家和诗人，为一代又一代的金门人津津乐道，深刻地留在金门人的记忆中。金门的大姓大宗族、家庙和宗祠不仅成为他们强盛的象征，而且也成为他们启迪和教化子孙后代的实物教材，相对弱小的小姓小族，似乎从林林总总的祠庙中可看到奋进的目标。

林树梅就是生活在这样一个海岛中，他能驾舟，熟悉闽海水道。又由于他是水师将门之子，从小随父镇守海疆，以至渡海入台，加上自己的用心，颇得海上战守之术。林树梅虽为将门之子，在一个文化气氛比较浓厚的环境中，不断进取，诗古文、绘画、篆刻都达到不俗的水准。林树梅一族，为避水患，康熙中从同安县茂林下社迁到金门后浦，世代不甚知书，在金门宗族氛围中，林树梅为了振兴本族，不仅把父亲留下的并不丰厚的产业分散给族人，而且自命本族为"浯江林氏"，着手编纂了《浯江林氏家录》。林树梅在《诫子》诗中说，老大不太能读书，就让他种田，老三送到福州城东读书，而老二长大后则让他从戎当水师，以"继祖武"①。振兴家业，用心颇为良苦。

---

① 《诫子诗》，《啸云诗钞初编》卷八。

第二章
风涛险恶能操舟
——奇特的经历

林树梅幼小时就从陈氏过继到林家，陈、林都不是豪门大族，不可能有显赫的家世。据林树梅所撰的诗文，我们知道得比较详细的不过是父辈这一代。其家世，特点是水师之家，故本章谈其家世，仅就此点论之。

一般论著，讲一个人的生平，大都是按照时间顺序的前后展开的。本章大体也遵循这个原则，本章分成五节，先从少年随父镇守海疆说起，终于入林则徐幕，至最后郁郁而卒。但是，每节又尽可能突出一个或两个重点，论述一个或两个相关的问题，有时未免有时间的交叉。例如『辗转求学拜师』一节，按时间顺序是在第一次赴台内渡、家居金门之后，第二次赴台之前，周凯为观察驻厦门，兴玉屏书院这段时间，但也上溯到早年在金门时从表兄王秀才学、渡海往海坛岛从李致云学，下延到高澍然卒。高澍然卒于鸦片战争爆发之后，那段时间本章的重点是『慷慨从军』，故『慷慨从军』一节不叙从师之事，不叙林树梅往光泽料理高澍然后事，『奉养生母』于厦门一事，时间跨度也大，而且其事关系到『一身承祧两姓』，承接陈、林二姓香火的重要问题，本文拟在第三章用一章的篇幅论述之。林树梅的经历，『奉养生母』于厦门一事，时间跨度也大，而且其学』一节加以叙论。

第一节 生长水师之家

海客生长居海陬,风涛险恶能操舟。

——《再渡台湾呈曹怀朴明府》①

林树梅出生在福建省同安县金门岛（今金门县）。金门岛在厦门岛东,有太武岩、眠云石诸胜,树梅常陟岩巅,舞剑、枕石长啸与海涛相答,因自号"啸云子"、"啸云"。淘井得铁笛,人不能吹,林子撅之,声澈云表,众人称之为"铁笛生"。

树梅原姓陈,祖天琪,妣杨氏。本生父春圃为金门左营百总,本生母谢氏,生六子,长庆,次强,次新、次继、次愚,树梅最小,排行第六。树梅周岁之后,过继给金门千总林廷福。林夫人陈氏,与树梅本生父陈春圃为族兄妹。后来,林树梅告诉自己的儿子们说:"于时汝祖父受堂公方以千总官水师,恒终岁捕盗、巡海上,即过门不复入私家。汝祖母陈淑人既体羸善病,惧不育,又念舅姑望孙殊急,虑无以承堂上欢,故得吾而爱抚备至,汝祖父亦特怜之也。"②就是说,林廷福长年在上海,即使过家门也常常不入,陈氏又体弱多病,担心不能生育,故过继树梅为后。

林廷福的祖上,世居福建漳州府龙溪县象山十一都,明嘉靖十八年（1539）迁徙到泉州府同安县茂林下社。清朝康熙三十七年（1697）,树梅之高祖武略将军国元挈曾祖嘉龙避水患于金门后浦,遂安家于此。"国元公

① 《啸云诗钞初编》卷三。
② 《授产条约及家录引》第三则,《啸云文钞初编》卷十三。

粟主称武略将军,其生平事迹,盖亦莫考,入国朝来,世有武功"①。树梅的祖父林端懿,生廷福兄弟四人,长曰海,次曰泽,皆为水师外委;次曰汪,早卒;廷福排行第四。乾隆五十八年(1793)林廷福年十七,以家道中落,时海氛扰浙、闽,林廷福起行伍,先后出洋,获盗八十余人,拔金门左营经制外委。嘉庆十一年(1806),进百总;十五年(1810),进千总。树梅过继时,林廷福为水师千总,历署金门左营守备、南澳左营守备、天津水师镇中军游击、候补署福宁左营游击兼署烽火门参将、补海坛左营游击、护理台湾水师副将、澎湖右营游击、署福州水师营参将,旋升烽火门参将、署闽安镇副将。

林树梅的外祖父陈必高,金门经制外委,戍台湾,隶水师右营,死于林爽文事中。"赐祭葬,祀昭忠祠,世袭云骑尉。"② 陈必高名入《台湾县志》中。

林树梅的姑父庄智庵将军,曾镇南澳。③ 南澳,今属广东。南澳镇,归福建水师提督节制。

林树梅的外兄千总庄卓厓,曾镇铜山。④ 铜山,今福建东山县。道光十八年(1638)林树梅内渡遇风,漂泊到东山,庄氏与林树梅登山望海,"指顾柑、橘二屿,则先君子破贼处"⑤。

林树梅侧室蔡夫人之养父陈一凯,字雪华,闽县人。乾隆五十二年(1787),从军台湾,积战功,拔外委。旋进千总。嘉庆十年(1805),署台湾水师中营守备。后署台湾安平副将。

"百总"、"外委",千总"直至"副将",是水师中的什么职官?

林树梅生父陈春圃所任的"百总",水师职官无"百总"。"百总",或即"把总"。福建水师提督统辖全省水师,驻厦门,节制金门、海坛、南澳三镇,兼领台湾、澎湖;水师提督下领水师五营。依据(光绪)《金门志》卷五《兵防志》,金门镇水师职官由低到高依次为:额外外委、外委、把总、千总、守备、游击、总兵官。树梅父林廷福的三位兄长、林树梅的外祖父陈必高所任之"外委",只是水师的下层军官而已。林树梅的蔡夫人养父陈一凯,由外委进千

---

① 林树梅:《浯江林氏家录世系序》,林策勋编《浯江林氏家录》,1955年家印本。
② 《梦先外祖妣赵太宜人》,《啸云诗钞初编》卷七。
③ 参见《太学生陈君继豪行略》,《啸云文钞初编》卷七。
④ 详《戊戌内渡记》,《啸云山人文钞初编》卷三。
⑤ 《自凤山归省记程》,《啸云文钞初编》卷四。

总,戍守台湾,署水师中营守备。台湾镇,亦设总兵官,中营驻扎中路口,设中军游击1人,中军守备1人,千总2人,把总4人,守备高于千总,低于游击。林廷福由千总、守备、游击,最后升迁至闽安副将。闽安协镇,受海坛镇总兵官节制,故闽安"副将"虽然高于游击,但仍然比镇总兵官略低。副将,从二品;总兵官,二品。不过,林廷福起行伍,历水师近三十年,出没风涛,能升迁到略低于总兵官的副将职位,也是相当不容易的。林廷福道光十年(1830)卒,归葬金门太文岩之麓,今墓尚存。①林廷福与杨康灵、黄志辉、刘高山(皆金门后浦人)、林求生五人,当时称水师"五虎将",又有"飞将"之称②。杨康灵、黄志辉、刘高山,(光绪)《金门志》各有传记其生平。

林树梅的外祖父、父亲、两位叔父、姑父、蔡夫人的养父,都是水师出身,并且终他们一生,都在水师中服务。金门四围都是海,生活在海岛,生活在地位不是很高的水师之家,林树梅从小听到的、看到的无不是与海、与海防、与水师相关联的人和事。林树梅生活在这样的环境,从少年开始,所交往的还有不少是水师将门的子弟。

"海客生长居海隅,风涛险恶能操舟"。林树梅生长在水师之家,谙熟海上生活,自己亦能驾舟于风涛之中。这样的生活环境,对他日后的人生道路影响是很大的。

道光十年(1830),林树梅父廷福病卒,当时林树梅二十三岁。依照林树梅的条件,他完全有可能在军中建立功业的。在林树梅后来的生活中,有两次重要的机会。一次是在台湾凤山曹瑾幕,因"练乡勇、擒剧贼",瑾"将上君捕盗功",而树梅以母老辞。如若树梅应允,所授当为武职。一次是鸦片战争时期,林树梅在厦门从军,"当道亟称其才,为叙官六品阶,又将奏移武秩"③,亦以母老辞。树梅熟悉厦门、金门以及闽台的海防,如授武秩,极可能是水师之职,如果树梅答应当局,那么这个水师之家,或当延续下去。但是树梅亦以母老辞,水师的家世终于告一段落。

林树梅早年有一子,名公(功)爱④,道光十一年(1831)夭⑤。《授产条约

① 陈炳容:《金门的古墓与牌坊》,金门县1997年版,第105页。
② 林豪:(光绪)《金门志》卷十一,《台湾文献丛刊》第80册,台湾银行经济研究室1960年版,第280页。
③ 蔡廷兰:《林君瘦云四十初度寿言》,林策勋编《浯江林氏家录》,1955年家印本。
④ 公爱(?—1831)之名,见林树梅《先考受堂府君行述》(《啸云文钞初编》卷七)。林树梅父林廷福墓今存,其墓碑"爱"字上一字缺损,不可辨(照片,陈炳容:《金门的古墓与牌坊》,金门县1997年版,第105页)。林树梅辑:《浯江林氏家录世系》,树梅生四子,功爱、功惠、功意、功忠。据此,"公"当作"功"。功爱,廷福卒之前,已出生。
⑤ 《亡弟光左圹志》:"去年哭父,今夏哭子,秋复哭汝。"《啸云文钞初编》卷七。

及家录引》第三则:"吾娶汝母薛氏,生汝惠、汝意。又娶蔡氏,生爱,殇,乃生汝忠、汝恩。又娶李氏,以奉事吾本生母者,生汝念。"[1] 除公(功)爱外,有五子:功惠、功意、功忠、功恩、功念。《诫子诗》七首,其一:"惠子舞勺年,好弄每逃塾。"其二:"意子垂十龄,气质顽且鲁……勖汝从戎行,或可继祖武。"其三:"忠儿始总角,就傅榕城东。"其四:"恩子甫能言,神骨颇秀特。"其五:"念子最晚出,双瞳秋水明。"[2] 依林树梅之意,三子功意,将来让他入水师,以继祖家之业,这样水师之家也就后继有人了。《授产条约及家录引》:"兹欲使汝恩、汝念以后陈氏。"[3] 功恩、功念,复本姓陈。因此《浯江林氏家录世系》有功惠、功意、功忠三子名,而无功恩、功念名。树梅又有二女,《诫子诗》七首其六:"长女钞父书,与弟争笔砚。幼女初描花,常窃母针线。"[4] 据《浯江林氏家录世系》,功惠生百龄、沧洲。根据《浯江林氏家录世系》及调查,下面是我们制作的《浯江林氏谱系图》:

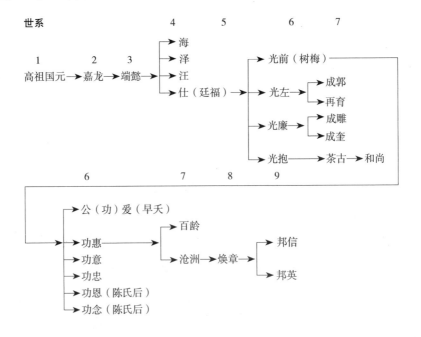

① 《啸云文钞初编》卷十三。
② 《啸云诗钞初编》卷八。
③ 《啸云文钞初编》卷十三。
④ 《啸云诗钞初编》卷八。

第二节 随父镇守海疆

树梅童时随侍镇所于东南徼外。

——《〈闽海握要图〉说》①

林树梅父林廷福（1777—1830），兄弟四人，排行老四。老大、老二，水师外委，老三，早卒。为了叙述的方便，我们根据《先考受堂府君行述》②等资料，编制林廷福年表简表如下（林树梅各年的相关活动，参见附录二《金门林树梅年谱简编》）：

乾隆四十二年（1777） 林廷福一岁

乾隆五十八年（1793） 林廷福十七岁

家道中落，起行伍。后数年中，出洋，获盗八十余人，拔金门左营经制外委。

嘉庆十年（1805）林廷福二十九岁

从李长庚往台湾合剿蔡牵，擒林望等百六十余人。

嘉庆十一年（1806）林廷福三十岁

击于东港外洋，俘蔡牵党曾艺等九十八人而还。

嘉庆十二年（1807） 林廷福三十一岁

---

① 《啸云文钞初编》卷十。
② 《啸云文钞初编》卷七。

击蔡牵于广东急水洋,几获牵;囚牵党罗二等四十八人。屡挫朱濆于鸡笼洋、台湾山、后苏澳、番界洋;又挫之于交趾界。

嘉庆十三年(1808)　林廷福三十二岁　林树梅一岁

亲发炮击朱濆,毙之;而轰炮震荡,舟亦几沉。功为帅抑,不叙。

是岁,林树梅生于水师金门左营百总陈春圃家。

嘉庆十四年(1809)　林廷福三十三岁　林树梅二岁

平蔡牵。锡功加札加级纪录。

是岁,树梅由陈氏过继林家;母陈氏爱抚备至,父林廷福特怜之。

嘉庆十五年(1810)　林廷福三十四岁　林树梅三岁

连破贼党深沪治骆仔卢等于乌区洋、红花屿,以战功加水师千总衔。

嘉庆十七年壬申(1812)　林廷福三十六岁　林树梅五岁

生擒刘贵等三十八人。叙功一等,进水师提标前营千总。

嘉庆十八年癸酉(1813)　林廷福三十七岁　林树梅六岁

(十七年)八月至十八年三月,廷福父母相继亡故,请假归葬。

嘉庆十九年甲戌(1814)　林廷福三十八岁　林树梅七岁

署金门左营守备。

是岁,夫人陈氏卒,时年三十一岁。

嘉庆二十年乙亥(1815)　林廷福三十九岁　林树梅八岁

是岁或稍后,林树梅随廷福游宦走四方。

嘉庆二十二年丁丑(1817)　林廷福四十一岁　林树梅十岁

是岁,父林廷福于奉天监造外海战船;擢南澳左营守备。

嘉庆二十三年戊寅(1818)　林廷福四十二岁　林树梅十一岁

授天津水师镇中军游击。

嘉庆二十四年己卯(1819)　林廷福四十三岁　林树梅十二岁

诰授武翼都尉。

道光元年辛巳(1821)　林廷福四十五岁　林树梅十四岁

回闽,候补署福宁左营游击兼署烽火门参将。

道光二年壬午(1822)　林廷福四十六岁　林树梅十五岁

署南澳左营游击,树梅随侍。

道光四年甲申（1824）　林廷福四十八岁　林树梅十七岁

补海坛左营游击。

闰七月，署台湾副总兵官；作《全台舆图》。

八月，树梅随父由厦门航海往台湾，经三日二夜至鹿耳门。

道光五年乙酉（1825）　林廷福四十九岁　林树梅十八岁

十一月，调任澎湖右营游击，树梅随侍。

道光六年丙戌（1826）　林廷福五十岁　林树梅十九岁

五月，由署澎湖右营游击复以水师抵台，驻西螺堡；树梅随往。

十月，署福州水师营参将。十一月，树梅随内渡，

道光七年丁亥（1827）　林廷福五十一岁　林树梅二十

升烽火门参将。

道光八年戊子（1828）　林廷福五十二岁　林树梅二十一岁

署闽安镇副将。

道光十年庚寅（1830）　林廷福五十四岁　林树梅二十三岁

三月，卒于闽安任上。四月，枢归里。八月，葬太文岩之麓。

《授产条约及家录引》："既而吾年七岁，汝祖母卒，汝继祖母黄淑人生汝叔光左。吾既失恃，则随汝祖游宦走四方。"① 母陈氏卒，三年后继母黄淑人生弟光左，不到十岁的林树梅开始随父镇守闽海要塞，游宦四方。道光十年（1830），父林廷福卒，这一年，林树梅才二十三岁，十多年间，从少年成长为青年，林树梅到过的闽海水师要塞，除了金门，至少还有：南澳、海坛（今平潭）、台湾、澎湖、烽火门（在福鼎）、闽安（在福州）、温州等。嘉庆二十二、三年间，林廷福往奉天监造外海战船、继而授天津水师镇中军游击，当时林树梅十至十一岁，是否随从，诗文集没有明确记载。

在这十多年中，林树梅经受了风涛洗礼。道光四年，林廷福署台湾水师副总兵官，十七岁的林树梅随往。舟从厦门出发，经大担，出金门料罗湾。"至黑水沟，舟触浪作隤屋折柱声，遥望巨鱼喷水，如雪花飘空。"不久，便遇到飓风，《渡台湾记》描述道：

---

① 《啸云文钞初编》卷十三。

飓风骤至，舟颠播欲眩，顾同时解缆诸舶皆不识所之。黑云垂海，海壁立。舟人曰："出鼠尾邪。"海船以龙吸水行雨，为出鼠尾。舱门不闭，水满船且沉。夜过黑水洋，风雨不止，从者窃语："天明不见山，恐落溜溜弱水也。水趋下而不回，生还难卜矣。"（自注：《吾学编》：澎湖岛，海水渐低，谓之"落漈"，即此。）家君令谨柁帆，凭指南针向巽转折行。夜半，众哗曰："水漏入舱。"玦卜天后神龛前，得渗处，塞而漠之，旦乃止。①

天亮，过澎湖猫屿；夜半，远望，知近鹿耳门。鹿耳门，台湾天险之一，眼看就可以登岸了，但是，还得等潮候风，要有小舢板引导，才能进港。一直等到明日的午后，最终才能登岸。林树梅内渡后回忆道："所出没风涛戎马间，濒殆获生，似亦有天幸焉。"② 经历这次艰险，坚定了林树梅的意志，他写完《渡台湾记》后，意犹未尽，又作《渡台纪事》诗抒发其慨："出险如再生，惊完转愉悦。吁嗟复何常，踪迹鸿泥雪。寒暑今再更，使我壮心切。"③ 有了第一次渡台的经历，当林树梅再次渡台遇到飓风，便镇定自若，已经能应付更为复杂、更为险恶的场面了。

青少年时期的这段特殊经历，丰富了林树梅的阅历，让他学到了许多书本上没有的知识。道光间，台湾对许多人来说还是比较生疏的一个地方。林树梅到了台湾，在安平城登岸，他知道，此地明季时为荷兰所窃据，郑氏逐之，康熙二十二年入清版图。在此后的一百年多年间，械斗不断，社会一直动荡不平，内地水师不断前来弹压。在渡台之前，林树梅随父驻扎南澳。南澳是广东与福建交界的一处水师要地。据传，南宋末年，宋帝子曾逃到此地，因此留下不少传说，林树梅根据这些传说，写下了《宋杨太后陵》、《帝子楼》、《陆丞相墓》、《辞郎洲》④ 等诗。

十多年的海上和水师营中的生活经历，林树梅对海上的道里，潮汐的起落、港口的浅深、礁石沙汕的分布，以至海上"盗贼"出没的情形有许多的了解。当然，了解这些情形的肯定不止林树梅一个人，树梅的父亲的经验更加

---

① 《啸云文钞初编》卷四。
② 《渡台湾记》，《啸云文钞初编》卷四。
③ 《啸云诗钞初编》卷一。
④ 同上。

丰富,知道的也许更多;还有同时代或更早些时候的水师将领们,但是他们中的绝大多数人,或者由于文化水准不高或者其他的原因,并没有把这些经历或经验加以总结并记载下来。林树梅的几篇力作的完成,都得力于青少年这一段经历,《〈闽海握要图〉说》云:

> 先君子官水师三十余年,常乘风破浪,剿贼重洋,北至天津,东抵辽沈,南极琼崖、交趾,径还数千里,始悉海疆形势之全。树梅童时随侍镇所,于东南微外,汛防疏密、斥堠远近、风潮常变、礁汕浅深、港澳藏匿、匪徒接济诸机宜,躬承庭训,敬识其大且亟者。既而先君子谢世,树梅衣食奔走,再渡台湾。每与宿将老军讲求利弊,益以身所经历,参证前闻,思举其要,资经世之采择。爰著《〈闽海握要图〉说》,久乃成书。①

《〈闽海握要图〉说》虽然包含二次渡台的经验和所搜集的资料,但是,基础是"童时随侍"。《海道说》中的"福鼎县之烽火门"、"闽安镇"、"海坛镇"、"金门镇"、"南澳镇"、"澎湖"、"鹿耳门"等,都是树梅随父镇守所亲历;上述各镇各港,周边还有许多的礁、岛、村、市,大多也为树梅所熟知。林树梅还撰有《闽安记略》一书,其《序》云:"道光八年,树梅侍先君子协镇此土,见先君子巡防咨访所得者,谨记之,无敢忘。间复搜寻旧简,采摭遗闻,编成《记略》一书。"②亦得力于随父"协镇此土"。

林树梅还从父亲林廷福那里学到许多海上作战和军阵知识,林树梅入曹瑾凤山幕,训练乡勇阵法并绘成图,亲燃铜炮,俱非一时之兴所能做到,尤其是阵法,不熟知怎能教练他人?林廷福作战勇猛,"性果毅","鲠直不避权要","自奉俭约"而"凡义举,靡弗慷慨以赴,尝邮俸充浯江书院膏火。族戚匮乏,皆时赒之"③,皆深深地影响着林树梅的一生。

林树梅早年随父在水师中生活很长时间,得到父执的关爱和照顾是毫无疑问的;林廷福过世之后,林树梅和他们仍然有来往。陈化成,号莲峰,福建同安人,福建水师提督。"与先君子早岁剿贼海上,历三十余年,情如兄弟";

---

① 《啸云文钞初编》卷十。
② 《啸云文钞初编》卷十三。
③ 《先考受堂府君行述》,《啸云文钞初编》卷七。

"树梅于公,为故人子"①。据林树梅《浯江林氏原定授产条约》,林廷福生前有银一千五百两即寄存在陈化成处,廷福卒,林树梅及家人从陈氏处取回分产。化成之子陈廷芳、陈廷棻,亦与树梅情好无间。道光十八年(1838),林树梅内渡,舟过澎湖,被飓风刮至漳浦铜山(今福建东山),"父执陈公国荣为铜山参将,闻树梅至,延入署,询台湾近事。千总庄卓厓,树梅外兄也,亦来晤。登五老峰,一望浩漫,不知所极。指顾柑、橘二屿,则先君子破贼处,旧部卒犹能述之。"②。参将陈国荣,也是父执;铜山将士,多为廷福旧部。温梧轩,曾从林廷福镇守海坛,林树梅入凤山幕,温梧轩协镇安平,与树梅讨论安平形势,树梅作《复温梧轩协镇论安平形势书》,其开篇云:"树梅童时,侍宦海坛,蒙麾下礼之如成人。稍长渡台,益沾教泽。别后重辱赐书,属望之殷,有加畴昔,父执恩谊,盖未能一日去怀也。"③ 林树梅晚岁重游闽安,作《自闽安重游侯屿岩》诗,自注:"二十年前有裨校偕予至山,今为渠帅矣。"④ 这样的例子还可以举出一些。林廷福虽然过世了,林树梅仍然与他们时有过从。林树梅从小生活在水师之家,在水师将士当中成长,他本来就是一个战士,至少,已经培养了他战士的个性,所以,当鸦片战争爆发,厦门吃紧,他千里来奔,很快就成为一个勇敢坚强的战士。当林则徐招之,他又义无反顾地投奔其幕。

林树梅虽然折节为儒,但是,他的身上流淌的是水师将士的血,他的将门子弟的身份没有变,在水师营中培养的个性也没有变,这是他和同时代的其他文人最大的不同之处。

---

① 《江南提督忠愍陈公传》,《啸云文钞初编》卷六。
② 《戊戌内渡记》,《啸云山人文钞初编》卷三。
③ 《啸云文钞初编》卷二。
④ 《啸云诗钞续编》,林策勋编:《啸云诗钞》附,菲律宾宿雾市:大众印书馆 1968 年重印版,第8 页。

第三节 求学与拜师

师门笑我闲桃李，曾向春风沐浴来。

——《芸皋夫子命题鹭门纪游诗画册》①

清代，金门学子读书，不是在本岛的浯江书院，便是到同安县或泉州府求学。林树梅自少年起随父镇守四方，居无定所。除了金门，他还在福州、海坛（今平潭）、厦门等地拜师读书。林树梅求学的地点，始终没有离开福建的沿海和岛屿。本节林树梅求学拜师，依顺序论述的是：童塾王星华秀才、金门浯江书院主讲王乃斌、海坛兴文书院主讲李致云、厦门玉屏书院主讲赵在田、兴泉永道观察周凯、厦门玉屏书院主讲高澍然。林树梅不遑制举之学，成年后专注诗古文，尤其是古文，故本节论述也有所偏重。

一、金门童塾王星华秀才

林树梅幼年在金门就学的情况，限于资料，我们知道不多。胥贞咸是林树梅从孩童起就一起成长的同乡同里亦同师的朋友。胥贞咸亦能诗。林树梅在《书胥鹤巢诗后》说："胥君名贞咸，字心若；鹤巢，其自号也。与予同里居，幼

---

① 《啸云诗钞初编》卷二。

同受业于表兄王汉槎先生,相切劘极欢。"① 那么,这位王汉槎先生就是林树梅幼年时在金门的老师了。据林树梅《浯江林氏原定授产条约》:"原典表兄王秀才星华房屋一所,念吾兄弟皆蒙训迪,今以契价并钱二百千文,还以赠之。"② 则知其表兄名星华,秀才。二百千文虽然不多,但不忘孩幼塾师,亦感人。

二、金门浯江书院王乃斌

林树梅在发现鲁王疑冢之后,曾为之捐祭扫之资,又为金门浯江书院捐了膏火。③ 浯江书院是金门历史较久的书院,金门本地稍有地位者的子弟都在此就读,林树梅早年在这所书院接受教育,也在情理之中,但是具体时间已很难考订。王乃斌,字香雪,浙江仁和人,曾执教于浯江书院,后入周凯幕。王乃斌,是树梅在金门浯江书院就读时的老师之一。树梅《怀人绝句》二十二首其二十一:"翩翩裘马少年场,掷尽黄金未废狂。赢得虚名同画饼,果然煮字不充肠。"自注:"仁和王香雪师、闽县陈秋溟师……见时皆以毋事虚名相勖。"④ "毋事虚名",当是王师早年对林树梅的劝诫,树梅终身不忘。林树梅还有一首纪行诗写到与王师一同渡海到内地,即《同王香雪先生渡海至刘五店》⑤,诗作于道光十五年(1835)。

三、海坛兴文书院李致云

朱德玹为平潭同知,聘武平李致云主海坛兴文书院。林树梅从小随父驻守海疆,道光七年(1827)十月,父林廷福署福州水师营参将,旋升烽火门参将,二十岁的林树梅遂渡海从李氏学。李致云谈到当时情况时说:"林生瘦云好游,嗜古。少随父宦游海上,杀贼于风涛汩没中。丁亥,予主讲海坛兴文书

---

① 《静远斋文钞》。
② 林策勋编:《浯江林氏家录》,1955 年家印本。
③ 《前明鲁王墓图记》:"树梅既修王墓,复捐市廛一所,作浯江书院膏火,且供王墓祭扫资。"《啸云文钞初编》卷五。
④ 《啸云诗钞初编》卷六。
⑤ 《啸云诗钞初编》卷二。

院,航海来从予学,为诗古文词,曰:'时学,貌圣贤言,皆鲜实而无济于用。弟子有志于古,惟先生有以教之。'""倾橐购书数千卷,日夜读之。"① 树梅从致云先生学,一是"嗜古",二是从李致云先生学"济于用"的学问。李致云卒于道光二十六年（1846）,详附录二《金门林树梅年谱简编》。树梅与朱德玙二子同授业于李致云,长曰允惇,更名庆镛,道光十三年（1833）进士;次曰允恂,太学生。致云曾在台湾任教多年,故林树梅追吊诗有"古道存人口,门生半海东"之句②。

四、厦门玉屏书院赵在田

高澍然到玉屏书院之前或更早,赵在田曾主讲厦门玉屏书院。赵在田,字光中,号榖士,闽县（今福州）人,嘉庆四年（1799）进士,授编修,以亲老假归。先后主讲厦门玉屏书院和福州凤池书院,道光十六年（1836）卒。"生平精于'三礼'、'三传'、《史》、《汉》诸书。诗宗韩、苏,工书,好蓄古砚及碑版文字,聚书万余卷。"③ 道光十六年春,林树梅离开福州回里,赵在田对他说:"吾老矣,生平考订金石文字,尝欲补正王兰泉少司寇《萃编》阙遗,需子重来共勷吾事。"④ 赵在田对林树梅的影响,除了经传、《史》、《汉》以及韩愈、苏轼诗之外,金石学、碑版学的影响可能也比较大。《萃编》,即《金石萃编》,王昶（1724—1806）编。昶,字德甫,号兰泉,一号述庵,江苏青浦（今上海市松江县）人。赵在田拟让树梅襄助其补之。林树梅良好的文字学功底,好古砚、喜篆刻无疑与赵师有关。赵氏过世后,林树梅恐其文章湮没,特意作《征收先师赵榖士先生遗文启》⑤,以征求其遗文,拟编辑付梓,这个计划有没有实现,已不得而知。

---

① 《〈静远斋文钞〉序》,《〈静远斋文钞〉序》。
② 《哭李自青夫子》,《啸云诗钞初编》卷七。
③ （民国）《厦门市志》卷三十三《流寓志》,方志出版社1999年版,第686页。
④ 林树梅:《征收先师赵榖士先生遗文启》,《静远斋文钞》。
⑤ 《静远斋文钞》不分卷。

五、兴泉永道观察周凯

道光十年（1830）十一月,周凯为兴泉永道观察,驻厦门。次年,林树梅二十四岁,从周氏治古文。周凯在兴泉永道观察任上,文教方面做了以下三件事:

第一,修葺玉屏书院,扩大书院规模。道光间,同安县有十五里,厦门是其中的一里。无学校,设玉屏、紫阳二书院。道光十五年（1835）,周凯倡修玉屏书院。事详《重修玉屏书院碑记》①。初步考证,当时厦门玉屏书院诸生有:

1. 吕世宜,字西邮,金门举人;

2. 庄中正,字诚甫,平和监生;

3. 林焜熿,字逊甫,金门禀生;

4. 林鹗腾,字荐秋,号晴皋,道光二十年（1840）进士②;

5. 叶化成,字东谷,海澄举人③;

6. 林锡朋;

7. 杨士侨;

8. 吴廷材,字翘松,中书科中书;

9. 张福海,同安生员;

10. 郭懋基,字君选,同安监生④;

11. 林树梅,字瘦云,同安金门人;

12. 陈梦三,字南金,同安禀生;

13. 杨廷球,字介眉,龙溪生员;

14. 吕世修,字子俊,同安生员;

---

① 《内自讼斋文集》卷八。
② 详周凯:《自纂年谱》,《内自讼斋文集》卷首。
③ 周凯:《再覆雨农书》:"吕西邮世宜、叶东谷化成,厦门笃学士也。"《内自讼斋文集》卷八。
④ 周凯:《重修玉屏书院碑记》:"于是,举人吕世宜、李应瑞修萃文亭,迁魁星象其中,生员林锡朋修兰芝室,贡生杨士侨修卖诗店,职员陈联恭修漱芳斋,吴廷材修三台阁,童生张福海修静明轩,监生郭懋基修仿胡斋,职员吴文昭与族人重建朱子祠……"《内自讼斋文集》卷八。

15. 林必瑞,字砚香,同安监生 [1];

16. 林必辉,号墨香,必瑞弟 [2]。

玉屏书院有不少志同道合的学友,周凯和高澍然的门下还有许多门生,这一资源让林树梅一生受用无穷。《啸云文钞初编》的若干评语,就出自同门友如吕世宜、蔡廷兰(周凯往澎湖赈灾时,蔡廷兰拜其为师)等之手。

第二,主纂《厦门志》。分辑、总校、分校者林焜熿、吕世宜、林鹗腾、庄中正、杨庭球均为玉屏书院诸生。周凯、高澍然均有序。《厦门志》的编纂,也可以视为玉屏书院的一项活动。在周凯的带动下,诸生中的林焜熿还同时编纂了《金门志》的初稿,林树梅是阅稿人之一,他还写过《与家巽夫茂才论〈金门志〉书》[3]一文,与林焜熿讨论修志的问题。此书后来由林焜熿之子林豪完成,刻于光绪年间。

第三,在修葺玉屏书院的同时,周凯延请《福建通志》总纂高澍然来厦门主玉屏书院。道光十六年(1836)五月,高澍然从福州来到厦门。前此一年,二十八岁的林树梅奉周凯之命,执贽拜高澍然为师。

周凯《自纂年谱》:"(道光十六年)时余方于公余之暇治古文,雨农五月始至,携其夫人及弟子高炳坤偕来。于是,岛上弟子能古文者吕孝廉世宜西邨、庄中正诚甫、林焜熿巽夫、林鹗腾荐秋,及好学之士皆居于书院,游宴皆有所作。为皆生评削制艺,绝去时径,俾入真理。一时称极盛焉。余之古文亦深受切磋,盖雨农博学高尚,富著作,朱梅崖先生之学者也。"[4]周凯观察厦门,不仅自己致力于古文,而且倡导古文,一时厦门的古文称为极盛。周凯过世后,吕世宜作文祭之云:"受业诸生,经受夫子古文义法者,与所栽培而成就者,畴不痛悼咨嗟?"[5]厦门玉屏书院诸生的古文,无不受周凯的溉泽。

同年八月,周凯调台湾道,高澍然亦辞归。

---

① 林树梅等五人,见《内自讼斋文集》卷首《参订门人》。参订门人中尚有台湾、澎湖籍者九人(含蔡廷兰),不能确定他们是否西渡入玉屏书院。

② 周凯:《四十九石山房记》,《内自讼斋文集》卷八;吕世宜:《林墨香小传》,《爱吾庐文钞》。

③ 《啸云文钞初编》卷二。

④ 《内自讼斋文集》卷首。

⑤ 《祭皋云夫子文》,《爱吾庐文钞校释》,何树环校释,台北:古籍出版社2002年版,第240页。

周凯与林树梅结下很深的师生情谊。

就在周凯调台湾道之后的两个月,林树梅应凤山县令曹瑾之邀,准备东渡台湾,因风受阻,十二月方成行,除夕之日到达台湾番仔洼。道光十七年(1837)正月中旬,林树梅在台湾郡城大北门,谒见周凯。此次见面,林树梅还为周凯绘了一幅小像,周凯在画上题《富春江上捞虾翁》长句,表达归田之志。七月,周凯病逝于台湾。林树梅为周凯画像,详第六章第三节。这一年,林树梅在凤山县作《与曹怀朴明府论凤山县事宜书》①,论治县十事:筹赈粜,编保甲,驭胥役,急捕务,省无辜劫案,禁图赖,广教化,崇祀典,清港澳,和闽粤。周凯读之,十分欣赏,以为:"林生啸云,天资卓绝,遇事又能用心。今来台阳从事幕府,因书程子'思于物有济,求其心所安'二语勖之。寻阅其《与曹大令论凤山县事宜书》,言皆有物。迨余按部凤邑,见生所言已次第举行,是大令与生相得益彰,而余之许生为不谬耳。"② 这段评语,肯定林树梅此文言之有物,实践证明所论十事大多可行并已实行;周凯还认为曹瑾用林树梅为得人,两人相得益彰。周凯说,他早年在厦门对林树梅的期许,看来是不会错的。

林树梅协助曹瑾在凤山县兴修水利,取得很大成效,后人因称之为"曹公圳"。有了凤山县的经验,林树梅有意进一步推广到整个台湾岛,而周凯正好在台湾道观察任上,树梅作《上周芸皋夫子论台湾水利书》③,以为台湾土地肥沃,不耘而熟,一岁再三熟,民有惰性;又信鬼神,"旱辄弃车戽堤潴之力,舁土木偶,鸣钲戴柳,往来祈祷,甚有争道持械相斗杀者"。"兴水利以销乱萌,护农田以定民志,治化大原,胥基于此,一时之举,百世利也"。水利的问题并不那么简单,兴水利可以销乱萌,护农田就是安民心,是治化的一大根本,功在百代。周凯教民掘井,林树梅在文中还详细介绍了探泉源之法,探得泉源,井安不能掘!凤山的水利多是开渠引水,或凿水塘,林树梅对曹瑾说:"树梅尝见周芸皋师颁示,教民掘井。因上书条论,谓其法亦可行于凤山。"④

---

① 《啸云文钞初编》卷二。
② 《与曹怀朴明府论凤山县事宜书》附评语,《啸云文钞初编》卷二。
③ 《啸云文钞初编》卷一。
④ 《与曹怀朴明府论凤山水利书》,《啸云文钞初编》卷一。

掘井之法,在凤山也必然行得通。总之,兴修水利既可以开渠引水,挖塘蓄水,也可以掘井得水,方法虽异,但是目的还是相同的。周凯兴水利有着坚定的信心,对林树梅也起了很大的鼓励作用。林树梅在《与曹明府补论水利书》一文中引用了周凯的话并发挥道:"树梅曩与周芸皋师论水利,曾举凤山开凿陂堰,繁费难集,虑不易成。师曰:'浮屠氏日击云磬,募四方修佛宇,事且举。顾用志,何如耳?'若执事勤民之仁,见事之明,任事之决,而又副以坚定之志力,则水利兴而野田辟,仓廪充,讼狱简,盗贼消灭,教化大兴。"① 兴修水利的确实事繁资费,周凯说,佛教徒修寺庙难道不繁不费? 僧人哪怕四处击磬化缘,也要把它修建起来,就是因为他们意志坚定。以坚定意志修水利,就一定能成功,最终达到教化大兴的目的。

在林树梅上论水利书不久,周凯以疾卒于台湾。林树梅曾作《书周芸皋夫子遗像后》②。周凯临终,将遗著托付给林树梅。林树梅《哭芸皋夫子》四首③ 也提到此事。还在周凯在世之时,道光十六年(1836)九月,林树梅在福州就校刻了周凯父周濂(1750—1815)、高澍然父高腾(1749—1807)的合集。周濂有《草草园诗集》,高腾有《九皋草堂文》、《觳音初集》。周凯过世,林树梅校刻周凯遗集更是不遗余力。周凯卒后两年,即道光十九年,其主纂的《厦门志》刊刻;卒后三年,其《内自讼斋文集》刊刻。《内自讼斋文集》的刻印,林树梅筹集印书资金,费了不少精力。林豪《澎湖厅志》:"金厦门下士林树梅辈议刻《内自讼斋文集》,鸠资助费。廷兰锐身自任,移书台地同门生施进士琼芳等曰:'吾师素负知人爱士,目今此事宜各尽心力,庶彰吾师之明;岂可诿之树梅、使私为己责哉?'"④ 同门蔡廷兰认为,这件事是周凯门生大家的事,不能推诿让林树梅一个人承担。林树梅《书高雨农夫子〈抑快轩文集〉后》:"周师集,树梅已与吕西邨、蔡香祖两孝廉商校成刻,俾一二同志得以先睹为快矣。"⑤《内自讼斋文集》封面有"道光庚子八月开雕板藏爱吾庐"十三字。"爱吾庐",金门吕世宜斋名。此书卷首有"参订

---

① 《啸云文钞初编》卷一。
② 《啸云文钞初编》卷八。
③ 《啸云诗钞初编》卷三。
④ 《台湾文献丛刊》第164种,台湾银行经济研究室1963年版,第106页。
⑤ 《啸云文钞初编》卷八。

门人"姓名,除了林树梅、吕世宜、蔡廷兰,还有其他十八人。

周凯过世十多年之后,林树梅忆及周凯,仍然怆然神伤。其《读芸皋夫子〈厦门志〉怆然书感》二首①。林树梅拜周凯为师,追随周凯前后六年,前四年在厦门,时周凯为泉兴永道观察,林树梅多数时间在玉屏书院;后两年周凯为台湾道观察,林树梅在凤山县曹瑾幕。周凯论古文,重视实用,这一点对林树梅的启迪尤其大,见本文第七章。

六、厦门玉屏书院高澍然

高澍然(1774—1841),字时埜,号甘谷,晚号雨农,福建光泽人。嘉庆六年(1801)举人,援例授内阁中书、摄侍读。著有《抑快轩文集》、《韩文故》等。高澍然是福建著名古文家建宁朱仕琇的再传弟子,陈寿祺卒,高澍然继之为《福建通志》总纂。道光十五年(1835)三月,兴泉永道观察周凯决定延请高澍然来厦门主玉屏书院。五月,林树梅在福州,高澍然在福建通志局修《通志》,周凯命树梅执贽从高澍然治古文。高澍然纪其事云:

> 余道光乙未五月,将去福州,识生于友人饯席。旦日,生肃衣冠,贽为弟子,乞授古文法。适余以是日发,匆匆数语而别。②
>
> 岁乙未,生年二十有七,来从余学为古文。余考其业,善序事,郁勃有生气。时余将去福州,恨得生之晚也。③

林树梅纪其事云:

> 乙未,富阳周芸皋师观察兴泉,延夫子主讲玉屏,命树梅执贽从授古文法。盖夫子最为周师所心折,而树梅则又周师所爱育者。树梅既从夫子游,时获侧闻夫子论文之法,以气体为主,而泯人己之见,谓人见为鄙,

---

① 《啸云诗钞续编》,林策勋编:《啸云诗钞》附,菲律宾宿雾市:大众印书馆1968年重印版,第8页。

② 高澍然:《赠林生澍梅序》,钞本《抑快轩文集》乙编卷六。

③ 高澍然:《〈啸云诗钞稿〉序》,《啸云诗钞初编》卷首。按:乙未,林树梅年二十八,"二十七"为实龄或高氏误记。

己见为倍,无侈才以伤气,貌似以伤体,乃能文以载道,自铸伟辞。①

五月间,高澍然已经接受周凯之邀,准备前往厦门玉屏书院,但是,周凯仍然要林树梅提早在福州见高氏,并提前拜其为师,这里有对高氏敬重的原因,也有让林树梅"先走一步"(树梅有别业在福州,较便利)的原因。高澍然考林树梅之业,认为其文善于叙事,郁勃有生气,有得之恨晚之叹。而林树梅以传统礼节拜高澍然为师,旋即体会高氏论文之法的要旨。这次拜师,没有让周凯失望,达到了目的。这年八九月间,高澍然出福州,病疟,树梅日夜问讯,呼医称药。高澍然《啸云诗钞稿序》:

> 明年夏,余掌教厦门道,出福州,欸病疟卧邸。生日来问讯,呼医称药,夜分始归休。窥其意殊切,余感之而叹。古今负奇者以气生,乃足于性,其尤难得可贵尚也。②

林树梅非常真诚,尽了弟子的责任,高澍然非常感动,以为"难能可贵"。

这次拜师时间很短,高澍然因事离开福州,一两个月后,林树梅还专门让人把所作文汇成册送呈高澍然,虚心请益。"自是,积一、二月,生辄汇所作,走使求正。余为处其利病而退,虽隔面,无异亲授然。"③澍然认真披阅,虽然师生远隔一方,但无异于面对面亲授。

道光十六年(1836),高澍然来到厦门,主讲玉屏书院。六月初八,周凯招诸生陪高澍然游,并宴请高氏。十五日,诸生设宴为高澍然寿。高澍然有《玉屏书院夜宴记》④、《宴游白鹿洞记》⑤,周凯有《玉屏书院夜宴记》⑥,吕世宜有《崇德堂夜宴记》⑦记其事。吕世宜《崇德堂夜宴记》一文描绘当时酒宴云:

---

① 林树梅:《书高雨农夫子〈抑快轩文集〉后》,《啸云文钞》卷八。
② 《啸云诗钞初编》卷首。
③ 高澍然:《赠林生澍梅序》,钞本《抑快轩文集》乙编卷五。
④ 钞本《抑快轩文集》乙编卷十四。
⑤ 钞本《抑快轩文集》乙编卷十五。
⑥ 《内自讼斋文集》卷十下,道光本。
⑦ 何树环校释:《爱吾庐文钞校释》,台北:台湾古籍出版社2002年版,第97—99页。

是月十五日设酒于院中之崇德堂,雨农先生上而右,芸皋夫子上而左,皆东乡,诸生以次侍坐,莘莘济济,訚訚衎衎,如侍宴白鹿洞时,而进退弥谨,意气弥洽。酒半,月上东方,树影、石影交加满地,芸皋夫子顾而乐之,诏诸生为诗为文以寿。

两次游宴,除了高澍然、周凯,诸生共有十二人,因为吕世宜当时已经五十三岁,故为诸生长。据此文,林树梅当时当亦作有诗文。七八月间,高澍然偕配上官氏游厦门,作《海天评月图》,林树梅有《海天评月图赞并序》,其《序》云:

吾师高雨农先生偕配上官夫人游厦岛。偶秋夜玩月,动乡井之思。先生述苏夫人答东坡春月秋月语,夫人曰:"人悲秋耳,月犹春月也。"先生喜其语有禅意,作《海天评月图》,自题赞曰:"人自春秋,月无今古。"苏夫人后得一转语,会属门人辈题辞。次及树梅,敬赞于后。①

八月,周凯调台湾道,高澍然亦辞归;澍然作《留示厦门诸生》②。八、九月间,林树梅在福州别业,高澍然特意为林树梅留二十天,专门与之论文。二十天的时间也许不算特别长,但是如果我们计算一下高澍然在厦门主玉屏书院,不过从六月经闰六月到八月,就是算足了天数,也不超过一百二十天,就样说来,二十天为树梅等讨论古文,时间就很不短了。林树梅还将自己所作诗文向高澍然请益。高澍然《赠林生澍梅序》③和《啸云诗钞稿序》④记载了这二十来天的活动。《赠林生澍梅序》略云:

丙申夏秋,余往反厦门,并遇生于福州,其归,为生留二十日论文。于是福州诸生咸侍,生前请曰:"夫子所以示诸生者,皆拔本之教。树梅仅按《论语》答弟子问仁、问政,惟颜渊探本言之。余皆导其所近而策其不足,愿夫子为树梅专言之。"余嘉其意,语之曰……

---

① 《啸云文钞初编》卷十四。
② 钞本《抑快轩文集》乙编四十八。
③ 钞本《抑快轩文集》乙集卷五。
④ 《啸云诗钞初编》卷首。

　　道光十八年（1838）九月，林树梅从台湾内渡。十九年，大多居住在福州。二十年二月，往光泽谒师高澍然。四月，高澍然为作《〈啸云文钞初编〉序》。七月，闽浙总督邓廷桢驻节泉州，闻林树梅有奇才，让人作书招树梅。从二月到七月，林树梅活动在光泽、邵武一带，与高澍然有比较多的接触，他交给高澍然作序的文章六十多篇，大多是在台湾凤山县曹瑾幕府时所作。林树梅赴台入曹氏幕，在道光十六年（1836）十月，即高澍然离开厦门玉屏书院之后。道光十六年，高澍然离福州，作《赠林生树梅序》，委婉批评树梅之"负奇"，以为诗负奇则可，文不可，并期望树梅"移负奇之志，反于平庸，勿狃其所近，毋画其所不足，乃斯道之寄也"①。数年之后，树梅的古文有了长足的进步，高澍然非常高兴，说道："今阅是《钞》，多凤山幕中作，朴实论事，真切说理，不事张皇，生气不匮，殆有意弃奇取平，而思进于蔼如欤？生年方及壮，造诣已如此。"高澍然以为，如果树梅能够做到"内外交养，大其所存，实其所发"②，将来古文的成绩一定很大。

　　道光二十一年（1841）闰三月，高澍然卒，林树梅作《哭高雨农夫子》二首吊之：

　　　　斯文何敢道，所幸厕门墙。教诲恩犹子，存亡意自伤。千秋名姓在，一痛海山长。更洒濂溪泪，临风共此伤。芸皋师与师至契。

　　　　记曾随杖屦，健步上乌君。山水应如故，先生不可闻。阶前余郑草，天下拜韩文。著《韩文故》萃精力三十年。庐墓知无日，经年况海氛。闻师讣，适夷警，留滞泉南。③

其时，英夷窥视东南沿海，形势十分吃紧，树梅在厦门军中训练乡勇，不能即刻赴丧。直到次年五月，树梅才偕同高澍然次子孝敳往光泽料理其师殡事。林树梅之行还有另外一个目的，就是校理高澍然的遗文。其《怀人绝句》二十二首其十四："师门回首空关切，上下惊心五百滩。"自注："高幼瞻茂才

---

① 钞本《抑快轩文集》乙集卷五。
② 《啸云文钞初编》卷首。
③ 《啸云诗钞初编》卷五。

为雨农师次子,自省城同舟至光泽襄师殡事,校录遗文。"① 高澍然有《韩文故》,历三十三年而成,周凯在生前已为之校梓。高澍然的《抑快轩文集》多达七十四卷,本来林树梅与高澍然二子孝祚、孝敔想借办殡事的机会把这部书刻了,无奈卷帙过大,很难成事,只能先缮钞以待异日。林树梅《书高雨农夫子〈抑快轩文集〉后》云:"异时携归家山,更图剞劂,使夫子不朽之业得与周师《内自讼斋集》并播艺林,庶几好古之士,读而知我二夫子相知之深,与夫树梅所以受知于二夫子者。又皆训之至殷,望之至切,而树梅独未能藉手以谢知己于万一,其何以慰夫子在天之灵,则亦安能不抚遗编,而自伤无状也哉?"② 如此说来,树梅曾经携带《抑快轩文集》一部回到厦、金,并一心想把此书刻印传世,直到他编《文钞》时仍然没有放弃这个念头。林树梅晚景家庭人口增加,早年施财好善,经济上没有能力胜任这样一部大书的刻印了。林树梅卒后,他所携的《抑快轩文集》和其他藏书散失,下落无从知晓。高澍然生前鄙视贪财,家无太多余产,孝祚、孝敔兄弟自然也没有能力刻印。《抑快轩文集》钞稿本悬于一线,光绪十三年(1887),谢章铤从高澍然孙处借得钞稿本,昼夜并力,缮钞一部。高氏所藏《抑快轩文集》已佚,幸赖谢章铤的重钞本得以传世。③

---

① 《啸云诗钞初编》卷六。
② 《啸云文钞初编》卷八。
③ 《抑快轩文集》,江苏广陵古籍刻印社 1998 年影印本。

第四节　再渡台湾

曹侯御侮足智谋,奉檄邀我仍来游。

——《再渡台湾呈曹怀朴明府》①

道光十六年（1836）,林树梅三十九岁。这一年,在林树梅的一生中是一个比较重要的年份,他往福州拜高澍然为师,又在厦门玉屏书院随侍高氏,已如前述。这年八月,周凯调台湾道,高澍然亦辞归。八九月间,林树梅往福州向高澍然请教,高氏不断勉励之;高氏病疟,树梅日问讯,呼医称药。九月,校周凯、高澍然二师之父遗作合集《周高二家拾遗录》。十月,台湾凤山令曹瑾招林树梅入其幕。十二月,林树梅成行,拉开了第二次渡台生涯帷幕。道光十八年（1838）八月离台,过澎湖;九月朔,被风刮至福建铜山。前后三年,实际时间不到两年。

曹瑾,字怀朴,河南人,解元。康熙间,台湾设有一府三县,即台湾府,台湾、凤山、诸罗（后改为嘉义）三县。道光间,凤山县管辖的范围,大约为今天高雄县市、屏东县的一大片土地。"道光十六年秋,台属饥。十月,嘉义下加冬盐水港匪徒抢米拒捕,戕把总柯青山及汛兵,而南路贼复应之,势益张。制军以曹怀朴明府廉敏干济、有折冲才,专章入告,调宰凤山,招树梅佐幕

事。"① 道光四年（1824）林树梅之父林廷福护理台湾水师副将，曾制作《全台舆图》，记其要害，当年林树梅曾侍入台，熟悉台湾的舆地风土情况，这可能是曹瑾邀林树梅入其幕的原因。本小节论述的要点有五：渡台与内渡的艰危；林树梅助曹瑾兴修水利；处理闽粤庄和械斗，慰抚"诸番"；清庄除奸，团练乡勇；议新筑城楼，建炮台，浚濠沟。

道光间，从福建中部沿海与台湾对渡，有两条航线，一条是金门、厦门往台湾鹿耳门，中经澎湖西屿转渡；一条是泉州蚶江往彰化县鹿港，直接对渡。前者"水程十二更"，后者"水程七更"②，东偏南行。十二月，刮东北风，船不能直接从上述两港直接出发，得再往北航行，到达惠安崇武，然后东南行。六日，船从泉州出发，北上崇武，次日，出崇武外洋，晚逾黑水洋，"浪排空击船，几覆。舵工恐甚，欲收回。树梅见水面黑痕一缕，知是近山。"不久，至白水洋，"危樯猬集，峰峦毕露，沙汕人家，可以指数"，但是，沙汕难以寄碇，在风潮中漂荡不前，"如是者几旬日，船中水米殆尽"。忽遇水浅，舵裂，"树梅立风雨中，督人百计转舵"，幸而"忽风帆自回，始悬舵入番仔洼。"原来，鹿港海口久阏塞，番仔洼汕亦仅存一航道而已，如果潮退，即不可入港。渔人导船入港之后，潮即退去，"众登陆，欢然称庆"③，此时已经除夕。如果从七日从崇武出发算起，这次航行共花了二十多天的时间，水米殆尽时，全船八十多人，命悬一线。

比起两三年后的内渡，二十多天的航行算是很幸运了。道光十八年（1838），林树梅就开始筹划回金门省亲。五月十六日，曹瑾为之饯行，因夏令风信不常，遂止大湖，直到八月，金门有战船内渡，树梅附其舟。十五夜，乘小船出南濠，经安平镇，至国姓港登船。"乘潮解缆，一叶凌波，乍起乍伏，但闻奔涛之声，不知行多少里。翌日，见澎湖东吉屿。猝遇飓风，刮大帆破，不得过虎井。"④ 虎井，处澎湖要冲。于是，船只好折回，归途也是惊心动魄，有的船折断了，林树梅的船不举火三天，好不容易才入台郡。二十八日，再出国姓

① 《再渡台湾记》，《啸云文钞初编》卷四。
② 《〈闽海握图〉记》，《啸云文钞初编》卷十。
③ 《再渡台湾记》，《啸云文钞初编》卷四。
④ 《戊戌内渡记》，《啸云山人文钞初编》卷三。

港,九月朔,过澎湖北翘,逾黑水洋,飞浪从桅杪倾注,底裂漏水,幸无虞。比晓,顺风而南。海船恃风而行,风烈甚险,瞬间,忽见峰峦蔽日,舟师指认是福建极南端的古雷诸山,晚,终于停泊在铜山城北。等了三个月,出了两次海,遇到很多的险情,尽管已经登上海岸,但是,登岸的地点却离省亲目的地金门还有数百里之遥。

此番渡台与内渡,林树梅在风雨中指挥若定,比十二年前沉稳、从容、成熟多了。从郑克塽降清时算起,到道光年间约有一百七十年左右,这期间西洋的艇船的制造,航海技术又有了很大的发展,但是清朝无论是官方还是民间,航海技术仍然止步不前,除了舵橹,没有任何的器械;除了风帆,没有任何的动力设备。林树梅们渡海的勇敢精神很值得我们的敬重,但是官兵民众,往来于台湾,付出的代价实在太大,作为一个民族,背负的压力也太过于沉重了。

助曹瑾兴修水利的问题,我们在上一节林树梅与周凯情谊中已经论及。《啸云文钞初编》卷一有四篇文章,讲的都是凤山县兴修水利的问题,可见作者本人对此事的重视。第一篇《上周芸皋夫子论台湾水利书》,赞同周凯掘井之法,以为凤山实施掘井之法也是可行的。他认为掘井与引水可以并行。《与曹怀朴明府论凤山水利书》说:“然掘井仅能自治其田,未若导水之为,利甚溥。”[1] 就是说,掘井仅利于一家一户,而修渠引水,可以大面积受利。他还分析,修渠引水,花费不一定比掘井成本高,而且受用不尽。《怀朴明府论凤山水利书》(附《拟条规》)及《与曹明府补论水利书》两文[2],都是非常专门的论水利论文。水渠从何处引水,流经何处,多少长,多长宽,如何开凿,注意何事,何处受益,了然分明。如果不是对凤山一地溪流了如指掌,如果不是有开凿水渠的经验,恐怕写不出这样的文章来。我们作为读者,由于缺乏凤山具体的地理知识,缺乏水利知识,读起来也不免有些吃力。“丙申秋,台、凤、嘉接壤之区被旱百有余里”[3],曹瑾下车伊始,马上着手兴水利之事,而问策于林树梅,故树梅一论再论水利。从道光十七年动手,次年凤山水利

---

① 《啸云文钞初编》卷一。
② 同上。
③ 熊一本:《曹公圳记》,《凤山采访册》丙部,《台湾文献丛刊》第73种,台湾银行经济研究室1960年版。

工程告成,民众随之受益。《曹瑾传》说:"戊戌,功竣,凡掘圳四万三百六十丈有奇,计可灌田三万一千五百亩有奇。盖由淡水溪决堤引水,于九曲塘之坳垒石为门,以时蓄泄。当其启放之时,水由小竹里而观音里、凤山里,又由凤山里而旁溢于赤山里、大竹里,环县城,达署内,中建水心亭,水之消长,一望而知。"① 工程完工,水源、水门、水渠走向,流经之地,都与林树梅原先的设计相符。大功告成,林树梅已经回到金门,又作《贺曹明府水利告成并陈善后事宜书》进一步补充论述。其中与水利有关的有两条,一条是修桥梁以通道路,另一条是广栽植以尽地利,后一条,林树梅说:"窃闻山无树木,则泉不能蓄。当此水利初成,亟宜劝民依山种树,以滋泉脉。沿堤栽柳,以固圳岸。傍岸多设水碓、水磨,以省人工。且可广收菱芡、鱼虾,使无业细民有所寄命。"② 要蓄得水泉,必须在山上种树;圳岸要牢固,必须在岸边种柳。在我们今天看来是很浅显的道理,一百七十年前,甚至 30—40 年前,人们都未必知道,或者知道了,做不到。多设水碓、水磨云云,这是水利资源的利用,真可谓是造福于凤山的民众了! 刘家谋《海音诗》:"谁兴水利济瀛东,旱潦应资蓄泄功。溉遍陂田三万亩,至今遗训说曹公。字书无'圳'字,俗制也;音若'畯'。"自注:"曹怀朴瑾。令凤山时,开九曲塘,引淡水溪。垒石为五门,以时启闭,自东成西,入于海。计凿圳道四万三百六十丈,分筑十四坜,灌田三万一千五百余亩,岁可加收旱稻十五万六千六百余石。逾一岁而功成,熊介臣观察一本名以'曹公圳'。"③ 曹瑾是应当纪念的,"曹公圳"的命名也没有错,当我们在谈论曹瑾、曹公圳的同时,也不应忘记林树梅这位当年修建"曹公圳"的"总工程师"。

处理闽人、粤人之间的械斗,慰抚"诸番"。凤山在台湾的最南端,其居民有"生番"(原住民)、闽人(福建移民)、粤人(广东移民)和曰"土生囝"(闽人纳"番妇"所生子),这几部分人常常发生冲突,闽、粤甚至发展到械斗,至有死者。道光十七年(1837),林树梅出凤山县南行数日,又航海数十里,至琅峤(今屏东县恒春镇),召粤庄、闽庄庄者,"树梅集众议,画闽北

---

① 《凤山采访册》庚部,《台湾文献丛刊》第 73 种,台湾银行经济研究室 1960 年版。
② 《啸云文钞初编》卷一。
③ 《苣川合集》本。

粤南，因濠受水，定其界，示以邑君爱尔曹如赤子，知尔相斗杀，不忍即剿除，故使我来谕止。尔曹尚共体邑君绥靖德化之意，自今定界，其安居乐业，毋有后言。则皆应曰：'诺。'"① 林树梅离开闽、粤庄，深入番社处理"土生团"与"生番"之间的恩怨，初入"番社"，树梅不免有些紧张，转而一想："番人亦吾人耳，远之，适启其疑，且示以怯，孰若通以情感，以信吾事庶有济乎？"因此"住保力（地名）三昼夜，居宿、饮食，无不与诸番偕"。遂去"生番"疑虑。树梅离开"番社"时，众相"苦留"。归途，林树梅一行碰上"生番"打猎回，"发铳围攻，几中铅火，以手喻意，乃解"。八月初，回到凤山。林树梅说："树梅裹粮入险，劝息民番，特暂戢其锋。"安抚只是暂时起作用而已，当局还必须做好工作，千万不能因为"殊俗"而歧视"生番"和"土生团"。此行，林树梅画了一幅《瑯峤图》，因为他亲历其地，还发现了《府志》、《县志》的一些错误，加以纠正之。

"清庄""除奸"，团练乡勇。"清庄"，即清庄联甲，"将男妇丁口，并何生业，逐一清填门牌，十家一牌长，百家一甲长，十里一保正"。如有贼盗，鸣金协力堵捕，确保一庄安全。"除奸"，比较复杂，康熙之后，闽粤移台者渐多，闽粤沿海可能也有一些为官所逼而反抗者，转移到台湾来的；也有一些确为盗贼匪类、杀人越货者，林树梅所说的"除奸"当指后者。"台地自入版图，奸民起者十有四，而凤邑九被兵。"② 林树梅再渡台湾，登岸伊始，就参与"除奸"。"正月八日，由鹿港南行，过下加冬茅港尾百余里"，"二十六日抵凤山，亟练乡勇。二月十一日擒获贼首刘蓝及其党二百六十余人"。林树梅没有记载自己如何破贼，但从曹瑾"欲列上树梅首功"，树梅"辞谢之"③ 的叙述看，林树梅此役的贡献可能是很大的。

林树梅还认为，要确保地方社会的安全，单纯依靠正现的军队是不够的，还必须把民众组织起来，加以培训，即"团练乡勇"。"聚，则为兵；散，则为民。放之无象，置之无形，岂非寓兵于农之美意哉。"④ 寓兵于民、寓兵于农，有点

① 《〈瑯峤图〉记》，《啸云文钞初编》卷四。
② 《与曹怀朴明府论凤山县事宜书》，《啸云文钞初编》卷二。
③ 《再渡台湾记》，《啸云文钞初编》卷四。
④ 《〈团练乡勇图〉说》，《啸云文钞初编》卷九。

类似我们今天说的"民兵"组织。受曹瑾的委托,林树梅拟订了一套教习的办法,配上图,对乡勇进行有组织的训练。上文我们谈到林树梅擒获贼首刘蓝及其党羽,就是先练乡勇后破敌的。林树梅不仅熟悉阵法,而且也掌握火器的使用方法,"操练乡勇阵法,树梅燃铜炮,大声轰山谷",在他的激励下"诸铳手击靶,皆中"。①

　　林树梅再渡台湾的建树,除了以上诸事,他还建议新筑城楼,建炮台,浚濠沟,也都是关系凤山县治理大事。树梅回金门又作书致曹瑾:"台湾,重洋孤岛耳,崐山俯海,民番杂居,而控制南洋,阻扼生番,则凤山实左臂之屏卫,要隘也。顾土宇辽旷,民气浮动,其习俗好尚,既与内地异势,官司抚御,亦与内地悬殊。"他认为台湾、特别是凤山地理位置重要,民众习俗不同于内地,治理的方法也不宜照搬内地的办法。他提出"省无辜劫案"、"禁图赖"、"广教化"、"崇祀典"、"清港澳"、"和闽粤"等六条建议,让曹瑾参考。林树梅心系台湾、心系凤山,可谓至矣!

---

① 《清庄记程》,《啸云文钞初编》卷四。

第五节　慷慨从军

即看壮气能吞敌,始信捐躯是尽忠。

——《吊御夷死事诸公》①

林树梅负奇气,或者说林树梅是个奇人,恐怕并不仅仅在于他淘井得到一把铁笛,坐在山峰顶端,面对大海,通宵长吹,笛声薄云;恐怕也不在于他在金门古岗湖乱石堆里、杂草丛中寻得鲁王疑冢;当然,也更不在于他能篆刻绘画。林树梅的"奇",还在于在英军舰艇逼近厦门、福建海防告急的重要关头慷慨从军,多次上书当道,论守战之策,训练乡勇,勘测阵地,挖泉掘井。

道光二十年(1840)二月,林树梅由邵武入光泽侍师高澍然。六月,英国侵略军陷定海,另有一艘船舰抵达厦门,开炮伤害厦门军民。七月,又有英舰两艘驰入厦门,攻击北岸。厦门告急!六、七月间,林树梅在邵武。邵武是宋代撰著《沧浪诗话》一书作者严羽的故乡,清代时严羽的诗话楼尚存,林树梅登览诗话楼,赋诗云:

远抱沧浪集,来登诗话楼。夫君真绝唱,遗迹亦千秋。慨自屯兵后,何人访胜游。海氛方不靖,独有倚栏愁。②

---

① 《啸云诗钞初编》卷五。
② 《登诗话楼》,《啸云诗钞初编》卷四。

古往今来,登邵武诗话楼的诗大多抒写对严羽的怀念,或对《沧浪诗话》的赞许,有谁会联想到战争、海氛?林树梅这首诗的后半部分,把本来与诗话楼很不相干的时事纳入诗中。林树梅说,自从海上的战争爆发,有谁还有心情来邵武访胜、游沧浪诗话楼的遗迹?诗人虽然人在诗话楼,却心系海防,倚栏独自发愁呢!大概也是在这个时候,沿海的衮衮诸公想起了一个人——这个人生在海岛的将门之家,长于水师营中,出没风涛,熟悉闽海形胜,两渡台湾,绘过闽海地形图,研究过水道、港口、礁汕、潮汐。这个人,就是林树梅。闽浙总督邓廷桢,驻节泉州,赶忙嘱按察使常大淳、盐法道文康作书招林树梅。林树梅立即从邵武赶赴厦门前线,慷慨从军①。

从道光二十年七、八月算起,至二十一年冬离开厦门往福州别业这一年多的时间,林树梅在厦门军中军外的活动,最重要的有三件大事:

一、应当道咨询,上战守策

林树梅到达泉州之时,闽浙总督邓廷桢立即召见,"虚心咨访"②。林树梅作《上闽浙总督邓公全闽备海策庚子八月》,条陈备海六事,即:招运米以足兵食,集战船以资攻击,练兵勇以守要区,备金、厦以遏冲突,防台、澎以安沿海,固内外以杜奸盟。林树梅的战略思想,大抵是:海先于山,战即为守。海防先于陆防,海战重于陆战。守住海,就是守住山。海战能胜,即陆地能防。金门、厦门实为一体,防厦必须防金。金门一岛,是厦门屏障,扼泉、漳要冲。防台、澎,台、澎安则东南沿海安,其中澎湖之西屿,尤为台、厦之冲,更须严备。闽海必须作立体防御,金、厦、台、澎之外,福州之闽安、五虎,福宁之烽火、三沙及南澳、铜山、海坛诸岛,亦须筹备。因为上书的对象是闽浙总督,林树梅不是就闽论闽,他说,定海初陷,"旋犯厦门,实欲牵掣吾闽援浙之师,而志固不在浙。盖进则窥天津,退必窜台湾",鸦片战争后期和第二次鸦片战

---

① 林树梅从军时间,在道光二十年七月。《从军纪略》:"七月二十五日,复驶二艘攻北岸……于是闽浙总督邓公(名廷桢,号蟹筠,江苏江宁人)。驻节泉州,属按察使常公(名大淳,字南陔,湖南衡阳人)。盐法道文公(名康,字查石,满洲人)。以书招树梅归自邵武,备咨询。"《啸云文钞初编》卷十一。

② 《汀漳龙道徐公书》,《啸云文钞》卷十一《从军纪略》附录。

争的发展,都证明了林树梅的远见。至于具体的作战,林树梅认为,高船大炮,宜于远射,难于近攻,更不能就近俯射,因此"我以小船攒围近攻彼,虽有炮亦不及施,我之巨舰联舟宗互援"①,将领胆勇,任用得人,必能取胜。

道光二十一年(1841)正月,英人猖獗于粤海,兴泉永道观察刘耀椿访林树梅,树梅作《上兴泉永道刘公厦金二岛防御策辛丑正月》,大意为足食、得人、镇静为要。此篇重于防御,故于具体军事设防言之甚详,敌舰如驶入厦门,经何水道,我方何处应当扎营、设炮,何处应当互为犄角,工事如何筑,船舰队形如何排列,并且详细介绍金、厦及周边港汊地形水势,以为宜加强舟师巡哨往来,团练联络声援。"中国海洋万里,能令无夷船停泊之所,即所以绝奸民接济之源,边患自除,洋烟亦不禁自绝。"② 二月,新任闽浙总督颜伯焘问守战策,林树梅作《上总督颜公补陈战守八策辛丑二月》,另附有火攻战舰制造程式。"八策",即:宜专统驭,信赏罚,审敌势,选前锋,讲火攻,布间谍,设险阻,修砦堡。此篇以讲火攻论述最为详尽,有曰:"尝读彭天龙《火龙经》、汤若望《火攻挈要》诸书,皆不若近时泉郡丁拱辰所撰《演炮图说》,以勾股算,加高补坠之法,最为精密。然临机制变,又在善用兵者矣。"由此看来,林树梅所学,不仅仅是经术、诗古文词,亦关心算学、军事学。作者自注:"先君子数以火攻剿灭海贼,每诚后人不可轻试。且恐贼匪闻知,反以制我,故兹火攻之策略存名目,而制造程式另再附见。览者谅之。"③ 关于以火攻战舰制造程式,林树梅作为机要件,另附呈颜伯焘,没有公布,具体情况不详。不过,从林树梅自注,我们大致可以看出,这是林树梅之父林廷福所创的一套海战要术。

同月,林树梅作《上泉漳二巡道海澄刺屿尾置戍策辛丑二月》,有云:"刺屿尾属漳州府海澄县,在厦门南,隔水二十余里,与水操台鼓浪屿遥相峙……盖刺屿尾地介厦、漳,前此未曾扎营,无所事论。今既置戍,则冲要在所必争,僻远孤军,不可不虑。宜拨海澄陆兵移驻协防,水师则专顾炮。既有辅车之势,方收犄角之功也。"④

---

① 《啸云文钞初编》卷十二。
② 同上。
③ 同上。
④ 同上。

七月九日，林树梅从龙溪回厦门，适逢英船三十四艘突入青屿，当局愕然。时厦门精锐水师已调往浙江，客兵水勇不足四千，于是当局嘱林树梅急趋高崎，再募乡勇。次日，英军乘风登岸，延平副将凌志、水师游击张然、金门镇总兵江继芸等死于难，厦门陷落。林树梅有诗吊御敌殉难将士："即看壮气能吞敌，始信捐躯是尽忠。"① 当局为退守同安计，林树梅进言宜集兵勇戮力恢复，当局弗听。英军退出厦门岛，踞鼓浪屿。七月十五日，夷船窥金门，知有备，遁去。七月底八月初，龙溪令曹衔达作书招树梅往龙溪。

八月，林树梅作《上汀漳龙道徐公论厦金沿海事宜状辛丑八月》。英军主力二十九艘已经离去，剩下五艘，英人半居岸上，半在船中，林树梅主张乘敌骄怠，间道入袭："大师未集，克复需时，倘募濒海习舟之民，水陆合势，间道入袭，贼方骄怠，似易奏功。"金门没有失守，故然有英船触礁的偶然原因，更因为有金门严备，誓同御敌。林树梅以为沿海团练必须携手防御，闻警并集联手防卫："金门闻警，即团练乡丁誓同御侮，迨夷船入中港误触礁石，且知有备，敛帆遁去。今民情安堵，差堪告慰……亟谕绅耆团练丁壮，有警闻金并集，不得以各守己地为辞。"②

九月，林树梅又作《与龙溪县曹公论漳厦安民御贼状辛丑九月》，以为必须置间谍侦探以知敌情，"急募能泅敢死之士，乘黑夜蒙雾，多用浮筏气囊挟以潜渡，分途合击，直捣其巢。而大、小担外及青屿门尤须规画精详，预檄邻疆，暗伏战舰火攻船，断其归路。虽未能尽歼其丑，亦足以少夺其魄。盖必使之知警畏，而边海方可无后患"。其次，"最大最急之筹，则又在于安民心而纾商力"。"所谓专以民为务，而御贼在其中矣。"③

二、实勘阵地，凿井得泉

林树梅《从军纪略》："总督颜公名伯焘，字鲁舆，广东连平州人。视师厦门，辱下问树梅……命偕在事诸公，往海澄刺屿尾相地掘井。汀漳龙道徐

① 《吊御夷死事诸公》，《啸云诗钞初编》卷五。
② 《啸云文钞初编》卷十二。
③ 同上。

公名继畬,号松龛,山西五台人。为作《林泉记》,刻于石。"徐继畬《林泉记石刻》云:

> 庚子秋,红夷氛及鹭岛,我兵屯刺屿尾为犄角。屿俯海,无淡水,屡掘不得泉。士卒走汲数里外,苦吻燥。林子啸云察地脉,挥工凿之,甘泉涌出,一军尽欢。辛丑二月,余与厦门诸君子奉大府命往勘炮台,群请赐井以名。余谓昔人行军,指梅林以止渴。兹乃绠汲不尽,殆遍地成林,又得林子之相度,即以贤者之姓题曰"林泉",可乎? 众皆曰"诺"。同往者为刘庄年观察、灵容之副戎、陈建津游戎,暨余与林子而五。林子名树梅,金门人,奇士也。道光辛丑三月,分巡汀漳龙兵备道山右徐继畬记。①

据徐继畬所记,凿井得泉在道光二十年(1840)秋。林树梅在台湾时,曾助凤山令曹瑾兴修水利,对如何勘探水泉、水源提出一整套办法。在厦门战事中,林树梅则在军阵中又加以实践,解决了将士饮用淡水的问题,故汀漳龙兵备道徐继畬命名林树梅所凿泉为"林泉",为之作记并刻之于石。值得注意的是,林树梅勘察的不仅是水泉,据徐继畬所记,还实地勘察了阵地和炮台。

三、屯兵于白鹿洞,团练乡勇千人

林树梅《上总督颜公补陈战守八策辛丑二月》一文在分析厦门的地形时说:"树梅尝请提督陈公分一军驻麻灶埔,离厦城十里,为应援营,而练乡勇,设伏虎溪岩、白鹿洞、半山塘三处,分扼厦城左臂要冲,且密迩寨子山顶,便于四顾,亦与沿岸防军声势联络。彼虽冒死登岸,岂能飞越近城?"② 三处伏兵,白鹿洞即其一。三月,林树梅在白鹿洞训练乡勇千人,屯于白鹿洞,分扼要隘。林树梅在《从军纪略》中说,上书颜伯焘,"公采其言"③,看来所言非虚。

闰三月,闽浙总督颜伯焘、按察使常大淳、镇闽将军保昌、福建巡抚吴文

① 林树梅:《上泉漳二巡道海澄刺屿尾置戍策》附录,《啸云文钞初编》卷十二。
② 《啸云文钞初编》卷十二。
③ 《啸云文钞初编》卷十一。

镕为援例,授林树梅布政司经历,为六品阶,又欲会荐改武职。林树梅不受,以母老辞。

五月,当局遣散乡勇,树梅仰天长啸。树梅作《散遣乡勇》诗纪之,其《序》云:"辛丑防夷厦门,当事属树梅团练乡勇千人,未用也,旋以广东议抚,遽令散遣。诗以志慨。"①

白鹿洞是林树梅一生中最值得记忆的地方之一,这里,不仅仅是因为玉屏书院诸生宴师高澍然和周凯之地;也不仅仅是因为这里是他和早年的朋友陈继豪常游的胜地;当然,更不仅仅因为这里是与姬人游山观海之处,而是因为鸦片战争时厦门战火燃烧之时,他曾训练乡勇于此,屯兵于此,并与虎溪岩、半山塘同为厦门之要隘。当局遣散乡勇了,七月,厦门一度陷落于敌,但敌军过白鹿洞却大呼"绝地"。试想,如当局令林树梅提兵一旅伏击于此,白鹿洞岂可逾耶!

白鹿洞还是林树梅与爱国诗人张际亮同游之地,张际亮曾题诗于壁。而与张际亮同游,张氏题诗之日,恰好也是在道光二十一年(1841)闰三月林树梅训练乡勇、屯兵于白鹿洞之时。这样,白鹿洞也就更加成为林树梅终生难忘的一处名胜了!

① 《啸云诗钞初编》卷五。

第六节 入林则徐之幕

愧我乏奇抱,因公激壮心。

——《林少穆先生招赴省城询海上事即席赋呈》①

厦门战事期间,林树梅之师高澍然辞世。厦门局势安定下来之后,林树梅往光泽处理高澍然殡事。从光泽回闽南,林树梅迎生母住厦门。从道光二十三年(1843)至二十九年(1849),这数年中,林树梅家居或往返福州别业,著书刻书,与朋友倡酬、绘画篆刻,处理家事。

林则徐是中国近代史上一位伟大的爱国主义者,兼工诗词,交游甚广。来新夏先生《林则徐年谱新编》②采摭繁富,考订精审,论断准确,是一部学术水准很高的年谱,记载的事迹繁多,或因林树梅文集不易找寻之故,《林则徐年谱新编》缺载与林树梅诗文往来及交游之事。道光三十年(1850),在林则徐生命的最后一年中,林树梅入其幕,献防海策,林则徐给予很高的礼遇。

《啸云文钞初编》、《啸云诗钞初编》刻于道光二十七年(1847),林树梅道光二十八年之后的作品,只有林树梅的族孙林策勋搜集到的《啸云诗钞续编》③所录若干篇诗。从有限的资料中,我们大抵可以推测,道光二十八、

---

① 《啸云文钞续编》,林策勋编:《啸云诗钞》附,菲律宾宿雾市:大众印书馆 1968 年重印版,第 4 页。
② 南开大学出版社 1997 年版。
③ 《啸云文钞续编》附于《啸云诗钞》之后,菲律宾宿雾市:大众印书馆 1968 年重印版;又《啸云诗编校释》作《啸云诗存》,郭哲铭校释,台北:台湾古籍出版社 2005 年版。

二十九年间,林树梅大多数时间仍然住在厦门陪伴生母,间或到福州别业。① 洋人闻林树梅名,特地为他拍了照,准备传于外国。林豪《瘦云先生留影镜歌》一诗记其事,诗《序》云:"先生家厦门时,洋人闻其名,欲图像以传于外国。"诗云:"先生往矣貌难追,对镜俨然神无恙。"又云:"争识中华有名贤,传之外洋丰采壮。"② 厦门战事之后,林树梅虽然蛰居民间,而声名不减反增。

道光二十九年八月,林则徐卸云贵总督任,十二月,在南昌养病;三十年(1850)三月,林则徐回到福州。林则徐家居乡间,经常与有识之士讨论家国大事。林树梅虽然没有官职,一介草民,但历年所著,如《团练乡勇图说》、《〈闽海握要图〉说》、《从军纪略》、《上闽浙总督邓公全闽备海策》、《上总督颜公补陈战守八策》等,都是实实在在的有用之文,为世所重。林则徐闻林树梅之名,知道树梅熟悉沿海形胜,海上道里,并且有海防的经验,见识非同一般,召之,秘密询问其防海之策。林树梅即上书论闽省时务,并陈六策:"察夷情,以知防备;观形势,以知守御;请移兵,以重控制;督私藏,以充民食;救火灾,以杜惊扰;劝联乡,以知保卫。""文忠器重之。"③ 林树梅作《林少穆先生招赴省城询海上事即席赋呈二首 时先生在告家居被命宣告》二首:

> 到处饶遗爱,归来寡剩金。情关民瘼急,忧切海氛深。愧我乏奇抱,因公激壮心。引杯领高议,慷慨发长吟。

> 圣主宣新命,熙朝重旧臣。感恩频出涕,许国欲忘身。更起为霖雨,应教洗楛尘。黠夷都胆落,韬略仰如神。④

这一年正月,道光帝薨,咸丰即位。五月,咸丰下求贤诏,饬林则徐速往北京,林则徐病疝,拟病痊愈后再进京。第二首"新命"、"重旧臣"等句,说的就是此事。这一首还表达树梅对林则徐抗英夷功勋的敬仰之情。第一首则写林则徐对自己的器重,咨询防海之策。据林豪记载,第一首诗,"有"、"剩"二字,为林则徐所改,后人称为"两字师":"林文忠公晚年尝延瘦云至

---

① 详附录二:《金门林树梅年谱简编》。
② 郭哲铭注释:《诵清堂诗集注释》卷三,台北:台湾古籍出版社2008年版。
③ 林策勋:《从伯祖啸云公传》,《浯江林氏家录》,1955年家印本。
④ 《啸云诗钞续编》,林策勋编:《啸云诗钞》附,菲律宾宿雾市:大众印书馆1968年重印版,第4页。

省垣,密询防海之策,瘦云即席为诗,云:'到处有遗爱,归来无剩金。'文忠公笑曰:'若无剩金,则此酒何从取给乎?'乃改之云:'到处饶遗爱,归来寡剩金。'人以为'两字师'云。"① 一时文坛传为佳话。林则徐还有诗答树梅,作《次家啸云树梅见赠韵二首》:

> 瀛壖有奇士,才望重南金。将种论勋远,儒门殖学深。雄文腾剑气,雅咏写琴心。犹抱隆中膝,低徊梁父吟。
>
> 相逢话畴昔,感事愧疆臣。瘴海频年劫,冰天万里身。膏肓此泉石,扰攘几风尘。凭杖行筹策,知君笔有神。

郑丽生编《林则徐诗集》② 将此诗系于道光二十九（1849）云贵总督时,误。第一首,林则徐称赞树梅是海岛上的奇士,南方的杰出人才。既是将门之子,学殖又是那样深厚,文章有剑气,诗雅善抒写怀抱。犹如当年隆中的诸葛亮尚未出庐,低声唱着《梁父吟》一般。林则徐为树梅未能为世所重而慨叹。第二首写他们的会面,回顾鸦片战争以来自己的行藏,期待林树梅为防海出谋划策,发挥自己的才干。

林则徐于府中养鹤,亲自导树梅观之,树梅有《少穆先生导观府中驯鹤有作》诗,云:"胎禽闻产自滇池,万里提携静对宜。（自注:先生示客云:得自滇南永昌边徼。）锻翮未能谐众羽,轩肩终觉具仙姿。主人护惜勤分俸,客子羁离念苦饥。且听流音霄汉外,幽怀耻与鹭鸥知。"③ 鹤产自云南永昌边陲,林则徐万里携归。树梅说,此鹤虽然锻翮未能偕众鹤飞翔,但其仙姿自在。此时林则徐乡居,"仙姿"有美则徐之意。"客子",林树梅自己,"主人",林则徐。树梅在林则徐幕,则徐分俸于树梅,对树梅十分关爱。尾联说此鹤耻于与鸥鹭为伍,其一飞冲天,声音响彻霄汉之外的本性未改,借以抒发了自己的抱负,有不负林则徐器重的意思。

这一年六月,洪秀全在广西桂平金田起事。十月初一,林则徐接到朝廷

① 《金门耆旧诗·林瘦云公子》自注,郭哲铭注释:《诵清堂诗集注释》卷三,台北:台湾古籍出版社 2008 年版。
② 海峡文艺出版社 1986 年版,第 610 页。
③ 《啸云诗钞续编》,林策勋编:《啸云诗钞》附,菲律宾宿雾市:大众印书馆 1968 年重印版,第 4 页。

任命他为钦差大臣的谕旨,次日,便抱病从福州出发前往粤西。林树梅随行。初七,泉南途次,桂万超(字丹盟,安徽贵池人。道光十二年进士)有诗赠林则徐,林则徐和之,又命树梅和,树梅作《桂丹盟观察作鸾官韵诗赠少穆先生先生在泉南途次既和之又属予和勉成一章附呈观察》:

> 早已钦公笔耸鸾,侧闻传语欲辞官。频年惠爱深膏泽,满路讴歌馥麝檀。何事急流争退勇,大名从古久居难。霞漳多少留题处,长作甘棠去后看。①

桂万超诗、林则徐诗今佚(残存三句,详下)。刘存仁《林听孙(聪彝)公子泣述宫保公有"苟利国家生死以,岂因祸福避趋之"之句,讶为诗谶,怆念不已,因用"之"字韵叠成五首》,其第三首起句云:"回首诗谶讶前知。"自注:"(十月)初七夜和桂丹盟观察诗有'浮沈终觉酬恩迟'之句。"②此时,林树梅生母居厦门,泉南,指惠安、晋江至同安一带,林则徐往广东,行经这些地方,同安,与厦门岛、金门岛只有一水之隔,林树梅极讲孝道,暂时告假回去看望老母亲,因作《少穆先生被命督师粤西予随行至泉郡暂假归里解狐裘见赠约赴军前感呈四章即以奉别四首》:

> 故国方多事,(自注:夷酋人踞省城寺宇,甚为闾阎之害。)安危仗大儒。筹边期可久,视贼本如无。忽奉督师诏,难辞抱恙躯。殷勤语父老,滋蔓恐难图。(自注:时诸夷复散占城外,民居于是联乡防备,夷稍敛迹。)
>
> 千里南州路,偕行未浃旬。感公将远别,惠我及慈亲。(自注:先生尝以松鹤图并楹帖寿吾母。)喜得法书法,浑忘贫士贫。解衣推食意,随处见天真。
>
> 漓江通百粤,岭海万重深。遽报烟尘起,仍烦节钺临。(自注:先生前督两广。)同甘思谏果,自炫笑文禽。爱彼山川秀,清风满桂林。
>
> 声威今所指,釜底断游魂。下慰苍生望,上酬圣主恩。立看驰露布,还约倒芳尊。犰鸟蛮花地,勋名万古存。③

---

① 《啸云诗钞续编》,林策勋编:《啸云诗钞》附,菲律宾宿雾市:大众印书馆 1968 年重印版,第 6 页。
② 参见林丽生:《林则徐诗集》,海峡文艺出版社 1986 年版,第 698—699 页。
③ 《啸云诗钞续编》,林策勋编:《啸云诗钞》附,菲律宾宿雾市:大众印书馆 1968 年重印版,第 5—6 页。

这组诗有几点值得注意,一是林则徐与林树梅的情谊非同一般。林树梅暂假归里,"解衣",指"文忠解狐裘以赠,约赴军前佐戎幕"[1],林则徐解下穿在身上的狐裘赠送给树梅,则徐此时是钦差大臣,和乡居在福州时的身份大大不相同了,其官佐、扈从、随员不知多少,能得到林则徐身上所着的狐裘恐怕不会有第二人!二是树梅在幕府时,林则徐赠松鹤图并手书楹帖为树梅母寿,这样的待遇也不一般。三,林树梅暂时告假,林则徐与他相约重见于军前。林树梅何许人也?金门下士,无科第名声,无一官半职,让钦差大臣如此垂青!上文我们引林则徐诗,称树梅为"奇士"、"南金",并非虚以委迤的客套,实为发自肺腑的真言,林则徐的礼贤下士,由此也可见一斑。至于诗的第一首,说的是林则徐乡居福州时,适逢英人租借乌石山积翠寺,林则徐极力反对之事。三、四首则以为凭借林则徐的声望,粤西之行,定然上不负主恩,下不负民望。

林树梅的友人刘存仁亦慷慨从军,此时在林则徐幕。存仁(1805—1880),字炯甫,又字念莪,晚号遽园,闽县(今福州)人。道光二十九年(1849)举人。有《屺云楼文集》十二卷、《诗集》二十四卷、《诗余》一卷。谢章铤《孝廉刘征君别传》:"君曾入林文忠公幕府,为文忠所信任。"[2]刘存仁《从军吟》:"莫将蛮语笑参军,曾是当年下第赍。定远及时锋可试,君苗底事砚思焚。元戎开府容筹策,圣王临轩总右文。一指鞭鞘荡群丑,宵衣仰慰至尊廑。"[3]陈偕灿、林昌彝等有赠诗,林树梅亦作《赠刘炯甫孝廉从军粤西》二首:

> 壮君衣短后,迟我亦西征。慷慨宣威德,追随仰老成。(自注:谓少穆先生。)除残先捣穴,止杀更原情。不负平生学,施为在此行。
>
> 快览佳山水,罗浮有路通。置身穷达外,驱马瘴烟中。志足申知己,名应让有功。相期同奏凯,高咏代蛮风。[4]

"迟我亦西征","迟",是等,等待的意思,林树梅让刘存仁在粤西等他,一起

① 林策勋:《从伯祖啸云公传》,《浯江林氏家录》,1955年家印本,第49页。
② 《赌棋山庄文续》卷一。
③ 《屺云楼集·诗选二集》卷五,光绪本。
④ 《啸云诗钞续编》,林策勋编:《啸云诗钞》附,菲律宾宿雾市:大众印书馆1968年重印版,第6页。

建功立业。

同月十二日，林则徐行至福建韶安，十八日卒于广东潮州普宁县。林树梅旋接到桂万超通报林则徐去世的书信及挽诗，林树梅作《哭少穆先生》二首，其《序》云："与先生别甫旬日，忽得桂丹盟观察来书，言：'先生星轺过漳后，遽得大病，于月之十九（按：九应作八）日至普宁，大星殒矣！'呜呼！哲人已萎，典型凋丧，彷徨涕零，其将奚归。因叠观察赠先生鸾官韵，聊申一恸。"诗云：

> 叠承温綍下祥鸾，力疾星驰强起官。百粤经秋飞羽檄，万家遮道礼旃檀。（自注：先生所至，男妇瞻拜不绝。）期到处成功易，岂谓从兹见面难。孤月独明诗思苦，那堪绝笔夜深看。（自注：临别以《和桂观察》诗见示，有"孤月独明人尽见，狂泉不饮事偏难"句。）

> 拟编行记仿骖鸾，（自注：范成大桂林行记，名《骖鸾录》。）私幸从游胜得官。筹海几时同把酒，告天清夜自薰檀。（自注：先生有《焚香告天图》。）谈深每虑酬恩晚，事变因知涉事难。回首可怜双鹤瘦，更谁花底与吟看。尝导观所畜鹤，命题赋诗。① ）

第一首，粤西之行，泉南竟成永诀，林则徐的《和桂观察》竟成绝笔。按：林则徐此诗今佚，赖林树梅此诗保留了"孤月独明人尽见，狂泉不饮事偏难"两句，上引刘存仁诗保留"浮沈终觉酬恩迟"一句，共三句，诸家所编林则徐诗集均失收。第二首回忆自己受到林则徐的恩遇，上防海策，每每深谈，观鹤命题赋诗。林树梅随行粤西，拟仿宋代范成大《骖鸾录》，编随行《行记》，未果。

天下之大，知音难觅，知己难求，林则徐卒后，树梅"盖生平所抱经济，受知文公忠，方欲展其才，而流水高山知音顿渺，自是郁郁寡欢，归隐乡园"②。咸丰元年（1851）春，林树梅忧郁而殁，临终，《口占》云："深负平生国士知，盐车老驾欲何之？归来化作孤山鹤，犹守梅花影一枝。"③被林则徐目为"南金"、"国士"的金门奇人林树梅，走完了只有四十四岁的生命路程。

---

① 《啸云诗钞续编》，林策勋编：《啸云诗钞》附，菲律宾宿雾市：大众印书馆1968年重印版，第7页。
② 林策勋：《从伯祖啸云公传》，《浯江林氏家录》，1955年家印本。
③ 此诗《啸云诗钞初编》、《啸云诗钞续编》不载，见（光绪）《金门志》卷十，《台湾文献丛刊》第80册，台湾银行经济研究室1960年版，第235页。

结 语

　　金门岛居的环境,只是林树梅生存和成长的大背景,在这个背景之下,林树梅熟悉海岛、海洋,也有一些海防的感性知识,在较浓厚的文学和宗族文化氛围中,林树梅受到熏陶,可能和其他在金门长大的人没有太大的不同。如果说,和其他人有更多不同的,一是他的出生,出生在水师之家,又过继给另一个水师之家,这两个家庭有太多的人在水师中担任地位不等的职位。在水师之家中,对林树梅的成长影响最直接、也最大的是他的父亲林廷福。林廷福行伍出身,完全是依靠自己出生入死、一步一步,渐次升迁到副将的高职,他北到渤海,南到琼崖,东到台湾,身经百仗,镇守过闽海几乎所有的水塞。周凯赠林树梅的《长歌》写道:"尊甫当代飞将军,立功海上多奇勋。"① 恐怕一点都不夸大。林树梅过继到林家,养母对他非常疼爱,不幸的是在他七岁那年,养母辞世,从此他只好跟随父亲风餐露宿,在水师营中生活。也正因为有这一很特殊的经历,让他熟悉了海疆的水域港道、熟悉了水师,熟悉海岸上的山川地形,熟悉了军阵和战法,甚至熟悉如何为驻军寻找水泉掘井。总之,他积累了丰富的海防经验。正因为如此,曹瑾出任台湾凤山令,立即想召他入幕;当英国舰艇窥视闽南,战火眼看就要燃烧起来,大小官员突然想起林树梅这个"奇人",并作书把他从邵武招回。没有这个水师家世,没有随父镇

---

① 　林树梅:《日本刀》附,《啸云诗钞初编》卷二。

海疆的经历,也就没有林树梅的海疆文学书写,也就没有他制作的海疆图、创作的海疆画。

林树梅弃绝科举之业,无意于仕进(在台湾曹瑾要为他报头功,在厦门,大府拟报请授他布政使经历,都被他谢绝,反过来也可看他早年的志向不在此)。林树梅求学的地点始终不离沿海,除了福州,金门、厦门、海坛,都是海岛。他所学,有金石、文字,诗古文词。周凯为兴泉永道观察,驻厦门,重兴玉屏书院;周凯鼓励树梅到福州拜古文家高澍然为师,又延高氏到厦门主讲玉屏。高澍然认真评点过林树梅的诗文,并为他的诗文集作了序。周凯闽海学生很多,林树梅还得以和他们相互切磋。得到师长的指授,林树梅的诗古文有长足的进步,也就在理之中了。我们也可以说,如果没有漫长的求学过程,林树梅的海疆文学书写要达到今天的水准也就不可能了。只是稍稍有些遗憾,今天我们找不到林树梅从师学画的资料,当然,他的师友中,能画的有周凯、谢琯樵、林必瑞等人。

穿越黑水洋(台湾海峡)与仅仅在海岸边上航行,对闽海海域、对海洋的感受和体会肯定不一样的。林树梅两次渡台,九死一生,让他积累了丰富的海上航行的经验。在台湾,他翻山越岭,徒步走到台湾的极南端,并食宿于"番社"。他对台湾的深度了解,也是常人难于达到的。林树梅在台湾写的若干篇书论,都是有用之文。如果林树梅没有到过台湾,或者到了台湾,只坐在高衙,这些书论恐怕也是写不出来的。

林则徐招林树梅入其幕,多少带有一点偶然性。如果林则徐不是从云贵总督任上回乡养病,也就不可能有招林树梅入幕之举。林则徐往粤西处理军务,封疆大吏,从者如云,而独与林树梅二三人酬倡,林树梅告假归,林则徐又给他连许多官员都得不到的很高礼遇,对于一介草民书生来说,几乎达到极致。行军途中,林则徐殁于广东普宁,今人对他的评价,几近于完人;而林树梅未能前往粤西,则使他的人生轨迹止步于海疆。林树梅没有仕进的愿望,不等于他没有报效国家的大志。入林则徐幕,得到封疆大吏的赏识,士为知己者死,当他踌躇满志,准备省亲之后赴林则徐军前时,大星陨落了。林树梅的远大抱负也随着大星的陨落而最终破灭,"郁郁而死",这或许是很重要的一个原因。

第三章
一身承祧两姓
——宗族血脉观

本章将探讨的是林树梅的宗族血脉观，这个问题将涉及林树梅的身世和家世以及道光间金门岛的宗族社会形态。

第一节　授产条约及家录

林树梅本生父姓陈,本生母姓谢(1772—?)。谢氏生树梅时已经三十七岁[1],树梅周岁时过继给金门千总林廷福为子。林廷福这一年三十二岁,夫人陈氏二十六岁[2];陈氏二十二岁归廷福。树梅本生父陈春圃为廷福夫人陈氏的族兄。林廷福夫妇对树梅怜爱有加。陈母过世之后,树梅由外祖母赵氏抚养,赵氏非常疼爱树梅。

林树梅之父林廷福卒后,在继母黄氏的主持下分割遗产。道光十二年(1832),林树梅作《浯江林氏原定授产条约》[3]。这个《条约》写定之后,林树梅觉得意犹不足,分别于道光二十二年(1842)和道光二十四年(1844)写下《授产条约及家录引》三则[4]。《浯江林氏原定授产条约》是分产约定,说的是林廷福的遗产如何分割,林树梅自己分得的那部分如何分润给族人。《授产条约及家录引》则是写给他的儿子们的,讲自己的身世,一身承祧两姓责任的重大。本章拟从研究《授产条约及家录引》(主要是第三则)入手,进而检视林树梅的宗族血脉观念。《授产条约及家录引》(第三则):

---

① 林树梅《授产条约及家录引》第三则:"吾本生母今年七十有三矣。"(《啸云文钞初编》卷十三)按:是则作于甲辰,即道光二十四年(1844),逆推,本生母生于乾隆三十六年(1772)。

② 据林树梅《先姚陈淑人行述》(《啸云文钞初编》卷七)陈氏生于乾隆四十八年(1783),卒于嘉庆十九(1814),年三十有一。

③ 林策勋编:《浯江林氏家录》附录,1955年家印本。

④ 林树梅:《啸云文钞初编》卷十三。

　　吾原姓陈,祖天琪公,妣氏杨,本生父春圃公,为金门左营百总,本生母氏谢,生吾兄弟六人,长庆,次强,次新、次继、次愚。吾年逾周,汝祖母陈淑人福为己儿,盖汝祖母呼吾本生父为族兄,吾则本生父第六子也。于时汝祖父受堂公方以千总官水师,恒终岁捕盗、巡海上,即过门不复入私家。汝祖母陈淑人既体羸善病,惧不育,又念舅姑望孙殊急,虑无以承堂上欢,故得吾而爱抚备至,汝祖父亦特怜之也。

　　既而吾年七岁,汝祖母卒,汝继祖母黄淑人生汝叔光左。吾既失恃,则随汝祖游宦走四方。然心窃计,未尝不望汝叔长成,庶几授室生子,吾可援例复姓也。乃吾二十三岁,汝祖父谢世,汝叔年仅十五遽天殇,吾兹何可言复姓事,亦何忍更念此事?呜呼!吾能无恨乎哉?程子曰:“为人后者,为之子,不得更顾所生。”此《礼经》为本宗继嗣言也。若夫异姓养子,按之律文,无不复姓。国朝世宗时,奇丽川中丞,尝以己官请封养父。仁宗朝,莫宝斋总宪,亦尝疏请归宗。二公官二品阶,率能自行己志,又所处势易,可以无憾于心。吾则何敢冀焉?夫身为人后,而必顾恋所生,势且轻背养父母之恩,仍不免获戾于名教。脱令轻遗族氏,又将竟忘所自,而亦无解于《礼经》,事不两全,惟务当理,理求一是,惟务惬心。吾方身处两难,能勿痛乎?今汝叔已天,汝祖母虽养二幼为之嗣,然《礼》无为殇子立后之文。吾尝从容偕众议,以从父某公次子某为吾弟,俟吾薄有储积,即以畀之,使承林氏宗祧。吾受汝祖父母养育恩深,终吾身不敢齿复姓。

　　顾吾陈氏,自吾三岁时,本生父已卒,同产兄弟又皆先后死亡,吾本生母今年七十有三矣。吾以一身承祧两姓,其责亦綦重哉!使吾他日得如奇、莫二公,致身通显,则所以准《经》酌《礼》,宜如何而后无悖私恩,不害公义,其处此当不甚难,而吾固无望焉者。半世苦心,极不得已,何可不为汝曹言之。

　　吾娶汝母薛氏,生汝惠、汝意。又娶蔡氏,生爱,殇,乃生汝忠、汝恩。又娶李氏,以奉事吾本生母者,生汝念。兹欲使汝恩、汝念以后陈氏,汝惠等宜从吾姓,毕汝身、汝子、汝孙有欲复姓者,则非吾与汝所能禁也。呜呼!吾盖念此有年,既不能公义、私恩均无所负,第就目前之境求为此心之安,其得以自尽者,如是而已。天如哀我林、陈两门,使汝兄弟盈昌蕃衍,未必非吾一身两尽之道也。欧公有言,事之可为者,人为之;其不可为,听诸天命可耳。

甲辰嘉平再书。

　　林树梅对儿子们讲述从陈家过继到林家、过继后两家的大致情况,复姓的根据,以及自己承祧两姓的责任的沉重,最后说出自己的打算。林树梅为了给儿子们有个交代,找到了可以复本姓的理由。他说,如果是同一宗族的过继,过继后不可以再顾念本生之家;如果是过继给异姓,则有例可循,如雍正朝的奇丽川中丞和嘉庆朝的莫宝斋总宪。奇丽川的事,郭则沄的《十朝诗乘》记载道:"以养父受封者,惟长白塞公。塞公者,奇丽川中丞之父执,无子,封翁以中丞嗣。既长,将就试,循例填三代。塞公曰:'以养父为父,是欺上也。'命仍归宗。中丞贵,感抚育恩,以次子广麟为之孙。值召对,逡巡欲有陈,上问何事,期期曰:'臣有二父。'上笑曰:'父而可有二乎?'中丞婉述其事,上为恻然,许以己身官秩貤封,创例也。"① 奇丽川的例子,说明朝廷对返本归宗是认可和支持的。既然奇丽川中丞可以复姓,普通老百姓更可以复本姓。

　　林树梅的血脉宗族观念,涉及三个问题。首先是关于父林廷福这一房的后嗣问题;其次是浯江林氏(康熙间由同安迁至金门后浦一族,以乾隆间林国元为始祖)宗族兴旺的问题;再次,是林树梅令其二子复本姓,即恢复姓陈的问题。

---

① 　郭则沄:《十朝诗乘》卷十一"养父受封"条,福建人民出版社 2000 年版,第 421 页。

第二节 林廷福的后嗣

　　嘉庆二十二年（1817）树梅十岁，继母黄氏生弟光左。道光十年（1830），已升为副将的林廷福卒，年五十四。这一年，林树梅二十三岁；次年，弟光左卒，年仅十五。树梅与弟光左的情感还是不错的，树梅为之撰《亡弟光左圹志》，并云："予愚憨，未得家人欢，弟辄从中缓之，居常寝食弗敢先。"但是，"未得家人欢"，"家人"是谁？弟光左可以从中斡旋（"缓之"）者，似乎只有继母黄氏一人而已。如果这一推断大体不错的话，少年的林树梅似未得到继母的欢心。林廷福官至副将，食从二品俸禄，薪俸比较丰厚。然而，光左卒后，黄氏养一幼儿名叫成郭的为光左之后，又养一个名叫光廉的为己子。这样，林廷福留下的遗产便一分为三。树梅是非常讲孝道的[①]，继母的财产分割，也许他觉得有些不妥，但是，他不加议论，对其子说："祖母为汝曹计衣食，使今日不致重冻饥，其所为恩，斯勤斯凡，以成就及吾，造福及汝，盖用心之深亦殊苦矣。"必须"仰承汝继祖母意"。"幸而无伤汝祖母之意，无辱祖若父家声，兄弟即非同生，要须一体。吾所望于汝曹如是而已。"[②]树梅之父林廷福尝举义田、义塾、义冢，树梅秉其遗命多施义举。林树梅要求子孙"汝曹

――――――――――

　　① 林树梅讲孝道，曾刻过《孝经集纂》、《孝经》、《文昌孝经》等书。在台湾凤山曹瑾幕，还曾以孝劝阻械斗："岁丁酉，树梅佐曹公怀朴，既兴水利于凤山，则请刊布《孝经》授邑父老，使训其子弟。遇械斗，复为诵'身体发肤，受之父母，不敢毁伤'句以怵之，甚有感泣解散者。"《孝经赞序》，《啸云文钞初编》卷十三。

　　② 林树梅：《授产条约及家录引》第一则，道光二十二年作，《啸云文钞初编》卷十三。

有能振大家声,究成吾志,当取祖若父未竟之事,毕力自为。无事近名,庶几得为一乡善人已"①。由此看来,林树梅并不很看重财产的分割后自己所得的多寡。

那么,林树梅和继母黄氏在林氏后嗣的问题上有没有分歧呢?有。其一,是为光左立后,林树梅认为《礼》无为殇子立后之文。光左未成人,不宜立后;黄氏为之立后,有违于《礼》。其二,黄氏养光廉为己子,光廉是异姓。② 黄氏不一定有文化,不一定懂得这么多。而林树梅的宗族血脉观念是比较强的,一方面,他不去拂黄氏之意,"吾方求释母悲,敢不委曲承顺邪?"③ 另一方面,"吾尝从容偕众议,以从父某公次子某为吾弟,俟吾薄有储积,即以畀之,使承林氏宗祧"。树梅和族人商议,找了一个"从父某公次子某"为其弟,也即找了一个族弟为弟,目的就是和自己一直接续浯江林廷福这一房的香火,他说,等他有了积蓄之后,将把积蓄给这个过继来的弟弟。当我们翻开林树梅所纂的《浯江林氏家录·世系》,发现林廷福(仕公)有四子:长子光前(即树梅)、次子光左、三子光廉、四子光抱。④ 光抱之名,不见于《啸云文钞初编》,开始我们觉得纳闷。光左是黄氏所生,光廉是光左亡后黄氏养的养子,那么,光抱是谁? 回过头读《授产条约及家录引》,便可推断他就是过继来的树梅的族弟。据《浯江林氏家录·世系》,树梅生功惠,功惠生百龄、沧洲;光抱生茶古,茶古生和尚。承叶钧培老师相告,在金门后浦田调,林廷福后人这两支(树梅一支、光抱一支)比较兴盛。他们都还供奉着黄氏的神主,说明从林树梅开始,都十分的敬重黄氏。

这里还要澄清一个题,既然林树梅没有复姓陈仍然姓林,又有了子嗣,为什么又要了一个同姓族弟为弟? 实际上,这与当时金门这个地方生活环境过于艰难有关。金门生活资料匮乏:"浯洲蕞尔地,羽毛齿革之所弗生。泽国居民,惟资海错;间生涯于风涛万顷中,亦足慨已。田无水利,居山者,时苦亢旸。"方志所列谷之属,仅有地瓜一种,曰:"终岁勤劳,所望祗此。若年岁

---

① 林树梅:《授产条约及家录引》第二则,道光二十二年作,《啸云文钞初编》卷十三。

② 林树梅:《亡弟光左圹志》:"母大人辄抚异姓儿为子。"《啸云文钞初编》卷七。

③ 林树梅:《亡弟光左圹志》,《啸云文钞初编》卷七。

④ 林策勋编:《浯江林氏家录》附录,1955年家印本,第15页。

丰登,仅供一年之食。"① 金门气候条件也不好,"隆冬,海风焱骤,飞沙滚尘。东方滨海邻家,沙压与室垺;夜栖宿房庐,且已闭塞。辟除之,始得出入"②。今天金门到处还可以看到镇风的辟邪物"风狮爷",就可以想见当年风沙的厉害。在林树梅看来,"单传"总是不太保险。树梅本生父所生兄弟六人,最后只有他一个人活下去。继母所生弟光左,未成年而夭亡。他对继母抱养幼儿成郭为光左后,也是担心的,"其贤不肖,成立与否,吾固不能预知"③,这里说的,恐怕不仅仅只是担忧成郭能不能成才而已。不幸的是,在分产不久,成郭又夭,黄氏又养一个名叫再育的小孩为光左后。林树梅妾蔡氏所生公(功)爱,亦早夭。金门生存环境并不太好,人口死亡率高,小孩易夭亡。④ 弄清这个问题,对林树梅又要了一个族弟为弟就好理解了。后来,林树梅一下子就让蔡、李两妾所生的二子,即功恩、功念复陈姓,也是为了确保陈氏血脉的延续。

---

① 林豪:(光绪)《金门志》卷二,《台湾文献丛刊》第80册,台湾银行经济研究室1960年版,第30页。

② 林豪:(光绪)《金门志》卷十五,《台湾文献丛刊》第80册,台湾银行经济研究室1960年版,第390页。

③ 林树梅:《亡弟光左圹志》,《啸云文钞初编》卷七。

④ 或有感于金门医疗条件较差,林树梅刻过《经验药方》《胎产必读》等医书。

第三节　浯江林氏家族

　　《新金门志·人民志》第二篇《氏族》，金门林姓有西宅之林、下林之林、上林之林和后浦之林。[1]"浯江林氏"之名，系林树梅首创："以金门古号浯江，因名之曰'浯江林氏家录'，愿我后贤，效法备纪，庶几数典无忘哉！"[2]指的是金门后浦之林，一百多年之后，林树梅族孙林策勋重编《浯江林氏家录》，即沿用林树梅所用"浯江林氏"之名号。而在林树梅之前，此族则默默无闻。

　　林树梅既然已经成了浯江林氏宗族的一员，他感念养父养母的养育之恩，并且对这个宗族也是深有情感的。浯江林氏自始祖起都是不怎么读书识字的，所以迁居金门始祖的名号只能从神主得知，至于始祖的"武略将军"是怎么回事，如何得来，只字没有记载。从始祖到父廷福，已历四世，其中有功名的仅廷福一人。到了五世，赖父廷福的培养，林树梅总算也是一个出人头地的人物，其余的既无功名，也无可以载述的作为。可以说，这是一个不是很兴旺的家族。不错，在养母生下光左之后，林树梅曾有过还本复陈姓的念头。但是，随着光左早殇，继母黄氏别养一子，又为光左立后，林树梅便断了这个念头。黄氏决定分产，林树梅把自己应得到的那一份，"分润亲

①　陈盘审阅、许如中编：《新金门志》，金门县1959年版，第244页。

②　林树梅：《浯江林氏家录·世系序》，林策勋编《浯江林氏家录》附，1955年家印本，第1—2页。

戚里党诸贫乏"①,而且主要是浯江林氏宗族的族人。林廷福生前留下一些房产和田产,还有1500两银子寄存在水师提督、友人陈化成之处。林树梅所书《浯江林氏原定授产条约》包括以下内容:坟茔条约,房屋条约,田园条约,财物条约,分润条约和抚恤条约,共六条。其中1500两银子分成三份,黄氏,未成年的光廉、成郭及林树梅各得500两。我们根据林树梅所撰《浯江林氏原定授产条约》②,把他本人得到的遗产并分润给族人的这部分重新整理如下:

1. 伯父海公,与先考早经分爨,今树梅愿自抽银二百圆,并赎回桥巷店屋一所,及原典许姓园地一区,统与从兄光亮,为伯父祀产。

2. 将原典沈姓园地□区,与从伯母翁氏,为从伯父才公祀产。

3. 将原典许姓园地一区,与再从兄有志,为从伯父雅公祀产。

4. 自抽钱一百千文,与再从伯父德公,给其子双喜婚娶之费。

5. 原典表兄王秀才星华房屋一所,念吾兄弟皆蒙训迪,今以契价并钱二百千文,还以赠之。

6. 自抽银二百圆,并原典赵姓店屋一所,奉献外祖母赵宜人供赡。又以原典邱姓园地四区,奉献外祖母洪孺人供赡。复自抽银为舅氏赀本。

7. 先考在省,收抚来发,遗命奉祀伯父泽公。今拨祖宅房屋一所,并原典赵姓园地一区给与之。

第5条,分润于王秀才,因为王是林氏兄弟的启蒙老师。第6条,外祖母及舅氏。除了这两条,其余5条,自伯父至从伯父,自从伯父至再从伯父,由亲到疏,都在宗族之内。5条中, 3条是关于置祀产的。祭祀是古人一个很重要的礼节,需要一定的花费和开销,没有丝毫的经济能力,可能办不成;如果未能祭祀逝去的父祖,就难于得到父祖的庇佑,所以,祭祀对一宗、一族、一房来说是很重要的。第4条讲婚娶,婚娶关系到传宗接代,关系到宗

① 《浯江林氏原定授产条约》,林策勋编:《浯江林氏家录》附, 1955年家印本,第37页。

② 林策勋编:《浯江林氏家录》, 1955年家印本,第38—39页。

族或某一房的香火,故林树梅亦加"分润"。第7条是讲奉祀伯父林泽的,与祀产性质相近。树梅祖父林吉四子:海、泽、汪、仕（廷福）,汪早卒,泽亡当早于廷福卒之先。《浯江林氏家录·世系》林吉下有泽、汪之名,而四世之下只有海、仕两人而已。泽无后,故廷福收抚来发为林泽之后。林廷福收抚来发之举,也有固强本宗本族之意。林树梅分润宗族,当有秉承父亲意志之含义。

第四节　令二子复本姓

　　《授产条约及家录引》共三则,前面两则讲孝道、财产及行善事,第三则讲继陈氏香火之事。生母谢氏生六子,树梅排行第六,过继给了林家,而其他的五位,皆先后亡故,这给林树梅带来很大的压力。父林廷福继室后来生下一子,名光左,林树梅本以为等到光左长大,援室生子,林氏有了后人,他自己就可以"援例复姓",回归陈氏,没想到光左早夭。有鉴于此,"吾受汝祖父母养育恩深,终吾身不敢齿复姓"。恢复本姓既不可能,林树梅想到令其子复本姓以继陈氏香火的可能。林树梅三岁时生父就亡故了,如果他不是过继给林廷福为子,往后的日子实在不可测。因此林树梅一辈子都是感念养父母的,都是感念浯江林氏的,他希望林廷福的子孙和浯江林氏能够繁盛。另一方面,生父陈春圃生了六男,五男前后都死亡了,林树梅又过继给林家,陈氏这一房等于无后嗣了,血脉难继。所以,他负有承继二姓的责任,这对他来说,压力太大,担子也太沉重了。林树梅先后娶薛氏、蔡氏,生五子,其中蔡所出公(功)爱、殇,尚有四子。后来,树梅又娶李氏,娶李氏的动机之一,就是奉事生母。生母谢氏生树梅时已经三十七岁,道光二十四年(1844),已经七十三岁了,需要有人照顾。李氏又生一子,这样树梅就有了五个儿子。树梅把三个大儿子留给林氏,两个小儿子复陈姓。这样做,既对得起林家,陈氏此房也就不怕无后了,他也可以做到"吾一身两尽之道"了。林树梅的安排,可谓用心良苦!

"吾以一身承祧两姓,其责亦綦重哉!"林树梅所尽的是两姓的孝道和道义。林树梅的友人蔡廷兰在道光二十七年(1847)所作的《林君瘦云四十初度寿言》亦特别拈出此事加以彰显:"继母弟殇,君同产兄弟,亦皆死亡,乃迎养本生母,命妾所生子后陈氏,复述二族先代事迹,纂为《合录》。每谓余曰:'吾以一身系属二族,不忍于所后所生,有所偏厚,求为公义私恩,此心兼尽,则惟令儿曹分祧两姓而已。'嗟乎,是可观君孝思矣!"① 蔡廷兰所说的《合录》,当是陈、林二氏先代事迹的合编,据蔡氏所述,虽然不见他书著录,但这部《合录》在蔡氏作《寿言》时似当已完稿,可惜今天已经亡佚,难窥其貌了。

林树梅在厦门置别业,娶李氏奉事生母,时间可能在道光二十一年(1841)或稍早,有张际亮《瘦云于三月望日携姬人观海登白鹿洞绘图属题时君奉当事聘练乡兵于此》② 诗可以为证。从林树梅的诗中,似可以看出李氏还懂得一点诗画。③ 树梅之父林廷福的原配陈氏,卒于嘉庆十九年(1814),其时树梅只有七岁;继母黄氏生光左在嘉庆二十二年(1817),以正常的情况来推测,当时黄氏当在二十岁出头,那么到林树梅在厦门从军的道光二十年(1840)、二十一年间,黄氏当在四十五岁左右。因此,当闽浙总督援例拟授林树梅官职,树梅以母老辞之,"老母"应是七十岁的生母,比较而言,恐怕不会是四十五左右的继母。此前后,林树梅诗文中提到的回金门看母,当兼生母和养母而言之,恐怕更偏重于生母。④ 道光三十年,林树梅入林则徐幕,则徐画松鹤图并楹帖为树梅母寿之母,恐怕也是生母非继母。林树梅三岁时,生父亡故,树梅的陈氏五兄弟早卒,生母谢氏孤苦伶仃,晚年,林树梅把她从金门接到厦门奉养,并让李氏侍奉,以尽孝道。

道光二十五(1845)、二十六年间,生母谢氏居厦门。林树梅的诗多次

---

① 林策勋编:《浯江林氏家录》,1955 年家印本,第 44—45 页。

② 张际亮:《思伯子堂诗文集》卷二十九,王飚点校,上海古籍出版社 2007 年版,第 1129 页。

③ 《写麻姑像与姬人并题》(《啸云诗钞初编》卷五)、《姬人得连理荔枝乞予图之并题小句》(《啸云诗钞初编》卷六)、《小姬学写梅花颇有意趣乞予授法并此示之》(《啸云诗钞初编》卷七)。

④ 《归策》二首,其一:"一忆双亲老,停船泪暗垂。得天原不薄,育我竟何为。"兼双亲而言之。其二:"奉檄望迎养,华簪非恋荣。驽骀羞躁进,乌鸟迫私情。"(《啸云诗钞续编》,林策勋编:《啸云诗钞》附,菲律宾宿雾市:大众印书馆 1968 年重印版,第 8 页。)"迎养",即迎养生母。

写道侍母、奉母出游:《侍母游南普陀上五老峰观海》、《春日奉母宴游鹿洞虎溪诸胜》、《九日奉母游万石岩》①,其《春日奉母宴游鹿洞虎溪诸胜》云:

> 一路梅花得意开,安舆上下任徘徊。风光假我承欢便,山翠扑人眉宇来。胜迹偶然谈水石,斯游何必不蓬莱。自怜爱日同乌鸟,况有春晖照酒杯。

> 薄暮言归未忍归,慈颜回顾亦依依。洞云溪水共千古,碧海青天森四围。且掬清泉供煮茗(自注:母喜品茶,携泉而返),各留花气与薰衣。娇儿似解从游乐,也把松毛当麈挥。

诗不一定写得出色,却也能表现也对生母的一片真挚情感。林树梅《诫子诗》其六写道:"念子最晚出,双瞳秋水明……且期慰祖母,旦晚添笑声。"诗作于道光二十七年(1847),这时小儿子念功已经恢复陈姓,林树梅为念儿的笑声能慰藉祖母而感到高兴和欣慰。这样,林树梅也就尽了为人子所应尽的责任。

---

① 《啸云诗钞初编》卷七。

第五节　宗族血缘观检视

　　林树梅生活的金门岛，是一个非常重视宗族血缘的地区。宗祠是一个祭祀祖先的祠庙、还是一个凝聚宗族力量、处置宗族重大事件的神圣场所，同时也是维系族人情感的一个磁场。道光十二年（1832）金门人口62492人；1915年，也就是金门正式建县的那一年，人口79357人。[①] 这两个年份，金门有多少宗祠，不详。1957年，金门人口58310人，据《新金门志》的调查资料，这一年金门的宗祠119座[②]，那么，平均490人拥有一座宗祠；1997年，金门人口50070人，在此前后宗祠168座，平均298人拥有一座宗祠。近世的金门，它是一个社会生态相对稳定的地区，它既没有像台湾那样经历一个日据的时期，也没有如同大陆那样经历激剧的社会变革，社会生态相对比较稳定。因此，根据1957年和1997年人口数和宗祠数来推测，林树梅生活的道光年间，大大小小的宗祠，应该有大几十座之多。宗祠密度之高，反映出金门人具有比其他地区的民众更为强烈的宗族血缘观念。

　　我们再看看金门地区修族谱、家谱的情况。族谱或家谱，是一个宗族或大家庭的谱系，它的作用是告诉子孙后代我们的祖先是从哪里来，如何繁衍生息，让子孙知道木本水源，知道宗族谱系、成员的分布，以及家族中历代出

---

　　① 　诸年的人口数字，见叶钧培：《金门姓氏分布研究》，金门县1997年版，第14—15页。

　　② 　陈盘审阅、许如中编：《新金门志》，金门县1959年版，第249—253页。

过哪些名人,以增加宗族的自信心和凝聚力。2001 年,黄奕展先生经眼的金门族谱家谱有 62 种[①],金门实际流传的族谱远不止这个数,例如我们讨论的林树梅,曾撰《浯江林氏家录》,黄先生所列表无此书。据叶钧培先生见告,目前所知的金门族谱至少在百部以上,而且很多是旧谱。如果我们推断在道光年间,金门的族谱有 60 种的话,那么每 1000 人就有一部族谱;如果减半,只有 30 种,那么每 2000 人也有一种。实际上,如果从金门人的宗族观来推测,是不是可以说,凡是有能力营建宗祠的宗族,都有能力修族谱,甚至可以说,对一些小宗族而言,修一个简单的《家录》、《世系》之类的族谱,也许比建宗庙来得容易些,如果我们这一推测大体不误的话,金门清代以来修的族谱数也许超过宗庙数。

林树梅的先祖居福建龙海,嘉靖间其族迁同安,其曾祖林国元避水患,于清康熙间迁金门后浦,是为迁金始祖。从林国元到树梅只有五世。据《浯江林氏世系》林国元神主刻有"武略将军",至于事迹等等,"自国元公以降,子孙皆不读书,故世系源流,俱失记载"[②]。故在林树梅作《家录》之前,后浦林国元一族无谱可言。就我们所见及所闻,后浦亦无林国元一族的宗祠。从道光间林国元后裔的经济能力看,此族兴建宗祠似乎还有困难。树梅曾祖无闻,祖林吉四子,长海;次泽,水师外委;次汪,早卒;季仕(即廷福),水师副将,官阶为从二品。林树梅过继林家时,父廷福已经是水师千总,所以树梅从小才得以受到比较好的教育。从整个家族来说,林国元一族仍然是单薄的。林树梅在林家长大,他何尝不希望他的家族强盛、群从子侄都有出息、出人头地?因此,他编了《家录》,林氏原先没有任何名号,经他的手,始定名为"浯江林氏"。我们看他散财族人,固可以从他乐善好施来解释[③],其实,更深的含义更是为了振兴家族,为伯父置祀产,为从伯父置祀产,为再从伯父置祀产,敬重逝者,更是为了子嗣后世,为了家族的兴旺,毕竟,"浯江林氏"过于单薄了。

① 叶钧培、黄奕展:《金门族谱探源》,金门县 2001 年版,第 15—16 页。
② 林树梅:《浯江林氏家录·世系》,林策勋编《浯江林氏家录》附,1955 年家印本,卷首。
③ 林树梅的乐善好施,访得鲁王墓之后为王墓捐香火,承父志为浯江书院捐款。道光十五年(1835)金门寒冷异常,林树梅为制衣襦千件施贫穷邻里。其《赠衣篇》云:"闽南近赤道,郁热蒸如炉。今春忽严冷,常候安可居。颇闻有冻馁,僵卧横中途。恻然念胞与,急难谁持扶。竭我薄绵力,制为千衣襦。聊以赠邻里,博施嗟难敷。"《啸云诗钞初编》卷二。

　　道光十一年（1831）夏,林树梅之子公（功）爱夭;秋,弟光左早亡。次年,分产,继母为光左所养的后嗣成郭又亡,继母又养再育。这一两年间,林树梅多少有点恐慌。《亡弟光左圹志》:"去年哭父,今夏哭子,秋复哭汝。呜呼!梦邪?幻邪?天何降祸于予家,如是酷邪?呜呼!至此,夫复何言……汝殁未几,母大人辄抚异姓儿为子,又褓一幼嗣汝后,而三析遗产以畀之。呜呼,吾方求释母悲,敢不委曲承顺邪?岂期为汝后者旋殇,今又抚一幼为汝后……呜呼,吾弟一殁,家难日甚,世情日非,天之降祸如是酷邪?死而无知,已矣!其有知,亦恶能无遗憾邪?哀哉,痛哉!"①虽是一门的不幸,亦可见金门一地当日生存条件的一斑。即使这些小孩能长大成人,传宗接代也不见得就那么顺利。林树梅几位少年时期的朋友,成年之后寿命却不长。胥贞咸,字心若,与林树梅同里居,同为将门之子,幼年同受业于树梅表兄王汉槎,卒年三十三;另一位"生小同乡意自亲"②的朋友林玖璎,字仲环,道光二十年（1840）卒,年纪也仅在三十岁上下。陈继豪,字朝进,虽为闽县（今福建福州）人,而其妻庄氏则为林树梅姑之女,二十四岁卒。子嗣后代情况虽然不太明了③,但是不能不让人忧惧。

　　"九里三提督,百步一总兵",似乎成为金门人的一种荣耀,据称,清代金门人官至提督军门者四人、总兵者九人,任副将者十四人、参将者八人、游击者二十六人、都司十二人、守备四十二人,至于千总、把总者众。④总之,金门是出水师将领的地方。这些水师将领,除了少数因父祖有功而世袭外,多数是行伍出身,如林树梅之父林廷福;有这么多的水师将领,必然有不计其数的水兵和下层军官。这些将领官兵,长期出没于闽海风波涛浪,与家属分居,养儿育女也是一个问题。林树梅在谈到过继到林家原因时说:"于时汝祖父受堂公方以千总官水师,恒终岁捕盗、巡海上,即过门不复入私家。汝祖母陈淑人既体羸善病,惧不育。"⑤道光间,台湾行政上属福建,水师官兵都有换防

---

①　林树梅:《啸云文钞初编》卷七。
②　林树梅:《哭林仲环》,《啸云诗钞初编》卷五。
③　陈朝进卒后六个月,遗腹子生,台湾道观察姚莹名之曰"万里"。详《太学生陈君继豪行略》,《啸云文钞初编》卷七。
④　卓克华:《古迹·历史·金门人》,台北:兰台出版社2008年版,第25页。
⑤　林树梅:《授产条约及家录引》第三则,《啸云文钞初编》卷十三。

台湾的经历,而调台官员及驻守台湾的水师将领不得带家属随往,雍正中才允许年过四十且无子者可以携眷过台。① 再说,水师将领长年奔波,林树梅父林廷福"寝馈风涛巨浸中,北至天津,东抵辽阳,南极琼崖、交趾,上下数千里,大小百余战"②,没有葬身鱼腹已经万幸。而树梅的外祖父陈必高,为水师外委,则战死台湾凤山,卒时四十二。廷福四兄弟,三兄汪早卒,兄海、泽都是水师外委,检《浯江林氏家录·世系》,有海名而无泽名,疑泽卒时尚未有眷属或后代。林树梅出身于水师之家,养父、生父、外祖、伯父都是水师将领,而除了林海这一支,后嗣都岌岌可危。因此,林树梅不能不为此忧惧,在子公(功)爱夭折,弟光左及光左之嗣成郭亡后,他以"从父某公次子某"为其弟,实在是用心良苦。

从道光十一年子公(功)爱、弟光左夭亡后,经过十多年的挣扎,到了道光二十四年(1844),林树梅的妻妾薛氏、蔡氏、李氏为他生了五子,林树梅一身而祧两姓的重责终于可以实现。功惠、功意、功忠,仍姓林,五、六二子功恩、功念复陈姓。林树梅作此决定,如释重负,既不负林氏的养育之恩,廷福一支后继有人;又对得起陈氏的生育之情,在其他五位兄弟都亡故的不幸状况下,陈氏的香火终于可以继续延续。三个林家后代,树梅是这样安排的,功惠、功忠读书,"黾勉绍家声,勿为门户辱"③,功忠还被远送到福州的城东就读。功意,林树梅安排他从戎,"勖汝从戎行,或可继祖武"④。"家声"、"门户"、"祖武",林氏的血脉不断,进而就可以光大家族的名望名声。林树梅把生母迎到厦门,让妾李氏服侍,复陈姓的功恩、功念,年纪尚幼,可以陪陪祖母,让她活得开心,林树梅可真是尽了对生母的孝道了。

林树梅在襁褓中就过继给他姓为子,成年后,本生兄弟又全部亡故,继母所生弟亦夭亡,他以一己之身负有承继两姓血脉的重担。林树梅的宗族血脉观念,以及他对诸如立后嗣、宗族祀产、子孙复本姓等实际问题的处置,对研究近代闽南金门等地的血脉承继、宗族活动将有所启示。

---

① 连横:《台湾通志》:"(雍正)十二年,总督郝玉麟奏准调台官员年逾四十无子者,准其挈眷过台。"台北:中国国民党文化传播委员会党史馆 2003 年版,第 76 页。

② 林树梅:《先考受堂府君行述》,《啸云文钞初编》卷七。

③ 林树梅:《诫子诗》其一,《啸云诗钞初编》卷八。

④ 林树梅:《诫子诗》其二,《啸云诗钞初编》卷八。

结 语

　　本节对林树梅的思想观念的探究,仅就其宗族血脉观作一讨论而已。这是因为,宗族血脉的问题,对林树梅来说,是一个始终缠绕着他的、颇让他焦灼不安的一个大问题。对研究一个作家和诗人来说,这可能是一个比较新鲜的议题。

　　林树梅非常关注宗族血脉的问题,缘于他本是他姓子而过继给林家,缘于他的本姓其他五个兄长个个早卒,也缘于林家亲生的儿子早夭,两姓承传的重任只能落在他一个人的身上。在成长的过程中,林廷福夫妇对林树梅爱护有加,又加上弟光左早夭,林树梅终身不敢言复姓。到了中年,他迎养本生母于厦门,并令五个儿子中最小的两个复了本姓,了却了大半生的心愿。

　　小小金门岛,家庙宗祠林立,稍稍大一点的家族宗族谁没有修个族谱?稍稍有点由来的家族宗族谁没有"衍派"、"灯号"? 在非常重视宗族的金门社会中,林树梅这个先世从漳州龙溪迁到同安茂林下社,再从茂林下社迁到金门的林氏家族,是一个很弱小的家族。林树梅说他的父亲是因为家道中落才去从军,恐怕也不尽然,在家道中落之前,他们的家族可曾有过辉煌? 如果说有的话,也仅仅只有一个谁也说不清的"武略将军"的神主。这个家族的真正兴起,真正在金门、厦门,在福建的水师和海防中取得了一定的地位,是从林廷福开始。家族兴、家族强盛,一房一支才能在社会中抬起头来,才能启迪和激励后代子孙,所以林树梅把有限的家产分润给族人,希望一族都能够强大;于是他撰《家录》,列谱系,并给自己的家族命名为"浯江林氏",以立身于金门的宗族社会之林。

金门的生存条件不是太好,孩子较易夭折。金门水师将领,由于不断地换防,长年的海上生活,他们很难照顾好自己的家室,子嗣后代的问题也时常让他们颇觉焦虑,林树梅的继母黄氏在光左早夭之后又抱养了一个孩子,结果还是夭折了。林树梅又以族人之子为己弟,也是出于林廷福家血脉延续的考虑。

闽南一带非常重视宗族血脉,而林树梅的宗族血脉观念的形成,除了自身兼有承传两姓后嗣之责外,与金门的海岛以及水师之家有着十分密切的关系。

第四章
生平惟爱书
——著述画篆考

林树梅的著述和绘画篆刻作品相当丰富。本章的考证是论述林树梅海疆书写与图像的文献基础。

第一节 著述考

在论述林树梅的海疆文学书写之前，首先得先看看林树梅的"家底"，也就是说，他一生到底写过哪些著作，哪些已经刻印了（已经刻的，有何种版本），哪些没有刻印；哪些流传下来了，哪些没有流传下来；林树梅还有哪些计划写的著作，由于什么原因没有完成。

林树梅虽然只活了四十四岁，而著述却很丰富。林树梅所作多有用之文，如闽海海道及防御、台湾水利开发利用、台湾社会的治理，训练乡兵乡勇等等。林树梅还很重视乡邦文物的搜访，他在金门发现南明鲁王疑冢，在台湾寻访宁靖王墓，在福州为明代将军兼学者陈第印集，在澎湖搜集南明唐王时期兵部尚书卢若腾的遗集，在闽南刻黄道周文，这些文化活动在他的诗文中也有反映。他还撰有篆刻的专著《啸云铁笔》。林树梅的著作最早见于林豪主纂的（光绪）《金门志》："著有《沿海图说》、《战船占测》及《啸云文钞》十二卷、《诗钞》八卷、《啸云铁笔》一卷、《文章宝筏》一卷、《云影集》、《诗文续钞》、《日记》若干卷。"[①] 依我们今天掌握的资料看，林豪的著录不够完整，也不够准确。再者，林豪所著录的林树梅数种著述，到底存、佚情况如何？也没有交代。本节一是考证林树梅到底有多少著作；二是考其著作的或存或佚；三是对尚存之著作考其版本；四是对已佚著作尽可能地描述其概况。

---

① 林豪：（光绪）《金门志》卷十，《台湾文献丛刊》第 80 册，台湾银行经济研究室 1960 年版，第 235 页。

一、存

1.《〈游太姥山图〉咏》不分卷

（光绪）《金门志》未著录。有道光十三年（1833）刻本，藏福建省图书馆。

按：林树梅有《自题游太姥山图》二首①，张际亮有《林瘦云游〈太姥山图〉》，见《思伯子堂诗文集》卷二十二。

2.《静远斋文钞》不分卷

（光绪）《金门志》未著录。有道光十六年（1836）本，藏福建省图书馆。

此本有武平李致云序和林树梅自序。李序作于道光十二年（1832），略云："林生瘦云好游，嗜古。少随父宦游海上，杀贼于风涛汩没中。丁亥，予主讲海坛兴文书院，航海来从予学，为诗古文词'"②按：海坛，今福建省平潭县。

林树梅自序作于道光十六年（1836），云："树梅生长海滨，学识谫陋，恶敢言文？然闻乡里父老谈先哲文章气节事，心辄响往，且毕力搜抉，据事直书，盖欲存闾闬风流，借遗佚心血，以备问俗之采耳。道光十六年九月，金门林树梅自序。"

此本为沈祖牟旧藏，其《跋》略云："余向藏有《啸云山人文钞》十四卷，嗣得此册，只知其为初刻本，置之箧中久矣。今日偶以二刻对勘，此册有文十一篇为十四本所未收。因手录篇目于首，以砵笔标出。"

按：此本不分卷，仅26篇，其中《啸云文钞初编》十四卷本未录者11篇（序2篇，行状1篇，铭2篇，赞1篇，启1篇，书后4篇）。

3.《啸云山人文钞初编》十卷，刻本

此本所载文，部分文字亦与《啸云文钞初编》十四卷本异。《啸云山人

---

① 《啸云诗钞初编》卷一。
② 《静远斋文钞》卷首，道光十六年本。

文钞初编》卷三有《戊戌内渡记》一文,而后出的《啸云文钞》卷四此文作《自凤山归省记程》,两文内容虽然大致相同,但是后文只从"八月望"开始写起,而前一文从五月间曹怀仆为其祖饯落笔,多了以下一大段话:"树梅从曹明府莅凤山之明年,乞归省母,明府为治装,率侄甥、僚幕置酒,祖道谓:'长途自爱,萱堂康健,须再来。'树梅顿首受命而别,时戊戌夏五月十六日也。次大湖,晤叶式宜、林惠畴二司马,咸谓夏令风信不常,遂止大湖。八月朔入台湾郡城,遇乡人庄把总文芳,约附金门镇战船内渡。"使我们了解到内渡候风的不易。

4.《啸云文钞初编》十四卷

道光二十七年（1847）刻本。此本之所以还称"初编",因为其时林树梅只有四十岁,为将来续编文集留有余地。但是连林树梅自己也不曾想到,四年之后他就离开了人世,"初编"也就成了绝响。《文钞》名为三（《静远斋文钞》、《啸云山人文钞初编》、《啸云文钞初编》）,实则为一,都是林树梅的文集。载文由少到多,不断增饰,偶有删汰,因此,以此本最为完备。此本卷一、卷二为书,卷三为论、议,卷四、卷五为记,卷六为传,卷七为行述、遗事行状、圹志、墓记铭,卷八为书后,卷九、卷十为图说,卷十一为纪略,卷十二为策、状,卷十三为序、引,卷十四为铭、赞,共计79篇（其中《〈闽海握要图〉说》,下分《海道说》、《巡哨说》、《占测说》、《战舰说》、《剿捕说》,按一篇计）。

5.《啸云山人诗钞初编》四卷，钞本

此本卷首有高澍然《序》。此《序》高澍然《抑快轩文集》丙编卷四作《静远斋诗钞序》。

（光绪）《金门志》未著录。此本有高澍然的点评,疑为就正于高氏、为高氏删定之本。高澍然卒于道光二十（1840）年三月,此前一年林树梅曾到光泽谒其师,此本所录诗亦止于道光十九年（1839）。卷首有高澍然序。诗有高澍然评语。此本所载之诗,有19题21首为《啸云诗钞初编》八卷本所无。其中一些诗,文字亦与《啸云诗钞初编》八卷本差异较大。

6.《啸云诗钞初编》八卷

此本卷首有高澍然《序》。此《序》高澍然《抑快轩文集》丙编卷四作《静远斋诗钞序》。

此本卷首有总目：

第一卷　道光辛巳至己丑存古今体诗四十首
第二卷　辛卯至丙申存古今体诗三十二首
第三卷　丁酉至戊戌存古今体诗三十七首
第四卷　己亥至庚子存古今体诗三十五首
第五卷　辛丑至壬寅存古今体诗三十五首
第六卷　癸卯至甲辰存古今体诗四十二首
第七卷　乙巳至丙午存古今体诗三十八首
第八卷　丁未至　　存古今体诗六十首

此本所录诗，起于道光元年（1821），时树梅十四岁；止于道光二十七年（1847），时树梅四十岁。八卷，诗共计 319 首。

7.《啸云诗存》不分卷，林策勋辑

菲律宾宿雾市：大众印书馆 1955 年版。详下条。

8.《啸云诗钞续编》不分卷，林策勋辑

林策勋辑《啸云诗钞》附，菲律宾宿雾市：大众印书馆 1968 年重印版。

1910—1920 年，树梅族孙、菲律宾华侨林策勋在其族兄破簏中觅得林树梅诗手钞本 31 题，50 首，于 1955 年在菲律宾以《啸云诗存》之名刊印，这些诗都是树梅道光二十八年（1848）以后所作，其中包括树梅被林则徐招入幕后的数篇重要作品。诗当是（光绪）《金门志》所著录《诗文续钞》中诗的一部分。林策勋以未能一睹已经刊刻的《啸云诗钞初编》为憾。后来，其挚友黄荡甫告知其宗人黄秋声曾从厦门鼓浪屿林菽庄老人处得此本。林

策勋"喜极涕下,亟托荡甫君婉转营求"①。秋声割爱之后,黄荡甫三次试着从厦门往菲律宾邮寄,未果。只好重抄缩小篇幅,分八次携至香港再转寄菲律宾。1968年,林策勋将《啸云诗存》改名为《啸云诗钞续编》,合《啸云诗钞初编》为一册,名为《啸云诗钞》,在菲律宾宿雾市由大众印书馆重印,这是第一部比较完整的林树梅诗集。然而,《啸云诗钞》也有缺陷。缺陷之一,诗钞卷八止于《题许鹤仙为石松绘寄园图即送其调戍东瀛》一诗,而缺《陈颂南先生惠书赋答》至《听琴》九题。缺陷二,林策勋未能见到《啸云山人诗钞初编》,《啸云山人诗钞初编》还有若干首《啸云诗钞初编》未收录之诗。郭哲铭以《啸云诗遗》名编入《啸云诗编校释》,台湾古籍出版社2005年版。

9.《啸云诗编校释》　郭哲铭校释

台北:台湾古籍出版社2005年版。

此本是第一部林树梅诗集的整理本。《啸云诗编校释》以林策勋本为底本,对啸云诗进行校勘,其贡献一是校正某些讹误;二是作了注释;三是从《啸云山人诗钞初编》中,发现《啸云诗钞初编》未收之诗若干篇,并将其编为《补编》;四是搜集了林树梅的各种传记资料和诸家的评论。可以说,是一部较好的校释本。但是此本亦有不足,一是所据之林策勋本有缺,对照福建师范大学所藏《啸云诗钞初编》钞本,林策勋本缺卷二《抽藤叹》、《柳枝词》二首(郭本补入《遗编》);卷八缺《陈颂南先生惠书赋答》以下十首。陈颂南即陈庆镛(1795—1858),字颂南,福建晋江人,文字学家。鸦片战争时期很活跃的作家,龚自珍《己亥杂诗》曾及之。二是,注释偶有失误,例如《游虎溪》其二:"共仰东林事,悠然杖履清。""东林",注释用了三百来个字交代明末东林党事,与诗意不符,当用晋庐山慧远东林寺事。又,《赠刘炯甫孝廉从军粤西》,刘炯甫即刘存仁,失注,刘存仁,有《屺云楼诗集》、《屺云楼文集》,详谢章铤《孝廉刘征君别传》②。再如《赠何道甫孝廉道晋

---

① 《啸云诗钞跋》,林策勋编:《啸云诗钞》附《啸云诗钞续编》,菲律宾宿雾市:大众印书馆1968年重印版,第12页。

② 《赌棋山庄文续》卷一。

上舍》，何道甫即何则贤，失注。该诗"丁戊古名山"，注以为"丁戊：犹言南北。"不知"丁戊山"为福州山名。校对也偶有不精之处，如将"徐宗干"误作"徐宋干"。

10.《说剑轩余事》，不分卷　郭柏苍校录、沈祖彝录本

此本共六篇：《镂螭》、《刻书》、《印书》、《晒书》、《藏书》、《油纸》。

《镂螭》讨论篆印之法："予少好弄刀锥于斯道，有同嗜焉。十数年间，搜罗三代以降金石古文殆千百计。顾摹仿不过形似，而未能神似也。考证有年，识解渐进。爰溯印篆源流，引诸家绪论，综而述之，曰《镂螭存参》。其目有七：为源流，为章法，为材器，为镌铸，为泥池，为行藏，为位置，末以手篆印文附焉。"此本无树梅手篆印文。

《刻书》以下四篇，讨论书籍的刻、印、晒、藏。

《油纸》一篇，讨论临帖之用纸。

此本后附有林焜熿《铁笛生小传》（郭柏苍校录）一篇。

11.《浯江林氏家录》，不分卷，家印本

（光绪）《金门志》未著录。此本见于树梅族孙林策勋辑《浯江林氏家录》，1955 年家印本。林策勋所辑《浯江林氏家录》，实际上是两部分，第一部分是林策勋所辑的有关浯江林氏的各种文章，其中包括林树梅的相关文章和林策勋自己所撰的文字；第二部分才是林树梅生前所撰的《浯江林氏家录》，树梅所撰《家录》，包括《家录序》、《家录跋》、《世系序》以及《世系》的正文。林树梅有《授产条约及家录引》共三则，前两篇作于道光二十二年（1842）。第三篇作于道光二十四年（1844）。①《家录引》，就是《浯江林氏家录引》。

《世系》正文林策勋的这一支，有明显经过林策勋增饰的痕迹。《家录序》、《家录跋》、《世系序》三篇文为《啸云山人文钞初编》和《啸云文钞初编》所无。

---

① 《啸云文钞初编》卷十三。

12.（光绪）《金门志》（参阅）

（光绪）《金门志》卷首参阅者名单：即用县知县刘仪，武进人，进士；副贡生掌教浯江书院王乃斌，号香雪，仁和人；举人掌教浯江书院许廷圭，字锡瑶，南安人；议叙布政司经历林树梅，字瘦云，金门人；监生庄中正，字诚甫、平和人。

二、佚

1.《静远斋诗钞》不分卷

（光绪）《金门志》未著录。

高澍然《抑快轩文集》丙编卷四《静远斋诗钞序》："余返自厦门，为生留二十日论文。出所著《诗钞》乞正。诗多奇气如其文，悲壮苍郁。"按：此文又见《啸云山人诗钞初编》、《啸云诗钞初编》卷首，题为《序》。通常视为《啸云诗钞序》。林树梅有《静远斋文钞》，知树梅早年有斋名"静远"。道光十六年（1836），树梅质证于高澍然的诗集名《静远斋诗钞》，未刻。后刻易名为《啸云山人诗钞初编》和《啸云诗钞初编》。道光二十七年（1847）林树梅年四十，友人澎湖蔡廷兰为作《林君瘦云四十初度寿言》[1]曾提到《静远斋集》，可能是就诗与文而总言之。

2.《诗余》二卷

林策勋《从伯祖啸云公传》："著有《啸云文钞》十四卷、《诗钞》八卷、《诗余》二卷。"[2]

曾以健《跋》："《诗余》寥寥，犹征宝气。"[3]

按：今未见词作传世。

---

① 林策勋编：《浯江林氏家录》，1955年家印本，第41—45页。
② 同上书，第50页。
③ 《诸家评论》，林策勋编：《啸云诗钞》附，菲律宾宿雾市：大众印书馆1868年重印版，第5页。

3.《〈海防图〉说》（卷数不详）

（光绪）《金门志》著录《沿海图说》，疑即此书。

林树梅《与家巽夫茂才论金门志书》"《〈海防图〉说》并拙作《丛记》数十条，似皆可资参订。"①

4.《战船占测》（卷数不详）

（光绪）《金门志》著录。

按：《战船占测》疑为《战舰说》、《占测说》。林树梅《〈闽海握要图〉说》："著《〈闽海握要图〉说》，久乃成书。篇中《图》先于《说》者，必按《图》而后可审形势，施战守也。"故先列《闽海握要图》，后有文凡五则：《海道说》、《巡哨说》、《占测说》、《战舰说》、《剿捕说》。见《啸云文钞》卷十。

5.《啸云铁笔》一卷

（光绪）《金门志》著录。

铁笔，篆刻刀之别称。吕世宜《啸云铁笔序》："啸云善用笔，古文笔清，诗笔古，书画笔屈强离奇而不可方物，此余所习知者。外此为铁笔，古雅绝伦，得意时赵次闲、陈曼生辈弗让也。以问啸云，啸云曰：'印以汉为古，汉印用篆法，兼用隶法，深得篆初变隶意。钟鼎古文，人不识，不尚也。'又曰：'印之作，在结体运刀，要出之端重，要识其拙处正其妙处。'此则余所不及知，亦世不尽知，而啸云自知者也。夫啸云负经济，工诗文，且善技能如是，何世之人或识或不识也？昔东坡见山谷小楷书，曰：'以磊落人作琐碎事。'见秦少游行草书，曰：'此人不可使闲，闲则通百技矣。'其啸云之谓欤！世有能知啸云、识啸云、用啸云，如啸云之善用笔者乎？则啸云则将不得一闲时，将大有作用于世。雕虫篆刻，壮夫不为，而谓磊落如啸云为之乎？啸云其善刀而藏以待之！"②

---

① 《啸云文钞初编》卷二。
② 吕世宜著、何树环校释：《爱吾庐文钞校释》，台北：台湾古籍出版社 2002 年版，第 85—86 页。

6.《文章宝筏》一卷

（光绪）《金门志》著录。

具体内容不详。

7.《云影集》（卷数不详）

（光绪）《金门志》著录。

林树梅《〈云影集〉序》略云："流云行空，其聚与散岂有定哉！吾尝以为人生离合之故，犹云影之在天，起灭无常类，非意计所能测。而吾友聚散靡定，存其诗焉，亦如云影之偶留，此《云影》一集，所由刻也。集中皆知名士，于吾皆知己欢，其人之或存或亡，或远或近，率离处不可见。其诗之变化不测，莫不如行云之舒卷，隐见不常。始吾见其人，并爱其诗，初不意其人之不可常见也，今则念其人，亦但见其诗耳。"① 《序》后附有《凡例五则》：

> 昔贤有录其友之诗，都为一集者，如唐元次山之《箧中集》、宋谢皋羽之《天地间集》、国朝王渔洋之《感旧集》、陈迦陵之《箧衍集》。虽意寄各殊，而所以永存其友之心则一也。是集盖师其意，当亦风雅君子所乐许。

> 诗无先后，以到为序。第就所见录之，非敢别有去取。四方同志续有见示，即当随时增刊。然敝庐僻居海岛，域于见闻。吾友或有远隔千里之遥，别居他省之地，其人既不易见，何由更睹其诗？幸赐邮筒，以光斯集。

> 人各一卷，卷各有序。详其籍贯、出处，可以一览而知生平。矧学诗根抵甘苦，在吾友各有所得，义亦不可不传。要须务简极真，不敢少涉虚誉。

> 山林高隐之流，既无名位，又无嗜好，一生精力止有作诗。其存之日已无人知，忽焉徂谢，必易湮没，盖可伤也。吾友岂无赍志遗诗，等于吉光片羽者？惟愿同志广为搜罗，亦发潜阐幽之意。为之后者，尤当各念其亲，谋垂不朽。幸借藏本，录毕缴还。

---

① 《啸云文钞初编》卷十三。

吾友之诗亦有早经剞劂、传诵四方者，其集美不胜收，故亦不事重录，非敢意为轻重也。

《与王春浦茂才书》："云峰五古，不让国初诸老，入仆《云影集》中，皆可传之作，行当刊之。"① 云峰为王春浦之叔，邵武人。可见《云影集》确在编辑之中。

8.《诗文续钞》（卷数不详）

（光绪）《金门志》著录。

刘家谋《为啸云删诗毕未寄去而讣音至矣》："岭海茫茫几霸才，重洋两度寄诗来。一编读罢成遗草，商略何因到夜台。"② 咸丰元年树梅卒，刘家谋于台湾作此诗。详拙撰《金门奇人林树梅年谱》③。据家谋诗，树梅道光二十七年（1847）刻《啸云诗钞初编》之后，又有诗寄家谋删定，这部分诗当即《诗文续钞》中之诗。

林策勋《〈啸云诗存〉跋》："到祖兄家，从破篓中检得手钞本，乃先伯祖晚岁作品，仅五十余首。"《啸云诗存》所存之诗，当即《诗文续钞》中之诗。

9.《日记》（卷数不详）

林豪（光绪）《金门志》著录。

10.《啸云丛记》（卷数不详）

（光绪）《金门志》未著录。

台湾东海大学杨永智先生撰《金门林树梅刻书考》④，提到此书，但没能对此书作进一步的说明。关于《啸云丛记》一书，大致情形如下：

首先，林树梅本人提到过这部《啸云丛记》。其《与家巽夫茂才论金门志书》云："志乘立言，最贵有体，不可不严，而谨兹附营制事宜，《海防图

① 《啸云文钞初编》卷二。
② 《观海集》卷三。
③ 详本文附录二。
④ 台湾东海大学《东海中文学报》2003年第15期。

说》并拙作《丛记》数十条,似皆可资参订。"① 巽夫,即林焜熿,林豪之父,在厦门玉屏书院时修过《金门志》,周凯为之作序。林焜熿卒于咸丰五年(1855),焜熿卒后,林豪子承父志继续修《金门志》,照常理说,林豪一定会注意到林树梅与父焜熿讨论《金门志》纂修的这封书信的,所以我们以为,(光绪)《金门志》不著录《啸云丛记》,当是树梅著述较多,林豪仅择其要者加以著录。

其次,林树梅的友人刘家谋,于道光三十年(1850)取道厦门往台湾任训导,树梅赠《啸云丛记》,家谋作《题〈啸云丛记〉》二首,其二云:"矮屋三间枕怒涛,狂歌纵饮那能豪。驰情员峤方壶外,甚矣从君踏六鳌。" 自注:"《记》中谈海国道里甚详。"② 因此我们知道这部书是在绝岛所作,很可能作于金门。书中所谈,主要是"海国道里",即东南沿海海道港口里数之类。林树梅把《啸云丛记》寄给刘家谋,说明此书当时已远播台湾。咸丰三年,刘家谋卒,其柩送回内陆,遇盗,刘氏所藏的《啸云丛记》等可能于此时散失。

林树梅的友人陈庆镛的《籀经堂类稿》有一篇陈氏所作《林啸云〈丛记〉跋》。《林啸云〈丛记〉跋》略云:"(树梅)出所著《丛记》一书,大约朴记师友往来事实,而其流览名胜,纪载贾舶出入情形,广袤里数,则尤熟焉能详。足补魏默深近刻《海国图志》所未备。是其志远且大者,其言足以致用也。爰述数语,以弁于编。道光二十九年(1849)上元后一日,跋于汉瓦晋砖之室。"③

11. 《闽安纪略》不分卷

(光绪)《金门志》未著录。

林树梅《〈闽安纪略〉序》:"道光八年,树梅侍先君子协镇此土,见先君子巡防咨访所得者,谨记之,无敢忘。间复搜寻旧简,采摭遗闻,编成《记略》一书。于星野、民风、土田、物产,《郡志》已言者,不赘。而营制、海防,考之特详。盖以先人未竟之用在是,小子不敢不敬述耳。至艺文事迹,有关风土

① 《啸云文钞初编》卷二。
② 《观海集》卷二。
③ 《籀经堂类稿》卷十五,光绪九年刻本。

者亦附卷后,以资輶轩之采。"①

林树梅《书谢退谷先生蛤仔难图后》:"道光四年,先君子护理台湾水师副将,曾作《全台舆图》,记其要害。迨署闽安副将,又命树梅搜罗筹海之书,得乡贤谢退谷先生所著《蛤仔难纪略》,谓西渡五虎、闽安为甚捷。益见海疆门户之宜防,与先君子之论合,亟纂入《闽安记略》,资考鉴焉。"②

12.《镂螭存参》(卷数不详)

(光绪)《金门志》未著录。

《镂螭》:"予订《镂螭存参》,自序曰:昔江南徐锴善《小篆》,自谓晚年始得螭匾法。予少好弄刀锥于斯道,有同嗜焉。十数年间,搜罗三代以降金石古文殆千百计。顾摹仿不过形似,而未能神似也。考证有年,识解渐进。爰溯印篆源流,引诸家绪论,综而述之,曰《镂螭存参》……末以手篆印文附焉。"③

按:据林树梅自序,《镂螭》当作《镂螭存参》。见于《说剑轩余事》的《镂螭》非《镂螭存参》原本,至少《说剑轩余事》未附树梅手篆印。

13.《寄情集》(一作《移情集》,卷数不详)

(光绪)《金门志》未著录。

按:沈祖牟《〈静远斋文钞〉跋》:"《寄情集》一册,未刻。"④
吴守礼《有关西邨二三事荟说》:"林树梅啸云,著《移情集》。"⑤

14.《合录》(卷数不详)

(光绪)《金门志》未著录。

蔡廷兰《林君瘦云四十初度寿言》:"继母弟殇,君同产兄弟,亦皆死亡,

---

① 《啸云文钞初编》卷十三。
② 《静远斋文钞》,道光十六年刻本。
③ 《说剑轩余事》。
④ 《静远斋文钞》,沈祖牟藏本。
⑤ 吴守礼:《有关西邨二三事荟说》,吴守礼、林宗毅《吕世宜西邨研究资料》,日本昭和五十一年版,台湾1976年印刷,第35页。

乃迎养本生母,命妾所生子后陈氏,复述二族先代事迹,纂为《合录》。每谓余曰:'吾以一身系属二族,不忍于所后所生,有所偏厚,求为公义私恩,此心兼尽,则惟令儿曹分祧两姓而已。'"①

15.《行记》(未完稿,卷数不详)

(光绪)《金门志》未著录。

《哭少穆先生》二首其二:"拟编《行记》仿骖鸾(自注:范成大桂林行记,名《骖鸾录》),私幸从游胜得官。"②道光三十年十二月,林树梅随林则徐往粤西,至广东普宁,则徐卒,树梅作诗吊之。树梅拟仿宋人范成大作《(粤西)行记》之类的随行笔记,遂罢。

①　林策勋编:《浯江林氏家录》,1955 年家印本,第 44 页。
②　《啸云诗钞续编》,林策勋编:《啸云诗钞》附,菲律宾宿雾市:大众印书馆 1968 年重印版,第 7 页。

第二节 图画考

　　林树梅名列《中国美术家人名辞典》,该《辞典》说树梅有《泛月图》,但没有具体说明存佚情况。蔡廷兰说林树梅"间作小书画,笔墨精能,且工篆刻,于古金石文字,考藏甚夥"[①],书法方面,林树梅自己的著作和他人的具体载述都很少,本节着重要讨论的是他的图画;篆刻则合在下节讨论。图画合起来是一个词,分开是两个词。图与画,有关联,又有所区别。本节的考证,分为两部分,第一部分是实用图,指的是地图,形势图等;第二部分是艺术图画,指的是人物、山水,花鸟等的创作图或画。讨论的范围,一是图画的内容,二是作图作画的背景,三是作图作画的时间和地点。本小节图画的作年参见附录二《金门林树梅年谱简编》。

一、实用图考

1.《蛤仔难图》

　　《书谢退谷先生〈蛤仔难纪略〉后》:"(先君子)署闽安副将,又命树梅搜罗筹海之书,得乡贤谢退谷先生所著《蛤仔难纪略》,谓西渡五虎、闽安为甚捷。益见海疆门户之宜防,与先君子之论合,亟纂入《闽安记略》,资考鉴

---

① 《林君瘦云四十初度寿言》,林策勋编:《浯江林氏家录》,1955年家印本,第44页。

焉。先生令嗣宗本茂才为言原板已亡,去冬重梓,而图注阙如。兹访得何氏所藏先生旧本,因属树梅补绘之。夫图、书自昔并称,而按山川之险夷,审岛汛之远近,则图之所关甚巨,岂可忽哉!"①

按:此图作于道光九年己丑(1829)。又按:蛤仔难,今台湾宜兰。

2.《五凤埔公圳图》

《与曹怀朴明府论凤山水利书》:"敢拟条规,并上图状。"②

《与曹怀朴明府论凤山水利书》:"题下自注:'附条规、图注'。"③

按:道光十六年,台湾凤山县令曹瑾招树梅入其幕。此图作于道光十七年丁酉(1837)。

又按:《啸云山人文钞初编》卷一所附图《五凤埔公圳图》,当即《凤山水利图》。

3.《瑯峤图》

据《〈瑯峤图〉记》④,道光十七年丁酉(1837)七月,瑯峤闽、粤民番械斗,曹瑾嘱树梅与王飞琥往谕止之。为闽、粤庄定界。七月七日出凤山县城,南行,在保力三昼夜,居宿、饮食,无不与诸番偕。为闽、粤庄定界。作此图。《题〈瑯峤图〉》四首,其《序》云:"距台湾府凤山县南百四十里,水陆险远,为生番部落;而闽粤人,与闽之纳番妇生子曰'土生团'者参居焉。势不相能,日事战斗。曹怀朴明府命树梅往抚,毕事而归,因览其山川扼塞为图,呈明府,并缀以诗。"⑤

按:此图道光十七年(1837)作于台湾凤山县令曹瑾幕。

4.《团练乡勇图》

《〈团练乡勇图〉说》:"曹怀朴明府知凤山县事,值兵燹之余,招募乡勇,乃属树梅,拟练士简捷法,俾操习之。树梅考古阵法具载典籍,古今正变不

---

①　《静远斋文集》,道光十六年刊本。

②　《啸云文钞初编》卷一。

③　同上。

④　同上。

⑤　《啸云山人诗钞初编》卷三。

同,而渊源有自。因时因地因人,各存妙奥……城乡要厄守之之法,具有成书,仿而行之,枯木朽株尽为我利。惟乡勇一节,法不仅见,不揣愚陋,谨就所读之书与先君子庭训,参互会通,缕布执事焉。是役也,实收乡勇之效。明府因并属为《图说》,以志不忘。"①

按:此图道光十七年(1837)作于台湾凤山县令曹瑾幕。

5.《烈屿图》

《绘烈屿图》:"中流断屿好停桡,金厦重门隔一潮。海上虫沙经几劫,明季数遭倭夷之祸。岸边矢镞未全销。辅车相倚安危共,漳、泉有海警,则烈屿先受其锋。牧马曾闻水草饶。唐置牧马监于此。万派奔涛喧笔底,图成指点片帆遥。"(《啸云诗钞初编》卷三)

按:诗《啸云山人诗钞初编》卷二作"抵烈屿作图"。此图是实用的地图还是艺术图,待考。暂列于此。

又按:此图作于道光十八年(1838)内渡回金门之时。

又按:烈屿,即小金门。

6.《闽海握要图》

《〈闽海握要图〉说》:"先君子官水师三十余年,常乘风破浪,剿贼重洋,北至天津,东抵辽沈,南极琼崖、交趾,径还数千里,始悉海疆形势之全。树梅童时随侍镇所,于东南徼外,汛防疏密、斥堠远近、风潮常变、礁汕浅深、港澳藏匿、匪徒接济诸机宜,躬承庭训,敬识其大且亟者。既而先君子谢世,树梅衣食奔走,再渡台湾。每与宿将老军讲求利弊,益以身所经历,参证前闻,思举其要,资经世之采择。爰著《〈闽海握要图〉说》,久乃成书。篇中《图》先于说者,必按《图》而后可审形势,施战守也。若夫闽海洋汊、岛屿、崎岸、营汛所宜犄角相依,缓急攸资之处,则又绘为《全图》,缩诸尺幅。其间吞吐迂回,纤微毕见。窃以视诸臆揣地形,南北倒置,其传讹贻误,孰得孰失,必有能辨之者。"②

---

① 《啸云文钞初编》卷九。
② 《啸云文钞初编》卷十。

按:此图作于道光十八年（1838）。《〈闽海握要图〉说》凡五篇:《海道》、《巡哨》、《占测》、《战舰》、《剿捕》。

7.《海防图》

（光绪）《金门志》著录《〈沿海图〉说》。

林树梅《与家巽夫茂才论金门志书》"《〈海防图〉说》并拙作《丛记》数十条,似皆可资参订。"[1]

二、艺术图画考

1.《游太姥山图》

《游太姥山记》:"道光己丑十一月,予自福州冒雪往游太姥山。初逾飞鸾诸岭,渡海行四日,至福宁府。翌日雪霁,跻天台岭入湖坪,遥望太姥,群峰依约在目。又明日,渡杨家溪,上钱王岭,岭峻纡险,喘息不可前。憩三佛塔,过虎头冈,抵秦屿,主李守戎鸣皋。越三日,黄明经钟瑜遣弟钟华导,出秦屿城西十里,即太姥洋。沿蓝溪过玉湖庵故址,升长蛇岭,曲折十余里而路穷,遂行危峰乱石之巅,上则嶙峋崒嵂,皆摩胸荡腹,若抱之而登。"[2] 树梅又作《自题〈游太姥山图〉》[3]。

林策勋《从伯祖啸云公传》:"尝挟铁笛,游太姥,冒雪登鸾岭,渡海访容成子炼丹处,题诗摩云峰上,绘图而返,走笔为记。"[4]

按:此图道光九年（1829）作于福鼎太姥山。

又按:树梅又有《游太姥山图咏》一书,道光十三年（1833）刻,第十页有"闽泉同安浯岛林树梅瘦云氏譔"十三字。

又按:张际亮有《林瘦云游〈太姥山图〉》:"东卧岱宗云,南听罗浮雨。北踏太行雪,或醉嵩洛野。平生惯浪迹,万里若庭户。长剑气摩天,短衣倒跨

---

① 《啸云文钞初编》卷二。
② 《啸云文钞初编》卷五。
③ 《啸云诗钞初编》卷一。
④ 林策勋编:《浯江林氏家录》,1955年家印本,第46—47页。

马。忽忽时归来,江山在笔下。林君颇好奇,为我述太姥。邱壑归胸中,纸上无寸土。想见招大风,长啸百灵舞。容成骨朽尽,方朔为漫语。安用写岚翠,此意好终古。君尝帆沧溟,蓬阆了可睹。神鱼衔赤日,夜挂珊瑚树。中有李白魂,骑鲸去何所? 吾欲一问之,乾坤谢游侣。"①

2.《鲁王墓图》

《前明鲁王墓图记》:"道光十二年春二月,树梅偕里父老于金门城东鼓冈湖西访得王墓。墓前灰土筑屏,稍下一墓形制如前,俱不封树。土人皆称王墓。"②《〈修前明鲁王墓即事〉序》:"王讳以海,字巨川,明太祖十世孙。丙戌,浙师溃,至金门依郑成功,以哮疾薨。葬金门城东,或谓沉之横,殂于台湾,皆传讹也。树梅访得王墓,加封植焉。复捐市厘资祭扫。赋诗奠之。"③

按:鲁王墓,实为鲁王疑冢,在福建金门岛。此图道光十二年(1832)作于金门。

3.《瑞兰室图》

《瑞兰室铭》:"道光壬辰,予游南澳,馆于康氏家塾时,盆兰花开并蒂。允颐、允立兄弟属铭其室,乃为之铭曰……写图纪瑞,复为之铭。宜尔兄弟,相对忘形。"④

按:此图道光十二年(1832)作于广东省南澳岛。

4.《富春江上捞虾翁图》

《为李香农绘〈钓台泛月图〉并题》二首其二:"捞虾使我忆先生,一例婆娑物外情。今日滩头放舟客,烟波得似富阳城。"自注:"芸皋师,富阳人,尝属树梅作《富春江上捞虾翁小照》。"⑤《哭芸皋夫子》四首其四有云:"未遂捞虾志,空思跨鹤还。羊昙生死感,莫望富春山。"自注:"以遗文见托,尝自题《富春江上捞虾翁图》,以寓归思。有'借得腰缠跨鹤飞'

---

① 王飙点校:《思伯子堂诗文集》卷二十二,上海古籍出版社 2007 年版,第 872 页。
② 《啸云文钞初编》卷五。
③ 《啸云诗钞初编》卷二。
④ 《静远斋文钞》。
⑤ 《啸云诗钞初编》卷四。

之句。"① 高澍然《书周观察〈捞虾图〉后》:"富阳周芸皋先生备兵厦门之三年,属绘者作《捞虾图》,因自号'捞虾翁'。"②

按:周凯道光十年（1830）为兴泉永道兵备,"备兵之三年",即道光十二年（1832）。此图作于厦门。

5.《游鼓山图》

《游鼓山记》:"余兴遂下山,题诗廨院,二君属和。行数里,买舟乘潮返台江万寿桥,又肩舆入城。其夜作《图》、《记》,赠允怡。"③

按:此图道光十六年（1836）作于福州。

6.《周芸皋夫子小像》

《书周芸皋夫子遗像后》:"方夫子移节台湾,树梅适膺凤山曹明府聘,来郡进谒,见夫子形色憔悴,心窃忧虑,不忍远离。夫子屡促使归,乃请仿绘小像,图成,自题'富春江上捞虾翁'长句,以示归志,孰意竟不遂初,而此诗遽成绝笔。"④

按:周凯画像于道光十七年（1837）作于台湾。

7.《红梅图》

《红螺仙馆画红梅有寄》二首,其一:"绛阙分来玉一株,花前醉倩绛仙扶。别君独酌红螺酒,染到消寒第几图。"其二:"艳雪玲珑映水边,动愁追梦薄寒天。罗浮四百三峰月,偏照幽人夜不眠。"⑤

按:此图道光十七年（1837）作于台湾。

8.《惜翠图》

《惜翠图》:"飞瀑酣秋声,丛篁作雨意。独有看山人,倚楼惜遥翠。"⑥

---

① 《啸云诗钞初编》卷三。
② 《抑快轩文集》乙集卷三十九。
③ 《啸云山人文钞初编》卷四。按:《啸云文钞初编》卷五无此 39 字。
④ 《啸云文钞初编》卷八。
⑤ 《啸云诗钞初编》卷三。
⑥ 同上。

按:此图道光十七年（1837）作于台湾。

又按:《惜翠图》诗,《啸云山人诗钞初编》卷二高澍然评语:"辋水沦涟,月光上下,诗格就入右丞。"

9.《澎湖施赈图》

《澎湖施赈图歌〉送蒋怿荪司马归楚》,其《序》云:"道光辛卯夏,澎湖旱潦,冬乃大饥。通判蒋怿荪先生筹赈报恤,全活无算。今将归田,树梅谨绘施赈图以送。庶几此图长在左右,而澎之山水亦与高风仁政共千古焉。"①

按:蒋怿荪,即蒋镛,先后任澎湖通判、泉州同知、厦门海防同知。此图道光十九年作于（1839）厦门。

10.《白鹿洞图》

张际亮有《瘦云于三月望日携姬人观海登白鹿洞绘图属题时君奉当事聘练乡兵于此》:"江海论兵日,英雄望古悲。谁同谢太傅,世屏傅修期。吾子贫怀策,群公幸见知。清笳吹洞裂,骏马踏春嘶。暂佐筹边幕,应搴下濑旗。风潮通一笑,山色在双眉。剑气横钗影,花光照玉姿。水天无尽处,人月共圆时。磊落追豪士,凭陵肆岛夷。金门接烽火,父老悦嗟咨。（自注:君家在金门。）"②

按:此图道光二十一年（1841）作于厦门。时林树梅练乡勇于厦门白鹿洞,张际亮过访,树梅出此图请题。姬人,即李氏。

11.《琴剑渡江图》

《琴剑渡江图送客之楚》:"美人琴剑滞扁舟,送汝潇湘感壮游。此去莫惊芦荻雁,怜他犹作稻粱谋。"③

按:此图道光十九年（1839）作于厦门;图似为送蒋镛而作。

---

① 《啸云诗钞初编》卷四。
② 王飙点校:《思伯子堂诗文集》卷二十九,上海古籍出版社 2007 年版,第 1129 页。
③ 《啸云诗钞初编》卷三。

12.《画》

《题画赠周东塘》:"露滴高梧月上阶,风摇蕉叶扫莓苔。停琴留客两无语,坐听茶声作雨来。"①

按:此图道光十九年(1839)作于厦门。

13.《秋江小景》

《秋江小景》:"红树江头系钓舟,吟身瘦到众山秋。眼中光景心中句,都被丹青一笔收。"② 据末句,此诗为题画诗,林树梅作有是画。

按:此图作于道光十九年(1839)。

14.《平旦钟声图》

《题平旦钟声图》:"蒲牢一杵隔溪闻,道味禅心已十分。人与青山共平旦,更从何处著尘氛!"③

按:此图作于道光二十年(1840)。

15.《画扇》

张际亮《题瘦云画扇》,其《序》云:"辛丑七月,厦门失守。时瘦云在彼从军,心甚念之。月之十九日,适铁岭,孝廉以此扇属题,遂草草书之。"诗云:"绝好吟诗作画人,无端瘴海冒烽烟。鹭门望断迟消息,为汝连朝独怆神。"④

按:此图道光二十一年(1841)作于厦门。

16.《麻姑像》

《写麻姑像与姬人并题》:"无端海上寇氛起,仙人历劫遗兹图。却从兵燹得呵护,完幅依旧归吾庐。"⑤

---

① 《啸云诗钞初编》卷三。
② 同上。
③ 《啸云诗钞初编》卷四。
④ 《思伯子堂诗文集》卷二十九。
⑤ 《啸云诗钞初编》卷五。

按:此图道光二十一年（1841）作于厦门。姬人,即李氏。

17.《题木兰从军图》

《题木兰从军图》;"闺阁英雄气,戎装入画新。国当征远戍,儿敢代衰亲。慷慨投机苦,风霜拂剑频。归来经十载,还是去时身。"①

按:此图道光二十一年（1841）作于厦门。

18《连理荔枝图》

《姬人得连理荔枝乞予图之并题小句》:"冰肌解脱夏生寒,火齐居然浸玉盘。此是人间连理树,与君同入画图看。"②

按:此图道光二十一年（1841）作于厦门。

19.《同心兰花图》

《同心兰花图》:"空谷无人气自芳,千秋佳话忆三湘。不须更说同心瑞,春入山家亦吉祥。"③

按:此图作于道光二十一年（1841）。

20.《云悟图》

《云悟图》:"看取高人貌,凝然善气存。闲云参净境,流水识清源。坐对神俱古,无言道自尊。定知真契悟,动静互相根。"④

按:此图作于道光二十七年（1847）。

21.《寄园图》

《题许鹤仙为石松绘〈寄园图〉即送其调戍东瀛》:"胸中邱壑一尘无,佳景当前便写图。君喜松涛生远籁,我怜鹤影共清癯。大观此去经沧海,名

---

① 《啸云诗钞初编》卷五。
② 《啸云诗钞初编》卷六。
③ 同上。
④ 《啸云诗钞初编》卷八。

将由来半宿儒。他日功成归隐处,寄园重仿旧规模。"①

　　按:此图道光二十七年（1847）作于厦门。

22.《读唐人红线传写图》

　　《读唐人红线传写图并进（疑为"题"之误）》:"如此英雄女,偏教屈下陈。飞空原有术,却敌抑何神。惨淡风云气,超腾粉黛身。独怜辞故主,别泪洒前尘。"②

　　按:此图作于道光二十七年（1847）。

23.《鹭江秋泛图》

　　《题〈鹭江秋泛图〉》:"隐晦亲知少,幽闲啸咏多。忽来观海客,相与话烟波。道胜缘皆淡,情深气正和。鹭门归棹急,何日复来过。"③

　　按:此图作于道光二十七年（1847）。

24.《秦良玉图》

　　《题女将图》二首,其二:"举义方勤王,谁驱贼入蜀。忍遗君父忧,实为臣妾辱。死战报国恩,麟图非所欲。伟哉女将军,不愧名良玉。右古明西川石柱土司女帅秦良玉。"④

　　按:道光二十八年（1848）以后所作。

25.《沈云英》

　　《题女将图》二首,其二:"云英一女郎,杀贼父仇雪。诏使领父军,夫死忠更烈。归来感沧桑,何处采薇蕨。教授族中儿,出处明大节。右古明特授游击将军烈女沈云英。"⑤

　　① 《啸云诗钞初编》卷八。
　　② 同上。
　　③ 同上。
　　④ 《啸云诗钞续编》,林策勋编:《啸云诗钞》附,菲律宾宿雾市:大众印书馆1968年重印版,第1—2页。
　　⑤ 同上。

按:道光二十八年（1848）以后所作。

26.《渔家乐图》

《自题渔家乐图》:"晓起呼儿学放船,芦花如雪雨如烟。归来斗酒谋诸妇,网得鲈鱼不换钱。"①

按:道光二十八年（1848）以后所作。

27.《画壁》

《口号三章答冬盦先生元量》略云:"一别十余载,重来高士家。醉中证明月,索笔补梅花。（自注:予为画壁。）骤观骇奇石,（自注:斋前有石。）澹对契幽兰。几许旧游在,相应耐岁寒。瓢笠都无恙,（自注:君昔赠瓢,予常佩以自随。）烟霞到处宜。浮荣何足羡,愁绝又暌离。"② 此处壁画系为友人冬盦先生而作。壁画的内容有奇石、梅、兰等。

按:道光二十八年（1848）以后所作。

以上共 34 幅。林树梅还有一些题诗,疑也是题自己所画的,如《白牡丹》、《水仙花》③、《白桃花》、《梅花》④、《白桃花》、《梅花》,从诗意看,似都是题画诗,但不能确定就是树梅自题自画诗,故不论。林树梅绘画,是不是像篆刻一样有专门的研究论著,已不可考,但是,在他的诗中,偶然会流露出一点心得。《小姬学写梅花颇有意趣乞予授法并此示之》云:"取次孤山第几枝,写来恰称画中诗。都无脂粉饶仙气,为有端庄是女儿。韵带水边篱落好,神于春晓嫩寒宜。凭君携对窗前月,瘦影芳心只自知。"⑤ 这是一首向姬人（姜李氏）传授作梅花画技艺的诗,林树梅认为,画一定得画得有诗意;要端庄,无脂粉,还得流露出几分仙气;不一定非得形似,但一定要神似,气韵才能生动;绘画的技艺难于言传,身教虽然是重要的,但是更重要的是画家得自己去体会,冷暖得失只有自己才能知道。这些意见,对后人或许也会有所启示。

---

① 《啸云诗钞续编》,林策勋编:《啸云诗钞》附,菲律宾宿雾市:大众印书馆 1968 年重印版,第 2 页。
② 同上书,第 5 页。
③ 《啸云诗钞初编》卷六。
④ 《啸云诗钞初编》卷八。
⑤ 《啸云诗钞初编》卷七。

第三节　篆刻考

林乾良《福建印人传》"林树梅"条:"《中国美术家人名辞典》:'林树梅(清)字瘦云。福建金门人。诗古文具有矩矱。工篆刻,善画,有《泛月图》。'"[1] 文字似过于简略。本节对《画人传》和《印人传》所说的"篆刻",进一步考订如下:

蔡廷兰《林君瘦云四十初度寿言》:"笔墨精能,且工篆刻,于古金石文字,考藏甚夥。"[2] 工篆刻,必须先识金石。林树梅早年曾在厦门从赵在田学。赵在田,字光中,号谷士,精于碑版金石之学。树梅为赵氏得意弟子,赵氏曾邀树梅一起补订王昶的《金石萃编》一书之遗缺。树梅善识篆文,漳浦黄道周父青原公之墓碣,篆文怪异,人多不识,道光十二年(1832)林树梅过漳浦谒黄道周墓而摹识之,时人颇为赞赏。[3] 古文《孝经》本,科蚪书,至唐朝韩愈已不及见。树梅母病,树梅发愿补篆,"于是集取籀文,辅以钟鼎古篆,做李厚庵先生《孝经全注》例,不标章目。又做积古斋《钟鼎款识例》,继以释文"[4]。足见林树梅对古篆、籀文熟悉的程度了。

林树梅《〈镂螭存参〉自序》曰:"昔江南徐锜善《小篆》,自谓晚年始

---

①　林乾良:《福建印人传》,福建美术出版社 2006 年版,第 50 页。
②　林策勋编:《浯江林氏家录》,1955 年家刻本。
③　郭柏苍:《竹间十日话》卷三,《郭氏丛刻》本。
④　《啸云文钞初编》卷八。

得蟠匜法。予少好弄刀锥于斯道，有同嗜焉。十数年间，搜罗三代以降金石古文殆千百计。顾摹仿不过形似，而未能神似也。"① 这段话对我们了解林树梅学篆的经历很重要，从中我们知道林树梅从事篆刻始于少年，他还认真研究过徐锴善的《小篆》，数十年间搜罗历代金石古文多达千百件，颇为繁富。至于具体收藏的目录，今天已不得而知，从林树梅及其友人吕世宜那里，我们知道的仅有《武梁祠荆轲图》② 和汉代公孙宏古镜一枚。③

　　林树梅的篆刻活动始于少年之时，其中曲折甘苦，已难于详考。道光十四年（1834），树梅二十七岁，篆刻技艺似已成熟。这一年夏天，福州大水过后，郭柏苍罗致吕世宜、林树梅等一帮善篆的朋友到自己的乌石山红雨山房，"携锤凿消夏"，一边篆印，一边以明末清初漳浦黄枢（子环）的《印谱》相质证，可谓一时之盛。吕世宜、林树梅等间或以自己的一二作品"酬答东道"④。

　　红雨山房雅集携锤凿，有东道主郭柏苍，金门同乡吕世宜，还有李作霖、吴小溪诸人。林树梅的篆友除了上述几位，还有厦门林必瑞（字砚香），必瑞弟必辉（字墨香）、龙溪杨凤来（字紫庭）、韶安谢颖苏（字琯樵）等。必瑞多蓄古砚，吕世宜为缩摹秦汉碑文于砚阴，必辉镌之，凡四十九石，因自名其山房为"四十九石山房"。林必瑞卒，林树梅为撰《太学生林君砚香墓志铭》⑤，吕世宜撰《林墨香小传》⑥ 也提及林树梅和"二香"的情谊。龙溪杨凤来，刻其《柏香山馆印存》，吕世宜为其序，曰："杨君紫庭，性嗜古，工刻石，与吾友啸云交相善、居相邻，又相师也。二人各奏其能，咸得汉人意，如陈曼生于赵次闲然……啸云纵臾之，裒所集名家私印成帙，而以所以自制者为之殿，统四卷，颜曰《柏香山馆印存》，因嘱啸云索序于余，余嘉紫庭少而能，又与啸云为金石交，于是乡为啸云叙者，今复因啸云而叙紫庭，结一重翰墨之缘

① 《镂蟠》，《说剑轩余事》。
② 详吕世宜：《跋林啸云所藏武梁祠荆轲图后》，《爱吾庐题跋》（不分卷），日本大正十二年（1923）本。
③ 详林树梅：《汉镜歌为吕西邨先生作》，《啸云诗钞初编》卷六；参见吴鼎仁：《西邨吕世宜》，台北：优点印刷设计有限公司2004年版，第44页。
④ 《乌石红雨山房记道光甲午》，《葭柎草堂集》，光绪本。
⑤ 《啸云文钞初编》卷七。
⑥ 何树环校释：《爱吾庐文钞校释》，台北：台湾古籍出版社2002年版，第149—152页。

也已。"①《柏香山馆印存》，林树梅也曾为之序，惜此书至今未能过眼。韶安谢颖苏，著有《琯樵真篆》。

《〈镂螭存参〉自序》又曰："末以手篆印文附焉。"就是说，林树梅准备刻印《镂螭存参》这部书时，所篆之印已经相当丰富，故从中选出部分作品附于书后。林树梅说他少年时"好开刀锥于斯道"，假设少年时为十五岁左右，过去了十数年，树梅准备刻印他的作品当在三十岁左右至三十五岁之间。如果这一推测大体不误的话，这些篆印多数当是青年时期的作品。

林树梅一生撰著甚富，其中有关篆刻的有两部。一部是《啸云铁笔》，今佚。金门吕世宜为之序。从吕氏，我们推测此书是属于"印集"一类。吕世宜说，林树梅的古文笔清，诗笔古，书画笔屈强离奇，而此"铁笔，古雅绝伦，得意时赵次闲、陈曼生辈弗让也。"铁笔即篆印之笔。赵之琛，字次闲，钱塘（今杭州）人，有《补萝伽室印谱》、《被萝伽室印集》。陈鸿寿，字曼生，也是钱塘人，有《种榆山馆摹印》、《种榆山馆印谱》。赵、陈都是当时著名的篆刻家，吕世宜以为林树梅高处不让赵、陈二家，吕氏也工篆刻，对林树梅的推许当不至过谬，"古雅绝伦"，是林树梅篆印之特色。吕世宜认为林树梅论篆，自己所不及知者，也是世人所不及知者有二，一是"汉印用篆法，兼用隶法，深得篆初变隶意"；二是"印之作，在结体运刀，要出之端重，要识其拙处正其妙处。"②林树梅深得汉印篆变隶意，运刀"拙处正其妙处"，故出之而能端庄。颇得篆法之肯綮。可惜《啸云铁笔》已佚，不能窥探其全豹。

另一部是《镂螭》（当作《镂螭存参》，详本章第一节）。《镂螭》分为七小节，一曰源流，二曰章法，三曰材器，四曰镌铸，五曰泥池，六曰行藏，七曰位置。

"源流"，追源溯流，以为印章有谱，可以"宗其制度"；"隆庆间，武林顾氏《集古印谱》行世，好事者始知赏鉴秦汉。印章亦复宗其制度"。但是近世《印谱》过繁过滥，必须加以深思审视："《印谱》不下数十家，文字之繁，非谱所能尽载，必好学深思、通诸家之体制、审因革之源流，庶配合不至失伦，点画皆全生气也。"

---

① 何树环校释：《爱吾庐文钞校释》，台北：台湾古籍出版社2002年版，第87—88页。
② 同上书，第85页。

"章法"一节,在诸节中最为重要。篆印谓之摹印,损益之间,皆有法度:"印文非篆非隶,别为一种,谓之摹印,篆纵极端方,亦必有错综变化之神行乎其间。即一笔之损益,皆有法度。"此节讨论了具体的章法,专业精深,如三字之印的布局。又如下笔"当壮健转折,宜脉络贯通",不宜过肥而失于臃肿;也不宜过瘦而失于软弱。诸如此类,非老于篆者不能出此言。

"材器",印质,古用玉,或金、银、铜、犀角、瓷,水晶,明清多用石,以福州冻石为上,"浙中青田次之,昌化则鸡血斑。及寿山低石又次之。楚之荆州、滇之武定、粤之绿石、蜡石等类,不足数矣"。又讨论了刀、凿、锥、床等篆印的工具。

"镌铸",镌,则有关刀法。铸,即铸印,别是一种,铸印法有二:一曰翻沙,一曰泼蜡。

"泥盒"讨论印泥的配制和以盒贮存。盒以水晶玛瑙为上,"若用石及铜锡为盒贮泥,易败"。贮泥于盒,"须数日一翻曝之,常使搅动,则暑月不霉,寒月不腻"。

"行藏",用印亦谓之"行印"。行印时垫纸、用力均有讲究。藏印,"今人用箱,亦谓之印奁。印用毕将藏,当以新絮拭去印文中垢腻。铜印,则刷以碱水,即焯油。再入热汤净之,久不锈也。"

"位置",印者,秦汉一人终身一印,以示信也;六朝人用臣某之印者,以示谦也。印章尤不可妄作。元以前画,多不用印,恐作手不精,有伤画局耳。用私,偶然颠倒,听之无妨。诸如此类,均为专门家者言,有益于篆者。

树梅留心于经济,用力于诗古文,"将大有作用于世"。吕世宜惊叹树梅"善技如是",真有点不可思议。"雕虫篆刻,壮夫不为,而谓磊落如啸云为之乎? 啸云其善刀而藏以待之!"[①] 人称林树梅为闽海奇人,出没风涛,慷慨从军,上马击狂胡,下马草军书,吹铁笛,作长歌,收藏金石,铁笔篆印,吕世宜西邨精于金石篆刻赞不绝口,不得不令人深思!

林树梅与吕世宜、谢琯樵的篆刻绘画交谊,详见第六章附论二。

---

① 何树环校释:《爱吾庐文钞校释》,台北:台湾古籍出版社 2002 年版,第 86 页。

结　语

　　林树梅不仅工诗古文,亦工绘画和篆刻,名列《中国美术家人名辞典》和《福印人传》。本章"盘点"林树梅著述及图画与篆刻的艺术"家底"。林树梅一生是短暂的,而著述和艺术创作却相当丰富。

　　林树梅的著述,最重要的是诗文集。他自己的诗集文集,由他本人自编的各三种。二十多岁时编的集子冠于"静志斋"之名,"静志斋"当是他早年的斋名。文集《静远斋文钞》,已刻;《静远斋诗钞》,未见刻本和钞本,从高澍然为之所作的《〈静远斋诗钞〉序》,我们知道,林树梅确有是集。《啸云山人诗钞初编》,有钞本,是本有高澍然的夹批,当是请高氏质证的本子;相应的,文有《啸云山人文钞初编》,有刻本。据诗钞、文钞,人们可以推断,林树梅号"啸云",可能是"啸云山人"之号的省称。《啸云山人诗钞初编》和《啸云山人文钞初编》,是道光十九年(1839),林树梅往光泽拜见高澍然之时或稍前所刻,多为两次赴台时的作品。《啸云诗钞初编》和《啸云文钞初编》,都刻于道光二十七年(1847)。此二种,特别是《啸云文钞初编》,道光二十年之前的作品,多为高澍然所润饰。之所以仍名"初编",林树梅此时只有四十岁,正当壮年,可能是为将来的作品留有余地,可以继续刻印"续集",谁也不曾料到,林树梅在四年之后生命便终结了,"初编",也就成了"绝响"。据(光绪)《金门志》,林树梅还有《啸云诗文钞续编》,可惜到了20世纪初,林树梅的族孙林策勋搜集到的只有残章断简。林策勋分别于

1955 年和 1968 年在菲律宾宿雾市刻印残存的诗,起先取名《啸云诗存》,后连同《啸云诗钞初编》一并出版,总名《啸云诗钞》,原先的《啸云诗存》更名《啸云诗钞续编》附于其后。2005 年,金门郭哲铭先生整理本《啸云诗编校释》在台湾出版。2010 年 3 月,本人合《啸云诗钞初编》、《啸云文钞初编》为一帙,名《啸云诗文钞》,重加点校,并搜集佚诗佚文附于其后。有打印稿。

林树梅工画。他的图画,既有实用图,如地图、形势图等实用图,又有艺术创作的图画。他的实用图,多关闽海的海防;《五凤埔公圳图》(《凤山水利图》),则是台湾水利建设图;《瑯峤图》,是带有记程性质的台湾南端的地图。创作的图画,内容丰富,有海疆的人物画像(周凯)及历史英雄人物(秦良玉等),也有海疆故事(赈灾),还有海疆的山水、花卉,甚至还有壁画。林树梅的图画除保存在《〈游太姥山图〉咏》、《啸云文钞初编》中的《游太姥山图》、《鲁王墓图》、《瑯峤图》、《闽海握海图》等外,我们从林树梅的诗文集中钩沉了多达 30 多幅的图画。林树梅的一生所画的图画,肯定不止这些,从本节考证,或可以了解个大概。

《啸云铁笔》是林树梅印篆的专书,可惜其书今未见,只能从吕世宜之序了解一个大概。吕序极称赏林树梅的印篆"用篆法,兼用隶法,深得篆初变隶意"以及"其拙处正其妙处"的篆印理论。而《镂蝐》则专门讨论源流、章法、材器、镌铸、泥池、行藏、位置等篆刻的具体问题。林树梅的篆友有郭柏苍、吕世宜、李作霖、吴小溪、林必瑞(字砚香),必瑞弟必辉(字墨香)、杨凤来(字紫庭)、谢颖苏(字琯樵)等。

第五章

大波终古走鱼龙

——海疆文学书写

林树梅自幼随父镇守闽、粤、台海疆，看惯巨涛骇浪，过惯海船战舰生活，海疆的印记，深深地烙在林树梅的身上。林树梅成年之后的经历，也始终未能离开海疆，他的书写，也始终以海疆为对象。

第一节　海岛记忆

只剩贞心堪自许,海天终古碧茫茫。

——《谒卢牧洲先生墓》[1]

林树梅出生在海岛,成长在海岛,自幼随父驻守海疆,大多数时间也是在海岛渡过的。中年以后,林树梅迎养生母的地方,也是海岛。林树梅在出生地金门岛,以及中年以后奉养生母之地厦门岛住的时间最长。他到过的海岛,还有海坛、铜山、南澳、澎湖、台湾等。台湾是中国第一大岛,面积大,地理学上称作"陆地岛",而且它在中国海疆中地位比较特殊,本章拟放在第三节讨论;历来讲台湾,往往包括澎湖列岛,故澎湖也和台湾一并论述。林树梅的海岛书写,海坛写得比较少。本节涉及的主要海岛是:金门、厦门、铜山和南澳。为了叙述的方便,论述大致以历史朝代先后为序。

金、厦和福建沿海岛屿的开发,晚于偏于内陆的闽北,也晚于福州、泉州、漳州陆地,文献的记载也很少,通常又语焉不详。黄仲昭［弘治］《八闽通志》所记载沿海岛屿有烈屿（小金门）、嘉禾屿（厦门岛）和浯洲屿（金门）,而嘉禾屿比浯洲屿稍简略。[2]是不是金门开发比厦门早,我们无法断定,

---

① 《啸云诗钞初编》卷二。
② 烈屿:"在（同安）县北积善里二十都。居民有鱼盐之利。"嘉禾屿:"在嘉禾里二十二都。延袤五十余里,居民二千余家,上有场老山,唐文士累科不第,遂隐居读书于此,故名。"浯洲屿:"十七都至二十都之民,皆处其上,信二千余家,多产鱼盐……"（弘治）《八闽通志》卷七,福建人民出版社1990年版,第132页。

但是金门唐代贞元中设牧马监地,以陈渊为牧马监,记载的内容比较丰富,金门人都以陈渊为开发金门之祖。为了纪念陈渊,后人在金门建有立孚济庙、牧马侯祠。金门宋代遗民邱葵《谒马坪》诗云:"探奇穷海印,乘兴陟高阡。护骥标芳烈,升鸾证例缘。词幽深树合,碑古碧苔鲜。遗踪犹可访,落日马坪烟。"[①] 海印,即海印寺,在金门太武山麓。

林树梅海岛记忆的书写可上溯到陈渊。林树梅《绘烈屿图》诗有句云:"牧马曾闻水草饶。"自注:"唐置牧马监于此。"[②] 按照林树梅的说法,设牧马监的地点是在烈屿。林树梅此说,或本于明万历间所作的《闽书》[③]。林树梅还写了一篇《募修孚济庙疏引》,此文写道:

> 孚济庙者,金门庵前乡祀唐牧马郎之处也。郎名渊,陈姓,原冀州人。仕唐为执戟郎,安史乱,率属蔡、许、翁、李、张、黄、王、吕、刘、萧、洪、林,凡十二姓避地于此,牧马多蕃,人称马祖。既殁,乡人敛而祀之,配以女像,曰"林夫人"。朱子尝次其祠,有诗曰:"云树葱茏神女室,冈峦连抱圣侯祠。"盖指其事。水旱疾疫,祷辄有应。庙西药井,饮病者亦多愈。
>
> 元顺帝时,倭躏岛上,岛人诣庙吁救,骤见壁间画马振动,飓风起,海面毒雾连五日夜。倭咫尺无睹,船多碎,乃不战,遁去,岛获安全。岛人自是呼郎为恩主,谓郎实恩全岛而生之也。事闻,敕封福佑真君,赐额"孚济"。明永乐间,再封福佑侯。解智记祖庙凡二,卢牧洲尚书《碑记》,庙祀园五斗,忠振伯洪旭增置石有五斗,当时神灵庙祀皆可想见。[④]

陈渊卒后,有种种传说,民间出于对牧马侯的爱戴,配以女像,曰"林夫人"[⑤],

---

① 解智《孚济庙志》,洪受:《沧海纪遗》,郭哲铭译释,金门县文化局 2008 年版,第 221 页。按:郭哲铭译释"探奇穷海印"句夺"探"字,据《沧海纪遗》(金门县委员会编印,1970 年再版)第 73 页补。

② 《啸云诗钞初编》卷三。

③ 《闽书》卷十三"烈屿"条:"唐柳冕置牧马监于此。"福建人民出版社 1995 年版,第 274 页。

④ 《啸云文钞初编》卷十三。

⑤ 解智《孚济庙志》:"夫人未笄时,龙喜蚕织绩,采桑到马坪林,入谒侯,见侯色相英爽,大类生人,戏语芳缘语,祈蚕于神。香未焚而先自焰,顷一白鸢升空而去,夫人倏归真矣。经旬余,肉躯不仆,众议殓而葬之,乃牢不可举,咸错愕惊怪,肃衣冠于夫人尸前曰:'尔灵果愿幽配于侯,即移躯而步以为信。'语未毕,躯能飞升去地尺许,众益异之,遂以其骸塑像,而耦于侯之左,信为仙缘风契,不可诬也。"洪受:《沧海纪遗》,郭哲铭译释,金门县文化局 2008 年版,第 221 页。

朱熹诗说的就是此事。民间凡水旱疾疫,祷侯祠,辄有应,可谓造福于民间。更有奇者,元顺帝时,倭寇蹂躏金门岛,祠庙壁间,画马振动,飓风毒雾连起五个日夜,倭船多碎,不战遁去,金门岛遂得安全无事。乡民更强感怀,称之为恩主公。民间诸神,护佑不受"水旱疾疫"多有之;湄洲妈祖,是航海的保护神。中国沿海而能屈倭令其遁去之神,除了牧马侯,似未听说有第二尊。经历了明代嘉靖、万历、天启倭寇不断骚扰的金门民众,道光年间海波再次不平,对护佑海疆平安的牧马侯的期待有增无减。林树梅的诗友林文湘亦有诗云:"倭寇当年虐焰收,六丁神甲古祠头;壁中画马皆嘶起,曾服中原万姓雠。"① 林树梅与林文湘文与诗,或者是海疆时局发生动荡,因此唤起他们对历史的记忆;或者是历史的记忆,触动作家和诗人对时局的思考。

宋、元易代,东南沿海抗元的活动还延续了一段时间,文天祥赋《过零丁洋》诗,陆秀夫抱帝沉海,千年来为人们所常道。林廷福署南澳左营游击,林树梅当时十六岁,随父亲来到南澳岛。南澳,在今广东东部,现在是一个县,道光间南澳镇总兵官归福建水师提督节制。据传,南澳是宋幼帝赵昺及其弟赵昰驻跸之地,又传说宋杨太后墓和宰相陆秀夫的墓都在这个海岛上,十六七岁的林树梅有感而作《宋杨太后陵》、《帝子楼》、《陆丞相墓》诸诗,抒发兴亡之慨。"崖海遥遥万丈深,安得一抔瘗兹土?太后陵,足千古。"② 林树梅认为,既然杨太后葬身于崖海,怎么可能从老远地方返葬于南澳?尽管如此,传说中南澳的杨太后陵,仍然让人兴发起思古幽情。这一时期,林树梅还作有一篇《辞郎洲》的诗:

> 辞郎洲,辞郎郎去海上头。妾恨此身为女子,不能援枹分郎忧。辞郎郎去双泪流,望郎努力生封侯。不然捐躯报君国,妾当函骨归首邱。辞郎洲,浪悠悠。③

此诗之前有小序,大意是说:景炎二年,帝舟迁惠州甲子门。都统张达率义勇

① 《浯江竹枝词》四首其四,林豪:(光绪)《金门志》卷十四,《台湾文献丛刊》第80册,台湾银行经济研究室1960年版,第384页。
② 《宋杨太后陵》,《啸云诗钞初编》卷一。
③ 《啸云诗钞初编》卷一。

扈从,其妻陈璧娘送之至此而别,后人因名其地为"辞郎洲"。璧娘尝作《平元曲》。张达殉难,陈璧娘求得其尸,葬之。不食而死。① 此诗用民歌体的形式,以陈璧娘自叙的口吻,还原当年陈氏与张达离别、期望和誓死随郎报国的情景。以上四首诗书写了与这个小小海岛宋末的诸多记忆,有帝子、太后、丞相、扈从的勇士、勇士之妻,低回往复,仿佛南宋覆亡的故事都集中在这个岛屿似的,让人唏嘘不已。

明朝末年,又一个边陲民族入主中原,东南沿海的一些小岛再次扮演最后被新朝灭亡的角色,也再次扮演较长时间不与新朝合作的角色。南明时期,先是浙东沿海的岛岙,成了反清复明的据点,继而是福建沿海的金门和厦门成了抗清的根据地。先是,浙东张国维、张煌言等高举复明义旗,拥戴鲁王朱以海监国于绍兴。永历六年(1652),鲁王去监国号,居金门城。鲁王南奔近二十年,在金门居住长达八、九年之久,与这个海上小岛结下不解之缘。关于鲁王之死,史家记载多有出入,《明史》说是初郑成功沉于海②。鲁王之死和鲁王葬地遂成了一个解不开的谜。对《明史》的结论,林树梅有所怀疑,道光十二年(1832)春二月,树梅偕里父老于金门城东鼓冈湖西访得王墓③,并作《〈前明鲁王墓图〉记》。泉兴永道观察周凯也为之兴奋不已,为作《明监国鲁王墓考》、《明监国鲁王墓碑阴》。《碑阴》云:"凯方分巡闽南,树墓碑,禁樵苏,加封植焉,惧其久而复湮也。为记于碑阴,愿金门士人岁时祭扫,共保护之。"④ 周凯手书墓碑,中镌"明监国鲁王墓"六个大字,上镌"大清道光十六年岁次丙申四月建",下镌"福建兴泉永道富阳周凯书"⑤。林树梅意犹未尽,又作《修前明鲁王墓即事》诗:

---

① 《辞郎洲》,《啸云诗钞初编》卷一。

② 《明史·诸王传一》:"(鲁王朱以海)居金门,郑成功礼待颇恭。既而懈,以海不能平,将往南澳。成功使人沉之海中。"《明史·诸王世表二》:"以海航海依郑成功。(顺治)十一年,成功使人沉之海中。"

③ 实际上林树梅发现的鲁王墓,只是一个疑冢,经考证,是宋代某命妇之墓。1959 年,修筑工事,鲁王真冢在金门梁山被发现(也在鼓冈湖附近,与林树梅发现之墓仅一山之隔,相距约 1000 米)。1963 年春,金门小径鲁王墓修成,鲁王骸骨移葬于此。详庆庆元:《春来杜宇莫啼冤——读林树梅〈修前明鲁王墓即事〉诗兼谈鲁王疑冢真冢与新墓》,《中国典籍与文化》2004 年第 1 期。

④ 《明监国鲁王墓考》、《明监国鲁王墓碑阴》,分别见周凯:《内自讼斋文集》卷六、卷九,道光刻本。

⑤ 周凯所书鲁王墓碑,至今仍然立于金门鲁王疑冢之前。

苍茫云海忆王孙，遗骨犹存乱石根。岛屿十年依故老，东南半壁望中原。地经兵燹无留碣，字蚀莓苔有旧痕。（自注：王书"汉影云根"四字勒石。）从此青山妥抔土，春来杜宇莫啼冤。①

永历十六年，即康熙元年（1662），鲁王薨时，郑成功已经东渡台湾，金门未来的形势非常危险。迫于形势，知道鲁王下葬地点的人可能很少，下葬时也没有立碑。金门很快陷入清兵之手，知情者不能不噤若寒蝉，因此鲁王墓庐遂埋没一百多年。林树梅说，随着鲁王墓的发现，鲁王从此就不用再含冤于地下了（林树梅还为王墓捐了香火）。

　　南明时期，最让林树梅倾心的是卢若腾。卢若腾，第一章第三节已经简略提及。清兵破金门之后，卢若腾率家渡台，到澎湖时已病重。卢若腾问今日是何日，随侍者答以三月十九。先卢若腾曰："是先帝殉国日也。"一恸而绝。遗命题墓碣曰"自许先生之墓"。"先生之孙勖吾自撰其父《饶研墓志》曰：'通议公之殡于澎也，属红夷之警。忽梦公告以寒，觉而心动，复买舟至澎，启攒归葬于浯。'"②卢若腾墓距林树梅所住后浦仅三里地，俗称"卢军门"。道光四年（1624），林树梅十七岁，在台湾安平晤卢君九慊（疑是若腾后人），得读卢若腾《与耕堂值笔》。道光五、六年间，他又在澎湖发现卢氏著作数册，如获至宝，同年回金门，谒卢氏墓。道光七年，友人赠卢若腾《岛居随录》稿半部。十一年（1831），林树梅刻卢若腾《岛居随录》，为之作序；同年，访得《岛居随录》另外半部，此书遂得完璧；明年，刻卢若腾《岛居随录》、《岛噫诗》，并为之作《自许先生传》并诗。《谒卢牧洲先生墓》云：

　　禅经安得靖疆场，意气嶒峻见弹章。壮志不教除逆贼，孤忠依旧殉先皇。浙人去后空称佛，闽事兴时苦乏粮。只剩贞心堪自许，海天终古碧茫茫。③

诗前有《序》云："初授兵部主事，疏劾杨嗣昌不力讨贼，请刊《华严经》，中外壮之。"诗的前两句指此。"称佛"，卢若腾在浙江之日，浙人称其为"卢菩

　　① 《啸云诗钞初编》卷二。
　　② 《校刊〈牧洲先生遗书〉凡例》，《啸云文钞初编》卷六。
　　③ 《啸云诗钞初编》卷二。

萨"。明朝江山大势已去,卢若腾"命题墓碣曰'自许先生之墓'","自许先生之墓",全称实为"有明自许先生卢牧洲之墓"①。卢若腾墓在今金聚贤里。高澍然评此诗云:"语哀以思,气伟而郁,想见苍茫独立,作海上孤吹也。"②

林树梅一生都非常敬重的海岛历史人物是黄道周。黄道周(1585—1646),字幼平,一作又玄,号石斋。福建漳浦人,居住在当时属于漳浦县的铜山(东山)岛。南明弘光帝时任礼部尚书。南京失守,在福建拥立隆武帝,自请往江西征兵,在婺源为清兵所俘,被杀于南京。道光十二年(1832),林树梅往游潮州,过漳浦,黄道周之父青原公墓碣篆文,人不能识,林树梅解之③;又谒黄道周墓,有《拜黄忠端墓》诗:

> 孝陵王气已销沉,九死空嗟力莫任。戎马北来谁柱石,君臣南渡事讴吟。两篇奏议标青简(自注:御选《明臣奏议》,列公疏稿。),一卷河图费苦心。日夕松楸迟墓道,摩挲几度诵碑阴。④

卢若腾墓在金门,黄道周墓在铜山。一个病亟临死乃自称"有明自许先生",一个被杀而始终不屈。内陆的江山几乎都为清廷所有,这两个明朝的臣子,直至生命的终结都不屈服于新朝。卢若腾,因为是乡人,林树梅为之刻集;黄道周曾手书《孝经》,林树梅得其真迹,道光二十七年(1847)为刊布于世,又作《〈孝经赞〉序》⑤。明代海岛的记忆,对林树梅来说实在太沉重了!

和宋、元易代之际的记忆似乎有点巧合。林树梅不期然见到一口义娘井,这口井又有明、清易代的一段故事。事情是这样的,道光二十一年,厦门战事失利,林树梅避难来到邑东高文岭,见到这口井,想起关于义娘的传说,大意是:康熙二年(1663)大军破厦门,义娘"头触石几碎,不得死。被掳北

----

① 《谒卢牧洲先生墓》附,《啸云诗钞初编》卷二。
② 《啸云诗钞初编》卷二附评语。
③ 郭柏苍:"漳浦黄忠端公茔在北山,碣题'文明伯',盖唐王所赠爵也。东折至公父青原公墓,为公所筑,嵌石作先后天八卦、河洛正变之文,屏列青原公行实,文从古,猝不可读。公祖墓在铜山城外,有利之者谋盗葬,墓前后石忽成'黄山黄界'字,笔画遒劲,非人所能。其文其事皆奇异(自注:尝读《忠端公文集》,简首有《青原公墓志》,梓人罔知篆法,伪舛殊多。甚以假于有庙之假,误作俾字,而卧碑篆铭又不载)。瘦云新至碣下,摹识其文。"《竹间十日话》卷三。
④ 《啸云诗钞初编》卷二。
⑤ 《啸云文钞初编》卷十三。

行,投邑东高文岭道旁井。"十年后乡人"感梦,浚井得白骨,裹葬,立祠勒石道右。盖祠、井皆以义娘名,存其实也"①。

　　本节论述海岛记忆的书写,我们并没有刻意去对林树梅的诗文作筛选,除了牧马侯,尽挑那些易代的诗文说事。仔细查核林树梅的作品,这几个海岛的历史记忆,主要的也就是这些了。或许比起其他文人,作为一个将门弟子,他会更加注意战争,注意时局的变化。《义娘祠》一诗说:"我来避乱瞻此祠,丰碑读罢心为仪。生留贞操死留惠,女子如此羞男儿。厦门正苦遭夷蹂,安得神灵荡群丑?"② 对了,林树梅海岛记忆的书写,从牧马侯到义娘,不是神勇,就是忠义、忠孝、忠烈、忠贞,海岛的历史记忆,给了林树梅很多的回味和感动,林树梅又把这些回味和感动,用书法的方式传达给世人。

①　《〈义娘词〉序》,《啸云诗钞初编》卷五。
②　《啸云诗钞初编》卷五。

第二节　海山形胜

东南铁索须留意,出入沧溟万里舟。

——《登福州镇海楼》①

　　本节论述的,是林树梅对闽海形胜的载述和描写,带有地理和军事色彩的《〈闽海握要图〉说》将在下一章论述之。台湾、澎湖的形胜,本当在本节内一并论述,上文我们说过,由于台湾在中国海疆中地位比较特殊,故单独论列。道光二十一年(1841)厦门战事,林树梅对厦门形胜也有不少描述,带有更多的战争色彩,故在第四节附带论及。

　　我们还是从林树梅的家乡金门说起。《啸云诗钞初编》卷首附有各卷的起讫年份,第一卷,始于道光辛巳,即道光元年(1821)。第一组诗题为《太武山十八咏》,那么,这一组诗当作于道光十一年无疑,这一年,林树梅只有十四岁,这组诗是他的少年之作。在《啸云诗钞初编》之前,林树梅还有一部《啸云山人诗钞初编》(四卷本),不收这组诗。《啸云山人诗钞初编》可能是请高澍然质证的本子,我们见到的有高澍然详细的评语,可能是少作的缘故,林树梅不太好意思交给其师评定。后来,林树梅重编自己的诗集,敝帚自珍,又将这组诗载入了。这组诗前面有《序》:"太武为金门主山,《广舆记》谓有十二奇景,而不胪其名。树梅生长是乡,日与名山相接,爱其雄伟离

　　① 《啸云诗钞初编》卷二。

奇而有郁葱静深之气,因搜访古迹,续得六景,为作《十八咏》云。"①《广舆记》是明代人编的一部地理书,缺载"十二奇景"之名,林树梅觉得遗憾,不过,他把"十二奇"扩充到"十八奇",多出了"六奇"。其实,"十二奇",黄仲昭《八闽通志》②、洪受《沧海纪遗》③、何侨远《闽书》④都有记载,为了便于比较,我们列表于下:

	啸云诗钞初编 太武山十八奇	八闽通志 太武岩十二奇	沧海纪遗 太武岩十二奇	闽书 十二奇	备　注
1	海印岩	太武岩	醮月池	玉几案	八闽通志有太武岩, 其他两家无
2	古石室	玉几峰	蟹眼泉	醮月池	
3	一览亭	醮月池	眠云石	眠云石	
4	石门关	眠云石	跨鳌石	偃盖松	
5	玉几岩	偃盖松	倒影塔	跨鳌石	
6	偃盖松	跨鳌石	玉几案	石门关	
7	倒影塔	石门关	古石室	古石室	
8	眠云石	古石室	石门关	蟹眼泉	
9	蟹眼泉	蟹眼泉	千丈壁	倒影塔	
10	跨鳌石	倒影塔	一览亭	千丈壁	
11	千丈壁	千丈壁	风动石	一览亭	八闽通志、闽书 无风动石
12	瀑布泉	一览亭	偃盖松		
13	风动石				
14	羊肠路				
15	仙人迹				
16	万顷田				
17	浸月池				
18	步云梯				

①　《啸云诗钞初编》卷一。
②　《八闽通志》卷七,福建人民出版社 1990 年版,第 132 页。
③　郭哲铭译释:《沧海纪遗译释》卷九,金门县文化局 2008 年版,第 197 页。
④　《闽书》卷十二,福建人民出版社 1995 年版,第 274 页

太武山是金门的最高峰。明朝洪受描写太武山云:"盘郁峻拔而中起者,为太武山。自麓徂顶,盖十余里;岩岩之势,皆积石也。近观之,则群石团结皆兜状,故以'太武'名者;其纷纷萦纡若印章篆刻,亦谓之'海印'。"① 与《八闽通志》等三家比较,林树梅的《太武山十八咏》多出的六奇是:海印岩、瀑布泉、羊肠路、仙人迹、万顷田、步云梯。海印岩,《八闽通志》等三家是与太武岩并列的,故未计算在"十二奇"之内。如剔除海印岩,林树梅太武岩"十八奇",剩下"十七奇";如果不算林树梅增加的"六奇","瀑布泉"不在"十二奇",又排在很后的位置。《八闽通志》等三家的"十二奇"中,只有"浸(醮)月池",林树梅把它排在倒数第二位。《八闽通志》等三家的"十二奇",以洪受最完备,《八闽通志》有"太武岩",以太武命名太武一奇,似未妥。或由于这个原因,《闽书》不采纳,结果只剩下"十一奇"了。太武山"十二奇",或许洪受更为准确。林树梅或许读过《沧海纪遗》等书,故在此基础上再添加"六奇"。林树梅从小生长是乡,足履遍太武,故特别热爱这座花岗岩山峰,他在这里读书穷理,在这里修身悟禅。他年纪轻轻,却已经体味出防海的重要了,第一首《海印岩》云:"海上卓方岩,如印系在肘。安得文武才,俾作中流守。"②

金门旧有"八景":"埔城海日、仙阴瀑布、双阳霁景、珠江夜月、丰莲积翠、董屿安流、洗马湖光、啸卧栖云。"③ 啸卧,即啸卧亭,其地为明朝俞大猷将军守金门卧游之处。许春时《啸卧亭记》:"(浯岛)据海疆形势,作泉、漳门户,岛上称奥区焉。出城南门可数百武,石壁巍峨,重迭横亘。登其顶,眼界尤宽。明时,虚江俞公尝为金门千户,治兵岛上……公去后,门人杨宏举因石建亭,上镌'虚江啸卧'四大字。"④ 登啸卧亭观海,浩浩渺渺,无涯无际,荡涤胸怀。林树梅早年写过一首《啸卧亭》诗:"缥缈孤亭势自雄,披襟人欲啸长风。海天入望空濛处,万古青青一气中。"⑤ 然而,啸卧亭也是俞将军旧游

---

① 郭哲铭译释:《沧海纪遗译释》卷一,金门县文化局 2008 年版,第 36—37 页。

② 《啸云诗钞初编》卷一。

③ 林豪:(光绪)《金门志》卷二,《台湾文献丛刊》第 80 册,台湾银行经济研究室 1960 年版,第 11 页。

④ 林豪:(光绪)《金门志》卷十四,《台湾文献丛刊》第 80 册,台湾银行经济研究室 1960 年版,第 385 页。

⑤ 《啸云诗钞初编》卷一。

地,这个地方还颇能励人心志。林树梅成人之后,又与他少年时代的朋友胥贞咸重游此地:

> 洎长,予省父军营,鹤巢亦就荫武职。偶归里,偕游啸卧亭,鹤巢诗先成,有"我欲弃浮名,蓑笠此间钓"之句。予戏之曰:"诗言志也。昔俞公大猷诵范文正公'先忧后乐'之语,慨然慕之,卒挫倭气,老乃游息于此。今吾子年方盛,出其才以建功业,固自易易,乃薄轩冕而慕渔樵,何计之左也!"鹤巢未及对,海雨猋来,疾走下山,衣履濡湿。①

道光十五年(1835),胥贞咸荫武职,为左营游击②,这一年林树梅二十八岁,贞咸也在盛年。朋友俩在啸卧亭赋诗,贞咸诗萌生"薄轩冕而慕渔樵"意,林树梅劝导他赶快打消这个念头,想想当年俞大猷挫倭的志气,树立远大抱负。读了一点书而做点官的人,往往喜欢讲弃绝官场,好像那样做比较清高,按照林树梅的看法,年纪不大的人应当利用入仕的机会和官场的舞台,好好报效国家,特别是外患加剧的关头,更不该轻易放弃,更不该轻易言退。这种务实的、进取的精神,是难能可贵的。

林树梅有别业在福州,早年又曾随父镇守位于闽江口的闽安镇。"方今海坛、金门、福宁、南澳专设四镇,闽安、澎湖设二协,烽火、铜山设参将"③作为水师建置,闽安的地位略低于海坛、金门、福宁、南澳,而高于烽火(在福鼎)和铜山。林树梅之父林廷福卒于闽安副将任上。闽安是省城福州的咽喉,闽江口外的五虎门,形势险要,是兵家必争之地;闽安东渡台湾淡水八里坌、猛狎,十分便捷。林树梅极为关心闽安的山海地形,作《闽安记略》一书,云:

> 地当闽海之冲,外制五虎门,内蔽省垣,南引长乐、福清,北拥连、罗、宁德,实海道之咽喉,水师之扼要。国家岁縻兵饷数万金建为镇治,盖此意也。今虽承平日久,寇盗潜消,而山川形势、港汊夷险,与夫风潮消长之机,皆防海者所宜讲。④

---

① 《书胥鹤巢诗后》,《静远斋文集》(不分卷),光绪十六年版。
② 林豪:(光绪)《金门志》卷六,《台湾文献丛刊》第80册,台湾银行经济研究室1960年版,第150页。
③ 《〈闽海握要图〉说》,《啸云文钞初编》卷十。
④ 《〈闽安记略〉序》,《啸云文钞初编》卷十三。

闽安防海的位置如此重要,怎么可以不明其山川形势、不明其港汊夷险、不明其夫风潮消长? 千万不要以为现在天下太平无事了,可以马虎了事,千万得警觉呵! 鸦片战争,闽安侥幸无事,而四十多年后的中法马江海战,驻守此地的清朝水师几乎全军覆没。惨痛的失败,反证了四十多年前的警示的正确。林树梅还有一首《再至闽安镇有感》,题下自注:"古号龙门,为省会咽喉重地。"诗云:"忆昔趋庭此再过,龙门控海势嵯峨。地当边徼防宜密,人到中年感正多。依旧晚潮喧客渡,绝佳秋月付渔歌。先臣亦有经营处,谁更清时话枕戈!"同样是表达忧虑防海的意思,"谁更清时话枕戈!"诗人用反问的口吻发问:当今太平时期,又有谁还在谈枕戈达旦的往事? 闽安镇还安放着一门"佛郎机"制造的大炮,林树梅作《佛郎机铜炮歌》诗,据诗《序》,大意是说,这门大炮如何精良,如何神威,此炮后来归"红毛",但还是被中国的"海寇"黄文海所得,黄氏载炮投诚闽安镇:"贼魁载炮投军门,山妖海怪都丧魂。十牛力挽双龙纽,移置闽安镇海口。鲸鲵遁迹无风波,此炮只与人摩挲。回思蚩尤是兵祖,铜头铁额血如雨。转石撞破吕公车,火牛燧象今何如?"① 现在海疆虽然暂时没有战事,大炮似乎只是供观赏而已,但是古往今来,良好的武器设备在战争中都是非常重要的。

明洪武初,驸马都尉王恭在福州城北越王山(今屏山)建造城门谯楼,称"洋楼"。此楼巍峨耸立于山巅,北望群山连绵,南眺江海无垠,有"临江控海"之势,不久便改名"镇海楼"。万历间福州郡守车大任《登镇海楼》诗后半云:"遥天雁断兼葭冷,绝岛琼鲵翻鼓悉。更是何人能借箸,东来保障拱皇州。"② 车大任登镇海楼,忧心忡忡,"绝岛"指异国;"琼鲵",喻航海而来的入侵者。自己镇守海疆,捍卫国家职责重大。所谓"镇海",有镇住海上入侵者、让百姓免受伤害的意思。林树梅也有一首《登福州镇海楼》诗:

> 危嶂孤撑镇海楼,崔巍直压冶城头。山呈旗鼓分形胜,人倚风云话壮游。千载霸图归气运,一杯怀古吊王侯。东南铁索须留意,出入沧溟

---

① 《佛郎机铜炮歌》,《啸云诗钞初编》卷一。
② 王应山:《闽都记》卷八引,方志出版社2002年版,第63页。

万里舟。①

此诗作于道光十四年（1834），此时离鸦片战争爆发还有数年的时间。福州古称"冶城"。传说欧冶子曾铸剑于此，故名。旗鼓，即旗山和鼓山，镇海楼正好建在古福州城的中轴线上，所以说"旗鼓分形胜"。福州为闽越古都，故登山未免有兴亡之慨。福州是闽江的出海口，海口连着沧海，万船出入，一定得留意入侵者，时时提防卫敌人入侵，海上防御的工作一定要做好。

林树梅较常往返于厦门、福州，路途熟悉，泉州洛阳桥、惠安涂岭都是来往两地必经处。谈起蔡襄，人们更多地会想起他的书法和《四贤一不肖诗》，在福州通往泉州的大道上植树，当然，还有他为泉州太守时所造的洛阳桥。洛阳桥跨海而造，在中国建桥史上有许多创造。厦门战事过后，林树梅过洛阳桥，作《雨中过洛阳桥拜蔡忠惠公祠》写道："温陵犹在望，跨海一桥横。冻雨山将合，冲潮岸未平。公成千古业，我感此时情。惆怅无舟楫，何人问战争？"自注："公奏籍渔船教习水战。见《福建通志》引公文集。"② 这首诗值得注意的不是上前半对蔡襄建桥的称赞，而在于后半蔡襄教渔民习水战之举。居安思危，林树梅感慨良多，现在可有像蔡襄当年那样的郡守？现在是战争时期，特别需要船舰，可是又有几个官员真正关心战事，教民籍渔船习水战？某夜，林树梅投宿于惠安涂岭驿站，复岭重山，雨趁风势，檐溜滴哒，灯花不舒，诗人彻夜无眠，遂题诗于壁。所写《风雨滞涂岭驿》似乎是一首游子乡思之诗，直到末两句方才稍稍透露其心迹："回首怜哀鸿，嗷嗷复谁抚？"③ 原来诗人郁塞不平之气，在于战争给民众带来的悲哀，在于民众的悲哀当局者又未能加以慰平！十数年后，林树梅的友人林焜煌之子林豪过涂岭，见到壁上林树梅的题诗，"读诗未竟忽大哭"。他说："先生已矣遗墨在，数行壁上知者谁。"④ 山川有灵，护卫着林树梅的墨迹。可是又有谁能理解林树梅郁塞不平的心迹！

---

① 《啸云诗钞初编》卷二。
② 《啸云诗钞初编》卷五。
③ 同上。
④ 林豪：《大风雨晚次防口驿读壁上家瘦云先生题句赋此吊之》，《诵清堂诗集注》卷四，郭哲铭注，台北：台湾书房出版有限公司 2008 年版，第 230 页。按：防口驿，即涂岭驿。

　　漳州及漳州以南的形胜,林树梅也有多篇诗写及。《题分水岭》是"漳潮二水分",是林树梅之父林廷福曾经扼守之处。此诗题后,数年之间和者数百。① 过万松岭,作《再过万松关遇毛千戎起凤》,有云:"海氛未靖需才急,迟汝关前立战功。"② 过漳州城南,作《木棉庵》诗,木棉庵是宋郑虎臣杀奸臣贾似道处,感叹奸臣误国,庸主有不能推托的责任:"斯人能误国,宋主亦庸才。"③ 这些书写,虽然不一定都要在海上或海岛,但都是在海岸线上,仍然值得注意。

　　① 《怀人绝句》其三自注:"诏安沈留村副车,见树梅《再过分水关》题壁诗,往来和者已数百人,辄为录寄。"《啸云诗钞初编》卷六。
　　② 《啸云诗钞初编》卷五。
　　③ 《啸云诗钞初编》卷二。

第三节　台湾闻见

搜奇拟续元虚赋,历遍台阳第几湾。

——《台湾感兴》①

林树梅两次渡台,第一次,十七岁随父戍守台湾,十九岁内渡;第二次,二十九岁时应台湾凤山令曹瑾之邀渡海,三十岁时内渡。林树梅两次赴台的书写,论说多于感兴,写实多于抒情。文章集中在书论文和纪行文两类。书论文,多数是上书周凯、曹瑾,论水利、论治县之文。纪行文,有往返台湾与内地的,海上纪行有《渡台湾记》、《再渡台湾记》、《自凤山归省记程》;台湾陆地上纪行有《台郡四邑记程》、《清庄记程》、《〈瑯峤图〉记》等。《台郡四邑记程》等文,书写十分详尽,某月某日从何地出发,经何地,到何地宿,做了何事,所闻所见一清二楚。有的纪行文写完了,作者还觉得不足,又写了诗,再次载述。

我们先看看渡台湾纪行诗。《渡台纪事》云:

我家居金门,当门把溟渤。对峙有台湾,鲸鲵竞出没。家君册战勋,驾海功犹烈。奉檄乘长风,纪候秋八月。偏师经里间,疾驰舟不歇。一叶跨洪涛,随波为凹凸。横渡黑水洋,鬼哭阴云结。海立龙涎垂,千里

---

①　《啸云诗钞初编》卷一。

势一瞥。鸦班登桅颠，（自注：舟人理帆绳，曰"鸦班"。）整帆虑拗折。骤闻众语哗，彻夜补舱裂。曦明见远峰，鹿耳险天设。将吏纷来迎，慰劳相咋舌。不然昨夜风，落漈命当绝。出险如再生，惊完转愉悦。吁嗟复何常，踪迹鸿泥雪。寒暑今再更，使我壮心切。

原注："道光四年，家君署台湾副总兵官，树梅侍行。越二年归，作《渡台记》。意有未尽，复成此篇。"① 这首诗的早期版本，"意有未尽，复成此篇"两句作"意有未尽，复成纪事诗"②，明确说是一首"纪事诗"。此是林树梅内渡追忆写成的。首四句写家住金门，看惯大海，台湾不过是在金门的对岸而已，但是中间隔着险恶的海洋。"家君"以下八句，交代渡台的原因及出海的时间。"横渡"八句描写过黑水洋之险。"曦明"，交代脱险，虽然脱险了，回想起来还心有余悸。最后四句说，经历了此次艰险的洗礼，渡海之胆更壮了，今后也将更成熟了。我们会觉得风雨鬼哭，浊浪如墙，桅帆拗折，船舱破裂，对一个十七岁的少年来说实在是太残酷了，但是，也正因为这种残酷，成就了林树梅这位海上战士和海疆诗人。

道光十六年（1836），林树梅再渡台湾，是以凤山县幕僚身份出海。林树梅的渡船不止一艘，共八十多人，曹瑾虽然是此次航行的主角，但是他并没有海上航行的经验，林树梅当是此次出航的实际指挥。本来只有几天的航程，却走了二十几天，《再渡台湾呈曹怀朴明府》有云："张帆猎猎风飕飕，如箭离弦不可留。南有落漈东琉球，西界黑水红水沟。神鱼拍浪高舵楼，轰雷喷雪排山邱。水仙挟船船转头，眼前鹿港台咽喉。"③ 海上的险恶超过上一次。我们看他的《再渡台湾记》，不难发现，林树梅对于航海，已经相当成熟和沉稳。道光十八年的内渡，为了候风，前后等了几个月，最后还是遇到飓风，船只失去控制，一刮，刮到铜山，《归舟遇飓风飘铜山呈陈参戎》前半首写道："两载羁台阳，乡心已艰楚。一朝喜言旋，中流狂飙阻。隤涛崩千山，雄声吼万虎。驒驒赤云驰，天地相簸舞。舟激矢脱弦，盲进知何所。砰然泊铜

① 《啸云诗钞初编》卷一。
② 《啸云山人诗钞初编》卷一。
③ 《啸云诗钞初编》卷三。

山,瞬息千里许。"①内渡的惊心动魄,不亚于再渡台湾的那次。

渡过黑水洋的书写,可以追溯到明万历三十年十二月(公历已经进入1603年),陈第随沈有容将军往澎湖剿倭,时"飓风大作,播荡一夜一日,勺水不得入口,舟几危者数矣",陈第作《泛海歌》二首,其一云:"水亦陆兮,舟亦屋兮,与其死而葬之,何择于山之足,水之腹兮!"②诗歌表达了诗人即便葬身鱼腹亦在所不辞的英雄气魄,振奋人心。一昼夜到澎湖,虽然有飓风,"几危者数",似未到船裂桅折的地步,即使有,诗人也没有作进一步的描绘。南明时期卢若腾,写过一首《哀溺海》,其《序》云:"将士妻妾泛海遇风,不任眩呕,自溺死者数人,作此哀之。"诗云:"少妇登舟去,风涛不可支。眩晕逢魍魉,艳质嫁蛟螭。尽室迁客,招魂复望谁。化成精卫鸟,填海有余悲。"③写的是郑成功部将的妻妾渡海,不堪风浪,至有自溺者,从另一个侧面反映了渡海的艰辛。从明代万历,到清代道光,中国航海的技术没有根本的改善,靠的仍然是木帆船。陈第之后,书写渡台的诗文还有一些;同时既写文章,又写诗,描写细致入微、反复多次书写渡台的,除了林树梅,似乎没有第二人。从林树梅渡台艰险的书写中,我们可以这样说:道光间和道光之前靠着木帆船过台湾的人,大多都是冒着很大生命危险的;渡海到台湾的人,大多数都是十分勇敢的人。当然,渡海往台湾的还有一些胆子比较小的人,如卢若腾所写的将士妻妾,但是,只要他们过海了,登上陆地了,他们都受到海洋的洗礼,挺了过来,也是勇敢的。

纪行文,整个过程写得很细致。由于文体的差异,纪行诗虽然也纪实,但不可能做到逐日记载行程、逐项记录所发生的事,线条可能比较粗,但可能会更写得更加集中,重点更加突出,有时还带有"纪游"的性质。林树梅的海上纪行诗是这样,台湾岛上的闻见诗也是这样。从《台郡四邑记程》等文,我们可以看到,林树梅在台湾的活动范围,不仅仅限于凤山城镇或府城,他还深入到台湾的腹地,深山、海岛,深入到"番社",深入到"生番"与"土生团"杂居的"内山"。林树梅足履所至,反映到诗歌中的有:澎湖、安平镇、冈

---

① 《啸云诗钞初编》卷三。
② 转引自陈庆元:《福建文学发展史》,福建教育出版社1995年版,第350—351页。
③ 卢若腾著、吴岛校释:《岛噫诗校释·五言律》,台北:台湾古籍出版社2003年版,第161页。

山,还有瑯峤等地。

《台湾感兴》三首,林树梅说这组诗"聊作纪游篇",故可以看作是诗人首次入台的总"纪行"或"纪游"诗:

> 将军靖海驾楼船,一战功名二百年。地转荒陬成乐土,春随王化到穷边。关津自昔称奇险,镇治于今有大贤。我正趋庭心爱日,学诗聊作纪游篇。

> 舟楫乘风任往还,蓬壶疑在有无间。烟波一气连金厦,水火同源出玉山。(自注:嘉义玉案山麓火出水中,昼夜不绝。)六月不寒仙草冻,(自注:土产仙草煮汁如水,食可解署。)四时常燠佛桑殷。(自注:气候炎热,佛桑花即扶桑,一丛日开千百朵。)搜奇拟续元虚赋,历遍台阳第几湾。

> 三年两度赋东征,蕞尔么麽旋蹿平。(自注:甲申平凤山,丙戌平彰化。)伏莽欲清先保甲,流氓当恤正呼庚。金汤永固须同志,赤子如何敢弄兵。知有封章陈善后,至尊方切念苍生。①

第一首简要交代台湾历史,颂扬施琅的功绩,说自台湾入清版图,已经二百年;台湾自古称奇险,朝廷重用父亲镇守于此,自己方得以作此"纪游篇"。第二首,介绍台湾形胜、风物,台湾与金门、厦门只在烟波一水间而已,而台湾地气偏暖,自己的足履将遍于台湾,搜奇探险,像汉代的扬雄那样作出一篇《玄虚赋》②来。第三首,纪实,写父亲林廷福到台湾之后三年两次东征之事,一次是道光四年(1824)平凤山,一次是道光六年(1826)平彰化。具体过程,《先考受堂府君行述》一文有详述③,此不赘。

道光五年(1825)十一月,林廷福调署澎湖右营游击,林树梅也随着来到澎湖列岛。六年五月,林树梅又随父回台湾,离开澎湖时,作《澎湖留别诗》四首:

---

① 《啸云诗钞初编》卷一。
② 按:林树梅原诗作"元虚赋",本当作"玄虚赋",因避康熙"玄晔"之讳,"玄"遂改为"元"。
③ 《啸云文钞初编》卷七。

澎山三十六,荒垒半渔寮。虎井风烟壮,龙宫暑瘴消。(自注:家君为民祷雨,建龙神宫。)云生香鼎屿,雷压吼门潮。(自注:虎井、香鼎、吼门,皆最险处。)访古屯军迹,周回荡短桡。

昔我初来处,舟从外堑迁。厨娘炊犊粪,蜑女鬻螺珠。日落风沙舞,乡偏气候殊。他年夸远客,瀛海有珊瑚。

蜃气喜初收,承欢骋壮游。烽烟诸岛静,诗思一帆秋。阅岁同休戚,临行且唱酬。吾乡斜照里,指点是浯洲。

踪迹如蓬转,风波又一经。地原多鬼市,人喜逐鱼腥。古剑寒肝胆,奇书㴑性灵。(自注:在澎得卢牧洲先生遗文数册。)归装何所有,囊底贮空青。(自注:澎湖产空青,可治目。)①

第一首,澎湖三十六岛,民以打鱼以生。林廷福守澎湖,天旱,为所民祷雨,民为立生祠。以虎井、香鼎、吼门最为天险。澎湖与台湾相为唇齿,又是泉州、漳州之门户,自古是闽海海防重地。连横《台湾诗乘》全录此四诗,称赞林树梅"港汊夷险、沙汕萦纡,辄手自记录"②,虎井、香鼎、吼门诸险,当也是林树梅亲手所记录。第二首,澎湖风物。"沿海诸山乱石森列,港道迂曲,非练熟舵艄不能驾舟也"③,船只停泊澎湖港必须迂回而入。这里风沙大,树木不易生长,连柴草都很困难,只能以牛粪作燃料。女人下海采珠,此地又多珊瑚,与内地有很大不同。第三首写游澎湖,引发诗情,临行与诗友倡酬,并说西岸是自己的家乡。最后一首,讲明末、清初洋人试图以此地为据点与中国"互市",不能不记取教训;值得高兴的,是诗人在此地访得乡人卢若腾的遗著。总之,澎湖之行,对十七八岁的林树梅来说,既是新奇的,行游又是十分愉快的事。《台湾感兴》也好,《澎湖留别诗》也好,诗人不是以一个旁观者的身份来猎奇、来写作的,"我正趋庭"、"历遍台阳"、"昔我初来"、"骋壮游"、"且唱酬",搜"奇书",台湾和澎湖是诗人活动的背景,诸多的影像

---

① 《啸云诗钞初编》卷一。
② 《台湾诗乘》卷四,《台湾文献丛刊》第64种,台湾银行经济研究室1960年版,第172页。
③ 顾祖禹:《读史方舆纪要》卷九十九,中华书局2005年版,第4518页。

中,诗人都把自己融入其中。

在现有的资料中,文人的《竹枝词》,最早见于唐代的刘禹锡和白居易的集子。据刘禹锡所说,《竹枝词》是巴、渝一带民间的歌曲,是当地百姓连臂歌舞时所唱。后来文人多有仿作,大多用以写某地的风土民俗,形式有点类似于七绝,而且多数以组诗的形式出现的。林树梅也写有《台阳竹枝词》:

> 闽兄罗汉满街坊,自诩英雄不可当。与己无仇偏切齿,杀身轻易为槟榔。（自注:闽兄、罗汉脚皆恶少也,每睚眦微隙,辄散槟榔,一呼閧集,当衢械斗。）

> 内山蛮气未全消,漫说开荒种稻苗。地近生番如畏虎,人人刀剑各横腰。（自注:番性嗜杀,近番居民带刃而耕。）

> 甲甲麻麻挤一螺,嘴琴响答蹋春歌。抄阴欲结合欢带,亲手为郎织达戈。（自注:番语呼同伴为"甲甲",呼酒为"麻麻"。男女沸唇作响,曰"嘴琴"。和歌意合,则自相婚配。以幅布围腰,曰"抄阴"。取鸟兽毛杂树皮织布,名"达戈纹"。）

> 阿侬生小住台湾,不羡蓬壶缥缈间。愿借一帆好风力,随郎西渡看唐山。（自注:南洋诸番称中国为"唐",犹言"汉"。台湾人称内地亦曰"唐山"。）

林树梅深入台湾的腹地,到过的地方多,接触社会的面也广,所以这组《台阳竹枝词》并非道听途说,信口开河,每一首诗都有自注,对诗中所写作进一步的交代和说明。诗中所写,有一些可能是属于在今天看来是比较"落后"、或者"不开化"的一面,例如"械斗"。其实林树梅的书写并没有带任何恶意,他只是提醒人们,所谓族群械斗,起因往往原本不是什么了不起的大事,可能仅仅是为了一点点的"槟榔",只是没有处理好,小事也可以衍化成大事,甚至流血死人。如果处理得当,如他在《〈瑯峤图〉记》所说,大事可以化小事,族群之间也可以和睦相处。第三首,书写原住民的语言、穿着、好尚及男女相恋之事,材料都来自诗人的亲闻亲见,具有"原来如此"的真实。在我们看来,林树梅的《台阳竹枝词》前三首,对读者来说有一定的认识意义。第四首,是当时台湾人对大陆的认识,无论是"生番"还是"土生团",

都有西渡看一看大陆的期盼,这种期盼是真实的,也不是不可能的,比较而言,虚无缥缈的"蓬莱仙景"完全不值得他们来羡慕。

渡海的风波是险恶的,道光间台湾的社会也不是那么稳定,林树梅在巡行过程也经历了种种的困难,但是,他还是时时感受着台湾的山海的美丽。《冈山》云:

> 山势郁崔巍,征帆认指归。峰疏云自补,树老石相依。仙橘迷樵径,斜阳恋寺扉。此间如结屋,世事莫轻违。[①]

按,此诗第二句早期版本有自注:"内地泛舟过澎湖见此山。"[②] 冈山还是当时由澎湖航行台湾的一个坐标。"峰疏"两句可以入画,其中"云自补"三字又颇见流动。一路的橘树,让入此境者流连忘返,有如桃花源中的桃花,竟然令入其境者迷失来时的路径;斜阳贴在古寺的门扉上,恋恋相依,如此着迷。诗人着迷了,依恋了,竟然产生结茅于此的念头。此外,像"秋声作雨千林合,峦势如波万派趋"[③];"神鱼衔赤日,恨鸟睨沧波"[④];"山角千幡竖,潮头万马来"[⑤];"风动芦花浅水边,月明白鹭抱沙眠"[⑥],无不把台湾的海山描写得充满诗情画意,令人回味无穷。

---

① 《啸云诗钞初编》卷三。
② 《啸云山人诗钞初编》卷二。
③ 《从曹侯巡山即事》,《啸云诗钞初编》卷三。
④ 《题琅峤图》四首其三,《啸云诗钞初编》卷三。
⑤ 《题琅峤图》四首其四,《啸云诗钞初编》卷三。
⑥ 《夜行所见》,《啸云诗钞初编》卷三。

第四节 厦门战事

疾呼未展英雄志,休戚相关父母邦。

——《再过厦门炮城感旧事》①

　　道光二十一年(1841)七月,英国军舰进攻厦门,厦门军民奋起反抗。当局前期的备战工作未能做好,指挥又有所失当,加上武器装备的落后,处于被动局面,厦门的两座重要炮台陷落,主帅仓皇退守同安,厦门之战,清军以失败告终。不久,英军主力移师北上,只留少数船只停泊鼓浪屿海面,厦门遂又回到清军手中。

　　在这场战争中,林树梅始终作为一个战士参与其中。战后的第二年,即道光二十二年(1842)林树梅写了一篇《从军纪略》,详细地记载了他从军的经历。本节论述林树梅厦门战事的书写,根据《从军纪略》②,大体可以分为三个阶段,道光二十一年一月至六月十日前,为战前阶段;七月十日至九月,为开战阶段;冬季之后,为战后阶段。

　　战前和战争过程阶段,林树梅所写书策之文,我们在第二章第五节已经有所论述。记事方面,战前的书写,最重要的是团练乡勇。二月,林树梅上

① 《啸云诗钞初编》卷六。
② 《啸云文钞初编》卷十一。

《上总督颜公补陈战守八策辛丑二月》①，提出在厦门的虎溪岩、白鹿洞、半山塘设伏兵，一旦英军登陆之后，将其歼灭于陆地。总督颜伯焘可能采用了林树梅的建议，并让他在白鹿洞团练乡勇千人。早几年，林树梅还在凤山幕中，有过团练乡勇的经历，他对此次的团练，充满信心，当友人张际亮来到厦门，他还特地带着张际亮一游白鹿洞，亲绘练兵图，让际亮题诗。张际亮作《瘦云于三月望日携姬人观海登白鹿洞绘图属题时君奉当事聘练乡兵于此》，中有句云："清笳吹洞裂，骏马踏春嘶。"林树梅充满着必胜的信念，豪情满怀，张际亮诗又云："风潮通一笑，山色在双眉。"② 当局对林树梅的团练应当相当满意，闰三月，拟授之布政使经历，又改武职，林树梅以母老推辞。五月十四日，因广东议和，当局下令解散乡勇，林树梅心血尽附东流之水，不禁仰天长啸。林树梅团练乡勇时无暇作诗，此时感慨万千，作《散遣乡勇》一诗：

> 惟皇抚万国，德化高唐尧。远人既率服，螳臂何偏骄。群公急筹备，走币来相邀。椎牛飨壮士，义气干云霄。千人共一胆，步武无喧嚣。方期卫桑梓，同庆烽烟销。铅刀惜未试，翻遣归渔樵。厦金唇齿地，未免愁虚枵。杞忧仗谁解，浊酒聊自浇。歌罢仰天啸，慷慨思嫖姚。③

这首诗说，团练的乡勇，训练时步武齐整，没有喧嚣，志气高涨，千人一心，同仇敌忾，大家决心保卫自己的家乡，期待克敌制胜，硝烟散去，同庆胜利。可惜铅刀未试，乡勇被遣，厦门、金门唇齿相依，不能不令人发愁。林树梅说，不知道自己是不是杞人忧天？只能用浊酒一浇胸中块垒，不知什么时候海疆上能见到汉代杀敌的霍去病将军？开战的前一天，即七月九日，英舰三十四艘突入金门、厦门间的青屿口，当时水师精锐已经调往浙追"贼"，厦门客籍兵仅有三千人，水勇也不超过千人。鼓浪屿水操台的工事刚刚修好，金门、大小担缺少大炮三百门，虽然征集了商船，但有船无炮。在五月散遣乡勇的同时，造船、铸炮等项重要备战措施也随之告停。"当事知众寡不敌，乃属树梅急趋

---

① 《啸云文钞初编》卷十二。
② 《思伯子堂诗文集》卷二十九。
③ 《啸云诗钞初编》卷五。

高崎再募乡勇。"英军"诡云将赴天津避风寄碇,忽投书约翼日战"①。清军仓卒
应战,结果一败涂地。七月十五日,"夷船窥金门,入中港,触沉礁,船漏,掠渔
人,询知有备,遁去。是时沿海风鹤皆惊,金门独安堵,乡勇聚结之利也"②。
夷船不敢进攻金门,原因固然很多,但是金门有防略,金门聚结乡勇,肯定是
很重要的原因。相形之下,厦门散遣乡勇,最后自食其果。两三年后,林树梅
重过此地,仍然感叹不已,作《重游虎溪岩白鹿洞志感》四首,第一首云:

> 厦门舒左臂,登啸晚风生。杰阁仍吞海,当年此论兵。人和堪共死,
> 地险必先争。勿使藩篱撤,豺狼敢入城。(自注:辛丑三月,予屯乡勇岩
> 洞间,五月奉撤。七月夷遂逾此入厦城,既而大惊曰:"绝地也!"遽退
> 鼓浪屿。)③

白鹿洞是厦门的"左臂",山势险要,高峻可控海面,是兵家必争之地。扎紧
篱笆,守住白鹿洞,豺狼如何进城? 自弃篱笆,放弃白鹿洞,豺狼才得以乘虚
而入。英军登陆后,过白鹿洞,大呼陷入绝地,如果当局能听得进林树梅一
言,白鹿洞说不定成为英军的葬身之地,说不定厦门的战局也会因为白鹿洞
一战扭转全局。此诗的书写,特别是自注,弥补了《从军纪略》及《散遣乡
勇》载述的不足。

对于林树梅来说,开战这一阶段,前期是厦门的正面之战;后期,林树梅
应龙溪令曹衔达之邀,到龙溪,参与漳州防堵。七月初十,交战的这一天,林
树梅是这样书写的:

> 初十日午潮,南风大作,夷乘上风进薄北岸,以七八艘并力攻一炮
> 台,余船先后夹持,旋进旋攻,破我一台,复攻一台,我兵率处下风。烟火
> 扑面而水勇先散,汀州兵遂大溃。汀州中营守备王君世俊(自注:直隶
> 人)。死之,署延平副将凌公志(自注:满洲人)。中炮落马死,延平、泉
> 州兵亦溃。夷登岸,水师后营游击张公然拒之,力战死。(自注:张公泉

---

① 《从军纪略》,《啸云文钞初编》卷十一。
② 同上。
③ 《啸云诗钞初编》卷六。

州人,少陷海贼。投诚,屡著战功,官游击,廉谨自持。每谈时事,形色慷慨。初十日,持茅过夷登岸,顾从者曰:"吾死于此,尔曹努力。"连杀数夷,夷自后以铳击之,仆。有某游击守鼓浪屿,先逃,诡言公亦生遁,当事惑之。后有人逃回,言公力战死节状,始请恤典。)同时死事者,水师把总纪君国庆(自注:同安人)、杨君肇基、李君启明(自注:俱金门人),江公势急投海死,署水师前营游击洪公炳(自注:浙江人)守浯屿,闻变亦投海死。时树梅赴高崎,方急募乡勇,遥闻炮声雷动,俄而诸公先后至,欲索船西渡,为退守同安计。树梅亟进曰:"此时厦城以南,夷虽占据,其迤北而西,尚有村落百余,夷固未敢轻窥,宜集兵勇戮力恢复。诸公西渡,厦民何依?"弗听。[①]

两军激战时,林树梅正在高崎(位于厦门岛北部)募乡勇,遥闻炮声,继而看到"诸公"纷至沓来,拟西渡内陆同安。在林树梅看来,即使城南失守,还有城北、城西一百多个村庄,厦门之战还没有到彻底言败的地步,军民只有戮力同心,不怕不能夺回城南;再说,"诸公"竟先西渡,厦门的民众怎么办? 但是,"诸公"再次不听林树梅的奉劝,厦门战事只能彻底言输了! 据林树梅所记,战死于此役的将领有:

> 金门镇总兵江继芸;
> 延平副将凌志;
> 汀州中营守备王君世俊;
> 水师后营游击张然;
> 水师把总纪国庆;
> 水师把总杨肇基;
> 水师把总李启明;
> 水师前营游击洪炳。

此文比较详细叙述水师后营游击张然战死的经过。张然经历比较奇特,年轻沦为海贼,后来投奔官军,为人廉谨,屡立战功。十日那天,以茅对枪,遏

---

① 《从军纪略》,《啸云文钞初编》卷十一。

敌登岸,连杀数人,不幸被敌人从背后枪杀。此役,江继芸是金门镇总兵,水师前营游击洪炳是金门守将,杨肇基、李启明两位水师将领都是金门人。林树梅还作诗追吊为国英勇捐躯的将士们:

> 战守纷纷议不同,一时悍御独诸公。即看壮气能吞敌,始信捐躯是尽忠。大将漫言尸裹革,后军先作鸟惊弓。千秋自有平心论,为诵招魂吊鬼雄。①

鸦片战争时期,或战或守(和),议论纷纷,道光帝游移于二者之间,时而战,时而和。道光二十年,当时定海已经陷落,颜伯焘在危难之际,出任闽浙总督。颜伯焘极力主战,到了厦门,积极防御,广求御敌之策,甚至倾听林树梅的意见,临战时自己还坐镇虎头山,以兴泉永道刘耀椿和金门总部兵江继芸为两翼。林树梅此诗,歌颂死于战场的将军,说他们"壮气能吞敌","捐躯是尽忠",而批评"大将"只会放言高论,临敌却作惊弓之鸟,觅船西渡同安。千秋功罪,后人自有评说,但是死于战事的将领,无疑世代受人尊敬。这里的"大将",当指颜伯焘。我们不赞成把颜伯焘说成投降派,但颜伯焘对厦门之役的失利,应当也有责任。《清史稿》对颜伯焘的评价是"颜伯焘怀抱忠愤,而无克敌致果之具"②,大致符合实际。林树梅对主将的要求甚高、甚严,完全可以理解,上文说过,散遣乡勇,做得未必对。敌军登陆,厦门北部和西部还有百余里村庄,是不是非得退守同安?一时后军成了惊弓之鸟,其实也乱了自己的阵脚。对颜伯焘的评价,参加过厦门战事的林树梅的载述,值得史家和那些准备为颜氏写电视剧的文学家认真加以思考。③

林树梅随着众人避同安,时值七月,天大旱,他在途径中写下《悯旱》一诗,有云:"厦岛何时复?金门更可忧。旱兼兵气恶,波撼海风愁。咫尺家书滞,殷勤地主留。望师如望雨,惆怅一天秋。"④ 兵荒马乱,又兼天气作恶,既

---

① 《吊御夷死事诸公》,《啸云诗钞初编》卷五。

② 《清史稿》卷三七一,中华书局 1977 年标点本,第 11522 页。

③ 《清朝闽浙总督颜伯焘将上荧屏》:"据悉,剧中的颜伯焘将以正面人物的形象出现,'忠贞爱国,为官清廉'。"(《东南早报》2007 年 5 月 24 日 A12 版)虽然不能说颜伯焘是投降派,但是林树梅说"主将"在厦门守城失利之后"后军先作鸟惊弓",毕竟不是一件光彩的事。

④ 《啸云诗钞初编》卷五。

无厦门的消息,也没有家乡金门的消息。诗中的"师",即清兵,他渴望朝廷的军队早日来,收复厦门,满心的惆怅。也是在避兵期间,林树梅得知他少年时代的同乡朋友林玖璎(字仲环)亡故了,心情非常沉痛。林玖璎,"多读书,工铸剑。又能为炮车船器,皆奇妙适用。近岁夷氛方期,乘时自见,而遽以病死。呜呼!海乡未平,斯人已不可见。"这位善于制造炮车、船器的友人,本来可以在抗击侵略者的战争中发挥他的才干,大展身手,可惜竟然病故了,海疆未平,家乡未平,又去哪里寻找林玖璎这样善于制造船炮的高手?林树梅追怀他们之间的友谊,非常惋惜:"生小同乡意自亲,精思最爱妙无伦。如君岂合田间老,高谊能存古处真。谁与虎溪同吊古,(自注:尝同游虎溪岩。)尚留龙剑欲生尘。朅来金厦传烽火,洒涕临风惜此人。"①

八月间,汀漳龙道观察徐继畬、龙溪令曹衔达召林树梅入漳州商讨加强防御之对策。八月,林树梅作《上汀漳龙道徐公论厦金沿海事宜状辛丑八月》一策,大意为:"亟谕绅耆团练丁壮,有警闻金并集,不得以各守己地为辞。"也即团练乡勇之意,这是林树梅的一贯主张;不仅如此,林树梅还认为各地的乡勇,还应互相支持,一旦一乡一地有事,只要听到警报,一定得赶紧集结,形成合力。他还认为,必须尽快收纳伤残士卒,接通济难民。漳南民风强悍,好械斗,即使是在英军入侵的危难关头,有些人甚至趁机作乱,不参与团练,"假公泄忿,则束手旁观,应援不力",当局应"宜为化导,释其旧嫌",内部混乱,则为"取败之道"②。为了制止械斗,林树梅还陪同曹衔达前往漳浦。③途中,遇毛千戎,作《再过万松关遇毛千戎起凤》:

> 十载重来漳水东,天教无意再逢公。万松犹作龙吟壮,一磴遥联鸟道通。回首魂飞双岛外,旧游人老夕阳中。海氛未靖需才急,迟汝关前立战功。④

---

① 《哭林仲环》,《啸云诗钞初编》卷五。
② 《上汀漳龙道徐公论厦金沿海事宜状辛丑八月》,《啸云文钞初编》卷十二。
③ 《怀人绝句》二十二首,其四自注:"曹子安明府招往龙溪策防御,又偕至浦南办械斗。"《啸云诗钞初编》卷六。
④ 《啸云诗钞初编》卷五。

毛起凤是林树梅的老友了,十年未见,不意在万松关邂逅,往事只在茫茫的岛外,夕阳之中,日暮苍凉,非常时期,带有悲壮的色彩。海氛未靖,急需人才,林树梅期望毛起凤能在危难之际,镇守关卡,报效国家,争取立功。

冬天,徐继畬调往广东,曹衍达丁忧去职,林树梅回金门之后,即往福州别业。次年,即道光二十二年(1842)夏,林树梅往光泽处理高澍然师的殡事。道光二十三年(1843),携眷回到厦门。我们把这一时期称作战后阶段。道光二十二年,林树梅作《从军纪略》,较详细地记载了道光二十年到二十二年三年间海疆发生战争的经过,以及自己从邵武被征召回到海边,从军、厦门参战,及往漳州防堵之事,"盖自庚子至今壬寅,不及三年,时事之变迁与身之阅历,可慨也"①。这篇文章,既是自叙经历,也是对厦门战事的一个小结。

往光泽途中,林树梅在邵武谒李纲祠,作《李忠定公祠》:

> 丞相祠堂感慨游,当年大势岂难收。不都关陕图恢复,却敛金缯事敌雠。公惜立朝无百日,士甘为死亦千秋。(自注:乙太学生陈东从祀。)到今涧水怨和议,犹向门前呜咽流。②

这首诗虽然无关海疆,却借宋代爱国名臣李纲以寄慨。李纲,福建邵武人,是两宋之际名臣。北宋末年,李纲积极主张抗金,屡遭投降派打击,南宋高宗朝为相不满百天,旋被罢相,逐出朝廷。后人在他的家乡邵武建祠,称"李忠定祠"。鸦片战争时期,和两宋之际的战争性质当然有所不同,按照我们今天的观点来看,两宋之际的战争是汉族政权与其他民族政权之争,鸦片战争则是中国人民反抗外来侵略的战争。但是,朝野上下都存在着战与和的激烈论争。第一次鸦片战争以清政府的失败告终,原因很多,但是投降势力气焰的嚣张,恐怕是一个很重要的原因。祠前的流水,"到今"还在怨恨和议,实则就是林树梅在怨恨清廷的软弱投降,流水的"呜咽",实际上就是林树梅的呜咽,千百万民众的呜咽。

光泽县武夷山脉的南侧,翻过山就是江西了。光泽在万山丛中,远离海疆,林树梅接触的文友,也是内陆的文人,这两年间,他的书写很少涉及沿海

---

① 《从军纪略》,《啸云文钞初编》卷十一。
② 《啸云诗钞初编》卷五。

的人与事。林树梅从光泽回到厦门，往年旧事引发了他的许多感慨，其《再过厦门炮城感旧事》一诗云：

> 往事经营血满腔，炮车遗辙尚双双。疾呼未展英雄志，休戚相关父母邦。兵撤力难支大厦，贼来险已失长江。火攻下策终无用，空拟边城筑受降。

两年的时间虽然过去了，但是往事依然历历在目，炮台上的车辙尚在①，城墙犹存，厦门港湾的形胜并没有变化，为什么这场战争居然以失败告终？林树梅苦思冥想，不得其解。林树梅不无自嘲地说，自己当时曾献的火功之策②，难道就是"下策"？当局最终未能采用，致使坐失进攻良机，本来可以取胜，最后不能不以失败告终。林树梅对于"主将"、"后军"作惊弓之鸟，未败先撤，非常气怒，即使凭借长江天险（厦门内外港形势险要）又有何用？

道光二十二年，不平等的中英南京条约签订，林树梅回到厦门，厦门与福州等五个沿海港口被动地开放为通商口岸。世事已经起了变化，鼓浪屿和以前不同了，厦门岛和以前也不同了：

> 沧海桑田几变迁，红羊小劫又经年。镜中楼阁余灰烬，兵后繁华尚管弦。亦有流民愁失业，岂无互市说安边。至今鼓浪门庭内，犹有如山甲板船。③

> 危楼三叠势凌空，版筑劳劳夕照中。地接鲸波帆影乱，栏齐雉堞笑声通。民居官舍嗟同毁，旧鬼新魂怨不穷。俯瞰孤城如斗大，玻璃窗牖自玲珑。（自注：以道署改为楼，高出厦城数倍，附近民居、冢墓皆侵削焉。）④

兵燹过后，一切似乎又回到繁华，管弦箫声，看似太平，其实流离失所者

---

① "车辙"，指林树梅厦门海战时亲自创造炮车，这种炮车可以进退旋转。见《上总督颜公补陈战守八策》，《啸云文钞初编》卷十二。

② 火攻系《上总督颜公补陈战守八策》之一策，见《啸云文钞初编》卷十二。这篇书策，还另附有《火攻之策略》、《制造之程式》，林树梅认为不宜随便公开。伯焘等要员是看到的，但"终不用"。

③ 《过鼓浪屿》，《啸云诗钞初编》卷六。

④ 《观筑夷楼》，《啸云诗钞初编》卷六。

正愁没有职业。鼓浪屿周边,可以看到高大的夷船。在一些主和者看来,开放通商口岸,海疆就可以平安无事了。林树梅对此颇为怀疑,真的"互市"就可安边吗?看看那些如山的甲板船就可以知道夷人的心思了!厦门开埠之后,随之而来的是"夷楼"接二连三地修筑。早先,周凯所在的兴泉永道官署被推倒重建洋楼了,何止是官署,连百姓民居、冢墓都受到侵削,附近的居民不得安宁,连冢中的旧鬼新魂也不得安宁!

霜降那天,蓦然听到军中传出操演军队的军号,林树梅精神为之一振,久违了,草场练兵!自从厦门海战以来,再没有听过练兵的号角,再没有见过军队肃整的操练!原来,这操练的地点还是前年的旧战场!林树梅有感而作《霜降观兵》,题下自注:"辛丑夷氛至今,始见操演。"诗云:"鸿雁初安集,貔貅更奋扬。"林树梅看到勇猛如貔貅的官兵,十分欣喜。诗又云:"由来关典礼,岂但为边防?"① 这两句诗颇值得玩味,诗面是说,操演军队,从来就是一种典礼,岂止是为了边防而已?重点是"典礼"。而诗的深层意思,应当是,演练和操练官兵,重要的是为了近防,如果仅仅是为了典礼,这种演练和操练又有什么意义呢?"辛丑夷氛"之前,难道就没有仅仅是为了"典礼"而演练和操练的吗?

在厦门,林树梅重游了虎溪岩和白鹿洞,白鹿洞是林树梅在厦门战事中最值得回忆的地点,他写下了《重游虎溪岩白鹿洞志感》四首,其一"厦门舒左臂",上文我们已经引述。但是,这四首诗不是首首慷慨激昂,第二首和第三首回忆友人陈朝进(字继豪)和张际亮。林树梅曾与陈朝进游虎溪岩白鹿洞,朝进卒后,寄棺于白鹿洞,后葬于此山。林树梅与张际亮游白鹿洞,林树梅绘图,张为之题诗。第四首,林树梅写道:

> 徒美岩栖好,何时结草寮?云随高下岭,舟任去来潮。物态虽多变,烽烟亦渐消。不才无所事,只合话渔樵。②

白鹿洞是林树梅得意之地,他在这里团练过乡勇,也是他的伤心之地,他的乡

---

① 《啸云诗钞初编》卷六。
② 同上。

勇被散遣。如今,友人陈朝进已卒,张际亮只有题诗留在壁间,何况那些赏识自己的徐继畲、曹衔达等全都离开闽南,在白鹿洞山头,只见舟去舟来,潮起潮落,议和了,割地赔款了,弥漫的硝烟已经渐渐散去,林树梅遂产生结草岩栖的念头,不为世用,无所事事,不如早作渔樵之计。林树梅并不是完全消极,而是事出无奈。从此,林树梅进入一生相对低沉的时期,闭户著书,迎养生母于厦门,筹划让儿子复陈姓……直到七八年之后,林则徐召其入幕,他才重新振作起来。

第五节　诗友倡酬

一代雄才真杰出，倚楼高唱大江东。

——《怀人绝句》①

与诗友倡酬，也是林树梅海疆文学书写的一个重要方面。

林树梅的交游较广，有父执和水师将领，如陈化成、陈国荣、上官赞朝、蒋镛、孙仪国、李芳；有官员：如台湾凤山令曹瑾、兴泉永道观察周凯、汀龙漳道观察徐继畲、龙溪令曹衔达；有家乡的朋友，如吕世宜、林文湘、林焜煌、林豪、胥贞咸、吴学元、林玖璎等；有厦门和玉屏书院的师友，如陈庆镛、孙仪国、林必瑞、林必辉、林鹗腾、谢琯樵等；有在台湾、澎湖结识的朋友，如蔡廷兰（金门籍，居澎湖）、周光邰（台湾人）、陈朝进（闽县人）、钱古坤（钱塘人）、叶式宜等；有在福州结识朋友如张际亮、刘家谋、郭柏苍、谢硕甫等；有师高澍然之子高孝敩和光泽邵武一带的师友何长聚、王云峰，王琴山，王实齐、王春浦、张玉堂等；有省外的师友，如王乃斌（浙江仁和人）、朱德玙（广西博白县人）、郭子虹（江西新城人）等；有将门子弟，如陈化成之子陈廷芳、陈廷菜、杨总戎之子杨石松等；入林则徐幕，有刘存仁、桂万超等；域外友人有：琉球蔡锡谟、杨邦锦等。

本节的论述，对林树梅的交游不作逐一的详考。张际亮、刘家谋、蔡廷

---

① 《啸云诗钞初编》卷六。

兰、林焜煌、林豪（附林文湘）、陈庆镛这几位诗人与林树梅有较多倡酬，而且林树梅和他们的倡酬多关海疆，故作为本节论述的重点。林树梅与周凯、吕世宜、林则徐等的倡酬，也多关海疆，林则徐我们在第二章第六节"入林则徐幕"已有论述，不再重复。周凯，林树梅为他画过一幅小像；吕世宜与林树梅有金石之交，谢琯樵为林树梅作过画，我们将在下章论述或附论。

一、横槊论兵亦壮哉，海天形胜谈笑来
——与张际亮倡酬

张际亮（1799—1843），榜名亨辅，字亨甫，自号松寥山人，华胥大夫。福建建宁人。道光十五年（1835）举人，近代著名诗人。有《松寥山人诗集》、《思伯子堂诗集》、《娄光堂稿》。

嘉庆二十一年（1816），张际亮十八岁，首应乡试，至道光十四年（1834），际亮已应乡试九次，均报罢。道光十五年，开考恩科，闰六月，张际亮从江苏来福州。八月乡试，九月揭晓，以易名亨辅中举。也就是在这一年的闰六月，林树梅会晤了张际亮。张际亮有诗记载他们的会面。《谢孝知兄弟招饮席间喜晤林大瘦云因有此作》二首：

> 横槊论兵亦壮哉，海天形胜谈笑来。波涛日夜双帆楫，今古风云一酒杯。指掌分时见金厦，回头飞渡失澎台。嗟余短剑方无用，为汝高歌斫地哀。

> 少年曾多国士知，廿年空负九原期。江山夕照谁家笛？关塞秋风此鬓丝。岂有罪言痛河北？不无望赋感天涯。青樽红烛双行泪，话到封侯转自悲。（自注：时六亭先生女婿官孝廉在座。忆戊寅夏秋间，先生无事，尝与余登鼓山望海，因备言吾闽形胜。）①

会面缘于谢金銮之子孝知兄弟的招饮，林树梅与张际亮均是谢家之客，故得以在席间认识。谢金銮（1757—1820），字巨廷，又字退谷，晚改名灏，侯官

---

① 王飙点校：《思伯子堂诗文集》卷二十二，上海古籍出版社 2007 年版，第 867 页。

（今福州）人。乾隆五十三年（1788）举人，曾任台湾嘉义教谕，著有《二勿斋文集》、《教谕论》、《蛤仔难纪略》。在座的还有郑兼才女婿官孝康。兼才，号六亭，福建德化人，曾任台湾教谕。由于孝知父金銮和官孝廉的岳丈都是宦台名教谕，林树梅数年前又随父驻守台湾前后达三年之久，席间不免以渡台为话题。第一首，横槊论兵、谈笑海天形胜，出入波涛，所咏对象为树梅无疑。诗末，有赞赏并羡慕之意。第二首，表面上看，似抒写自己从十八岁赴乡试，至今已经过去二十年，报考了九次，九次失利的悲哀。但是结尾归之于"封侯"，并加注忆当年"备言吾闽形势"，仍然可以看出，宴集者对时局的关注。

闰六月廿四，张际亮与林树梅再次相聚，地点是福州西湖宛在堂。宛在堂是清代诗人雅集的重要场所。张际亮有《闰六月廿四日偕梅友孝知孝至卓人炯甫瘦云蕙卿宴集小西湖宛在堂口号绝句四首》①。席中孝知、孝至，为谢金銮之子；刘存仁（1805—1880），字炯甫，又字念莪，晚号遯园，闽县（今福州）人。道光二十九年（1849）举人。有《屺云楼文集》十二卷、《诗集》二十四卷、《诗余》一卷。翁时稚，字蕙卿，侯官（今福州）人，贡生，有《金粟如来诗龛集》。绝句四首其二："来时惯爱寺门前，岚霭分风水独烟。松气自明将夕景，荷花最好欲风天。"颇能状小西湖夏末夕景。除此首外，其余三首"廿载湖田屡废兴"，"艇子沉沙对断垣"，"花事如人奈老何"，透露其第十次乡试前的怫郁情感。这四首诗，虽然没有直接写到林树梅，但仍然可以看到他们会面时的一些情况。

道光九年（1829）十一月，林树梅自福州冒雪往游太姥山，太姥山在福鼎，亦临海。林树梅一生短暂，大多时间活动于闽海港汊岸口，而闽东北的太姥山则是他游屐所至的少数名山之一。太姥归来后作《游太姥山记》、绘《太姥山图》，又作《自题〈游太姥山图〉》二首等。道光十三年刻《游太姥山图咏》②。林树梅在福州会晤张际亮，讲述游太姥之事，并出示所绘之图。道光十五年七八月间，张氏作《林瘦云游太姥山图》：

---

① 王飙点校：《思伯子堂诗文集》卷二十二，上海古籍出版社 2007 年版，第 869 页。
② 该书第 10 页有"闽泉同安浯岛林树梅瘦云氏谖语"13 字。

东卧岱宗云，南听罗浮雨。北踏太行雪，或醉嵩洛野。平生惯浪迹，万里若庭户。长剑气摩天，短衣倒跨马。忽忽时归来，江山在笔下。林君颇好奇，为我述太姥。邱壑归胸中，纸上无寸土。想见招大风，长啸百灵舞。容成骨朽尽，方朔为漫语。安用写岚翠，此意好终古。君尝帆沧溟，蓬阆了可睹。神鱼衔赤日，夜挂珊瑚树。中有李白魂，骑鲸去何所？吾欲一问之，乾坤谢游侣。①

张际亮向以"狂士"②称，而林树梅则生性"负奇"③。闽安镇有人淘井得铁笛，归于树梅。树梅"携登太姥摩霄峰，峰头高响冻云裂"④。"狂士"遇见奇人，张际亮对林树梅游太姥作诗绘图，大加赞赏，实在情理之中。这一年，张际亮与林树梅会面的情况大致如此，林树梅当亦有诗赠张氏，可惜今已不存。《游太姥山图咏》刻于会面前两三年，张氏既为题诗，林树梅当赠之以所刻之书。

道光二十年（1840），英夷滋扰闽粤沿海。秋，林树梅在邵武，闽浙总督邓廷桢闻树梅有奇才，嘱按察使常大淳、盐法道文康作书招之。树梅应招来到厦门，慷慨从军，勘察地形，献策献计。道光二十一年春，林树梅在厦门白鹿洞训练乡勇。三月，张际亮再次接到时任台湾道的友人姚莹邀请之函，拟赴台入其幕，到厦门准备东渡。林树梅邀张际亮游白鹿洞，张际亮作《厦门白鹿洞观海二首》、《瘦云于三月望日携姬人观海登白鹿洞绘图属题时君奉当事聘练乡兵于此》。前题云：

> 一气遥连四大州，谁横铁索截中流？只如唐宋愁戎马，（自注：前代边患多在西北，至明中叶东南夷患始烈，亦天地自然气数也。）不数燕齐斗火牛。（自注：逆夷火器最利。）勇忆乘桴难泛宅，醉思请剑尚登楼。天风海日苍茫里，试问扶桑几度秋？

> 两岛能支半壁天，草鸡长耳忆当年。伍胥潮汐仍终古，杨仆楼船自

① 王飙点校：《思伯子堂诗文集》卷二十二，上海古籍出版社2007年版，第872页。
② 《清史稿·张际亮传》、《清史列传·张际亮传》等。
③ 高澍然：《啸云诗钞稿序》，《啸云诗钞初编》卷首。
④ 《铁笛》，《啸云诗钞初编》卷一。

黯然。云出鲲身横岛外,水浮鼍极动樽前。登临足有兴亡感,鲸饮须同吸百川。①

前一题,《张亨甫全集》作《至厦门瘦云招同白鹿洞观海遂留饮感怀》。"两岛",指厦门、金门,林树梅是金门人,论海防,以为厦、金应一并关注,故张际亮诗亦及之。林树梅熟悉台岛形胜,认为"澎、台为全闽安危所系"②,张际亮也将赴台入姚莹幕,故有"云出鲲身"、"水浮鼍极"之句。明中叶之前,国家的安危在陆地,在西北;中叶以后,在海上,在东南,张际亮和林树梅一样,心系沿海的防守,心系国家的安危。次题云:

> 江海论兵日,英雄望古悲。谁同谢太傅,世屏傅修期。吾子贫怀策,群公幸见知。清笳吹洞裂,骏马踏春嘶。暂佐筹边幕,应搴下濑旗。风潮通一笑,山色在双眉。剑气横钗影,花光照玉姿。水天无尽处,人月共圆时。磊落追豪士,凭陵肆岛夷。金门接烽火,父老傥嗟咨。(自注:君家在金门。)③

白鹿洞是扼守厦门的要地之一,林树梅《上总督颜公补陈战守八策》(作于是年二月)曾经论及:"树梅尝请提督陈公分一军驻麻灶埔,离厦城十里,为应援营,而练乡勇,设伏虎溪岩、白鹿洞、半山塘三处,分扼厦城左臂要冲,且密迩寨子山顶,便于四顾,亦与沿岸防军声势联络。"④ 出于攻防的需要,林树梅绘有《白鹿洞图》,恰好此时张际亮来到厦门,故嘱其题之。张际亮庆幸,决策诸公在国家危难之际终于懂得起用林树梅,并且相信林树梅定能搴旗斩将,建功立业于海疆。此日林树梅携李氏同游,剑气钗影,英雄美人,加以山光海色,在硝烟弥漫的间隙,平添一道美丽的风景。张际亮最后说,林树梅身在厦门,而时时悬挂着金门父老乡亲的安危。

张际亮以风涛阻隔,未能渡海,是年五月,离开厦门。七月十九日,在铁岭,林树梅出画扇请张际亮题诗。张际亮作《题瘦云画扇》:

---

① 王飙点校:《思伯子堂诗文集》卷二十九,上海古籍出版社 2007 年版,第 1128 页。
② 林策勋:《从伯祖啸云公传》,《浯江林氏家录》,1955 年家印本。
③ 《思伯子堂诗文集》卷二十九,王飙点校,上海古籍出版社 2007 年版,第 1129 页。
④ 《啸云文钞初编》卷十二。

绝好吟诗作画人，无端瘴海冒烽烟。鹭门望断迟消息，为汝连朝独怆神。①

七月初，厦门失守。林树梅时在军中，张际亮心甚念之。诗中"迟"，是等待、期盼的意思。在烽烟中，焦急地等着林树梅有消息。"连朝独怆神"。直到十九日，见到林树梅才放下心来。张际亮想起道光十五年在福州与林树梅见面和别后诸事，作《见怀诗》云：

轻财好客贫难继，讲武从戎壮可豪。莫负人间老周处，诗名万古一秋毫。②

"轻财好客"、"讲武从戎"，颇能状林树梅的性格特点。张际亮勉励林树梅学周处，以为人生在世首要是建功立业，诗名并不重要。经事济世，也正是林树梅所为之努力的。林树梅寄以《怀人绝句》其二：

寄声勉我学周处，把卷因君怀谢公。一代雄才真杰出，倚楼高唱大江东。③

"因君怀谢公"句，即《瘦云于三月望日携姬人观海登白鹿洞绘图属题》"谁同谢太傅"。林树梅回想起两次交往，以及张际亮的两次赠诗，不禁称赞张际亮为"一代雄才"，不禁想起他依楼高唱大江东去的豪迈气概。在抗击英夷的战争中，无疑是对林树梅自己的一种鼓劲。

厦门别后，张际亮辗转于浙东，历尽艰辛。道光二十三年（1843），台湾道观察姚莹遭诬陷，被解入京，过淮上，际亮陪就道。同年九月，姚莹获释，际亮病，遂卒于京城。林树梅获知张际亮卒，伤心万分，作《哭张孝廉亨甫》二首：

天既生吾子，多才不与年。惜为名士误，还有好诗传。返骨金台下，伤心碧海边。诸孤方幼弱，何日卜新阡。

____

① 《思伯子堂诗文集》卷二十九，王飙点校，上海古籍出版社2007年版，第1161页。
② 《怀人绝句》其二自注引，《啸云诗钞初编》卷六。
③ 《啸云诗钞初编》卷六。

往岁高歌处,遗踪得再寻。(自注:辛丑闰月,亨甫过访,留诗白鹿洞壁。)直倾三副泪,未厌百回吟。设位重呼酒,临风欲醉琴。由来悲壮语,最是感人深。①

林树梅重游白鹿洞,追寻前年游踪,看到张际亮留于壁间之诗,反复吟诵,洒酒祭奠,想到张氏诸孤年方幼弱,泪下如霰,悲痛不已。林树梅非常看重与张际亮白鹿洞的会面,《重游虎溪岩白鹿洞志感四首》其三亦云:"题壁山灵护,重吟思邈然。"自注:"辛丑闰三月,张亨甫孝廉过访,留句犹存壁间。"②

如果从道光十五年福州的会晤开始算起,林树梅与张际亮的交往时间最多也就是八九年,而重要的会面也不过两次。一次在福州,一次在厦门。福州会面,张际亮正好在第十次乡试前后,心情复杂。厦门一次,战局吃紧,林树梅适在军中,张际亮有渡台的打算。林树梅和张际亮都是关心时事的诗人,一个是"狂生",一个是奇士,相见恨晚。他们都有远大的济世之志,但历史并没能给他们提供更好的舞台。危难之中,诸公突然想起林树梅,实有病疾而不得不投医的尴尬,诸公偶然也会听一点林树梅的意见,如训练乡勇、寻水源掘井之类,但在全局攻防的构筑,运筹帷幄制定策略、战术,林树梅离作战中枢还相差十万八千里。但是,林树梅毕竟还是厦门战事中实际参与防守的战士,是不多见的在危难之中从军的文士。比起林树梅,同为诗人的张际亮,他的诗文的影响要大得多了,但是,他一直到过世,也只能靠他的笔,靠他的声音呼喊于世。张际亮卒时仅仅四十五岁,而与林则徐相约于军前的林树梅却连四十五岁也不到,四十四岁便郁郁而终。文人际遇如此,每读张际亮和林树梅诗文,不能不让人扼腕痛惜。

二、酒酣慷慨谈兵事,正是东南羽檄驰
——与刘家谋倡酬

刘家谋(1814—1853),字仲为,一字苣川,侯官(今福州)人。道光

---

① 《啸云诗钞初编》卷七。
② 《啸云诗钞初编》卷六。

十二年（1832）举人,屡试礼部,不第。二十六年（1846）为宁德教谕,十九
年调任台湾教谕,咸丰三年（1853）以劳瘁,卒于任上。著有《外丁卯桥初
稿》、《东洋小草》（附《斫剑词》）、《观海集》、《海音诗》、《鹤场漫志》,
合刻为《芑川先生合集》。道光、咸丰间,刘家谋在福建、台湾是一位有较大
影响的诗人。刘家谋四十岁卒于台湾,他的朋友、同是福州人的谢章铤,在家
谋过世数十年后,每谈到他,还常常嘘唏不已。

　　早在第二次渡台前,林树梅在福州就置有别业。道光十八年（1838）,
树梅从台湾回金门之后,经常来往于金门、厦门,厦门、福州之间。道光十九
年（1839）秋,林树梅曾在福州酒楼与刘家谋会过面。此时,刘家谋尚奔走
于场屋。过了十年,刘家谋动身前往台湾任所,经厦门,匆匆与林树梅会了一
面,有《答林啸云树梅厦门》诗纪其事:

　　　　酒酣慷慨谈兵事,正是东南羽檄驰。一瞬沧桑惊变幻,十年岭海怅分
　　离。征途邂逅谁身健,薄宦奔波迹又岐。青眼高歌天外至,却从岁暮感相
　　知。（自注:己亥秋与啸云同饮福州酒楼,今冬厦门一见,匆匆遽别。）①

刘家谋的诗首先回忆十年前在福州酒楼与林树梅会面的事,东南兵事正吃
紧。林树梅当年虽然只有三十二岁,但是已经两渡台湾归来,而刘家谋只有
二十六岁,正是血气方刚的年龄,他们俩慷慨地议论着东南的兵事,英国侵略
军不时在海上进行挑衅,他们忧心忡忡。一转眼十年过去了,经历了厦门战
事、台湾战事,无能的清政府和英人签订了屈辱的南京条约,福州、厦门被迫
开放为通商口岸,沧桑变幻似乎也太快了! 现在,一个是四十二岁,一个才
三十五岁,在我们今天看来,谈论"谁身健"似乎太早、甚至未免离奇。当
然,不管是谁也无法预料"今后",但是,如果从林树梅、刘家谋的最后结局
看,前者四十四、后者仅四十,"谁身健"的话语,似乎早已经带有几分的悲
凉!《啸云诗钞初编》刻于道光二十七年（1847）,该年之后的诗只有少量
见于林树梅裔孙所辑《啸云诗钞续编》。据刘家谋此诗,系树梅赠诗在前,
家谋答诗在后,惜树梅之诗已佚,难窥两人倡酬全貌。

---

　　① 《观海集》卷一,编入己酉,即道光二十九年（1849）。

刘家谋在台湾训导任上，两人书信不断，林树梅还寄其新著《啸云丛记》，刘家谋作《题〈啸云丛记〉》二首：

> 两粤兵戈尚未除，几人筹笔困军储。如何叱咤风云客，绝岛低头但著书。
>
> 矮屋三间枕怒涛，狂歌纵饮那能豪。驰情员峤方壶外，甚矣从君踏六鳌。（自注：《记》中谈海国道里甚详。）①

此时广西洪秀全事起，故曰"两粤兵革尚未除"。林树梅著此书时，尚未入林则徐幕，可能回到金门（"绝岛"）。厦门海氛时，叱咤风云一时的奇人林树梅，却在那儿埋头著书！《啸云丛记》一书，末见他书著录，多赖刘家谋此诗提供了重要的信息，我们才知道林树梅晚岁著有此书。《啸云丛记》详记了海国道里，其中肯定包括树梅早年游历及游幕台湾的情况。"员峤"，即位于台湾东南部的员山、瑯峤，刘家谋的任所在台湾府城，即今天的台南市，当他阅读《啸云丛记》时，不觉驰情"员峤"之外，想象随着林树梅踏浪海上的愉快。道光二十八年（1848）之后至树梅过世的三四年间，树梅的生平资料比较欠缺，所以刘家谋这几首诗甚为珍贵。

林树梅两度寄近期所作诗到台湾，请刘家谋删正。刘家谋删诗未毕，树梅的讣告至矣，刘氏作《为啸云删诗毕未寄去而讣音至矣》：

> 岭海茫茫几霸才，重洋两度寄诗来。一编读罢成遗草，商略何因到夜台。②

树梅所寄诗，当是道光二十八年（1848）之后三年多的新作，没有想到新作却成了"遗草"，夜台已无由商略。20世纪初，树梅裔孙从林树梅后人处搜集到树梅遗稿，诗仅五十多篇，辑为《啸云诗钞续编》，50年代刻于菲律宾宿舍雾市。从《啸云诗钞》看，林树梅每年作诗数十篇，三年多的时间，所作诗当在两百篇左右。刘家谋的阅历虽然不是特别广，但对闽海的名人文士还

---

① 《观海集》卷二，编入庚戌，即道光三十年（1850）。
② 《观海集》卷三，编入辛亥，即同治元年（1851）。

是有所了解的,在他看来,像林树梅这样的"霸才"并不是很多的。

在林树梅过世两年之后,即咸丰三年(1853),刘家谋病卒于台湾。"仆人护君柩渡海归,遭贼,遗书、丛稿,贼尽覆于水。"① 林树梅所寄之《啸云丛记》、两次诗作,大概也于此时葬身于大海了! 令后人感到十分可惜。

三、客路共流千载泪,师门重话十年情
——与蔡廷兰倡酬

林策勋《从伯祖啸云公传》说金门林树梅生平与两位文士最友善,"以道德文章相切劘"②,一为金门吕世宜,一为澎湖蔡廷兰。廷兰(1801—1859),字香祖,学者称秋园先生。其先为金门琼林望族,明季迁至澎湖,遂为澎湖人。道光二十四年(1844)进士,署丰城县知县。有《愓园诗钞》、《海南杂著》等。

据陈益源教授考证,蔡廷兰道光五年(1825)回金门琼林祭祖。③ 这一年,林树梅年十八,蔡廷兰二十五。林树梅随父驻守澎湖,蔡廷兰与林树梅定交。蔡廷兰《林君瘦云四十初度寿言》:"道光乙酉,君年十八,侍父武义都尉官澎湖。余爱其才器奇杰,遂与订交。"④ 从此,两人开始长达二十多年的交往。

道光十年(1830),周凯为兴泉永道观察。周凯,字芸皋。"未几,同事周芸皋师,问学切摩,心益相厚。"⑤ 十一年(1831),澎湖夏六月旱,秋季又遭飓风袭击,民不聊生,蔡廷兰有《巡道周公有社仓之议言事者虑格于旧例概然力任其成立赋〈抚恤歌〉六章发明于道人心之应淋漓凄恻情见乎词用述其意更为推衍之续成长歌一篇》诗纪之:"四月下种六月旱,旱气蒸郁为蝗螟。七八九月咸雨洒,腥风瘴雾交迷茫。旱季晚季颗粒尽,饥死者死亡者亡。"⑥ 澎湖通判蒋镛驰书求救,详林树梅《澎湖施赈图歌送蒋怿荓司马归楚

① 谢章铤:《教谕刘君小传》,《赌棋山庄文集》卷二。
② 林策勋编:《浯江林氏家录》,1955年家印本。
③ 《蔡廷兰及其〈海南杂著〉》,台北:里仁书店2006年版,第37页。
④ 林策勋编:《浯江林氏家录》,1955年家印本。
⑤ 蔡廷兰:《林君瘦云四十初度寿言》,林策勋编《浯江林氏家录》,1955年家印本。
⑥ 施懿琳:《全台诗》第四册,台北:远流出版有限公司2004年版,第393—395页。

〈序〉》①。次年春，周凯奉命往澎湖赈灾，蔡廷兰作《请急赈歌》四首②，周凯作《抚恤六首答蔡廷兰》③、《再答蔡生》④、《送蔡生台湾小试》⑤赠蔡廷兰，又在《留别八首和徐幼眉大令必观见赠》其七⑥、《寄台湾远山观察庆诗以代柬》⑦反复及之。《抚恤六首答蔡廷兰》其四略云：

> 蔡生澎湖秀，作歌以当哭。上言岁凶荒，下言民茕独。防患思社仓，加赈乞万斛。悲哉蔡生言，淋浪泪满幅。读书以致用，进生话款曲。

周凯于道光十二年"二月十八日抵澎湖，三月十二日回厦门，著有《澎湖纪行诗》二卷"⑧。这一年，林树梅亦作有《赠澎湖蔡香祖茂才》诗，诗云：

> 苦旱田难种，惊涛网莫施。天教山海困，人历夏秋饥。蔡子如伤切，陈词乞赈悲。从来负忧乐，都在秀才时。⑨

林树梅此时在厦门玉屏书院从周凯治古文。周凯在赈灾澎湖的一个月中作了许多诗，编就《澎湖纪行诗》二卷，周凯最为感动的大概就是蔡廷兰执着要求加大赈灾力度，救民于倒悬。周凯回厦门后，诸生一定读过这些诗，听过周氏讲述蔡廷兰的事，何况蔡廷兰祖上还是金门人，故林树梅有诗赠蔡廷兰。

道光十八年（1838），林树梅从台湾凤山曹瑾幕内渡，遇风，飘到福建铜山（今东山），辗转回到金门，又返回厦门取行李，遇蔡廷兰，蔡赠《海南杂著》，林树梅作《题蔡香祖孝廉海南杂著》：

> 一夜神风为送行，炎方景物纪归程。天教边海开文运，我已输君得远名。（自注：香祖飘舟至交趾，由陆回闽。树梅亦航海飘至铜山，几陷

---

① 《啸云诗钞》卷四。
② 施懿琳：《全台诗》第四册，台北：远流出版有限公司2004年版，第396—397页。
③ 同上书，第352—355页。
④ 同上书，第334页。
⑤ 同上书，第342页。
⑥ 同上书，第341页。
⑦ 同上书，第343页。
⑧ 《自纂年谱》，《内自讼斋文集》卷首，道光刻本。
⑨ 《啸云诗钞初编》卷二。

不测。）客路共流千载泪,师门重话十年情。（自注:香祖亦受知芸皋夫
子。他时更忆鸿泥迹,语到惊人梦亦惊。）①

道光十五年（1835）,蔡廷兰由澎湖往内地省试,十月初二,由金门乘舟返回
澎湖,海上遇飓风,漂泊十余日,至越南,登岸后历经千辛万苦,于次年四月
二十日返回厦门,不久,写下了著名的《海南杂著》,先后为之题诗者众。林
树梅《戊戌内渡记》记载他们的相遇:

> 途遇蔡香祖孝廉,京旋将归澎湖,而之台湾。出示所刻《海南杂
> 著》,自叙航海飘风至越南国,其涉险生还情事历历。树梅因书此相质,
> 为《戊戌内渡记》云。②

蔡廷兰从澎湖漂到越南,林树梅从台湾府城漂到铜山,九死一生,所遭遇的航
海险恶大体相同。道光十二年周凯往澎湖赈灾,蔡廷兰受知于周氏,所以,林
树梅与蔡廷兰又是同门。"十年",为约数,树梅道光十五、六年间林树梅随
父在澎湖至此次在厦门会面,已经超过十年。林树梅刚刚从台湾内渡,写就
《戊戌内渡记》。此次会面,林树梅便以此文相质。

道光十七年（1837）,周凯卒于台湾,年五十九。道光二十九年（1849）,
周凯主纂的《厦门志》拟付梓,陈化成为之叙;《厦门志》的付梓,林树梅和
蔡廷兰当亦参与其中。道光二十年（1840）,周凯的门生们又谋梓周凯文集。
林豪《澎湖厅志》记载更加详细:

> 金厦门下士林树梅辈议刻《内自讼斋文集》,鸠资助费。廷兰锐身
> 自任,移书台地同门生施进士琼芳等曰:"吾师素负知人爱士,目今此事
> 宜各尽心力,庶彰吾师之明;岂可诿之树梅、使私为己责哉?"③

按:《内自讼斋文集》封面有"道光庚子八月开雕板藏爱吾庐"十三字,据
此我们知道。"爱吾庐",金门吕世宜斋名。无论是林树梅还是蔡廷兰,抑或

---

① 《啸云诗钞初编》卷三。
② 《啸云山人文钞初编》卷三。
③ 《台湾文献丛刊》第 164 种,台湾银行经济研究室 1963 年版,第 106 页。

是吕世宜,都争相以刻印周师的文集为己任,同门的情谊之深,使人感动。

道光二十七年（1847）夏,蔡廷兰取道厦门之官,林树梅四十岁,诸友人嘱廷兰为之作寿言。这篇寿言除简要介绍林树梅的身世外,记叙以下几件事:一是奇闻佚事,如好急人患,轻财喜施,及呜呜吹铁笛之类。二是在台湾凤山幕协助曹瑾治县:"赈饥,筑城,练乡勇,擒剧贼,大兴水利,抚辑生番,学校、兵、农次第修举,民情以和。"三是鸦片战争时在厦门从军,"所条上诸策,有可防寇患,卫乡里,率抵掌庄论,务求便民",人称其为宋代陈亮一流的人物。四是记其工诗古文词,能作小画,工篆刻,笃于师友之情,为周凯、高澍然刻遗集。五是奉养本生母,以妾所生子复陈姓,由此"可观君孝思"。最后,寿言说树梅"赋性磊落易直",弗谐于俗,不偶于世,"然而,天生此才,必不使空老户牖,他日凭借尺寸,其所至岂可量哉"！此文与其说是寿言,不如说是林树梅的小传,非至交者不能写出这等刻画性格传神、勾勒四十年大事准确的文字。后来,林树梅族孙林策勋为作《从伯祖啸云公传》,其精彩生动处,大多源于此篇《寿言》。蔡廷兰最后说:"余与君交久最深,分宜为寿,顾不敢以肤廓寿,复不欲效时俗寿,则请掇拾见闻,以告世之知君、而亦愿寿君者。"此言不虚。只是不幸得很,在林树梅过完四十岁之后的第四年,便郁郁而终。林树梅的父亲林廷福还活到五十四岁,林树梅的寿命比他还短了十年,如果仅仅从其少年开始就随父奔波四方、过于辛苦来找原因,这样的分析似乎过于简单。蔡廷兰的《寿言》说道:"日手一书,坐穷庐中,不再食,泊如也。"① 在较长的一个时期中,一天只进食一餐,过于泊如,或许对身体也有所损害。

《啸云文钞初编》卷二和卷四有两段蔡廷兰的评语,分别评林树梅的《论征台谷书》和《〈瑯峤图〉记》,前者云:"谷贵病民,谷贱病农,本无两便。书中洞悉民艰,指陈时弊,如读《汉书·食货志》及唐《陆宣公奏议》。文笔洁峭,犹余事也。"后者云:"瑯峤地广人稀,闽、粤、番分处其中,树援互争,素称难化。今不假威力,单车往和。能令静听约束,皆由一片悱恻至情,奉宣德意,有以致之。至其相视地宜,访闻土俗,俱见忧深虑远,非但作一篇地理记

---

① 蔡廷兰:《林君瘦云四十初度寿言》,林策勋编《浯江林氏家录》,1955 年家印本。

也。"可以推见,林树梅的文集在付梓之前,曾质证于蔡廷兰,蔡廷兰对其中有用之文给予很高的评价。

四、先生妙笔空一时,铜琶铁板江东唱
——与林焜熿、林豪父子倡酬

林焜熿(?—1855),字巽夫,金门后浦人。焜熿祖籍泉州府安溪县,曾祖林拟迁至金门。父林俊元,曾为金门总兵镇署稿,掌记室,屡从总兵船巡洋,风云沙汕,无不谙熟。焜熿试于县,为冠军。分修《厦门志》、修《金门志》,著有《竹畦诗文钞》、《浯洲见闻录》、《宫闺诗话》《竹畦笔麈》。①

林树梅与林焜熿同乡同里同姓,从小当有往来,文献不足,不能详考。林焜熿之子林豪,生于道光十一年(1831),时林树梅十四岁,且林豪排行第五②,推知焜熿年长于树梅在十岁以上。林树梅于道光十一年在厦门玉屏书院从周凯治古文③,林焜熿当也已经从周凯学。十六年(1836),周凯延高澍然为书院主讲,林焜熿、林树梅等亦集于书院。周凯《自纂年谱》:"雨农五月始至,携其夫人及弟子高炳坤偕来。于是,岛上弟子能古文者吕孝廉世宜西邨、庄中正诚甫、林焜熿巽夫、林鹗腾荐秋,及好学之士皆居于书院,游宴皆有所作为。诸生评削制艺,绝去时径,俾人真理,一时称极盛焉。"④ 在诸生中,吕世宜居长,庄中正、林焜熿当是诸生中之翘楚者,故周凯在年谱中特加拈出。

周凯《金门志序》:"林生焜熿,金门人也,从余修《厦门志》,遂以自任。采择遗籍,搜罗志乘,且历遍山川,按其形势、兵制,求其官书、遗事,访之父老,凡二年得《金门志》。"⑤ 林焜熿在周凯的门下做了两件大事,一是分修周凯主纂的《厦门志》,二是沿用《厦门志》的体例修《金门志》,自同安建

① 《金门县志》卷十二《人物志·林焜熿传》,金门县1991年版,第1498页。
② 郭哲铭:《林次逋年谱》,《诵清堂诗集注释》卷首,台北:台湾古籍出版社2008年版。
③ 详本文附录《金门林树梅年谱简编》。
④ 周凯:《内自讼斋文集》卷首,道光刻本。
⑤ 同上。

县以来,至道光间,厦、金一向属于同安,无独自之志乘,林焜熿修《金门志》为首创,自然引起金门文人关注。林树梅作《与家巽夫茂才论金门志书》,有云:

> 金门自宋、明来人才最多,入国朝武功尤盛。盖地为全闽东南门户,灵秀所钟,有自然也。惜其废兴沿革,仅附《同安县志》,视为县属之一里,故不得其详,甚非国家宿重兵镇守之意。吾兄深于典章,复留意乡里,以纂修《金门志》自任,采摭、网罗,不遗余力。又经芸皋师鉴定,使一方文献有征,利害可考,功诚巨矣。树梅顷侍师侧,得一寓目。①

林树梅既是文士,也是将门之子,尤其重视金门的军事地理,他认为,金门是东南门户,修《金门志》有关"镇守",十分重要。其次,他充分肯定林焜熿的修志,一是熟悉乡邦文献,搜集资料不遗余力;二是首创之功,功诚甚巨。因是同门,故得于周凯师处读此书。《与家巽夫茂才论金门志书》一文,并不止于对志书的称赞和肯定,林树梅还对《流寓传》"曾则通不知何许人",引卢若腾《送曾则通扶榇归江右诗》自注,以为则通为阁部曾樱之次子。林树梅"窃念兄弟友朋,贵相裨益,敢以所见,证其所闻",故与焜熿讨论,以为"志乘立言,最贵有体,不可不严"。并附"《海防图说》并拙作《丛记》数十条,似皆可资参订"《丛记》,即《啸云丛记》,据刘家谋所言,《丛记》"谈海国道里甚详"②。

此书又云:

> 至辱来书索观拙稿,树梅学识谫陋,恶敢言文。然每闻乡里父老谈先哲文章、气节事,心辄向往。所以述其见闻,垂之纪载。毕力搜括,据事直书。盖欲存间闾风流,惜遗逸心血,以备采风之助耳。既承垂注,拟即邮呈。重以篇帙繁重,疵类未除,尚容俟删削,续致之也。③

据此,林焜熿与林树梅多有往来,林焜熿致函索书稿(疑即《啸云丛记》)。

---

① 《啸云文钞初编》卷二。
② 《题啸云丛记二首》其二自注,刘家谋:《观海集》卷二。
③ 《啸云文钞初编》卷二。

林树梅借此机会发表了对《金门志》的看法,同时也简要介绍了书稿的编写情况,因"篇帙繁重,疵类未除",待删削后致之。

林焜熿还曾致书林树梅云:"别来里中亲友下世者,相望念之。"① 林树梅《怀人绝句》提及之,并因此作诗云:"岁晚惊心听暮笳,飘零书剑尚天涯。故乡亲友凋残甚,遑问梅开几树花。"表达对故乡亲友的思念之情。

在诸种林树梅传记,包括《金门志》、《金门县志》、《从伯祖啸云公传》等,以林焜熿的《铁笛生小传》② 写得最为逼肖其人、最为传神,首段云:

> 铁笛生,林姓名树梅,字实夫,同安金门人也。金门宅东南大海中,有太武岩、眠云石诸胜,生常陟岩巅,枕石长啸,与海涛相答,因自号"啸云子";或以其神骨清癯,又目之曰"瘦云"。后得古铁笛,遂自更为"铁笛生"。

一般传记的写法,先叙其名,而焜熿此传,开篇即从"铁笛"入手,然后才是名与字、籍贯。树梅之号,一曰"啸云子",因其"常陟岩巅,枕石长啸,与海涛相答",故云。至于"铁笛生"的由来,只淡淡写了一句:"后得古铁笛,遂自更为'铁笛生'",似乎有点意外。然而,第二段写林树梅出游太姥山,又写道:"闻福鼎太姥山之胜,携铁笛冒雪走四百里,访容成子炼丹处,直造摩霄峰顶。"文末,再次写道:"尝游潮州,拜韩文公祠下。过湘子桥,跨铁牛,吹铁笛,谱《梅花曲》,笛声遏云,如老龙吟,见者讶为神仙中人。呜呼! 此其所以为铁笛生欤?"渐入佳境,而至其佳处,又戛然而止。难怪其师高澍然给此文甚高的评价:"写生处神采奕奕,不落说部。而捶字卓句,无一不靠。一别三年,精进如此,当与乃弟并以古文名世。"③ 道光十六年(1836)秋,高澍然离开厦门玉屏书院,并作《留示厦门诸生》④,"别三年",推知此小传作于道光十八(1838)或次年。此外,这篇小传也未提及厦门海氛树梅从军之事,也可以肯定是作于道光二十年之前。

① 《怀人绝句》二十二首其二十二自注,《啸云诗钞初编》卷六。
② 《说剑轩余事》,沈祖彝写本。
③ 《铁笛生小传》附,《说剑轩余事》,沈祖彝写本。
④ 《抑快轩文集》卷四十八,谢章铤钞本。

　　林树梅卒后四年，即咸丰五年（1855）林焜熿卒。这一年，焜熿第五子林豪（1831—1918）① 二十五岁。豪，本名杰，字卓人，一字嘉卓，号次逊。咸丰九年（1859）举人。续修《金门志》，著有《诵清堂诗集》等。道光二十九年（1849），林豪年十九，补博士弟子员；林树梅卒时，林豪已经二十一岁。林树梅是林豪的父执，往来肯定很早，但是早年的事迹已难于确考②。林豪有一首《谒卢王墓》，其序略云："墓久湮没，道光间里人林树梅访于荒榛乱石中，旁引诸书以证之，请于周芸皋观察立石镌记，自捐市廛生息，为清明祭费焉。"诗云："图王争统迹全芜，公子多情访海隅。故国残山余落日，墓门终古俯平湖。沉江史笔留疑案，酹酒春风属后儒。汉影云根摩旧刻，苍茫烟树只啼乌。"③ 林树梅访得鲁王疑冢，在道光十二年（1832），周凯为立碑镌文在道光十六年（1836）。林豪作此诗可能树梅尚在世，故序与诗均无追吊树梅之言语。林豪父林焜熿所作《铁笛生小传》也述及树梅发现鲁王疑冢及"复捐市廛作书院膏火，以余息供王墓祭扫资"之事。

　　林树梅晚岁奉生母并妾李氏居住于厦门，这期间，洋人为他拍了一幅照片，当时照相的技术传到中国时间不久，林树梅又是一个"奇人"，洋人为什么给他拍照呢？林豪为我们留下一首《瘦云先生留影镜歌》，其序云："先生家厦门时，洋人闻其名，欲图像以传于外国，乃取洋镜照其面，随淬奇药，影留镜中，历久不退，先生令再淬一幅藏之。"原来，洋人是想把照片传到国外，让外国人也知道中国有这么一个叫林树梅的"奇人"。因为照片可以把人的影像长久地保留下来，林树梅也"再淬一幅藏之"。诗略云：

　　　　先生古心留卷中，先生古貌留镜上。先生往矣貌难追，对镜俨然神无恙。哲嗣子定为余言，此法洋人传不妄……菱花照去藩邦望。争识中华有名贤，传之外洋丰采壮。我来瞻拜肃衣冠，心香一瓣敬相向。先生妙笔空一时，铜琶铁板江东唱。读公著作如对公，遗貌还能呈肺脏。千

　　① 郭哲铭：《林次逊先生年谱》，《诵清堂诗集注释》卷首，台北：台湾古籍出版社 2008 年版。
　　② 张际亮有《闰六月廿四日偕梅友孝知孝至卓人炯甫瘦云蕙卿宴集小西湖宛在堂口号绝句四首》（王飙点校：《思伯子堂诗文集》卷二十二，上海古籍出版社 2007 年版，第 869 页），闰六月在道光十五年（1835），如果诗题中的"卓人"是林豪的话，其时只有五岁，似乎过早。
　　③ 林豪著、郭哲铭注释：《诵清堂诗集注释》卷一，台北：台湾古籍出版社 2008 年版，第 11 页。

载而下知有公,不朽大名舆论当。自昔至人外形骸,存否岂籍葫芦样。不然此镜区区藏,椟中能保千年不付淘沙浪。①

林豪是从林树梅的子嗣那儿见到这帧照片的,"古貌"、"遗貌"云云,此时树梅已经过世。此诗为树梅之名之貌远传"藩邦"感到自豪,诗人瞻拜于遗像之前,读其遗著,无比崇敬。林豪断定,千载之后,林树梅之名不朽,著作不朽。

林豪在其父林焜煌纂作《金门志》的基础上,加以续修并付梓,他所修的《金门志》就是今天我们看到的(光绪)《金门志》。林豪对乡邦文献,人物掌故,十分熟悉,作《金门耆旧诗》十二首,其序略云:"金门本海上荒岛,横亘不过三十里,唐以后草莱渐辟,至明朝置千户所,启、祯间科名文物之盛,几甲一郡……追忆耆旧,择其表表者,纪以短章,共得十二人。"② 表彰自宋至清道光、咸丰间金门名人十二人,林树梅即是"表表者"之一,其余为:宋遗民邱葵、宋代同安历史上第一位进士陈纲、明朝同安历史上第一位武进士邵应魁、明朝会元许獬、明代太守黄伟、明朝给谏陈昌文、明朝云贵总督蔡复一、明朝探花相国林釬、南明中丞卢若腾、清庶吉士许炎、清刚勇公邱良功。其实,金门历代名人何止这十二人? 林树梅能在"耆旧"中占一席之地,自然有他过人之处。《林瘦云公子》一诗云:

> 卓荦将门子,掉头谢朝班。孤鹤去不归,白云在空山。素心托流水,诗卷留人间。梅花几度开,夫君何日还。③

"谢朝班",指厦门战事时,当局拟荐其布政司经历,树梅以母老辞。"树花"二句,此诗小序云:"临终吟云:'归来化作孤山鹤,犹守梅花影数枝。'掷笔而逝。"

林豪参加乡试、会试,多次往返于厦门、福州,所经也是当年林树梅走过的道路(树梅有别业在福州),林树梅所咏之风物,林豪也时常以之入诗,

---

① 林豪著、郭哲铭注释:《诵清堂诗集注释》卷三,台北:台湾古籍出版社2008年版,第175页。
② 同上书,第184页。
③ 同上书,第189页。

如"试剑石"之类。咸丰九年（1859），林树梅前往福州省试，过惠安涂岭，作《风雨滞涂岭驿》①，林豪经此地，见到林树梅当年题壁，随即亦歌亦哭，作《大风雨晚次防口驿读壁上家瘦云先生题句赋此吊之》，其略云：

> 读诗未竟忽大哭，友人嗤我狂态作吁嗟。友人且勿嗤，我歌我哭殊未痴。先生已矣遗墨在，数行壁上知者谁。岂其精灵犹未死，乃遣山鬼呵护之。先生半世客中度，吟鞭每指榕城路。枫亭丹荔幔亭茶，收拾鬼仙囊底去。行行防口驿中来，日午雨声犹如注。天公有意待词人，一雨催成绝妙句。先生掷笔连呼奇，雨点墨点相淋漓。永夜乡愁吟宛转，几行古壁写参差。泥中雪印已陈迹，眼底沧桑又几时。我来几度扪苔壁，摩挲如立先生侧。一杯和泪酬黄昏，恍惚诗魂微太息。②

"一雨催成"，是说树梅为风雨所阻滞于涂岭，无意中促成这首好诗。树梅经过涂岭，在厦门战事失利之后，诗成题于壁，已经接近五更，结句云："回首怜哀鸿，嗷嗷复谁抚？"哀鸿遍野，无限感慨。林豪不止一次过涂岭，也不止一次摩挲题壁诗了，而这一次恰好也是夜晚，大风大雨，与当年林树梅相似，故引起他对树梅的加倍思念，人虽去而遗墨尚留于苔壁，令他太息不已。

林树梅与林焜煌、林豪父子的关系很不一般，林焜煌对林树梅非常熟悉，故《铁笛生小传》才写得如此精致传神。林豪对林树梅非常敬仰，故在林树梅谢世十年之后见到题壁诗仍然大哭太息。"千载而下知有公，不朽大名舆论当。"林树梅故去不过一百多年，闽海有几多人知道林树梅其人？又有几多人读过其文其诗？

在本小节结束之前，还有必要附带论述一下同是金门诗人的林文湘。"文湘，字珠卿，后浦人；学者称秋泉先生。博极群书，为文沉挚。游长泰庠，屡屈秋闱，遂不复置意；肆力于诗、古文词，为历任有司所敬礼。与金门县丞萧重相契，诗酒倡和无虚日，语不及私。性耿直，急公义。道光间，大府奉部文派采买；文湘以金门民力难堪，陈于当道，得免。分巡道周凯以古文提倡后学，尤器重之"③。

---

① 《啸云诗钞初编》卷五。诗作于道光二十一年（1841）。
② 林豪著，郭哲铭注释：《诵清堂诗集注释》卷四，台北：台湾古籍出版社2008年版，第230页。
③ 林豪：（光绪）《金门志》卷十，《台湾文献丛刊》第80辑，台湾银行经济研究室1960年版，第233页。

著有《酴醾山房诗文集》，今不存。道光十二年（1832）春二月，文湘与林树梅等在金门古冈湖畔修禊事，文湘作《鼓冈湖春禊序》，此文描写古冈湖形胜云："金门城东，巨石磊砢，重迭蜿蜒，中潴为湖；一涧由高泻下作曲水流觞，可据湖潊饮之。湖之北，傍山瓦矗；湖之南，圆阜环拱；中间一碧渊涵，鱼鳖肥美。盖浯洲一胜区也。湖西一箭地曰后浦，前明监国鲁王墓在焉；石上镌'汉影云根'四字，鲁王书也。以外，即汪洋大海矣。"据此文，修禊事之前，林树梅已经发现鲁王的疑冢，但是，此时兴泉永道观察周凯尚未颁布封树王墓之令，故林树梅当时吟诵了古人"唐陵汉寝无麦饭"之诗，文湘称赞林树梅风尚"甚高"。林文湘说：鲁王迄今"今者海宇升平，将二百年矣。士之游其间者，领略江山之恢奇、俯仰古今之变幻，其所见云垂海立、沙走雷奔，风樯驰骤、蜃蜃离合，阴火潜燃，可惊可愕之事，皆足以发其雄特瑰瑰之辞；其或雨霁天晴、雾敛烟销，鸥鹭征逐、草树笼苍，碧畴蓑笠、绿野牛羊，可欢可忻之景，皆足以生其灵隽眇眇之趣。盖境因时变，而诗亦与之俱变也。诗不与人期而领斯境者，自不容已于诗也。"① 海岛上的古冈湖，或阴可晦，云垂海立，风樯驰骤，境因时变，诗亦随之而变，引发诗人的无限诗情。林文湘与林树梅当有诗，惜今皆不存。后来，林树梅离开金门之后，有诗寄林文湘，忆及当年修禊之事："春风禊饮几多时，胜会经年境又移。"②

道光十八年（1838），林文湘卒，林树梅作诗哭之：

> 岛上词坛久废盟，酴醾盒稿待刊行。九原不作谁知己，重海归来哭老成。
> 能读遗书期令子，早膺艳福折虚名。伤心岂独关宗谊，深感殷勤勖后生。③

"能读遗书"，指文湘"子章梗，长泰学增广生"④，能继父业。林树梅说，追吊林文湘不惟哭林氏宗人，也是为了鼓励后来者；文湘的《酴醾盒稿》有待于刊行，在金门发扬光大。

---

① 林豪：（光绪）《金门志》卷十四，《台湾文献丛刊》第 80 辑，台湾银行经济研究室 1960 年版，第 376—377 页。

② 《寄家秋泉先生》，《啸云诗钞初编》卷二。

③ 《哭家秋泉先生》，《啸云诗钞初编》卷三。

④ 林豪：（光绪）《金门志》卷十，《台湾文献丛刊》第 80 辑，台湾银行经济研究室 1960 年版，第 233 页。

五、学见本原大，书来期许深
——与陈庆镛倡酬

陈庆镛（1795—1858），字颂南，福建晋江人。道光十二年（1832）进士，选庶吉士，散馆授户部主事，迁员外郎，授御史，以敢以直谏闻名。"自海疆多事以来，自总督、将军以参至州县丞倅，禽骇兽奔"①，迫于压力，道光帝将丧师失律的琦善、奕经、文蔚等人革职，而道光二十三年（1843）复被起用，陈庆镛上疏《论刑赏失措》，义正词严，道光帝无奈，复将琦善等革职，令其闭门思过，于是陈庆镛"直声震海内"②。但是，陈庆镛因此也得罪了当道，道光二十五年（1845）左迁光禄寺署正。二十六年，陈庆镛拂袖回晋江老家。陈庆镛"精研汉学"，"文辞朴茂"③，有《籀经堂类稿》二十四卷等。

林树梅有《陈颂南先生惠书赋答》二首其一，全诗如下：

> 勇矣陈夫子，飘然归故岑。直声满天下，古道在人心。学见本原大，书来期许深。那堪谈旧雨，碌碌愧知音。（自注：书云：前到仙游，王怀佩先生谈及，亦不胜叹赏。树梅识王先生于福州志局，别来十七年矣。）④

诗作于道光二十七年（1847），详附录二《金门林树梅年谱简编》。此时陈庆镛已回到晋江，诗前四句赞赏陈庆镛的直谏声满天下。据林树梅自注及诗题，陈庆镛有书信致林树梅，林树梅以诗代柬作复。陈庆镛致林树梅书，今本《籀经堂类稿》未收。从树梅自注所引数语及诗意，大体可以推断，陈庆镛在仙游时和王怀佩谈及林树梅，王怀佩在十七年前，约在道光十一年时在福建通志局，已和林树梅结识。十七年后，当陈庆镛与王怀佩会面，王怀佩对林树梅仍然叹赏不已，林树梅以为自己多年来"碌碌"无为，有愧于知音。陈庆镛年长林树梅十三岁，树梅目之为前辈，称其为"夫子"。"学见本原大"，陈

---

① 《清史稿》卷三七八《陈庆镛传》，中华书局1977年标点本，第11591页。
② 同上书，第11593页。
③ 同上。
④ 《啸云诗钞初编》卷八。

庆镛主张经学致用,信中对林树梅期望甚大甚深。诗中所说的知音,除了王怀佩,当然还有陈庆镛。林树梅与陈庆镛的交往从什么时候开始,已不得而知,但从此诗及自注,似当早于道光二十七年。其二云:

> 饥驱何所适,岛上又经秋。时事尽堪叹,吾生难自由。才无当世用,贫岂一身忧。明岁春风座,先期此共游。(自注:先生将为玉屏山长。)

此诗前六句回应陈庆镛的"期许深",说自己为饥所驱,生已无太多自由。树梅早年不善治产,又好施乐善,父林廷福所留家产被养母分为三分,可能所得有限,家口日繁(在厦门置李氏,加上先前两房,有五子;又迎养生母到厦门),难免有贫困之忧。所以尽管时世堪叹,才已难为世用。值得高兴的是陈庆镛明年将受聘于玉屏书院,那时就可以携手共游了。因此我们推测,陈庆镛到厦门之后,可能与林树梅还有较多的交往。

林树梅在道光二十八年(1848)岁末或二十九年岁初到晋江访陈庆镛,并出《啸云丛记》,陈庆镛为之跋。《〈林啸云丛记〉跋》文不长,录于次:

> 读书将以致用,学者束发受经,便期以远大者,自谓能文章、通经世,至问其所学何事,则爽然失矣。及近而叩之当世之务、风俗之是非、世情之厚薄,则又漠然若罔闻。
>
> 知同安啸云林君负奇气,讲究农田、兵礼有用之书,不屑为科举学。向刻《文钞初编》所论水利、平谷、浚濠及防御、巡哨、占测诸作,皆洞达古今利弊,大有关于经济。近复自厦来访,谈及海岛情事,缕缕皆能言之。出所著《丛记》一书,大约朴记师友往来事实,而其流览名胜,纪载贾舶出入情形,广袤里数,则尤熟焉能详。足补魏默深近刻《海国图志》所未备。是其志远且大者,其言足以致用也。
>
> 爰述数语,以弁于编。道光二十九年上元后一日,跋于汉瓦晋砖之室。①

从跋文所作的时间,我们可推断,树梅的《啸云丛记》当完成于道光二十八年。陈氏此跋认为林树梅所刻《啸云文钞初编》多为有用之文,例如《论台

---

① 《籀经堂类稿》卷十五,光绪九年刻本。

湾水利书》、《论凤山水利书》、《论征台谷书》、《添设埠头城望楼炮台并浚濠沟议》、《闽海握要图说》中的《海道说》、《巡哨说》、《占测说》诸篇，"大有关于经济"。《啸云丛记》一书已佚，此跋还叙及《啸云丛记》上一书的内容，一是"记师友往来事实"；二是"流览名胜"；三是"纪载贾舶出入情形，广袤里数"，即刘家谋《题啸云丛记》二首其二自注所说的"谈海国道里"①，详记沿海山形水势，海道里数，以及贸易船只往来的情形。陈庆镛认为，此书足以补魏源的《海国图志》。《海国图志》是近代第一部直面海洋，放眼海洋的图书，是在林则徐搜集的若干资料上完成的。比起魏源，林树梅的眼界没有那么开阔，但是魏源没有林树梅这么多的海上亲身的经历，没有林树梅这么多的航海经验，也没有林树梅目睹这么多的海上战事。经历了厦门战事之后，林树梅居海岛著书，似乎有些沉寂，但是如果从这部《啸云丛记》看，林树梅并未消沉，"其志远且大"，书中表达了他的远大志向。也正因为这样，道光三十年（1850），林则徐招其入幕，树梅随即上书论闽省时务，并陈六策。林树梅的《陈颂南先生惠书赋答》说陈庆镛是自己的"知音"，所言确实不虚。

---

① 《观海集》卷二。

第六节 海疆人物传记

至今寰海外,犹自仰威名。

——《拜忠愍公祠》①

　　林树梅写的传记,集中在《啸云文钞初编》卷六、卷七,文体包括"传"、"行状"、"行述"、"行略"、"遗事"和"墓志铭";此外,《啸云山人文钞初编》还有《广东水师提督陈公传》等三篇"传"。这些传记除了《文学高君守耕墓志铭》②、《上官都尉家传》、《周封君传》③,所写的都是与海疆有相关的人物,本文将其称为"海疆人物"。林树梅所写的传记中,有一些是水师将领的女眷,他们没有更多的事迹,记载也相对简单,但是,他们相夫教子,也没有离开海疆,例如外祖母赵太宜人早先有一个养子,由于这个养子"以不谙戎务,去之"④,另找了一个名叫"上国"的为养子以袭武职,就是一个例子。本节为了集中论述,为女眷写的传记,不作专门讨论。

　　林树梅海疆人物书写,最重要、也写得最精彩的,要数《江南提督忠愍陈公传》。传主陈化成(1776—1842),字业章,号莲峰,福建同安人,童年

---

　　① 罗元信:《金门佚文访佚》,《金门日报》2003年4月3日副刊。
　　② 《啸云文钞初编》卷七。
　　③ 《啸云山人文钞初编》卷五。
　　④ 《外祖父陈公外祖母赵太宜人遗事》,《啸云文钞初编》卷七。

移居台湾,住在台北新庄一带。行伍出身,因歼击海盗蔡牵有功,由把总渐次擢升至金门总兵。道光十年（1830）升任福建水师提督,驻守厦门;道光二十年（1840）调任江南提督。道光二十一年（1841）,英军攻占舟山定海,葛云飞等战死。道光二十二年（1842）五月,英军攻打上海吴淞炮台,陈化成坚守六昼夜,中弹,以身殉国,谥忠愍。陈化成阵亡后,化成的表弟嘱林树梅为之作传,树梅撰《江南提督忠愍陈公传》,并有诗纪其事:"十年岛上许知音,恩谊偏于故旧深。属我直书忠愍事,几人不易死生心。（自注:程丈尔三为提督陈忠愍公表弟,公御夷战死吴淞,丈以树梅于公为故人子,属记其事。）"① 据此诗,林树梅与程尔三交谊已经长达十年之久;"直书",是程尔三对林树梅的嘱托,也是这篇传记的特色。《江南提督忠愍陈公传》云:

> 公讳化成,号莲峰,福建同安人。由行伍从李忠毅公剿蔡牵,积功官本省水师提督。道光庚子,英夷构乱,调江南。

> 江南官兵积弛,公莅官甫六日,闻舟山失守,亟驰吴淞,度形势要害,身自守之。坐卧一帐中,与士卒同甘苦,即大风雨,弗他徙,兵皆感附。故事,军行别给薪水,银以官秩为差,公独勿领,曰:"吾自有常俸在,食国禄,任国事,焉用银为?"然亦不禁他人领也。公虽奉己俭约,而赏兵必优。故俗有"陈公但饮吴淞水"之谣。

> 既而镇海失守,督臣裕公谦殉节,提督以下俱逃,公愤特甚。先是夷破厦门,公闻叹曰:"毁家,安足忧身?为大将未能为国剿贼,是吾恨耳。"上海火药局灾,遥见黑云亘天,大声振海水。公曰:"此必奸民纵火,亟令巡视。"吴淞火药局,则已墙外伏火具矣。已,乍浦亦失。日夜励军士以大义,军民胥安。会夷由汇头测水入,先后二十六艘联樯压境,炮声动地,烟火冲天,民始迁避,然恃有公在,未甚恐。公已严整枪炮,裹粮以俟。总督来问军情,则亟慰曰:"身在烟火中数十载,今此布置度当必胜。大人但静镇之。"欲以壮其胆也。然公实虑偏裨无足倚,而参将周世荣固尝抚之有恩者,战前一夕,语之云:"诘朝战胜,我两人必受上

---

① 《怀人绝句》,《啸云诗钞初编》卷六。

赏。脱不幸,均不朽矣。勉之!"公盖欲周助己,故以死自矢而坚其志,周顾懵不悟也。

阵既合,公手红旗,挥令轰炮。烟焰震百里,伤火轮船二,大船五,歼夷数百,几欲退去。公顾视铅丸皆碎,炮架多裂,心恨之,战愈奋。而总督带兵出城,贼望见,架炮于樯遥击,总督遽退,众官尾之。贼觇我师溃,愈急攻。守城将相继走,且有未及接仗,钉炮先逃,自焚其舟,伪战而遁者。于是,两岸骚然。贼旋登岸,周世荣请公退,公剑叱之曰:"吾误识汝!"周乃自逸。公仍驰塘督战,亲发数十炮。复令抬枪、鸟枪亟击岸夷。铅弹着身,血淋漓,颠复起。无何,客兵尽遁。公亦伤重,呕血,遂北面再拜而薨。年六十七,时壬寅五月八日也。武进士刘国标忍创负公尸藏丛芦中,弁卒见公死,皆痛哭。奔民始大惊溃。贼酋乃登镇海楼酣饮,作华语曰:"此战倘有两陈公,吾乌能入此城哉?"公薨后十日,殓之,面如生,身抉铅弹四五枚,有深入胸腹中者,不能出。

督臣奏闻,上震悼,为之坠泪。颁帑金二千两,饬沿途文武护其丧归,赐祭葬,谥忠愍,立专祠于吴、闽,荫其子廷芳世袭骑都尉,廷菜赏给举人,孙振世侯及岁时再沛恩施。天子之轸恤难臣如此其至,呜呼,荣矣!今江南人言公死事,无不流涕称感者。盖尝恃公如长城,其遗爱系着人心愈久,而愈不能去也。

论曰:公,海上宿将,其语制军,谓可必胜,非高言也。孤军无援,死亦足愧懦夫矣。令得如公三数辈,夷贼曷足平?不然,得公之次二三人,亦将并力搏战以全国体。抑不然,得公之又次者一二人,亦能自固一方,而何以逃哉?然则大帅退,恃终僇其身,视公同日尽命之七人,岂复以生死轻重计邪?七人者,守备韦印福、千总钱金玉、把总许林、龚龄增、外委许攀桂、姚雁字、额外徐大华也。①

为了便于论述,我们把这篇不足千字(不含标点)的传记析为六段。

---

① 《啸云文钞初编》卷六。

第一段,交代陈化成的里籍、仕历,及调任江南提督的时间和原因,只用了43个字。而从行伍到调任江南提督之前的经历只用了19个字。本来,早年跟随李长庚剿蔡牵,也是陈化成一生中很重要的经历,如果没有剿歼蔡氏的经历,陈化成就不可能升迁到提督的职位,这本来是需要大书特书的部分,但是作者只用一句话带过。作者这样安排,是为了集中笔墨书写吴淞抗英。

第二、三段,说陈化成受命于国家危难之际,先是夷破厦门,接着镇海失守;镇海失守才六天,陈化成便受命镇守吴淞,可见责任的重大。开战之前,林树梅写陈化成三件事。第一件,与士卒同甘共苦,奉己俭约,赏兵必优,军民中甚至流传着"陈公但饮吴淞水"一类赞美的谣谚。第二件,上海火药局大火,继而乍浦火药局亦大火,陈化成"日夜励军士以大义,军民胥安"。第三件,夷船二十六艘"联樯压境",总督来问军情,陈化成亟慰之,以壮其胆。照理说,总督是上司,陈化成是下属,应是上为下壮胆,却恰恰相反,足见陈化成的胆识与在军中的威信;然而陈化成所担心的,是"实虑偏裨无足倚",由此带出一个"参将周世荣"。周曾得到过陈化成的恩抚,陈化成勉励他,以坚其志,可惜周懵然不悟,同时为下文周世荣临阵逃逸埋下伏笔。

第四段,正面写战斗。作者描写陈化成的形象,先是亲自手挥红旗,下令轰炮,"歼夷数百,几欲退去";继而,"铅丸皆碎,炮架多裂",虽然"心恨之",但是"战愈奋";再而,夷人登岸,"仍驰塘督战,亲发数十炮";最后,"铅弹着身,血淋漓,颠复起","呕血,遂北面再拜而薨"。吴淞战败,原因很多,上文提到的火药局大火,是"奸民纵火",尚未开战,"奸民"已经先搅乱了中方自己的阵脚。[①] 其次,武器不精,以易碎易裂的土炮、"鸟枪"对付洋枪洋炮,单靠英勇是不够的。再次,总督出城遭炮击,遽退,从官随之,师溃,守将相继逃跑,甚至"自焚其舟,伪战而遁"。第四,裨将周世荣等未能辅助主将,先自逸去。林树梅非常痛心,大将许身为国御敌可歌可泣!这一段没

---

① 大敌当前,中方不能一致御敌,厦门战事后期漳州有的民众还忙于械斗,林树梅认为这是"取败之道",详本章第四节。厦门战事,失败的原因,当局散遣水勇,未得到妥善安置,"当战时,鼓噪应敌"(《清史稿》卷三七一,中华书局1977年标点本,第11510页),都是惨痛的教训。

有任何议论,而林树梅的观点和看法,已于叙事中见其一斑。这也是司马迁《史记》常用的寓论断于叙事的写法。

第五段写,朝野震悼,陈化成虽死犹荣,江南民众谈起这件事"无不流涕称感","遗爱系着人心愈久,而愈不能去"。

最后一段,是作者的议论。文末的议论,类似于《史记》的"太史公曰",阐明作者自己的意见和看法。林树梅认为,像陈化成这样的善丁制军的"海上宿将",只要多那么三五个人,夷贼有什么可怕! 要不然,有那么两三个略次于陈化成的将领,经过博战,也不是没有取胜的可能,不至于丧权辱国;或者再退而求其更次者两三人,也可以固守一方,还不至于临阵逃脱。这一段,实际上照应了第四段夷人对陈化成的评价:"此战倘有两陈公,吾乌能入此城哉?"此段最后,补叙此役同死者将领的官职姓名。吴淞之役,虽然有逃兵,有败类,但是爱国的水师将领仍然有一个群体,而陈化成则是这一群体的代表。

陈化成阵亡后,上海和厦门分别为其建祠。厦门的陈化成祠建于道光三十年(1850),坐落于今公园西路 15 号。正厅供奉"诰授建威将军钦命江南福建全省水师提督军门赐谥忠愍讳化成陈公禄位"。林树梅谒陈化成祠,作《拜忠愍公祠》诗:

> 父执公专阃,江南昔驻兵。孤军无后继,一死有余荣。鹭岛归忠骨,泄流带恨声。至今寰海外,犹自仰威名。[1]

林树梅作此诗时,陈化成已经为国捐躯八九年了。此时,第一次鸦片战争已经结束,但是海疆并未太平,诗人感慨良多,国家还非常需要陈化成这样的水师良将。

和《江南提督忠愍陈公传》仅写吴淞战事不同,《先考受堂府君行述》一文,林树梅书写自己父亲的传记,时间的跨度大多了,事件也多得多了。当然,这与文体也有关系,《行述》往往是传主的亲人所书写,内容比较丰富,文字比较朴实,只是一些基本的素材,提供给名位更高,或文章更好的人写传

---

① 罗元信:《金门佚文访佚》,《金门日报》2003 年 4 月 3 日副刊。

记之用。这篇行述,从嘉庆十年(1802)至道光十年(1830),几乎一年不漏地逐年记载林廷福在海上的活动,虽然是流水式的,但有些细节,三言两语,仍不失生动,如写其筹海的经验云:"经历外洋内地,筹海周慎,事必躬亲。谓风雨晦暝,盗必伺隙出没,辄微服驾舟,诱使就缚,且令其党相顾自慑为疑兵。"小结林廷福的一生,则言简意赅:"顾府君三十余载,寝馈风涛巨浸中,北至天津,东抵辽阳,南极琼崖、交趾,上下数千里,大小百余战,馘名盗无数,遇贼舟往往不避艰险。"①

　　林树梅的诗,写到父亲的不多。《题分水岭》略云:"相逢诸父老,犹问故将军。(自注:时先君子见背已久。)树密蝯声苦,城荒虎迹纷。思亲无限泪,洒遍岭头云。"②分水岭是广东潮州与福建漳州间的关隘,林树梅重过此地,因父老询问父亲,引起他的思念。诗以父老询问,侧面写林廷福的守边爱民。《归舟遇飓风飘铜山呈陈参戎》略云:"先人振师功,父老犹能语。(自注:柑、橘二屿在铜山海中,嘉庆十七年,先君子大破海贼处。)既喜闻其详,思亲因念古。"③两首诗都以父老询问,侧面写林廷福的善于海战及爱边海之民。《梦先君子军容甚盛》一诗,则写于道光二十三年(1843),林树梅从光泽返回厦门之时:

　　　　倚剑如闻昔日音,一天鼙鼓阵云深。岛门沙草初鸣雁,父老箪壶正望霖。犹见平生忧国志,应知未死出师心。孤儿即欲陈时事,梦醒空伤泪满襟。④

此时,厦门虽然早已收复,但是前年战事失利的阴影依然笼罩着林树梅的心头,海疆也并未太平。林树梅梦见父亲的军队军容肃整,振旅海疆,鼙鼓入云,颇受乡亲父老爱戴。可是,父亲报国的壮志未酬,而身已先死。如果父亲能活到厦门战事爆发,并参与防御,战事又将会以何种形式结局呢?梦醒时,林树梅不觉泪流满襟。诗虽然不是传记,只能以抒情的笔调描绘

---

① 《啸云文钞初编》卷七。
② 《啸云诗钞初编》卷二。
③ 《啸云诗钞初编》卷三。
④ 《啸云诗钞初编》卷五。

林廷福的一个侧面（军容），但是对阅读解林廷福的传记，了解其人，不无帮助。

林树梅书写的水师人物还有：李增阶、王飞珑、陈必高、陈雪华、陈梦熊、上官赞朝等。李增阶，李长庚族子，同安人。曾从浙江提督邱良功（金门人）追蔡牵于鱼山外洋，"战方急，驶坐船锥撞牵舟，合为一，会总统王公得禄亦至，轰大炮击牵舟，并洞公船，烟焰涨天，牵毙于海，公亦沉，得救不死"①。王飞珑，其先漳州人，祖上迁台湾，居凤山水底寮。道光十二年（1832），嘉义县张丙等戕官兵，凤山许成应之。飞珑与弟飞琥守御凤山，"合澎湖水师冲其锋阵，馘贼级悬腰间"②。陈必高，金门人，林树梅之外祖父，"金门经制外委，戍台湾，隶水师右营，回翔数汛，所在举职"。乾隆五十二年（1787），"从军恢复凤山，贼首庄大田悉众来拒，公当冲血战，援师后至，遂遇害"③。陈雪华，闽县人，乾隆五十二年（1787），林爽文活跃于台湾，陈雪华"从军，积战功，拔外委。旋破红帆艇匪，擒盗首，进千总。嘉庆十年，署台湾水师中营守备"④。陈梦熊，原籍浙江东阳，世居福州，年二十，起闽安营行伍，三次任金门总兵，先后镇守浙、闽、粤各要塞，"进广东水师提督，益感激思报。称日督弁兵练技艺，人人教以讲习潮信，命出洋者计天时，观云色，先见避风灾，什八弗爽。绘图改造广东战船，船既轻捷，人得尽力，所向恒有功"⑤。上官赞朝，邵武人，嘉庆十一年，护理中营游击，"攻桶盘栈及七鲲身，濒海贼巢皆尽"⑥。上述这些水师将领，出身经历可能不大相同，但是他们一生的绝大部分时间，都活动于海疆，出生入死。他们到底是不是英雄，林爽文、蔡牵、许成应到底是不是贼，问题十分复杂，本文不拟作专门探讨，本文要论述的只是，在林树梅之前，恐怕没有一个作家这么关注水师将领，没有一个作家为海上这么多的水师将领书写过传记。

林树梅还有几篇传记，虽然不是书写水师将领的，但或与水师有关，或与

---

① 《广东水师提督李公传》，《啸云文钞初编》卷六。
② 《王飞珑传》，《啸云山人文钞初编》卷五。
③ 《外祖父陈公外祖母赵太宜人遗事》，《啸云文钞初编》卷七。
④ 《武翼都尉陈公行状》，《啸云文钞初编》卷七。
⑤ 《广东水师提督陈公传》，《啸云山人文钞初编》卷五。
⑥ 《上官都尉家传》，《静远斋文钞》（不分卷）。

海岛有关。陈朝进,水师武翼都尉陈雪华之子,林树梅的姑父水师庄将军的女婿。① 朱德玕,广西博白县人,署平坛同知,"所治海坛山,宅大海中","禁樵采,以杀风力",民赖其利;在岛上修文书院,招李致云为主讲,林树梅曾渡海从之学;又"周知岛屿、港汉、扼塞",防御盗贼,保全民众平安,在治理海岛方面造福于民。②

① 《太学生陈君继豪行略》,《啸云文钞初编》卷七。
② 《福建布政司经历朱公传》,《啸云文钞初编》卷六。

结 语

　　岛居的生活环境，自幼随父飘泊于闽、粤、台水师要塞，看惯巨浸骇涛，过惯海船战舰生活，海疆的印记，深深地打在林树梅的身上。即便是林树梅成年之后折节为儒，只要一碰上与海疆相关的人和事，林树梅就特别的兴奋，也就越激发起他写作的冲动。凤山令其入幕，林树梅不顾冬天的东北风，立即起碇航行；英夷游弋金厦海面，当局修书一招，林树梅立即从邵武赶回海边。林树梅与朋友聚会倡酬，常常是指点海山形胜，慷慨谈兵。庖丁解牛十余年，眼中所见"无非全牛"；陶渊明躬耕南亩，隔着篱笆与农人所话无非桑麻。林树梅的生活环境和生活经历，注定了他的书写离不开海疆。

　　林树梅所处的时代，是一个内忧外患的时代。林树梅居住的海岛金门，生活过的南澳岛、铜山岛和厦门岛，历史上都发生过或流传过这样和那样的故事，林树梅追忆这些故事，书写这些故事，恐怕不仅仅是发思古之幽情。杨太后也好，宋幼帝也好，鲁王、黄道周和卢若腾也好，民间女子义娘也好，他们的命运都无一不和朝代的废替、时代的兴亡有关。或许不是偶然的巧合，林树梅海岛历史记忆的书写，恰好都集中在宋元易代、明清易代之际，这也是清代、甚至更晚一些时候，人们常常热议的事关"民族气节"的大题目。同时，我们还注意到，除了《义娘井》一诗作于厦门战事时期，其余海岛记忆的书写，都作于早年。海岛的记忆，引发青少年时期林树梅对历史兴亡的思考，或许也使他领悟到作为海岛之子、岛民的匹夫之责。

　　林树梅热爱自己的家乡,金门虽然是个小小的海岛,但是明代已经有十二奇景之说,林树梅探幽访胜,将其扩大到"十八奇",并且用他那稍稍有些稚嫩的笔将它们一一勾勒。林树梅还是一个有心人,从青少年开始,每次出海,每到一个港口海湾,他都要记下海道、港汊和海山形势。林树梅被曹瑾招入台湾凤山幕;厦门战事前夕,林树梅被当局从邵武招回;晚岁,被林则徐招入幕,所有这些,肯定不是因为他淘井得到一把铁笛月夜吹奏于海上,或者倒骑牛背之举,而是他重视经世济事致用的才干,他务实的精神,他长年留心海疆形势的用心。港口海湾之外,他对闽地沿海一线的关隘、桥梁也十分熟悉。厦门战事前夕,他和当道一起勘察地形,相地掘井,被看成是一时奇迹,实际上则来源于平日经验的积累。林树梅对海山形胜的文学书写,带有浓厚的文学色彩和抒情色彩,和下一章将讨论的《闽海握要图》这样类似于军事的、实用的制图有所不同,但是其精神是一致的,相通的。

　　从大陆沿海渡海到台湾,不过数十海里之遥,可是170年前,横亘于两岸的黑水洋被舟子和渡客视为畏途。林树梅十七岁时首次渡台,过了十二年再次入台,我们看他海上航行的书写,不能不为之倒抽一口凉气,每每遇到排山的海浪,不是船漏,就是舵折,不是眼看着就可以进入港口却搁浅于沙汕,就是被飓风刮到几百里之外。从林树梅的书写中,我们一方面看到先民们渡海的勇敢和百折不挠的精神,另一方面,我们也不能不感叹两三个世纪以来西洋造船和航海技术长足的进步,而中国几乎还是原地踏步。自清初台湾重入版图,近两百年,不少民众从闽粤移居于此,人口日繁,但是台湾的防卫、台湾的治理、官民之间、不同的族群之间还存在许多问题。林树梅佐曹瑾治县,除修水利、筑城墙,他还徒步亲历台郡四邑,深入南部的冈山、瑯峤,投宿"番社",处理闽粤间的械斗和"番"、民纠纷。台湾闻见的书写,一部分是书论之文,另一部分是纪程性和记事性的文学书写,包括散文和诗。

　　厦门战事,真正交战,不过一两天的时间,可是从林树梅参与备战,到退守同安,到战后漳州的防堵,前后也有两年的时间。林树梅满怀激情,一再上书守战之策,并且团练乡勇;同时,他以母老辞谢将授给他的官职。战事爆发之前的两个月,团勇被散遣,林树梅仰天长啸。激战之日,恰好林树梅被派往高崎再募乡勇。他在高崎目睹未战先退的"后军",极力主张坚守厦门,反对退守同安。军队已作惊弓之鸟状,谁听得进林树梅的微言? 即便如此,林树梅仍然没有丧失信心,他应龙溪令曹衍达之招,前往漳州协助防堵,直到汀漳龙道观察看徐继畬及曹衍达离去,林树梅才郁郁回到金门,继而北上福州别业。林树梅这一时期的书写可分为备战、战时和战后三个阶段。《从军纪略》,文不甚长,但是在《啸云文钞初编》独占一卷,当然有文体归类的原因,但也可以看出作者的重视。这篇文章写于战后,但其时间跨度前后达三年之久,是本时期最重要的书写。备战时所作《散遣乡勇》、战时所作《吊御夷死事诸公》,是前两个段的重要作品,慷慨激昂,爱国热力奔放。林树梅由福州前往光泽处理师高澍然殡事,重新回到厦门,心情非常复杂,两年前在白鹿洞团练乡勇之事一直未能忘怀,可是此时厦门已经被辟为通商口岸,洋船洋楼随处可见,此阶段所作的《重游虎溪岩白鹿洞志感》等诗,耐人寻味。

　　林树梅海疆文学书写的一个重要方面,是与诗友的倡酬。林树梅交往的诗友很多,最重要的有林则徐(在第二章论述)、周凯(在第六章论述)、张际亮、刘家谋、蔡廷兰、林焜煌、林豪和陈庆镛。张际亮是近代著名的诗人之一,以"狂"出名,在福州曾与林树梅倡酬,拟赴台湾道姚莹幕,过厦门,与正在团练乡勇的林树梅同游白鹿洞;刘家谋为台湾教谕,取道厦门,与林树梅倡酬。张际亮和刘家谋的志趣与诗风,都与林树梅相近,横槊论兵,慷慨论诗,笑谈海天形胜。如果鸦片战争时期有一个爱国的诗人群体的话,林树梅与张际亮、刘家谋都是这个群体的中坚力量。蔡廷兰、林焜煌都是林树梅的同乡,同为周凯的门生。蔡廷兰虽然已经移居澎湖,而澎湖和金门一样也是海岛,蔡廷兰渡海所遇到的艰险更甚于林树梅,大风一吹,把他吹到越南。林焜煌,在周凯指导下编纂《金门志》,林树梅曾参与讨论。林豪算起来是林树梅的晚辈,对林树梅佩服有加。陈庆镛为御史,直声满天下,晚岁受聘于玉屏书院,为林树梅的《啸云丛记》作过《跋》。林树梅倡酬的诗友,经历、地位各不相同,他们虽然也有其他方面的书写,但是在与林树梅的交往中,诗文的内容大多都没有脱离海疆。在反抗外来侵略者的斗争中,他们是诗友,也是志同道同的挚友。

　　《啸云文钞初编》卷六、卷七,属于传记类的作品。林树梅书写的人物,大多数是与海疆有关的人物、尤其是水师将领。在海疆人物中,以战死于上海吴淞炮台的陈化成传记《江南提督忠愍陈公传》最为突出,陈化成对林树梅来说是父执,陈化成之子陈廷芳、陈廷荣是林树梅的朋友,陈林两家,可称是世交。这篇传记是应陈化成的表弟程尔三之托而作,素材来自陈化成的家人。这篇传记以古文家的手法,集中写陈化成吴淞之战,用不多的笔墨塑造了陈化成这位爱士卒、临危不惧的爱国水师高级将领的形象。陈化成虽然阵亡了,"英夷"仍然对他敬畏有加。《先考受堂府君行述》的写法与《江南提督忠愍陈公传》不同,从这篇传记中,书写了一位长年出没海上波涛、不畏风浪的水师将领形象,这位将领虽然是林树梅的父亲,但清代中叶类似于林廷福这样出身行伍,一身经历数十仗,最后擢至高位的水师将领何止一两个?林廷福的经历有一定代表性。同时,从这篇传记中,我们可以看到林树梅受到父亲的影响是多方面的:沉着、坚毅、务实,好善乐施。

　　林树梅一生的书写,主要是海疆的书写。他的海疆文学书写,是多方面的,海岛的历史记忆,海山的形胜,交游倡酬,人物传记。他一生中两次渡台,厦门慷慨从军抗英,更是他海疆文学书写的闪光之点。

第六章
图成指点片帆遥
——海疆图像

本章将研究的是林树梅笔下的海疆图像。图像，是有别于文字的另一种笔头表达或创作。绘图、绘像，本文总称其『图像』。现存林树梅所绘的图像，其目可考的有三十多种，详见本文第四章第二节『图画考』。图像中，有一类是实用性的地图或军事训练图，前者如《闽海握要图》①等，后者偏向于军事学。第二类，是水利图，如《五凤埤公圳图》②，也属于自然科学。第三类，是画像，是艺术创作，属于艺术学科，例如《澎湖施赈图》《富春江上捞虾翁图》《周夫子小像》等。林树梅还有花卉、园林、景物一类的绘画，如果无关海疆，本节则不加以详细讨论。

林树梅所绘的图像，多数没有流传下来。我们更多的是通过他的文字书写，才了解到这些地图或美术作品的。即使是有图像传世，这些图像也都配有或长或短的文字解说或说明，所以在讨论林树梅笔下的图像时，我们仍得依赖他本人的文字书写。

① 《〈闽海握要图〉记》，《啸云文钞初编》卷十附图。
② 《与曹怀朴明府凤山水利书》附图，《啸云山人文钞初编》卷一。

第一节　闽海握要图

林树梅重视图、书并重,他说:"夫图、书自昔并称,而按山川之险夷,审岛汛之远近,则图之所关甚巨,岂可忽哉!"①

《闽海握要图》,是一幅闽海海疆地理图;《〈闽海握要图〉说》是配合这幅图所作的文字解说。无论是《图》还是《说》,作者都颇费心力。林树梅作此《图》与《说》的目的,是为了提供给守卫海疆的水师将领们参考。林树梅首先追述福建海防从汉至明季海防的历史,然后说"方今慎重海防,尽革虚饰之弊"②。水师有专官,自提督、总兵、副将,以至于游击,他们各司其职,驻守一方,但是"海疆形势实不易明,盖自岭南迄辽海,径七千二百余里,萦折八千五百余程,非躬亲遍历,安能了悉?"明代以来,海防虽然有专书可以参考,但是这些专书一是存在讹误,"臆揣地形,南北倒置,其传讹贻误",必须订正;二是"今昔悬殊",几百年来,水师建制和海防设施变化都很大,旧著已经不能适应新形势的需要,很有必要重作。

林树梅说,绘这幅图,写这个文字解说,首先得力于自幼跟随父亲镇守海疆,并得到父亲的指授,因而积累了丰富的航海经验和海防知识。他说:"先君子官水师三十余年,常乘风破浪,剿贼重洋,北至天津,东抵辽沈,南极琼崖、交趾,径还数千里,始悉海疆形势之全。树梅童时随侍镇所,于东南徼外,汛防疏密、斥

---

① 《静远斋文钞》不分卷。
② 《〈闽海握要图〉说》,《啸云文钞初编》卷十。按:本节引文如无特别注明者,均引自此文。

堠远近、风潮常变、礁汕浅深、港澳藏匿、匪徒接济诸机宜,躬承庭训,敬识其大且亟者。"其次,林廷福卒后,林树梅再度入台,亲践台湾各港口及外岛,访问"宿将老军",进一步丰富自己的见闻。再次,内渡之后,林树梅花了很多的时间,把经验、知识、资料加以归纳整理,精心绘制、精心书写,举其大要,"久乃成书"。

《〈闽海握要图〉说》占了《啸云文钞初编》一整卷的篇幅,万字左右。包括:图一幅:《闽海握要总图》;文字解说五则:《海道说》、《巡哨说》、《占测说》、《战舰说》、《剿捕说》。

一、《闽海握要总图》与闽海海道

地理制图与美术的绘画,在今天看来,存在很大的差异。地理制图,讲究的是科学性,准确严谨,一经一纬,都有一定的比例,不需要艺术的想象力和创造力。清代道光间的中国人绘制的地图,尚未能达到这一水准。地图中地名的标示只能是一个大体的方位,有时为了突出重要的地点,甚至还有所夸大。我们看周凯纂《厦门志》是如此,光绪间林豪纂的《金门志》仍然如此。林树梅的《闽海握要总图》同样谈不上精密,但是所标地名,方位基本正确。这幅地图和道光二十年(1840)程基呈的《福建全省洋图》[①]相比,细致有所不如,但是地图北上南下,东右西左的方位,和现代的地图相一致;而程基之图的东上西下,南右北左,则不符合现代的规范。《闽海握要图总图》虽然绘制得不够细致,但是重要的港口、港湾、海岛、海岸线上的主要山峰、梁津标示得一清二楚;更值得注意的是,配以详细的文字解说。

对闽海图的解说,其顺序是今福建的沿海在先,台湾在后;叙福建,则先北后南,即从最北的福鼎的烽火营,直至位于今广东的南澳镇。值得注意的是,解说所用的是水师建制的专有名词这线索,如提督、镇、协镇、营、汛,而不是府、道、县之类的行政词汇,仅就此点而言,《〈闽海握要图〉说》是水师军事图无疑。

林树梅根据《闽海握要总图》,解说福建沿海各镇、协(有时也兼及"营"、"汛")所负责防御的范围;何处可以避风,何处可以停泊。我们据

---

① 北京大学图书馆编:《皇舆遐览——北京大学图书馆藏清代彩绘地图》,中国人民大学出版社 2008 年版,第 260—263 页。

《海道说》一则列表如下:

水师建制	防御范围	暗礁险要处	可避风之处	可停泊之处
烽火营	自北关台山与浙平阳县分界,南关内沙埕为福鼎县港。	有暗礁。	秦屿之棕蓑澳,船入小屿内可避风。	
福宁镇左营	八都以下,三沙诸澳,罗湖以上。	有龙目礁;又下有君竹屿,最为险恶。		七都、三沙、五澳可泊船。
闽安协镇	罗湖以下,磁澳以上。	大小西洋,山门中及东北皆有暗礁;黄岐澳,属连江,有暗礁;南有四屿,北防、小屿、门中暗礁;须防乐平沙、二髻屿、竹排礁;有七星暗礁。	赤崎,亦可避风;月屿、布袋澳,可避风;小埕汛、长澳,可避北风;境澳可避南风。	芙蓉诸山,皆可寄碇。景桥澳北风可泊。
海坛镇	磁澳以下,至香炉屿。	海口沙埕,礁石险恶;宫前,皆多恶礁;万安所门,扇后俱有暗礁;平海至湄洲多礁;过香炉屿外有细礁;夹港、寨堡名大小土乍,澳内水浅,有暗礁。	竹屿、观音澳、苏澳,可避南风;后营山澳内可避风;	野马门南口,西寨澳,南风可泊,北风则泊平海上东户澳。
金门镇	东南菜子屿以下,马巷厅澳头其北岸为金门镇。	围头泊船防礁;崇武、獭窟多礁;永宁澳,甚浅,多礁;金屿有半洋礁,尤险;料罗、官澳、乌沙头、塔仔脚,皆有暗礁、沙汕之险。	深沪澳,可避南风。	崇武、獭窟皆可泊;宫前可泊;石圳澳,可泊。
水师提标营汛	玉洲、福河、石码等处,俱属水师提标营汛分防;其北岸为海澄县。	大担门下为浯屿、岛美汛,前后多礁。	南太武山下有澳,可避风。	
铜山营	渡八尺门,即铜山营防守。	瓮屿、东门、塔屿、港门,水急,外有礁汕。南有苏尖、东澳,外有礁石;定海澳、文进屿、井尾港、镫火湾、将军澳、虎头山、陆鳌、古雷诸汛,皆有暗礁。		鸡母澳,可泊;定海澳、文进屿、井尾港、镫火湾、将军澳、虎头山、陆鳌、古雷可择澳泊。

从福建水师各镇、协镇中,我们可以看出,道光间作为军事要地,省城福州所在地闽江口的闽安协镇,虽然也依恃五虎门、琅崎等险要,作为水师建制,协镇受海坛镇节制,级别略低于福宁镇、海坛镇、金门镇、南澳镇,其重要性不如厦门,

清朝政府把福建水师最高的军事机关——水师提督设在厦门。"厦门,为水陆之会。盖北自乍浦、锦州、天津,南自安南,东至日本琉球、吕宋、红毛、葛剌巴,洋船之所通往。自隋、唐以来,其放洋针路,皆准诸此,四方商贾云集也。"作为港口,厦门还是洋船过往之地。厦门与大、小金门形成犄角,"辅车相倚"。

林树梅解说台湾各港口,没有采用与福建各镇、协相同的形式,即细分各水师机关所负责任、逐一描述各港口水道、礁汕等,而是突出台湾各港与福建沿海各港对渡航道、航行方向、航行所用的时间等。我们根据林树梅的解说而制作的闽、台各港对渡表如下:

福建沿海港口	台湾沿海港口	里 程	针 路	台湾港口形胜
诏安之悬钟、铜山	凤山县东港、打鼓港	水程俱约十五更。	卯酉。	打鼓港在县治西南十五里,港口有巨石劈分水门,成南、北二支,南入为前镇港,又入为凤山港,北入为硫磺港;安平协右营。其南水中,有凉伞礁及沙汕,大船不能出入。又其南三十里为东港。
泉州之金、厦二门	台湾县鹿耳门	水程十二更。	巽乾。	鹿耳门在县治西,水道三十里,水中浮沙形似鹿耳,以蔽水口。潮汐与安平镇七鲲身相联,北至洲仔尾,海道纡折,仅容数武,舟行插竹标为记。汐退沙涨,虽长年三老,不能保舟不碎。
泉州之蚶柑江	彰化县之鹿港	水程七更。		鹿港在县治西十五里,移驻安平左营兵船,港已淤塞,惟左近之王泾及番仔洼大船可入。
福宁之烽火门	淡水厅竹堑	水程五更。	斜取巽乾己亥。	竹堑在厅治北十五里。
福州闽安镇五虎门	淡水之八里坌	水程五更。	斜取巽乾己亥。	八里坌在厅治北百八十里,其东北为大鸡笼,距二治二百五十里。
闽安、五虎	噶玛兰厅之乌石港、艋舺			艋舺即淡水港,在厅治北二百里,内可泊船。绕八尺门诸港,逾大、小鸡笼屿而入噶玛兰之乌石港,中有小屿,汛退可见。
金门、厦门	澎湖	水程七更。	坐乾向巽行。	自厦而东,从西屿左转抵台。自台而西,由西屿右转抵厦。其最险处,如吉贝屿之丁字门、八罩屿之船路礁,非生长其地、熟谙水性,不敢自操舟楫。
	自澎湖赴鹿耳门	水程五更。	乾向巽行。	鹿耳门居台湾县西北,澎湖又居鹿耳门西北,与金、厦东南斜对。

林树梅对《闽海握要总图》的解说,有两个非常重要的观点。一是闽省的防守,海重于山,水重于陆:"深察夫闽省之要,海甚于山;防守之宜,水重于陆。故以陆师谨守内地,而以水师分镇沿海,内外交防,以时巡缉。"福建的海岸线长,北与浙江温州府平阳县相接,南至广东潮州府海阳县相接,"合陆行二千六百四十五里海道"。从历史上看,明中叶之后,中国沿海受到倭寇的侵扰,闽、粤首当其冲,其次是江、浙,其次是山东,海防尤其重要。其次,是建立闽台的一体的海防防守体系。林树梅不厌其烦地解说闽台各港对渡的要领,目的也是为此。他说:"台湾在闽东南大海中,面向西北,为沿海七省外障,而诸岛往来之要会也。"又说:"(台湾)外以澎湖为门户,鹿耳门为咽喉,幅员虽不及于闽省,而日本、琉球、吕宋、红毛诸国,于是乎望舟航所通,与金、厦相表里矣。"台湾是中国七省之门户,澎湖为台湾之咽喉;台湾与金、厦二门相表里。无论是从历史上看,还是从现实看,台湾、澎湖对内陆的防御都具有重大的战略作用。

二、巡哨与占测

《巡哨说》中的"巡哨",就是在海面上巡逻放哨,以期福建水师各镇"联络呼应"。

根据《闽海握要总图》,《巡哨说》把福建沿海的洋面分为"南洋"和"北洋"两大片。"闽洋上通江、浙,下达广东,其间又有南北之分,如南澳镇之云盖寺以上,谓之南洋","至海坛以上,谓之北洋"。福建水师提督下辖四镇:福宁、海坛、金门、南澳。各镇巡哨到各自的海界,则与对方"会哨"。海坛镇与福宁镇,会哨于北杆塘;海坛镇又与金门镇会哨于涵头港;金门镇则又与南澳镇会于铜山,"俟两镇到齐,会印通报"。有了《闽海握要总图》,各镇可按图行事。巡哨"盛为威仪",可遏制匪贼"趋捷至"、"不易径来",在防御上或起威慑作用,或防范敌方的突然袭击。

林树梅认为,巡哨有三点务必注意。一是重点防范。"与其一一防守,不若审择要害,兵不费而寇可遏。"二是如何"辨其为盗"。林树梅认为必须发给民船牌照,在船篷上书写县号、船户姓名,"及刻两舷,以凭察验"。三是水师将领必须学会易服察访的本领。"假商船以饵其自投,或于风雨晦暝,并舷偕泊,乘贼不意,擒之",此则"兵家用间之机"。

《占测说》中的"占测",即占风潮,测港道。"占风潮,顺逆为进止;测港道,险夷为难易,此用兵海上之要机也。风云变幻于顷刻,既可预占;山海形势之不同,尤宜善测。"占风潮,测港道,就得选用熟悉航海能手,首先是舵工,其次是水手和了望之人。林树梅认为,占测有四大要点:

一是"知风信"。春夏秋冬,海上的风向是不一样的。飓风、台风、暴风的形成,都有征兆,有经验的航海者都能从水气、水色、天色的变化以及海鱼的活动加以判别。"春望山头,冬海口,雾气浓漫,皆主大风雨。""初三、十八潮最大,风随发,恒成暴。"海洋和天气,高深莫测,故民众中不少荒诞不经的传说,林树梅以为"不经之说,无足沿述"。

二是"习水性"。习水性,是了解潮汐,即何时涨潮、何时退潮的意思。因此,林树梅制作了一分《闽海潮汐消长之图》,这个图,实际上是一个"表",把一个月三十天每天涨潮和退潮的时间详列于表中,"按月一转,周而复始"。涨潮,船可趁势可以入港;退潮,不唯无势可趁,而且港道水位低,船易搁浅,故航海者不可不知。

三是"计更数"。"更",是海上航行的时间单位。如上文所说从闽安五虎门到淡水厅竹堑,水程"五更";厦门、金门到澎湖水程"七更"等。道光间,航海者把一天十二个时辰分为"十更","一更",航行的里程约六十里。当时中国的航海者尚不知有钟表一说,故以更计时。林树梅详细说明了计"更"的办法。当时的计"更",除了指南针,就是水锤了,工具实在简单得可怜,但林树梅的经验之谈,仍然具有一定的意义。

四是"望山形"。洋面,四顾茫茫,道光间没有航海图之类,航海者只能凭借各自的经验,一旦望见朦胧可见的、熟悉的山形,就能判断自己船只的位置。根据山的倒影判断水之浅深,判断是否会有暗石沉沙。当然,有时也会碰上蜃楼海市,故望山形也得十分细心,以免掉入迷津。

五是"慎行"。所谓慎行,首先是选好舵工,"泊船中,水手分理篷缭、橹碇,皆听命舵工,责綦重";对舵工必须加以测试。入港、出港、遇风,都必须谨慎行事:"入港之时,须察风潮顺逆、港门宽窄、澳水浅深、泊船多寡。""出港之时,碇将起斗,必须照顾头篷,或左或右,以便拨转。""外海遭风,不及躲避,无从收泊,惟有减篷,迎风织饿以待晴息。若风涛猛烈,船难转折,则须落篷拖碇,随风飘荡,冀侥幸于万一。"

占测,侧重于航海的技术。水师有良好的航海技术,才能确保海疆的安全。就以选舵工而言,技艺"谙练"的舵工,"方可任以载兵运饷,出入汪洋",更不用说汪洋大海上两军对垒时,对舵工和其他航海者技艺有更高的要求了。

三、战舰与剿捕

《战船说》一则,讲水师的水上航行器,即战舰。战舰,在海战中是非常重要的军事装备。"水师巡守,首重战舰。然外洋一望无际,有风时多,无风时少,顺帆敲饿,一听于风,故欲攻大敌,非用同安梭式赶缯、艇船不可。"这一节,林树梅详细论述了大赶缯船① 和单篷、双篷艇船、草乌船等。

赶缯船是道光间水师海上作战的主要战舰。其优势为:"盖赶缯之制,其蜂房跛墙,即古楼船巨舰,遇敌舟小者,可以直冲横压,彼既难于仰攻,我则易于俯击,诚海战利器也。"赶缯船由于太大,也有不便掉转船头的缺点,必须辅以其他舰只:"然利于深水汪洋,若风潮阻难,不便回翔,亦不能泊岸,须假小船接渡。是以水师各营分配战舰,大小相资,亦因时因地制宜之法。"形成船队,才利于作战。赶缯船结构比较复杂,"水仙门"、"路屏"、"篷屏"、"占柜"、"麻篱"等等名号,以及大、小篷、桅、正碇、副碇、舢板等设施。人员则有:"船中辑众者曰'管驾弁目',主操舟曰'舵工',司爨曰'炊丁',上桅理篷绳司了望,曰'鸦班'。亦曰'斗手'。修整船器曰'押工',船渗漏或器具少损,急宜修补,不则,追捕外洋,饿驶迟缓,且惊虞风浪,不能专心攻战,故押工尤宜慎选。分司舵缭版碇,曰'头目'。其佐事者通曰'水手',专任攻击曰'战兵',能出没水中曰'水兵'。"关于艇船和草乌船,《战船说》又说:"若夫艇船之式有单篷、双篷,小于赶缯。又有八桨小哨以供里海

---

① 大赶缯船,又称大横洋船。

巡哨、探报之用,曰'草鸟船',能押风涛,行驶尤捷。"林树梅又介绍了闽省制造这些舰船的地点、工艺,以及制造时的注意事项,乃至出海航行回港后的维护、维修等。

清代闽省战舰的配置情况大体是:"康熙二十七年始立水师营制,额设缯、艍兵船二百六十六只,编列'海国万年清字号'。嘉庆四年,通行改造,同安梭式较缯、艍行驶更捷。五年,仿粤省艇船,添造三十只,编为'胜字号'。十一年又造八只,编为'捷字号',分配内地各营。又添造大横洋梭式船二十只,编为'集成两字号'。"具体到一个水师镇,例如金门镇两营的战船的配置,可参见本文第一章第一节。

《战舰说》,讲的是武器装备,而《剿捕说》,讲的则是舰队的队形、队列、旗鼓和战术,重点讲战术。海上作战必须统一号令,林树梅说:"福建水师提督统辖边海四镇二十余营,分守要害,原为靖盗卫民,则出洋剿捕,乃水师专责也。夫水战较陆战为难,海洋较江河尤难。波涛澎湃,风飓靡常,其潮汐、沙汕宜熟悉而存心目之间,舵橹樯帆亦精审,以收指臂之效。盖水师一出,成败利钝系于呼吸,要使兵习于船,船习于水,作止进退,惟督帅是听。"对于参与海战的人员,作者强调各司其职,情况比陆战复杂,"贼"若坚垒、若进拒、若夹击、若分行,我军应当认真对待,采取不同的战术和队阵,如:以长风之势进破之;以穿花势夹攻之;以长蛇势分劈之;以合围势环困之。"形势联络,若断若续,转旋便利,相卫相攻,已极奇正变化之妙","此海战大局也"。具体作战,还有远炮轰击、近战刀斧砍杀、训练凫泅、小艇火攻、掌握风势、水陆配合等等。其中掌风势,则与上文我们说的"占测"有关。林树梅这篇《〈闽海握要图〉说》,前后相互呼应,每一则虽然各有侧重,而全篇则是一个完整的整体。

四、从捕盗到御夷

道光十八年(1838)林树梅从台湾内渡之后,作《〈闽海握要图〉说》。此时鸦片虽然已经大量输入中国,清政府在禁与不禁之间,犹豫不定,中英之间虽然有摩擦,但还没有产生大规模的正面冲突,谁也没办法预料鸦片战争即将爆发。明代中叶至晚明,闽省沿海饱受倭寇的侵扰,林树梅对外来的侵略势力始终保持着较高的警惕，但是嘉庆间，蔡牵等海上武装势力在闽海活动相当活跃，福建水师的注意力几乎都集中于捕盗剿贼，我们只要一看林树梅父亲的水师经历①，就可以明白这个问题。林树梅随父镇守闽海各水师要塞，耳闻目睹的，也是捕盗剿贼。因此，从某种意义上说，《〈闽海握要图〉说》中的《图》与《说》，就是水师捕盗剿贼的总结，是为水师捕盗剿贼而作。因此，《〈闽海握要图〉说》中的某些经验教训，在不久爆发的对英夷的作战中，就不一定用得上。例如武器装备，对于海上武装盗贼来说，清朝水师无疑是精良的。林树梅对同安的赶缯船很自信："其制长十丈，广二丈有奇，可载三千石。其式狭底广上，高大如楼，可容百人。"以这样的船舰对付海上武装可能不太有问题，但是，以木制的帆船对付西方的坚船利炮，清朝水师的舰船很明显是大大地落后了。②

道光二十年（1840），林树梅从邵武被招回，次年他接二连三上策书于当局，仓卒之间，他提出那么多的守战策略，如果没有往日的经验，平日里没有思考，没有做过研究，一下子是提不出来的。而《〈闽海握要图〉说》，正是他往日经验积累、平日对闽海海防的思考和研究的结果。

第一，"海先于山，攘夷要图，战即为守"③的思想。海防，首先是防海。立足于海，立足于海上作战，是《〈闽海握要图〉说》反复探讨的问题，在厦门战事爆发前，林树梅最强调的也是这一点。

第二，闽台一体、闽省一体的防御的思想。林树梅以为，敌攻厦门，则以厦门为主，全省支援厦门；敌攻福州五虎门，则以五虎门为主，全省支援五虎门。守闽海，首先必须守金门、厦门："厦、金为闽海咽喉、台湾门户，泉、漳倚以为障。二岛不守，则台、澎正复可虑。泉、漳虽声援可及，而海口散漫，亦岌岌累卵。"④"台湾一郡孤悬海表，为沿海七省之门户。"台湾安、澎湖安，则

---

①　参看第二章第二节。
②　明代永乐间，郑和下西洋，宝船最大者长四十四丈，宽十八丈（谈迁：《国榷》，张宗祥点校，上海古籍出版社 1958 年版，第 953 页），排水量约 11700t；而 1492 年哥伦布航行美洲的旗舰圣玛利亚号仅 250t（席龙飞：《中国造船史》，湖北教育出版社 2000 年版，第 273、271 页）；较小的战船，长也有十八丈，宽也有六丈八（罗懋登：《西洋记》，岳麓书社 1984 年版，第 104 页）。14 世纪后期之后，明代由于实施海禁和限制民间海上贸易，造船工业迅速衰弱。
③　《上闽浙总督邓公全闽备海策》，《啸云文钞初编》卷十二。
④　《上兴泉永道刘公厦金二岛防御策》，《啸云文钞初编》卷十二。

沿海安。"当兹海洋有警,不可不急檄台湾镇、道,相度形势,先事豫防。"而澎湖孤立海中,东则台湾,西则厦门,"(澎湖)西屿头尤台、厦之冲,更须严备。"金门与厦门,仅隔一道海湾,近在咫尺,"金门一岛为厦门外障,又扼漳、泉门户之要"。而且,金门在厦门外海,夷攻厦门,必经过金门口岸,扼守金门,守住门户。如果夷船过金门,可实施内外夹击。"其次则福州之闽安、五虎,福宁之烽火、三沙及南澳、铜山、海坛诸岛,亦须筹备,以固藩篱。"①闽安等沿海要塞的港道形胜,以及防守等等,在《〈闽海握要图〉说》均有论及。

第三,选贤任能。临战,选将尤其重要,不唯是大将,一队之长,一哨之长,作战时他就是这一队的"主将",这一哨的"主将",不能掉以轻心。将领必须与士兵同甘共苦,"知疆场效命,虽死犹荣,畏葸偷生,死有余责";即使"舵工兵勇"也得认真选配,不能马虎②。

第四,近攻、火攻的战术。《〈闽海握要图〉说》讲到近战、火攻,火攻是林廷福破敌绝招,故林树梅尤为重视。厦门战事前夕,林树梅联系眼前战事,认为敌船大,不易转头;敌炮大,不易俯击;我船小,灵活,容易逼近敌船,急用火攻,然后大小船群集,敌则措手不及:"第一阵用火攻船,船内布置柴草火药,选配舵工兵勇能浮水、有胆力者二三十人,探夷船宿泊之时,即将我船纠练成群,相度风潮,发号齐进,使夷仓黄莫措。""二阵之水龟船,既为接应,又可夹攻其船。亦编竹为篷,圆如龟甲,覆絮叠竹,再加皮网、湿泥,船之首尾各置一炮,炮架有轮,便于进退。一见夷船,即专司放炮,兼可救回浮水兵勇。"小船近攻后,继以哨船:"继龟船,则有第三进之大哨船,于两舷实棉花、草把,蔽网絮牛皮以御炮弹。"最后大小船一起围攻,必然破敌:"号响火发,则大小战舰围集,四击使之俯仰,不能抵敌,破之必矣。"③

因此,我们可以说,厦门战事所上诸书策,是林树梅从实战出发,对自己所著的《〈闽海握要图〉说》的一次创新实践。

① 《上闽浙总督邓公全闽备海策》,《啸云文钞初编》卷十二。
② 《上总督颜公补陈战守八策》,《啸云文钞初编》卷十二。
③ 同上。

第二节 澎湖施赈图

《澎湖施赈图》是林树梅为澎湖通判蒋镛画的一幅记事图。原图未见，从林树梅的《〈澎湖施赈图歌送蒋怿葊司马归楚〉序》，我们可以了解到一个大概：

> 道光辛卯夏，澎湖旱潦，冬乃大饥。通判蒋怿葊先生筹赈报恤，全活无算。今将归田，树梅谨绘《施赈图》以送。庶几此图长在左右，而澎之山水亦与高风仁政共千古焉。①

画面时间：道光十一年（1831）辛卯夏季至冬季；画面地点：台湾澎湖；画面之事由：夏，旱；秋八、九月，又遭風災水潦。旱潦风灾，引起民众大饥，当局筹赈报恤，民众免于死难者无数；人物：父执、通判蒋镛（怿葊）；作画因由：蒋氏解组，将由闽归楚，作图以送之。

蒋镛，字怿葊，湖北黄梅人。嘉庆七年进士，补福建连江县令。道光元年，任澎湖通判。道光四年（1824），蒋镛见澎湖西屿山巅七级灯塔年久废弛，重加修葺。道光五年，林树梅父林廷福署澎湖右营游击，林树梅随父至澎湖，拜见过蒋镛。林树梅第二次到台湾内渡，再过西屿，作《西屿灯塔》诗，其《序》云："澎湖当台、厦之交，西屿为之障。自厦而东者从西屿左转抵台，

---

① 《啸云诗钞初编》卷四。

自台而西者由西屿右转抵厦,往来群泊西屿。然无高山可远瞩,故多犯浅坏舟,海行病焉。乾隆己亥,通判谢君维祺建石塔于西屿之颠。道光癸未,蒋怿莪先生重修,积赀置长明灯燃塔顶。风雨晦冥,引舟收泊,遂免失道之虞,厥功伟矣。树梅两经其下,敬志以诗。"①西屿灯塔使过往船只得到许多便利,蒋镛与前任通判谢维祺造福于后人。林廷福署澎湖右营游击时,民苦旱,蒋镛与他一道建龙神龛为民祷雨,史称"文武相济"。蒋镛又修葺文石书院,自任山长,以束修充修费。道光九年卸任,十一年春,复任,"会咸雨,翌年大饥,禀请发帑赈恤。先捐义仓钱三千五百余缗,以贷贫民,借碾兵谷数千斛,存活颇众。前后治澎十余年,多所兴治。又辑《澎湖续编》一书"②。十六离澎湖通判任,先后为泉州同知、厦门海防同知。

澎湖,孤悬于海中,旧称由三十六岛组成,蒋镛通判澎湖,以为实有五十五岛。清代金门岛的生存条件不是很好,澎湖岛更劣于金门。澎湖不仅水道险要,气候也比较恶劣,或者干旱无雨,或者飓风带来过多的降雨量,又加上土地硗瘠,农作物不易生长。周凯为此感道:"大澳澎湖一十三,海山断续海东南。墙堆老古石犹白,菜煮糊涂粥亦蓝。牛粪烧残炊榾柮,鱼粮乏绝摸螺蚶。剧怜人与鲛人似,可惜冰丝不育蚕。"③"牛粪烧",周凯释曰:"为牛粪为炊,曰'牛柴'。"④金门人林豪也说道:"宇内瘠苦之区,至澎湖而叹为仅有。其地海滨斥卤,仅产杂粮,中稔犹恐不给;一遇咸雨则颗粒不留,即牛畜亦难以存济,其穷荒海角之民辗转沟洫者,更不堪设想。"⑤

道光十一年夏、秋旱、风、水灾相继,到了冬天,民众大饥,次年春几乎到了绝粮的地步。蒋镛诗写道:"澎地称天险,闾阎少盖藏。频年风作飓,逐月雨求滂(自注:澎地每月必得透雨一次,可望有秋)。去夏逢奇旱,经秋值异荒。飞廉先震烈,卤霰忽飘扬。嘉种荣随萎,穷檐膳莫偿。偏灾何太甚,生计

---

① 《啸云诗钞初编》卷三。

② 连横:《台湾通史》卷三十四《蒋镛列传》,台北:中国国民党文化传播委员会党史馆线装排印本2003年重刊本,第1049页。

③ 《勘灾》四首其一,施懿琳等:《全台诗》第四册,台北:远流出版有限公司2004年版,第342页。

④ 周凯《〈澎海纪行诗〉序》,《内自讼斋文集》卷六。

⑤ 《澎湖厅志》卷十,《台湾文献丛刊》第164种,台湾银行经济研究室1963年版。

预思防。"① 澎湖诗人蔡廷兰写道："况兹斥卤区,民贫土更瘠。年来遭旱灾,满地变焦赤。又被咸雨伤,狂飚起沙碛。海枯梁无鱼,山穷野无麦。老稚尽尫羸,半登饿鬼籍。丁男散流离,死徙无踪迹。"② 道光十一年冬,身为通判的蒋镛,一方面紧急驰书郡垣,一方面捐义仓钱三千余串,先济贫民。蔡廷兰有诗纪其事:"四月下种六月旱,旱气蒸郁为螟蝗。七八九月咸雨洒,腥风瘴雾交迷茫。早季晚季颗粒尽,饥死者死亡者亡。别驾蒋公痛悲悯,心如乱发纷髶鬈。驰书乞援赴郡城,郡城大吏动怦怦。"③ 巡检施模亦有诗纪其事:"秋深台飓骤尔来,咸雨飘零天降灾。赤子何辜愁惨甚,饔飧难继餐莓苔。地皆赤卤无积贮,颠沛流离悲失所。伤心惨目怜哀鸿,鹄形鸠面遍岛屿。痼疾民瘼心彷徨,文书一纸达台阳。"④ 于是,凤山知县徐必观、巡检沈长棻、施模奉命带领赈灾物品于十一月捧檄从台湾登舟前往澎湖,不料却被风飘至鹿耳门外,只好回棹。经过数次冒险,才于次年正月二十五日、二月初九分两批先后抵达澎湖。徐必观等虽然解决了燃眉之急,但是,灾情仍然严重。大府又委派兴泉永道观察周凯从厦门运来薯丝,及库银暂借给民众。周凯于二月十八日抵澎湖,在徐心观等的协助下,发放粮食借给银钱,解民于倒悬。周凯有诗记其事:"去秋台飓风为灾,咸雨飞飞浪花溅。今春渤澥我开帆,海波阵阵心旌战。及抵澎山日已迟,人无人色面非面。那得薯丝煮为糜,但捞海菜日充咽。苟非义仓钱三千,民命不绝已如线。凤山徐令目见之,分查户口同二掾。酌济灾黎办八分,薯米金钱亦云遍。"⑤ 蒋镛的诗记其事:"贫极筹加赈,恩深遍浩洋(自注:极贫加赈一月,无项可筹;适公由厦库提银来此,谕即借放,俾穷黎早沾实惠)。得人兼审户,训俗本型方。爱士殷提命,除顽重激昂(自

①　《芸皋观察莅澎忭恤恩及官民敬呈五律三十六韵》,施懿琳等:《全台诗》第四册,台北:远流出版有限公司 2004 年版,第 290 页。

②　《请急赈歌》,施懿琳等:《全台诗》第四册,台北:远流出版有限公司 2004 年版,第 396 页。

③　《巡道周公有社仓之议言事者虑格于旧例公概然力任其成立赋抚恤歌六章发明天道人心之应淋漓凄恻情见乎词用述其更为推衍言之续成长歌一篇》,施懿琳等:《全台诗》第四册,台北:远流出版有限公司 2004 年版,第 393 页。

④　《随办赈务毕作长歌四十韵为蒋怿荐刺史志别》,施懿琳等:《全台诗》第四册,台北:远流出版有限公司 2004 年版,第 310 页。

⑤　《寄台湾平远山观察庆诗以代柬》,施懿琳等:《全台诗》第四册,台北:远流出版有限公司 2004 年版,第 343 页。

注:公因蔡生廷兰呈诗请赈,作《抚恤诗》六首示之,兼为澎民遇有失水船只拯货不拯人者劝戒焉)。群僚叨奖借,守土益惭惶。薪米储行灶,舆台裹宿粮。已惭无供帐,翻荷赐琳琅(自注:公随从薪米皆系自备,不受地方供应,体恤逾常)。"[1] 周凯此行,伙食全部自理,不要地方提供。赈灾毕,三月十二日,周凯回厦门[2]。以上是澎湖受灾,蒋镛发起赈灾,凤山县令徐心观、兴泉永道观察前往赈灾的经过。是年,道光帝谕:上年未完银两旧粮准其"缓至本年秋获后征收;本年钱粮着缓俟道光十三、四两年带征"[3],虽然缓了一口气,但是经过深重灾难的民众,缴完旧年欠下的银粮之后,下一年又将怎能么办?当然,蒋镛、徐心观、周凯们这就无能为力了。

《澎湖施赈图歌送蒋怿荪司马归楚》见《啸云诗钞初编》卷四,据《啸云诗钞总目》,第四卷作于己亥至庚子,即道光十九年(1839)至二十年,而林树梅此诗是卷四的第一篇,当作于道光十九年。检周凯《厦门志》捐刻人姓名,蒋镛为厦门海防同知,而《厦门志》于道光十九年付梓,则蒋镛离解组归楚的职位为厦门海防同知。林树梅作《澎湖施赈图》及此诗的地点也应在厦门。《澎湖施赈图歌送蒋怿荪司马归楚》云:

> 君不见,澎湖浮岛东海东,土田碛瘠无上农。丰年狼戾中岁歉,况乃一旦遭荒凶。又不见,澎湖四面环一水,居民半作渔家子。片帆朝出暮不归,海上风波险如此。我生金门澎为邻,海边耕钓犹澎人。最怜生寡食者众,劳苦无过澎之民。岁在卯,月在午。旱魃张,雨咸雨。噫风飔母助炎威,腐草枯禾挟沙舞。此时澎田不可耕,此时澎海无人行。眼看万顷土裂甲,坐使万户人呼庚。蒋侯蒋侯古贤者,哀此哀鸿泪盈把。急上书,赈官钱。急请命,祈神社。但求嗷嗷吾民无此离,倅也受咎乌敢辞。呜呼!微侯肉白骨,澎民什八填沟壑。姓名传颂满闽疆,西厦东台亦称说。即今解组将归田,万人拥哭如当年。清风但觉袖可贮,遗爱曾见鞭长悬。我于蒋侯称父执,今日重逢感畴昔。作图再拜送君行,丹青难状

---

① 《芸皋观察莅澎抚恤恩及官民敬呈五律三十六韵》,施懿琳等《全台诗》第四册,台北:远流出版有限公司 2004 年版,第 290—291 页。

② 周凯赴澎湖往返时间,详其《自纂年谱》(《内自讼斋文集》卷首)。

③ 《澎湖厅志》卷首,《台湾文献丛刊》第 164 种,台湾银行经济研究室 1963 年版。

循良绩。君携图,归黄州,平生此事堪千秋。他时两地谈仁爱,楚水闽山
佳话留。①

　　我们推想,这幅图应该是这样的:澎湖,四面环水,浊浪滔天,渔舟簸荡起伏,
腐草枯禾挟杂着黄沙狂舞,万顷土地龟裂,万户民众瘦骨嶙峋,游气如丝,年
过花甲的老通判蒋镛火急上书②,为民请命……《澎湖施赈图》不是我们今
天的连环画,不可能用多幅来表现这从旱涝到蒋镛上书赈灾,从上书到活民
千万、民拥哭于道的全过程,故林树梅又缀之于歌。蒋镛如何评价这幅画,文
字阙如,评价此诗则曰:"兹惠《施赈图歌》,叙次清口,有'啸啸马鸣,悠悠
斾旌'气象,然确是海岛旱形,字字精能,犹非泛作。敬佩,敬佩!"③

　　蒋镛进士及第之后,宦游闽海,直到解组归田。他宦游的经历,以两任
澎湖通判的时间最长。蒋镛其声名以在澎湖所作所为最著,而在澎湖捐义仓
钱三千五百余缗、上书急赈最为感人。澎湖施赈,体现了蒋镛的才干、品格、
风尚,林树梅以此绘图,临别相赠。林树梅所画的图,是以比文字书写更加直
观,更加形象的艺术形式来叙说海疆施赈的故事;是以比文字书写更加直观,
更加形象的艺术形式来描绘海疆的人物形象。在形象和直观方面,文学的表
达不及绘画,但是一幅绘画它只能停留在某一刻,例如既然画了民众瘦骨嶙
峋,游气如丝的受灾时的景况,就不能再画受赈之后蒋镛离开澎湖时载道而
哭的画面,也不能画出蒋镛施赈事迹传到厦门、厦门民众对他的爱戴。作为
艺术形式,绘画也有不足,林树梅又缀之以诗,以求较详细地表现澎湖施赈的
故事,更加全面完美地表现蒋镛这位活跃于海疆的人物。

---

　　①　《啸云诗钞初编》卷四。
　　②　蒋镛实际年龄不详,周凯叙述蒋镛的生平曰:"蒋君名镛,号怿庵,黄梅人,以知州借补通判,
官澎湖十年不迁,年七十余。两值岁歉,能以意济之,使民饥而不怨。"《〈澎湖纪略续编〉序》,《内
自讼斋文集》卷六。
　　③　林策勋编:《啸云诗钞》附录《诸家评论》,菲律宾宿雾市:大众印书馆1968年重印版,第3页。

第三节　周芸皋图像

　　周芸皋,即周凯,兴泉永道观察,驻厦门。林树梅为周凯画的图像有两幅,一幅是《周芸皋夫子像》(即《周夫子小像》),林树梅曾从周凯治故文,故称夫子;另一幅是《富春江上捞虾翁图》。两幅图均未见。

　　第一幅《周芸皋夫子像》,这是一幅人物画像。绘画时间:道光十七年(1837)正月。作画地点:台湾。

　　道光十六年八月,周凯由兴泉永道调署台湾道。二十六日,东渡台湾。[①]同年十月,林树梅应台湾凤山令曹瑾招,除夕抵达台湾。这样,周凯、林树梅师生俩便有在台湾会面的可能。据《台郡四邑记程》,林树梅于正月,朔,北行至鹿港。南行,宿西螺庄,过虎尾溪,渡石龟溪,入诸罗山,游火山。十二日,逾湾里溪,入台郡城大北门,谒师周凯。二十二日,离开郡城,渡海往拜父执副将温公兆凤。则此画像比较准确的时间是:道光十七年正月十二日或稍后数日。地点是:台湾郡城。

　　林树梅为周凯画这幅小像的经过是这样的:"方夫子移节台湾,树梅适膺凤山曹明府聘,来郡进谒,见夫子形色憔悴,心窃忧虑,不忍远离。夫子屡促使归,并请仿绘小像。图成,自题'富春江上捞虾翁'长句,以示归志,孰意竟不遂初,而此诗遽成绝笔。"[②]周凯到台湾后,忙于巡阅全台,形色不免憔

---

　　① 据周凯:《自纂年谱》,《内自讼斋文集》卷首。
　　② 《书周芸皋夫子遗像后》,《啸云文钞初编》卷八。

悴，林树梅不忍离开左右，周凯遂嘱其为画小像。"仿绘"，是仿其人而绘像之意。周凯生于乾隆四十四年（1779），此时已经五十九岁，或因操劳过度，周凯于本年七月病故。周凯在画上自题《富春江上捞虾翁》长句。

周凯与林树梅的师生情谊，我们在第二章第三节已有过论述。周凯自道光十一年（1831）到厦门，至十七年病卒，前后七年。周凯在闽海最值得林树梅忆念的有四事：重葺玉屏书院；主修《厦门志》、倡修《金门志》；往澎湖赈灾；巡阅全台。《富春江上捞虾翁》长句是周凯的绝笔；而《周芸皋夫子像》的绘画，成了林树梅一生中对周凯最后的忆念。林树梅在台湾写下《哭芸皋夫子》四首，第一首写周凯在知襄阳府事，从略；后三首写周凯的闽海的活动，包括那幅《富春江上捞虾翁图》：

闽南尤险剧，观察鹭江濆。化俗光明教，筹荒急救焚。仓储图久计，志乘扩前闻。天子嘉循绩，留资靖海氛。（自注：移兴泉永道，葺玉屏书院，捐充经费，延高雨农师主讲。赈济澎湖，全活无算。增厦镇义仓、埭田，修厦、金二岛志。制府以"海疆可依"入告。）

贼平饥浡至，擘画不辞劳。善后心俱尽，弥留笔尚操。台山沉苦月，瀛海泣秋涛。三绝诗书画，空囊亦足豪。（自注：调台澎道，平贼后巡山，病瘴。又画平棻之策，竟以劳瘁卒官下。）

六载蒙提携，师门热泪潸。遗编诚我责，失学更谁闲。未遂捞虾志，空思跨鹤还。羊昙生死感，莫望富春山。（自注：以遗文见托，尝自题《富春江上捞虾翁图》，以寓归思。有"借得腰缠跨鹤飞"之句。）①

葺玉屏书院、赈澎湖和不辞辛劳巡台，上文已有述论。周凯非常重视《厦门志》、《金门志》的修纂。制府以"海疆可依"的理由将二《志》入禀天子，并得到嘉许。从制府的入禀，我们可以看出二《志》修纂的动机，就是以此二《志》为凭依，进而巩固海疆。厦门一岛，当时为同安县所辖，"地属弹丸，原不必立志，因为海疆要隘，渡台通洋正口"②，因此不能不立志。但

① 《啸云诗钞初编》卷三。
② 《厦门志凡例》，《厦门志》卷首，鹭江出版社1996年版，第7页。

是,厦门却是福建水师提督(下辖福宁、海坛、金门、南澳四镇及闽安、澎湖二协镇,并有直属水师有五营)所在地、兴泉永道兵备和厦门海防同知所在地,周凯说它是"东南门户,海疆之要区"①。水师提督陈化成为之序引周凯的话:"厦门东抗台、澎,北通两浙,南连百粤。人烟辐辏,梯航云屯,岂非东南海疆一大都会哉!"②因为是海疆重地的关系,《厦门志》特立《兵志略》、《防海略》、《船政略》、《台运略》、《关赋略》、《番志略》等专卷。诸《略》中,周凯认为:"厦门为水师所驻,有提标五营,而无陆营,巡辑所辖之地不止厦门,兵制宜详。""防海之事甚大,不独所分汛口、汛地也。兹既载在岛及附近各汛,附以风信、潮汛、占地验及台澎海道、南北洋海道,俾哨弁、贾泊所得取资。"③如果我们比较一下乾隆间薛起凤所修的《鹭江志》,就可以发现周凯的《厦门志》一书是如何重视海疆的防御了④。兵制、船政、通往台湾的海上航行,无一不与海防密切相关,就如关赋、番市亦与这个海岛、乃至东南沿海的安全有着不可分的联系。林树梅作《读芸皋夫子〈厦门志〉怆然书感》二首云:

雄城高枕海潮流,山耸龙头又虎头。两郡咽喉开巨镇,万家烟火共孤舟。安边自古资门户,怀远谁能废画谋。犹忆同堂谈笑日,为言形胜上层楼。

险要居然控九州,著书早已寓深忧。民无恒产怅番市,海不扬波有贡舟。便使尊亲依日月,仍严中外比春秋。如何无限防微策,纸上谆谆未见收。⑤

经过鸦片战争,林树梅回过头来审视《厦门志》,更加佩服周凯当年修

① 周凯:《〈厦门志〉序》,《厦门志》卷首,鹭江出版社1996年版,第1页。
② 陈化成:《〈厦门志〉叙》,《厦门志》卷首,鹭江出版社1996年版,第3页。
③ 《〈厦门志〉凡例》,《厦门志》卷首,鹭江出版社1996年版,第8页。
④ 薛起凤:《鹭江志》(鹭江出版社1998年版)卷一:鹭城、庙宇、关津、山川、街市、河池、租税、寺观;卷二:职官、防圉、衙署、仓廒、科甲、明经、武隽、戎功、书院、坊表、坟墓、释纳、古迹;卷三;风俗、品行、节烈、土产。此外还有艺文等。编辑体例传统,未能体现厦门的海岛海防特色。
⑤ 林策勋编:《啸云诗钞续编》,《啸云诗钞》附,菲律宾宿雾市:大众印书馆1968年重印版,第8页。

志的远见灼识。厦门海疆防卫有着闽海各地难以替代的重要作用。不可否认,"互市"、"番市"可能有这样或那样不很正确的看法,但是英国侵略者以"互市"为名,用大炮轰开中国的大门却是不易的事实。周凯著书深虑海防,可惜高位者并没有从中得到应有的启示,林树梅深感遗憾。

周凯任兴泉永道观察时已经五十三岁,"六年不迁,盖海疆要区,上方难得其人代之也"①。周凯奔波于闽海,年近花甲、身力有所不济的老人,兴发思归之情,完全可以理解,故在林树梅所画小像上自题《富春江上捞虾翁》长句。

第二幅《富春江上捞虾翁图》。《哭芸皋夫子》四首其四自注又说:"尝自题《富春江上捞虾翁图》,以寓归思。有'借得腰缠跨鹤飞'之句。"周凯既在《小像》上题《富春江上捞虾翁》长句,又曾自题《富春江上捞虾翁图》,那么《富春江上捞虾翁图》是不是就是林树梅在台湾画的《周芸皋小像》? 答案是否定的。林树梅有《为李香农绘钓台泛月图并题》诗二首,其一,紧切绘画题富春江钓台,写南宋遗谢翱隐居于此。其二,由富春江联想到也曾有归隐捞虾之想的周凯(富春人),以及自己为周凯所作的画像:"捞虾使我忆先生,一例婆娑物外情。今日滩头放舟客,烟波得似富阳城。"自注:"芸皋师,富阳人,尝属树梅作《富春江上捞虾翁小照》。"② 从这条自注,我们可以知道周凯还嘱林树梅画过一幅《富春江上捞虾翁小照》的图像。那么,《周芸皋夫子小像》之外,还另外画有过一幅《富春江上捞虾翁小照》。这样说法是不是还有其他证据? 有。请看高澍然的高澍然《书周观察〈捞虾图〉后》:"富阳周芸皋先生备兵厦门之三年,属绘者作《捞虾图》,因自号'捞虾翁'。"③ 周凯道光十年(1830)为兴泉永道兵备,"备兵之三年",即道光十二年(1832)。《捞虾图》,即《富春江上捞虾翁图》,也即《富春江上捞虾翁小照》,道光十二年画于厦门;而《周芸皋夫子小像》,道光十六年画于台湾。《富春江上捞虾翁图》图成之后,周凯曾题诗以其上;《周芸皋夫子小像》成后,周凯题《富春江上捞虾翁》长句于其上,图画是两幅,诗也当

---

① 《书周芸皋夫子遗像后》,《啸云文钞初编》卷八。
② 《啸云诗钞初编》卷四。
③ 《抑快轩文集》乙集卷三十九。

是两篇。

《富春江上捞虾翁图》，内容是富春江上捞虾，主人公是位捞虾翁，背景是写意而非实景，图像画的是周凯对晚年平静生活的一种向往而已。真实的周凯在闽海奔忙，真实的周凯已经在闽海劳累了三年，真实的周凯是林树梅在《哭芸皋夫子》所写的那个周凯，是《读芸皋夫子〈厦门志〉怆然书感》中的那个周凯，也是《书周芸皋夫子遗像后》中的那个周凯。其实，捞虾翁的周凯，也就是上面几篇诗文所写的那个周凯。《富春江上捞虾翁图》中的周凯，还是鸦片战争前夕闽海中的人物，林树梅为他画的图像，也是海疆人物的一幅图像。①

林树梅说周凯诗、书、画三绝。我们没有见到周凯的画，但是从文集中，我们可以查到，周凯到了厦门之后，画过《武当山二十四图》②。林树梅《〈芸皋夫子命题鹭门纪游诗画册〉引》有云："见闻补防海之书，图画具翦淞之概。数万里赤城、沧屿，尽入怀中；十二楼琪树、瑶花，都归腕底。树梅微窥妙墨，深惭观海之难。"林树梅亦在其上题诗二十首（集存四首），据此，周凯在厦门所画册，疑所画有二十幅之多。因此，我们推断，周凯绘画既然可以称一绝，水平恐怕不太一般。周凯以画家的身份，嘱林树梅为其画像，被嘱托的人水平可能也不会太低。在林树梅为周凯画像十年后，蔡廷兰作《林君瘦云四十初度寿言》，对林树梅的绘画也比较称赞："间作小书画，笔墨精能。"③因此，我们推知，周凯对林树梅的画一定很喜欢，故嘱其画《富春江上捞虾翁图》，在林树梅画完小像后又题以《富春江上捞虾翁》长句。也因为周凯对林树梅画的喜欢，在周凯过世之后，林树梅时时追忆，一而再、再而三提起为周凯绘图像的往事。

---

① 关于周凯怀归的心态，高澍然的《书周观察〈捞虾图〉后》有一段阐释："或曰：先生其怀归思乎？澍然曰：先生齿未衰，朝廷方寄以海疆重任，不宜遽思乞身；自逸归，非王意也。虽然，君子之仕也，贵毅其性而淡其心，性笃于自任，而心萧然无与，然后可进可退。进有为，而退有守也。反是，则持位保禄之臣而已矣。持位保禄之臣已丧所守，安望有为？要其由，知进而不知退耳。先生益知退者。知退，则归者不必有其事，未尝一日无其心，即谓先生怀思归焉，亦无不可。然乃所以自任，非求自逸之为也。"《抑快轩文集》乙集卷三十九。

② 《〈武当山纪游二十四图〉序》，《内自讼斋文集》卷六。

③ 林策勋编：《浯江林氏家录》，1955 年家印本，第 44 页。

第四节　题画诗与画诗相配

　　林树梅写诗之余,间亦作画。上文我们说,画家周凯欣赏林树梅的画,说明林树梅绘画的水平不会太低。《口号三章答冬盦先生元量》略云:"一别十余载,重来高士家。醉中证明月,索笔补梅花。(自注:予为画壁)。"[①] 林树梅的画,当有一定的名气,否则朋友不大可能请他去作壁画。林树梅的画,因为未见到他的作品,我们不好作进一步评论。不过,有一点可肯定的,是林树梅的画常常题上自己作的诗。评价林树梅的诗,题画诗较多,也是他的诗特色之一。诗画本一律,绘画艺术与诗歌艺术有相通之处;但是,画与诗,又是不同门类的两种艺术,两者之间又可以相互弥补不足,合之而双美,相应而成趣。

　　《闽海握要图》、《团练乡勇图》、《五凤埤公圳图》,都是实用图,有文字说明,而无诗相配,本小节不拟讨论。本小节将要讨论的是,林树梅的题画诗。林树梅的题画诗可以分成两类,一类是自画自题的诗,另一类是为他人所作画的题诗。林树梅还有些诗,是自己的画作好了,意犹未尽,又缀之以诗,例如上文我们讨论过的《澎湖施赈图歌送蒋怿莽司马归楚》,就不一定是题画诗。这幅图本来就是送蒋镛的,但是图画只是空间的艺术,很难表现从旱、潦到施赈的全过程,以及蒋镛即将去闽之楚民众对他的爱戴,故又写下此歌送之,这就是画与诗的搭配。还有一些诗,是在作画之后较长时间才写

---

　　① 《啸云诗钞续编》,林策勋编:《啸云诗钞》附,菲律宾宿雾市:大众印书馆1968年重印版,第5页。

成的,作者主观上未必有意将诗与画配搭,但后人阅读时,可以将此诗与早先的画作联系,从读者这个角度上看,也是画诗的相配,例如《周夫子小像》,作画后半年,周凯去世,林树梅写下《哭芸皋夫子》四首(其四)。

本文第四章第二节对林树梅的图画作了详细的考证。林树梅绝大多类的图画我们今天已经见不到了,从该章的考证过程中,不难发现,我们之所以知道林树梅作过哪些画,很大程度依赖于林树梅所写的题画诗,或者是画绘完之后,林树梅意犹未尽,又缀之以诗。这些诗是我们研究林树梅画的不可或缺的宝贵资料。

林树梅题画诗和画诗相配诗,有三题不仅有画有诗,还有《记》,即《游太姥山图》、《自题〈游太姥山图〉》、《游太姥山记》;《瑯峤图》①、《题〈瑯峤图〉》、《〈瑯峤图〉记》;《鲁王墓图》②、《修前明鲁王墓即事》、《〈前明鲁王墓图〉记》。 我们不妨看看后两幅图。《瑯峤图》,是一幅纪行图,作者亲历其地,画了瑯峤的山、溪流和海、海岛,并且标出地名,严格说,这幅图不是艺术作品,只是一幅地图。这幅图与《〈瑯峤图〉记》相配,有助于读者对作者瑯峤之行路程的了解;如果没有这幅图,阅读《〈瑯峤图〉记》可能会有地理知识方面的困难。如果只有图,没有《〈瑯峤图〉记》,就不可能具体了解某地与某地之间的的具体里数(图未按现代的比列尺进行绘画),当然也不可能了解作者出发的时间、各地人烟的稀稠、林木茂密的程度以及作物的生长情况等等。《题〈瑯峤图〉》诗有四首,第一首说瑯峤番民杂居,相贼杀之事不断,曹瑾派他妥善处理此事,番民对曹瑾同声颂扬。第二首说他深入瑯峤,取得番居信任,远至凤山县的最南端。第三首说自己亲入其地,发现志乘所说小琉球属琉球,及沙马矶与陆地相连的说法是错误的,不能轻信传闻。第四首,抒情,以为此土可爱,此地形胜险要,有关台湾防卫。图,文,诗三者相互发明。

《鲁王墓图》是《啸云文钞初编》所载三幅图中唯一美术作品。林树梅的用意,还是为了标示鲁王墓在金门岛的具体位置,因为王墓刚刚发现,介绍其位置非常重要。据图,可以看到王墓是在金门城的东门外,鼓冈湖畔西侧;湖畔巨石上有鲁王手书"云根汉影"四个大字。作者用夸张的笔法,把鲁王

---

① 《〈瑯峤图〉记》附图,《啸云文钞初编》卷四。
② 《〈前明鲁王墓图〉记》附图,《啸云文钞初编》卷四。

墓画得特别高,特别大,墓旁立有碑,书写着碑记。如果仅仅为了标示鲁王墓的位置,这样画也就可以了。然而,这幅图有几个细节画得很有趣,例如"云根汉影"巨石之下,画了两个文人在那儿作观赏状,原来巨石旁还有南明时期的摩崖诗刻。鲁王墓前有游人;王墓前一座"邵姓攒墓",墓前有人在那儿祭拜;"邵参军墓"前还有一名官员;岛上山峦高低起伏,南部有俞大猷游憩的啸卧亭,亭旁有塔;村落屋舍井然,枝叶扶疏,有一个男子,挑着担子,一个农夫一手牵牛,肩上扛着农具,另一只手扶在农具上。岛外是大海,海日半沉,远处有艘满帆的大船。每一处局部,画笔都相当细腻。这就是鲁王墓葬地金门的大环境。《〈前明鲁王墓图〉记》,前半部分简略介绍鲁王朱以海的生平,后半部叙述发现王墓的经过。无论是生平,还是墓发现的经过,都是图画不可能表现的。而《记》则不能让读者对鲁王墓以更直接、更直观的感受;直接、直观的感受,只有图画才有这样的效果。《〈前明鲁王墓图〉记》介绍鲁王的生平和王墓发现的经过,已经完成了它作为一篇"记"的任务;《鲁王墓图》画鲁王墓的位置和金门岛的人文和自然环境,也已经完成了它的任务。尽管如此,林树梅还是意犹未尽,他又书写了一首《修前明鲁王墓即事》,此诗我们在第五章第一节已经引用过。《鲁王墓图》为读者充分地展示了金门的空间,给读者直接和直观的感受。但是,作为历史,"岛屿十年依故老",鲁王在长达十年的金门生活,这个"十年",这个"依",则是图画无法表现的内容,而对鲁王来说,这十年的金门生活很重要,这样,既是画家又是诗人的林树梅只好用诗来表达了。"地经兵燹无留碣","无留碣",图画已经不易表现,这"地经兵燹"的"经",这样一个带有时间延续性的动态,恐怕再高名的画家要表现都非常困难。至于"春来杜宇莫啼冤",杜鹃啼叫或许可以画,但是你怎么知道它的啼叫是为鲁王啼"冤"呢? 所以,图、记、诗三者结合,给读者的印象就是多方面的了。通过图画,读者对鲁王墓具体的位置、其人文地理环境的直接、直观的感受;又通过叙事,读者了解到鲁王的生平及王墓发现的经过;通过诗的语言,读者又可以想象从南明永历到清道光间时空场景的变换,并且追随诗人的思路去寻找海岛上历史的记忆。

《烈屿图》是单纯的地理图,还是和《鲁王墓图》类似,既有写实的成分又有写意的成分? 我们不知道。《绘烈屿图》云:

中流断屿好停桡,金厦重门隔一潮。海上虫沙经几劫,(自注:明季数遭倭夷之祸。)岸边矢镞未全销。辅车相倚安危共,(自注:漳、泉有海警,则烈屿先受其锋。)牧马曾闻水草饶。(自注:唐置牧马监于此。)万派奔涛喧笔底,图成指点片帆遥。①

金、厦相隔一潮、辅车相依是可以画出来的,遗矢断镞是可以画出来的,水草饶、片帆遥也都能画得出来,但是唐陈渊曾于此置牧马监、明季数遭倭乱,却是画笔很难表现或者画不出来的。钱锺书先生说过"作为空间艺术的绘画、雕塑只能表现最小的限度的时间,所画出,塑造出的不能超过一刹那内的物态和景象,绘画更是景物的一面观","而诗歌宜于表现'动作'(Handlungen)或情事"②。林树梅在他所处的那个时代,他还不可能懂得清晰地了解当代的绘画与诗歌的理论,但是,他似乎明白一点,那就是,图像不免存在不能表现"情事"的缺憾,于是在他的图像画毕之后,又常常"题"以诗,常常"缀"以诗,图像与诗,合之成双美,相得益彰。

林树梅的题画诗,除了花卉之外,山水也离不开"海"。《题鹭江秋泛图》:"忽来观海客,相与话烟波。"③鹭江,其实不是江,是九龙江入海口的大片海域。《芸皋夫子命题鹭门纪游诗画册》四首:

漳泉遥对两峰头,烟水苍茫点二洲。思亲乘潮收不住,一帆飞出海门秋。(自注:大、小担屿。)

广厦千间亦壮哉,玉屏还为育群才。师门笑我闲桃李,曾向春风沐浴来。(自注:玉屏书院。)

胜国孤臣托岛栖,百年万石剩招提。时清游屐周诸胜,不向枯僧问草鸡。(自注:万石岩僧贯一得古谶,有"草鸡大耳"之句。及郑氏据厦门,始末悉验。)

---

① 《啸云诗钞初编》卷三。
② 《读〈拉奥孔〉》,《七缀集》,三联书店 2002 年版,第 35—36 页。
③ 《啸云诗钞初编》卷八。

万斛粮艘下料罗,墙岛日日测风波。哀鸿劈海遥相望,多少名山不暇过。（自注:夫子赈济澎湖,由金门料罗港候风。）①

这四首诗是由周凯的画兴发起的诗情。第一首,大担、二担二岛在厦、金水域中,过了这两个岛,就是金门了,由大担、二担兴发乡情。第二首,写厦门的玉屏书院。第三首,回顾南明时期郑成功据厦门抗清之事。第四首,写周凯往澎湖赈灾,在金门料罗港候风。

林树梅某些题画诗,虽然不是写海疆的海天、人和事,如《题木兰从军图》②、《题女将图》③二首,林树梅自画自题诗于其上。花木兰、明代女将秦良玉、明特授游击将军烈女沈云英,都是古代英气飒爽的女中豪杰,或者替父从军,或者率军杀敌,慷慨报国。鸦片战争时期,林树梅以古代的英雄自勉自励,同时也激励他人英勇抵御外来侵略者,有着积极的意义。

附图:

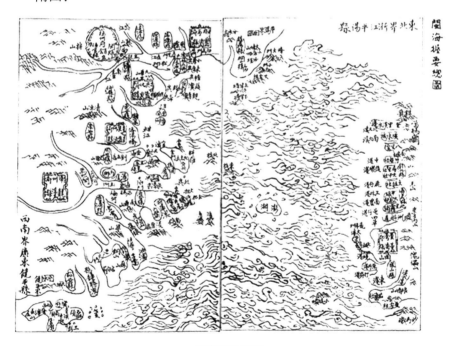

闽海握要总图

---

① 《啸云诗钞初编》卷二。
② 《啸云诗钞初编》卷五。
③ 《啸云诗钞续编》,林策勋编:《啸云诗钞》附,菲律宾宿雾市:大众印书馆 1968 年重印版,第 1—2 页。

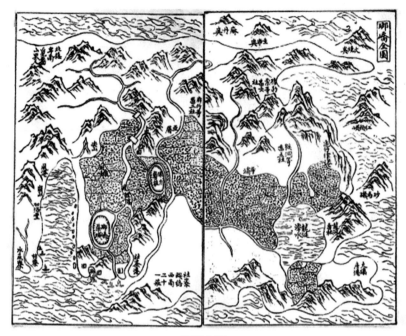

瑯峤全图

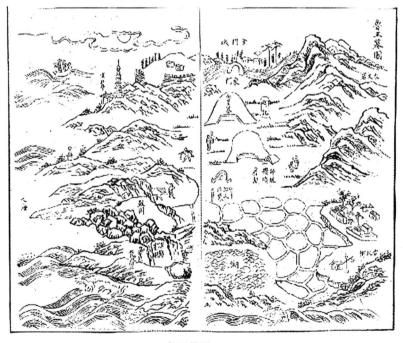

鲁王墓图

结　语

林树梅所绘的图画,我们在第四章第二节曾经考证过,可以推知的有 30 多幅。我们推知林树梅作过哪些画,首先依据的是他的《啸云山人文钞初编》和《啸云文钞初编》所附的那四幅,其次是他的诗文。林树梅作图画,有时又作了图画记;更多的时候,是他作了画,又在画上题诗,或过后又"缀"以诗,这样,我们便知道林树梅绘画的大致情况。当然,由于《啸云文钞初编》所收录的诗歌止于道光二十七年(1847),而且林树梅在编集时有所删削;之后所作,虽然林策勋辑有《啸云诗钞续编》,零章断简,不能反映道光二十七年之后诗作的全貌,所以要知道林树梅绘画的全部情况是困难的。

尽管如此,现存的资料,也仍然可提供我们研究林树梅绘画的可能。林树梅所绘制的图,有的是地理图,更切地说,是供给水师使用的军事地图。《闽海握要图》是一幅闽海海疆地理图;《〈闽海握要图〉说》是对这幅图的解说。《海道说》,解说闽省水师各镇、各协镇管辖范围的港汊礁汕情况,交代何处有礁石、暗礁,何处可避风,何处可停泊;作者详细地解说了闽台对渡的各口岸的海航水道情况,水程、航向和航行的时间;最后,归结到闽省防卫,海甚于山,水重于陆,海疆的防守不能不重。第二,《巡哨说》,解说海面上巡逻放哨,以期各镇"联络呼应"。第三,《占测说》,侧重于航海的技术,包括占测海上风向、潮起潮落、港口内外水道的浅深以及海上航行时间的计算、舵工的选用等等。第四,《战舰说》,解说武器装备,战舰的船形,战舰的制造、维护和维修。第五,《捕盗说》,解说海战的战术。《闽海握要图》和《〈闽海握要图〉说》作于林树梅第二次赴台内渡之后,鸦片战争前夕。林树梅从邵武被招回厦门,接二连三上书策论守战,其《〈闽海握要图〉说》的许多重要观念在策书中得到充分的体现。《闽海握要图》和《〈闽海握要图〉说》原为捕海盗而作,但其海上航行的技术、海上作战的经验,却在鸦片战争御夷之时发挥了作用。当然,英夷毕竟不是海盗,面对战争的新情况,林树梅又从实战出发,对《〈闽海握要图〉说》的某些战术战法有所改进。

蒋镛,对林树梅来说是父执。从十七岁时,林树梅随父到澎湖就拜见过蒋镛。蒋镛出仕之后,直到他解组归楚之前,一直活跃于闽海。蒋镛一生,最让闽海民众称道的是他在澎湖通判任上的施赈,救活灾民无数;蒋镛归楚,林树梅为之绘《澎湖施赈图》,就是以此为题材;同时林树梅又作有《澎湖施赈图歌送蒋怿莽司马归楚》诗。周凯道光十一年(1831)到厦门任泉兴永道观察,十七年卒于台湾兵备道任上,六七年间奔走于闽海,劳瘁而卒,卒前半年,一个偶然的机会,周凯在台湾府城嘱林树梅为之绘小像,这就是《周夫子小像》。林树梅这幅图的内涵,超越了小像背景的本身,包含着周凯修葺玉屏书院、重防海而主纂《厦门志》及倡修《金门志》、澎湖赈灾、台湾巡阅等等内涵。此前,道光十二年(1832),周凯又嘱林树梅为之画《富春江上捞虾翁图》,这幅图虽然是以富春浦捞虾为内容,以归隐为主题,其实,周凯未能遂其初志,最后却卒于任上。蒋镛和周凯,都是道光间闽海的重要人物,林树梅为他们画的图像,是海疆人物的图像。

周凯也是画家,他嘱林树梅为其画像,虽然有偶然的因素,但事情的本身也可以看出林树梅绘画的水准。林树梅的朋友蔡廷兰曾经称赞过他,还有朋友请林树梅到其斋中为其画壁画。此外,林树梅还工于篆刻(详本章附论一),足见林树梅的艺术才干。画面题上自己所作的诗,中国画古已有之;林树梅作完画,有时题诗于其上,有时又缀之以诗(不一定题于其上),有时过了一段时间,他又写下一首与早先的画有关的诗,这诗也可以与画相配。自画自题诗,是林树梅绘画的一个特点;而题画诗或画诗相配,则是他的诗的特色。题画诗,画诗相配,使读者在读画时,更觉得灵动,更能了解画面上的历史或者画面故事的情事;画诗相配,又使读者在读诗时,增加一些直接的或直观的感受。画与诗,诗与画,画诗相得,诗画相得;画诗双美,诗画双美,在美学上具有它的意义。

　　本章附论二篇,一篇是《与吕世宜的金石之交》,另一篇是《与谢琯樵的诗画之交》。吕世宜是福建金门人,书法、金石名家;谢琯樵是福建诏安人,著名的诏安画派人物。从林树梅与他们的交往,我们可以了解到林树梅的篆刻和绘画的成绩,与本章的论述有一定的关联。林树梅与他们的交往,地点虽然不离福建沿海,但交往的内容,与本文海疆文学书写与图像的主题不是十分契合,故以附论形式附于本章之后。

附论一：此翁是我金石交

——与吕世宜的金石之交

　　林树梅与吕世宜的交游是颇具特点的。林树梅和吕世宜都是清嘉庆、道光、咸丰间福建同安县金门人，主要活动年代在道光年间。吕世宜随父迁居厦门，林树梅晚岁奉生母在厦门置别业。由于是同乡而又同在厦门玉屏书院从周凯、高澍然治古文，生平又喜篆石，故两人的交往密切。林树梅称吕世宜"此翁是我金石交"①；吕世宜说他与林树梅"为金石交"②。金石交有两个意思，一是说他俩人的友谊坚固如金石；一是说他们之间的交往主要是在金石方面，如讨论、品鉴、研究钟鼎、碑碣、印章，并动手篆石。

　　吕世宜（1784—1855）③，字可合，金门西邨人，故号西邨。随父移居厦门④；厦门又称嘉禾，故亦自署"嘉禾里人"⑤；金门岛与厦门岛，仅一水之

---

　　① 《汉镜歌为吕西邨先生作》，《啸云诗钞初编》卷六。

　　② 吕世宜著、何树环校释：《爱吾庐文钞校释》，台北：台湾古籍出版社 2002 年版，第 88 页。

　　③ 《自书千文跋》："咸丰元年正月九日时年六十有八。"《爱吾庐题跋》，日本大正十二年（1923）本，第 41 页。咸丰元年（1851），逆推，生于乾隆四十九年（1784）。卒年据吴鼎仁《吕世宜年谱》（吴鼎仁：《西邨吕世宜》，台北：优点印刷设计有限公司 2004 年版，第 211 页）。

　　④ 金门县黄振良先生见告：据传，吕世宜出生时哭声不止。占者曰：往西行，至其不哭，其处即可居。遂西行，至厦门，哭止，遂卜居焉。

　　⑤ 《书明监国鲁王墓碑两侧并阴》，吕世宜著、何树环校释：《爱吾庐文钞校释》，台北：台湾古籍出版社 2002 年版，第 184 页。

遥,清代同属于同安县,故又署"同安人"①。吕世宜道光二年（1822）举人。周凯《四十九石山房记》:"吕子西邨,好古而辟。凡金石砖甓之文,摩抚审玩,嗜若生命。善属文,工篆隶。"② 世宜曾入台湾为板桥林本源（林本源庭园,俗称林家花园）西席,后人称其为"台湾金石导师"。著有《爱吾庐文钞》、《爱吾庐题跋》、《爱吾庐笔记》③、《古今文字通释》、《经传子史集览》等。

林策勋《从伯祖啸云公传》说林树梅的交游,和孝廉吕世宜、进士蔡廷兰"最友善,以道德文章相切劘"④。林树梅与蔡廷兰的倡和,见第五章第五小节。吕世宜居厦门,且世宜年长树梅二十四五岁,是两代人。但是,吕世宜对林树梅却非常了解,十分友善随和,且从未以长辈自居。林树梅藏有一幅《武梁祠荆轲图》,吕世宜为作《跋林啸云所藏武梁祠荆轲图后》,略云:

> 荆轲,勇士;啸云,奇人,宜其有取于此。夫至谓尚拙不尚巧,则此帧予可攫而有之。世之拙者,孰如予? 若啸云,自文而诗、而画、而刻印,无技不精,无艺不巧。拙书当与拙人藏之,啸云不当弄其巧,又藏其拙也。一笑。⑤

吕世宜说荆轲是勇士,树梅是奇人。树梅以奇人的身份拥有勇士荆轲之图,太适合不过了。他又称赞林树梅文、诗、画、印,无所不精,无艺不巧。跋文仅写到这一步,也无可非议。出人意料的是,吕世宜说自己是"拙人"（其汉隶以古拙见长）,树梅是"巧人",汉画古拙,当归之于"拙人",宜为"拙人"所藏,树梅艺巧,不当藏"拙"。语言诙谐亲切,非至朋密友不能至此,可见两人交情的非一般。

道光十年（1830）,富阳周凯为兴泉永道观察,驻厦门。次年,林树梅二十四岁,从周凯治古文⑥,时吕世宜亦在周氏门下。周氏宴饮,林树梅与吕

---

① 《明监国鲁王墓碑阴》,吕世宜著、何树环校释:《爱吾庐文钞校释》,台北:台湾古籍出版社2002年版,第187页。

② 《内自讼斋文集》卷八,光绪本。

③ 《爱吾庐笔记》,林宗毅1974年作《爱吾庐文钞重刊序》未见,并云:"不知尚有存天壤间者否?"（《爱吾庐文钞校释》卷首）吴鼎仁《西邨吕世宜》亦云:"今未见其书。"（台北:优点印刷设计有限公司2004年版,第63页）经查,《爱吾庐笔记》,藏厦门市图书馆。

④ 林策勋编:《浯江林氏家录》,1955年家印本,第47页。

⑤ 《爱吾庐题跋》,日本大正十二年（1923）本,第11页。

⑥ 林树梅《哭芸皋夫子》四首其四:"六载蒙提携,师门热泪潜。"（《啸云诗钞初编》卷三）周凯卒于道光十七年（1837）,推知树梅师从周凯在本年。

世宜时常同席作陪,道光十五年（1835），吕世宜将往漳州,周与之共饮,树梅亦与焉。次年夏,光泽高澍然应周凯之聘,主讲厦门玉屏书院,时或宴游,吕世宜为诸生长,率诸生计十二人陪侍高澍然师及周凯夫子,树梅亦当在其中。① 在林树梅入厦门玉屏书院从周凯治古文之前,与吕世宜来往不一定很多,而在这之后,交往可能频繁多了。

林树梅作于道光二十四年（1844）的《〈授产条约〉及〈家录〉引》第三则:"又娶李氏,以奉事吾本生母者,生汝念。"② 树梅娶李氏,又将姜李氏所生之子回复自己原本的陈姓。树梅在厦门置有别业,迎本生母与李氏同住以奉养,诗集中有《侍母游南普陀上五老峰》、《春日奉母宴游白鹿洞虎溪岩诸胜》、《九日奉母游万石岩》等诗。娶李氏,当早于道光二十三年;"侍母"、"奉母"诸作,作于道光二十五、二十六年间,推知道光二十三年之后的这一时期林树梅有较多的时间居住在厦门。检《啸云诗钞初编》,林树梅《访吕西邨先生寓居海澄二首》、《答吕西邨先生招游锦里寓园二首》,即分别作于道光二十五、二十六年间。这一时期,也是林、吕交游较为频繁的一个时期。据考证,吕世宜居厦门盐壳井（盐溪街九十六号）③,然无寓居海沧的记载,林树梅《访吕西邨先生寓居海澄二首》,可补吕世宜年谱之缺。林树梅有答吕氏诗,说明世宜当日也有赠诗,只是所赠诗已佚而已。

吕世宜《吕西邨自作墓记》云:"西邨名世宜,号不翁,厦门吕孝子谦六公之元子。"④ 吕世宜父仲诰,字谦六。林树梅有《题吕孝子传后》诗,其《序》云:"孝子讳仲诰,字谦六,举人世宜之父。同里林一枝、武进刘仪皆为之传。世宜属树梅系以诗云。"除了《序》中提到林、刘作有《吕孝子传》外,吕世宜之同年、晋江陈庆镛也作有是传⑤。有了诸家的传记,世宜又嘱树梅题诗于其后,加以彰显,由此可见交谊之深。

---

① 详周凯《宴游白鹿洞诗序》、《玉屏书院夜宴记》（《内自讼斋文集》卷十下）、高澍然《玉屏书院夜宴记》、《游厦门二岩记》、《宴游白鹿洞记》（《抑快轩文集》乙编卷十四、十五）、吕世宜《从游白鹿洞记》、《崇德堂夜宴记》（何树环:《爱吾庐文钞校释》,台北:台湾古籍出版社2002年版,第93—100页）。

② 《啸云文钞初编》卷十三。

③ 吴鼎仁:《西邨吕世宜》,台北:优点印刷设计有限公司2004年版,第12页。

④ 同上书,第14页。

⑤ 见《籀经堂类稿》卷十九,光绪本。

　　（光绪）《金门志》说林树梅"工篆刻"①，如果没有深入一步探究，很容易被忽略。林树梅有《镂螭》一篇，专论篆事，分论源流、章法、材器、镌铸、泥盒、行藏、位置七事，非行家不能出此言。当然，林树梅的篆名远非吕世宜可比，但他们之间的交往，探讨篆刻技艺、收藏篆刻作品、出版篆刻专书，无疑是一项重要的内容。吕世宜有《啸云铁笔序》，曰：

　　　　啸云善用笔，古文笔清，诗笔古，书画笔屈强，离奇而不可方物，此余所习知者。外此为铁笔，古雅绝伦，得意时赵次闲、陈曼生辈弗让也。以问啸云，啸云曰："印以汉为古，汉印用篆法，兼用隶法，深得篆初变隶意。钟鼎古文，人不识，不尚也。"又曰："印之作，在结体运刀，要出之端重，要识其拙处正其妙处。"此则余所不及知，亦世不尽知，而啸云自知者也。夫啸云负经济，工诗文，且善技能如是，何世之人或识或不识也？昔东坡见山谷小楷书，曰："以磊落人作琐碎事。"见秦少游行草书，曰："此人不可使闲，闲则通百技矣。"其啸云之谓欤！世有能知啸云、识啸云、用啸云，如啸云之善用笔者乎？则啸云则将不得一闲时，将大有作用于世。雕虫篆刻，壮夫不为，而谓磊落如啸云为之乎？啸云其善刀而藏以待之！②

《啸云铁笔》一书，（光绪）《金门志》著录，然今未见其书。观吕世宜序，似是篆印之集。吕世宜以篆刻大名家的身份，对林树梅的篆刻推崇备至，以为其佳处，不让于名家赵之琛（次闲，钱塘人）、陈鸿寿（曼生，钱塘人）。吕世宜认为，林树梅的篆刻"深得篆初变隶意"，运刀之"拙处正其妙处"，此二长处，"余所不及知，亦世不尽知"，恐非一般序文敷衍恭维之话。林树梅的金石交杨凤来（紫庭，龙溪人），裒所集名家私印成帙，并以自制者殿其后，为《柏香山馆印存》，林树梅请吕世宜为之序。吕世宜《柏香山馆印存叙》云：

　　　　杨君紫庭，性嗜古，工刻石，与吾友啸云交相善、居相邻，又相师也。二人各奏其能，咸得汉人意，如陈曼生于赵次闲然。紫庭近考金石书，谓汉篆惟瓦当文屈曲有致，惜前书未广益之，摹为小本。读书之余，香一

---

　　①　林豪:（光绪）《金门志》卷十《吕世宜传》,《台湾文献丛刊》第80种,台湾银行经济研究室1960年版,第234页。

　　②　吕世宜著、何树环校释:《爱吾庐文钞校释》,台北:台湾古籍出版社2002年版,第85—86页。

炉,茗一碗,煮然騄然,信闲中一乐也。啸云纵史之,衷所集名家私印成帙,而以所以自制者为之殿,统四卷,颜曰《柏香山馆印存》,因嘱啸云索序于余,余嘉紫庭少而能,又与啸云为金石交,于是乡为啸云叙者,今复因啸云而叙紫庭,结一重翰墨之缘也已。①

此叙透露了林树梅与杨紫庭在篆事方面相友相师的信息,令吕世宜高兴的不仅是杨氏的衷集名家私印成帙,不仅是杨氏治印的成绩,还在于因林树梅而结另一位金石之友,翰墨之友,对于一位嗜金石篆刻如生命的艺术家来说,亦是生平一大乐事!

道光二十二年（1842）,吕世宜得西汉公孙宏古镜一枚,二十三年（1843）归世宜收藏②。故世宜有一印曰"曾在吕世宜家"。汉镜背铭曰:"大汉平津侯元朔五年造。"文体杂篆隶,古气盎然。元朔,汉武帝年号。宋欧阳修著《集古录》,以不见西汉人书为憾。《宣和博古图》载汉镜,皆无年代,此则纪号、纪年均备。世宜如获至宝,作《西汉古镜》记一文,以八分书之。世宜以拓本索诗,林树梅作《汉镜歌为吕西邨先生作》,称吕世宜为"此翁是我金石交",可以鉴我胸襟,可以使我胸襟爽朗。全诗云:

> 龙精埋土土花长,千年九百遇真赏。谁其赏者西邨翁,古月直落今人掌。此翁是我金石交,鉴我胸襟发爽朗。此镜于翁亦有神,汉代风徽犹可想。公孙古貌不可留,古物摩挲足慨慷。我观拓本转思翁,镜中人远心先往。别来颜色更如何?对镜分明和涵养。定如夜半读汉书,应有光怪出林莽。③

这篇短歌称吕氏为汉镜"真赏",以为古物入世宜之手,适得其人。林树梅还借此诗抒发两人的情谊,说看到拓本转而思念吕翁,不知别来颜色如何?

这里,我们要特别提到的是,吕世宜还为林树梅篆砚之事。近年发现旧砚一方,吕世宜篆文正文:"啸云校正古文篆砚"八字,落款"吕世宜道光丙午人日题"④十字。文为道光丙年（1646）吕世宜所篆。此砚的发现,为我

---

① 吕世宜著、何树环校释:《爱吾庐文钞校释》,台北:台湾古籍出版社2002年版,第87—88页。
② 参见吴鼎仁:《西邨吕世宜》,台北:优点印刷设计有限公司2004年版,第44页。
③ 《啸云诗钞初编》卷六。
④ 实物照片见《海峡导报》2006年12月31日。

们上文所说道光二十三年之后,也是林、吕交游较为频繁的一个时期,再次提供一条佐证;也是林、吕金石交的一个佐证。

厦门林必瑞(砚香)、必辉(墨香),也是林树梅与吕世宜之金石友。必瑞兄弟曾从吕世宜学篆隶。必瑞卒,林树梅作《太学生林君砚香墓志铭》,有云:"树梅于君同姓、同学、同嗜古、同不治家人产、同贫,觉彼此意度无弗同者。"又云:必瑞"入太学,益嗜金石,多蓄图书古砚,家遂致贫。西邨尝为缩摩秦汉碑文于砚阴,君弟墨香镌之,凡四十九石,因自名为'四十九石山房'。师周芸皋观察、高雨农舍人皆为之记。"① 必瑞临终,以后事托林树梅。吕世宜评此文曰:"砚香,余金石交。既没,其孤幼弱,无以葬。瘦云悉为经纪其丧,此足觇友谊之真哉!其志实而不浮,尤得史家正轨。砚香有知,当首肯地下。惟文中屡屡牵连贱名,适增余愧,且使余悲也。"② 林树梅为砚香作《墓志铭》,吕世宜则为砚香弟墨香作《林墨香小传》。林树梅、吕世宜与林必瑞兄弟金石之交可谓深矣!

道光二十五年(1845),吕世宜居海澄③,树梅访之,作《访吕西邨先生寓居海澄》二首,其一云:

> 久念西邨子,今朝遂泛舟。蝎来欣一晤,相与订千秋。(自注:树梅奉雨农师遗文质于先生,先生亦出其笔记见示。)庭满霜天月,门环沧海流。此中多乐境,何事更他求。④

高澍然主讲玉屏书院,诸生中世宜年最长,且已中举十余年,世宜与高澍然实在师友之间。当年高澍然请周凯正其文,周凯邀吕世宜参与讨论⑤。故林树梅往晤世宜,携高澍然遗文《抑快轩文集》,拟请世宜正之。据我们推测,高澍然卒后,林树梅本想与澍然二子谋刻其遗集,因为《抑快轩文集》多达七十四卷,部帙太大,一时没有能力办到。依林树梅敬重其师唯恐不及的个性,内心肯定不太好受。林树梅携一部以归之后,始终不忘其事,质证于吕世

① 《啸云文钞初编》卷七。
② 《太学生林君砚香墓志铭》附,《啸云文钞》卷七。
③ 海澄,明清县名,与厦门岛一水之隔。今属龙海市。
④ 《啸云诗钞初编》卷七。
⑤ 周凯:《答雨农舍人书》:"与友人吕西邨、叶东谷反复寻绎之,粘签篇末。《内自讼斋文集》卷八。

宜的目的,可能是汰删部分篇目,减省篇幅,以期刻印。世宜当时亦出示《爱吾庐笔记》,可能也有质证的意思,只是林树梅不便自说罢了。次年春,吕世宜手辟锦里寓园成,邀林树梅往游,林树梅作《答西邨先生招游锦里寓园》二首,其二云:

> 手辟芳园动四邻,古风不减武陵津。备尝世味抽身早,敦笃交情入梦频。立品只争难处易,积书应笑富儿贫。谈深忽起罗浮想,分付梅花作主人。(自注:先生有同游粤东之订。)①

林树梅与吕世宜的交情,已经达到"入梦频"的境地。几十年的人生,他们备尝了种种的滋味,但是仍然以立身、人品相互勉励,以读书著作为乐事,蔑视富贵,两位朋友还相约远游广东的罗浮。

道光末年,林树梅四十出头,吕世宜已经年近七十,垂垂老矣。林树梅作《题吕西邨先生小照》诗:

> 一枝凉月影横斜,伫立西窗傲物华。最是老人偏耐得,春寒独对雪冰花。②

称赞西邨翁对春寒冰雪,月影横斜,伫立西窗,犹如梅花独傲物华。此诗收入林树梅裔孙林策勋所搜集编就的《啸云诗钞续编》,是道光二十八年戊申(1848)之后的作品。此诗之后,三数年间,林树梅与吕世宜相继而终。树梅《临终口占》云:"归来化作孤山鹤,犹守梅花影一枝。"③至死仍然以梅花的禀性自守。他们相约出游罗浮,成了永远不可能实现的梦想。林树梅葬金门太文山之麓,吕世宜葬厦门大厝山,林、吕治古文于玉屏书院以及文字与金石之交这一段的佳话从此告终。今天,我们将这段佳话重加钩沉,或许能重新唤起存留于耆旧的记忆,唤醒我们对林树梅、吕世宜诗古文及金石作品的重新认识和研究。

---

① 《啸云诗钞初编》卷七。

② 《啸云诗钞初编》,林策勋编:《啸云诗钞》附,菲律宾宿雾市:大众印书馆1968年重印版,第8页。

③ 此诗《啸云诗钞初编》、《啸云诗钞续编》不载,见林豪:(光绪)《金门志》卷十,《台湾文献丛刊》第80册,台湾银行经济研究室1960年版,第235页。

附论二：爱君画意似边鸾
——与谢琯樵的诗画之交

　　谢颖苏（1811—1864）①，字管樵，晚期书画落款为"琯樵"，号北溪渔隐，北溪钓隐，又号懒云。福建诏安人。谢琯樵曾在厦门从周凯治古文，后东渡台湾，为板桥林家西席，与吕世宜、叶化成并称"板桥三先生"。同治初，太平军攻漳州，卒。著有《笋庄吟草》及篆刻集《琯樵真篆》等。谢琯樵名入[民国]《厦门市志》、《福建画人传》、《中国美术家人名辞典》和《福建印人传》。《中国美术家人名辞典》云："书法之外，兼善画法，写竹瓣香郑燮，而能自出新意，不为所囿，少作不工，后渐悔之。辄易其款曰'琯樵'，划昔之管樵而二之。书初学米帖，至是一变为颜真卿。题诗、篆刻，皆骀宕可喜，时有三绝之誉。故人观管樵画于署款外，恒致意于颜体者，乃其晚年到家之作，尤为宝惜，间作山水、花卉、翎毛、纯用敛笔，是其一短。"②

　　林树梅有《喜晤谢管樵即送之建宁幕府》（自注：君善书法，画竹尤妙，著有《笋庄吟草》）诗：

　　　　神交十载最相知，再晤欣看鬓未丝。狂草笔端云并涌，瘦吟胸次笋

　　①　谢颖苏生卒年据施懿琳等：《全台诗》第六册，台南：台湾文学馆 2008 年版，第 349 页。
　　②　林乾良：《福建印人传》引，福建美术出版社 2006 年版，第 47—48 页。

争奇。倾尊共订游山约,启篋教评咏雪诗。(自注:出其女兄浣缃《咏雪集》索序。)郑重去筹康济策,不须惆怅话临歧。①

按:此诗作于道光二十六年(1846),详附录《金门林树梅年谱简编》。时林树梅在福州,谢琯樵将往建宁。从诗中可以知道,林树梅与谢琯樵神交已有十年,此次会面,已经不是第一次了。谢氏的年龄可能与树梅相近,树梅此年四十岁,他和谢琯樵两人双鬓都没有白丝,尚不见衰老,朋友见面尤其高兴。谢琯樵工书法,尤工狂草,如风起云涌;他的画,以画竹最著名("笋争奇")。谢琯樵的诗集名也与竹有关,名《笋庄吟草》。此次会面,谢琯樵将往建宁,他们还相互约定共同游名山。这次朋友见面,谢琯樵有托于林树梅,即请林树梅为其姐的诗集作序。

谢琯樵之姐谢浣湘(约1801—约1871),字芸史,有诗集名《咏雪集》,请林树梅作序。树梅序,不见《啸云文钞初编》。《咏雪集》初刻于光绪七年(1881),仅存136首,名《咏雪斋诗录》,卷首有林树梅《跋》,略云:

> 漳南闺秀,以诗闻海内,于宋,则漳浦李氏女兄弟互相唱和;于明,则黄忠端公继室蔡夫人;于近时,则海澄周淑和。然皆零珠碎玉,多不尽传。顷者,吾友诏安谢君琯樵,重晤厦门,以《咏雪斋诗草》见示,乃其女兄芸史先生闺中句也。衰然成集,无体不备。树梅最服其《咏梅》诸作,骨重神寒,自为写照。《思亲》数首,出自至情。"喜姬抱雏,少慰慈姑九原之望"等句,深得力于二《南》,非寻常巾帼率尔操觚者所能道。其寄弟与侄,每章隐寓规讽,多见道语。《老将》、《老儒》,多至二十首,或悲壮沈郁,或尔雅温文,随题措辞,各极妙趣。方之二李、蔡、周,应无多让。先生适沈氏。年三十九,授徒于家门,弟子著录者数十人。其舅祖沈耻轩赠句,谓:"学礼学诗男弟子,教忠教孝女先生。"盖实录也。琯樵行将北游,匆匆言别,漫题卷后而归之。
>
> 时丙午花朝日啸云弟林树梅拜手谨跋。②

---

① 《啸云诗钞初编》卷八。

② 《咏雪斋诗录》,福建诏安1937年重印本。旅台诏安人张琼文又重印于台湾,有厦门大学李青云先生为之注。台南市:大新出版社1990年版,卷首。

这篇《序》,是林树梅晚期作品。笔者已将其辑入所点校的《啸云诗文钞》佚文部分。谢琯樵之姐谢浣湘适同邑沈福,情感不洽,长期寄居娘家,三十九岁后,在弟琯樵的笋庄设帐授徒,能诗善画。我们今天所见到的《咏雪斋诗录》,已非林树梅所见之原本。林树梅最重谢浣湘的《咏梅》诗,以为"骨重神寒",非常称道她的《老将》(原有八首,今存四首)、《老儒》(原有十二首,今存六首),据林树梅《序》,两诗总共二十首,今仅存十首。林树梅欣赏的《思亲》一题,今本未见。《序》中"喜姬抱雏,少慰慈姑九原之望",今集亦未见。谢氏之舅祖沈耻轩赠句"学礼学诗男弟子,教忠教孝女先生",亦赖树梅此跋得以保存。树梅此跋,是研究谢琯樵、谢浣湘诗画的重要资料。

树梅又有《琯樵将归诏安以佳画留别叠前韵送之》诗云:

> 爱君画意似边鸾,性本耽闲不好官。拓地三弓添竹石,倾心一瓣爇沈檀。交游自昔忘形少,此道于今可语难。最是北溪归去好,卷中山水□□看①。

边鸾,唐贞元中长安(今西安)人,长于花鸟画,尤其善画折枝花,下笔轻利,用色鲜明,颇多创意。林树梅把谢琯樵比作边鸾,就是说谢琯樵的画颇有突破前人之处。此诗见于《啸云诗钞续编》,也是林树梅晚岁作品。然此诗有"交游自昔忘形少"之句,则林树梅与谢琯樵的交游始于青少年之时,可能在周凯到厦门任上之前。谢琯樵诗、书、画、篆刻数艺兼工,临别,谢氏赠以画。"拓地三弓添竹石",形容谢琯樵赠送的画,画的是石竹。画竹,正是琯樵所长。"北溪",诏安谢琯樵所居之地。

谢琯樵有《写梅答某君题诗》,云:

> 换画朝朝送折枝,梅花应亦花人痴。为君写取冰姿去,依旧晴窗映雪时。②

此诗作年不详,某君是谁? 如果从对梅花的痴迷来分析,似乎较为切合林树

---

① 《啸云诗钞初编》,林策勋编:《啸云诗钞》附,菲律宾宿雾市:大众印书馆 1968 年重印版,第 8 页。

② 施懿琳:《全台诗》第六册,台南:台湾文学馆 2008 年版,第 351 页。

梅。林树梅原名光前，"少赋梅花诗，为师所赏，赠字树梅，因以字行"①，因喜梅而赋梅诗，因赋梅诗而改名为树梅。十五六岁时，林树梅随父镇守南澳，特地移植梅树于岛上："不惮山林远，移来水石旁。格道须得地，影瘦岂关霜。"② 林树梅有别业在福州，多次往来于厦门、福州之间，道经莆田不知多少回，林树梅特别留意莆田的梅妃故里，并且写了一首《访梅妃故里》诗："我生素癖酷爱梅，探梅特访江邨路。"③ 因为爱梅，爱屋及乌，梅妃故里不能不看，梅妃故里不能不入诗。在台湾的红螺仙馆，林树梅画红梅赠送友人："绛阙分来玉一株。""艳雪玲珑映水边。"④ 小姬学画，树梅教其画梅："凭君携对窗前月，瘦影芳心只自知。"⑤ 与诗友雅集，也不能没有梅："雁声断续月在水，梅影横斜霜满阶。"⑥ 为友人小照题诗，亦不离梅："一枝凉月影横斜，伫立西窗傲物华。"⑦ 听琴，他自然联想到梅："寒窗小雪梅生香，梅花三弄声铿锵。"⑧ 看画，感言还是梅："天生一副清寒骨，瘦比梅花不畏贫。"⑨ 林树梅的诗还有《梅花》⑩、《植梅数岁始开》⑪ 等。林树梅临终，口占一绝，乃然有梅："归来化作孤山鹤，犹守梅花影数枝。"⑫ 林树梅能诗能画能篆，与谢琯樵交游甚早，题诗于谢氏之画，谢氏答诗，在情理之中。谢琯樵诗中的梅痴、冰姿，也颇符合林树梅爱梅的个性。

---

① 蔡廷兰:《林君瘦云四十初度寿言》，林策勋编《浯江林氏家录》，1955 年家印本，第 41 页。

② 《移海》，《啸云诗钞初编》卷一。

③ 《啸云诗钞初编》卷二。

④ 《红螺仙馆画红梅有寄》，《啸云诗钞初编》卷三。

⑤ 《小姬学写梅花颇有意趣乞予授法并此示之》，《啸云诗钞初编》卷七。

⑥ 《消寒雅集》，《啸云诗钞初编》卷七。

⑦ 《题吕西邨先生小照》，《啸云诗钞续编》，林策勋编:《啸云诗钞》附，菲律宾宿雾市：大众印书馆 1968 年重印版，第 9 页。

⑧ 《赎琴歌》，《啸云诗钞初编》卷八。

⑨ 《偶见亡友严熙纯茂才书画感作》，《啸云诗钞初编》卷七。

⑩ 《啸云诗钞初编》卷七。

⑪ 《啸云诗钞续编》，林策勋编:《啸云诗钞》附，菲律宾宿雾市：大众印书馆 1968 年重印版，第 9 页。

⑫ 《临终口占》，林豪:（光绪）《金门志》卷十，《台湾文献丛刊》第 80 种，台湾银行经济研究室 1960 年版，第 235 页。

第七章
长江大河万怪皇惑
——论林树梅的古文

林树梅的奇特人生，我们讨论了他的岛居生活环境，他的奇特的经历及其血脉宗族观；林树梅的艺文，我们考证了他的著述及钩沉了他的绘图绘画目录，讨论了他的海疆文学书写和图像。林树梅先后从富阳周凯和光泽高澍然治古文，治学的经历，本文在第二章第三节已有论述。本章将进一步沿波讨源，追溯林树梅的古文渊源。林树梅在周凯与高澍然的指授下，古文有长足的进步。

第一节　周凯与阳湖派

——沿波讨源之一

本节将追源溯流，由周凯追溯到周凯之师张惠言的阳湖派。

道光十一年（1831），周凯到厦门不久，便着手修葺玉屏书院，倡导古文。经过数年经营，"弟子能古文者"，"及好学之士皆居于书院，诸生评削制艺，绝去时径，俾入真理，一时称极盛焉"①。林树梅也是书院中诸生之一。

"以经学为古文"②，是阳湖派古文最重要的特点。乾隆六十年（1795），周凯十七岁，从这一年开始，先后从恽敬和张惠言读《经》，并治古文。恽敬（1757—1817），字子居，号简堂，江苏阳湖（今常州）人，乾隆四十八年（1783）举人，著有《大云山房文稿》等。张惠言（1761—1802），字皋文，江苏武进（今常州）人，嘉庆四年（1799）进士，官翰林院编修，治《易》主虞翻，治《礼》主郑玄，著有《茗柯文编》、《茗柯词》，并编有《七十家赋钞》。康熙间，方苞以古文倡天下，刘大櫆、姚鼐继响，此数人均为安徽桐城人，故有桐城派之名（后来学此派者未必都是桐城）。桐城派散文，讲义法，讲文章的雅洁，成为非常盛行的一个散文流派。乾隆间，以恽敬、张惠言为代表的另一个古文流派，即阳湖派兴起。恽敬、张惠言虽然和桐城派作家有过

---

① 周凯：《自纂年谱》，《内自讼斋文集》卷首。

② 阮元：《〈茗柯文编〉序》，《茗柯文编》，上海古籍出版社 1984 年版，第 262 页。

这样或那样的样的联系,但是阳湖派不是桐城的分支或衍派,而是一个相对独立的、以地域为特征的古文流派。① 道光十四年,周凯在闽南,与同是张惠言的弟子仁和陈善刻《茗柯补编》、《茗柯外编》,陈善为作《〈茗柯文补编外编〉序》②,周凯亦作有《〈茗柯文〉后序》,其略云:

> 盖《六经》、《史》、《汉》、韩、欧诸家,为斯文大宗,家有其书矣。顾后之作者,每囿于一代之文,趾错踵接,成为风尚,无论大宗,曾不得比庶孽。岂前代书皆束而不观耶? 抑如史公所称法后王,以其近己,俗变相类,议卑而易行欤? 至国朝惩学者空疏无实,谓文章必本经术,其见明,其说是矣。然所著大抵汇萃经说、注疏,考证异同,细大不遗,案衍匜币,极于不可增,意欲合经术文章为一。不知二者皆失职,堕于风尚,而莫之返也。先生当代儒宗,虞《易》、郑《礼》诸书,发阴阳消息之缄,阐先圣礼乐制作之奥,海内方奉为圭臬,而其文守系大宗,气淳而光晔,理周而思中正,未尝掫传注一字,何莫非经术之精焉? 窃谓以经术为文章,如先生期斯两得也夫! ③

周凯在这篇文章里还说,他与陈善编《外编》、《补编》,对当时的古文有"微意",拟借刻张惠言文的机会纠正古文文风之偏颇。清代古文,一派为空疏派,不以《六经》、《史》、《汉》、韩、欧诸家为宗,桐城派恪守程朱理学近之;另一派为考据派,"细大不遗,案衍匜币",以考据之学代替古文。"以经术为文章",既克服桐城派之不足,也无考据派之弊,这就是阳湖派古文最重要的主张。

阳湖派古文的另一个特点是"致用",即"见用于世"。周凯曾将两篇文章送同门友陈善(? —1836)④ 质正,陈善认为:"立言非古文所重,不见用于

---

① 关于阳湖派与桐城派之间的关系,曹虹教授有精到的论述,见《阳湖文派研究》第七章,中华书局 1996 年版,第 116—128 页。

② 《茗柯文编》,上海古籍出版社 1984 年版,第 265 页。

③ 《内自讼斋文集》卷六。按:周凯《〈茗柯文〉后序》是研究张惠言古文的一篇重要文献,点校本《茗柯文集》(上海古籍出版社 1884 年版)未收入。

④ 陈善,字扶雅,仁和(今杭州)人。据高澍然《陈扶雅先生集》,陈善于道光十一年应聘入闽修《福建通志》,十四年归,十六年卒。《抑快轩文集》卷五。

世,始托之空言,乃古人不得已。"指责周凯身为兴泉永道,"不及时奋勉整饬民事,以有用之岁月,为无益之文章"。周凯说,"凯以其余学为古文,亦自抒胸臆,言吾所欲言",并无"立言"之意。[①] 陈善的批评,话说得过重,但从另一方面,我们倒可以看到阳湖一派的古文家,把"见用于世"看得如何重要! 其实,周凯之文,多是"致用"之文,实用之文,例如他的《〈厦门志〉序》、《〈金门志〉序》、《〈澎湖纪略续编〉序》、《〈澎海纪行诗〉序》。[②] 高澍然称许《厦门志》"为控台治泉要书",周凯自然是"不敢当",但他又说"心唯期于有用"[③],应当是符合实际情况的。

阳湖派的古文比较讲究气势和文采,这一点和桐城派也不太相同。桐城派喜言归有光散文。归有光,字熙甫,人称震川先生,明代散文家,其文以柔美见称。周凯云:

> 震川,欧阳文忠后一人也。其文冲淡易良,揖让俯仰,曾、王曾能与之抗。方望溪删其文法,则密矣,而神失其腴也。于《左》、《史》尚矣,由后而推,当以昌黎为大宗,震川之文,犹苏之具区也,风日晴朗,则波纹熨帖,一碧千里;风涛骤至,则帆樯漂刬,变幻骇异,非不钜观也。然昌黎,海也。其阴阳开阖,风雨晦暝,鱼龙变化,天吴柴凤,药叉鬼怪,出没于其际,与夫涵育覆载,沐日浴月之情况,闪尸不测,而气象沛然,有非震川所能至者。[④]

周凯认为,归有光的散文,在欧阳修之后,明代当为第一,方苞等学其之,有遗神取貌之憾。再说,归有光的散文虽然如苏州的"太湖风光",风日晴朗时,波纹熨帖,一碧千里,颇见澄沏之美;风涛骤至,也有变幻骇异之处,也算得上"钜观"了,但是终究比不上韩愈的开阖变化,比不上韩愈的有如大海的无涯无际,比不上韩愈的气象千变万化,韩愈,"海也!"湖光的气象,非海的大气象可比拟。所以学古文,除了治经,上者应追溯到《左传》、《史记》,

---

① 《答陈扶雅》,《内自讼斋文集》卷八。
② 以上四文均见于《内自讼斋文集》卷六。
③ 《再覆高雨农书》,《内自讼斋文集》卷六。
④ 《答刘五山大令书》,《内自讼斋文集》卷八。

《左》、《史》之后,则韩愈为大宗。归有光,老年始臻于"学养兼粹"之境,青少年学古文,则不可从归有光入手。

周凯有些文章,能得张惠言的文的精髓。周凯《记针妇姑事》①一文,写以做针线活为生的贫穷妇女,坚决不接受救济。张惠言的《陈长生传》②一文,写以种瓜菜为生的菜农的自得其乐,也颇见人性的本善,人性的善良。周凯的经学根柢远不如张惠言,也不如同门陈善,没有太大的建树。道光年间,内忧外患,各种矛盾加激,在这个时候,周凯先后任兴泉永道和台湾道观察,接触海疆事务,碰到恽敬、张惠言他们没有接触过的新问题,使得周凯无论是行还是言,都比他的前辈们更加务实,更加地切于实际。

---

① 《记针妇姑事》,《内自讼斋文集》卷六。
② 《茗柯文编·补编》卷下,《茗柯文集》,上海古籍出版社1884年版,第207—208页。

第二节　从朱仕琇到高澍然

——沿波讨源之二

张维屏列清代的古文家,朱仕琇为其中一家:"国朝古文,论者多推望溪方氏。前乎方氏者,有侯方域、魏禧、汪婉、姜辰英、朱彝尊、袁枚、朱仕琇、鲁九皋、彭绍升、姚鼐诸家。"① 朱筠推朱仕琇古文云:"斩斩自成一家。"② 清代闽人对朱仕琇更是推崇备至。谢章铤云:"国初顾、朱、汪、姜,浅深不同,各有所得。侯骨脆,魏气浇,似有愧于盛名。后则方望溪、朱梅崖当可并称。"③ 张际亮云:"吾闽近时人物,若李文贞之经术,蔡方勤之理学,朱梅崖之古文,皆足雄视一代。"④ 李文贞,即安溪李光地;蔡方勤,即漳浦蔡世远。

朱仕琇(1715—1780),字斐瞻,号梅崖,福建建宁人。十五岁时,以文受知于同乡雷鋐。乾隆九年(1744),朱仕琇福建乡试第一,十三年(1748)成进士。改翰林院庶吉士。散馆出为山东夏津知县,改福宁府教授,以疾辞。主讲福州鳌峰书院十一年之久。著有《梅崖居士文集》。朱仕琇论古文,有丰富的见解⑤,简单说,朱仕琇的古文取径甚广:"经浚其源,史核其情,诸子通其指,《文

---

① 《清史列传》卷七十三《朱仕琇传》,中华书局1987年版,第5995页。

② 《国朝耆献类征初编》卷二四二。

③ 《致王霞举书》,《赌棋山庄文集》卷四。

④ 张际亮:《〈左海诗钞〉题词》,陈寿祺《左海诗钞》卷首。

⑤ 详陈庆元:《福建文学发展史》第六章第二节,福建教育出版社1996年版,第454—458页。

选》、辞赋博其趣,左氏、太史劲其体,孟、荀、扬、韩正其义,柳、欧以下诸子通其同异,泛滥元、明、近世以极其变。"朱仕琇最强调以韩为本;明代则应读归有光:"比读震川遗集,甚有得。"朱仕琇古文最重"淡朴纯洁"①、"平易诚见"。②雷鋐评其文曰:"其文章不为炳炳烺烺以动人视听,其变化离奇皆以淳古冲淡出之。"③朱仕琇的古文不同于闽人理学家凝重的风格,有一种天姿超然的灵气;与桐城派如姚鼐的古文相比,春容虽不及,而力则胜之。朱仕琇的经学根柢也略有欠缺,考证亦偶有疏失,闽籍经学家陈寿祺认为,这方面朱亦不如姚。朱仕琇在闽籍弟子有官崇、李祥庚、高腾等。

周凯《〈抑快轩文集〉序》:"凯自知为古文,即求知天下之能为古文者。比入闽,知光泽高雨农、建宁张怡宁二君传朱梅崖先生之学。"④张怡宁,即张绅,李祥庚之弟子;高雨农,即高澍然,高腾之子。高澍然与林树梅的师生情谊,见第二章第三节。高澍然治古文,承继朱仕琇的传统,尤其嗜好韩愈,每有行,必挟韩集以行,治韩三十余年,有心得,必随手记之,著有《韩文故》。不过,他对李翱(字习之)也有偏好,又著《李习之文读》。高澍然以为:"昌黎先生广博易良。""而习之先生其广博稍逊,其易良则似有进焉,盖昌黎取源《孟子》而汇其全,故广博与易良并;先生取源《论语》而得其一至,故广博虽不如,而易良亦非韩所有。"⑤高澍然和朱仕琇一样,都很重视立心正身,不过,高澍然还认为仅仅重视立心正身还不够,还有待于"性足于仁"⑥,言必待于行,言必见于行。因此,在《抑快轩文集》中,高澍然很重视彰显乡间里人性近于仁的人物,如《周濂传》、《杨太淑人传》、《敕封儒林郎累晋中议大夫周公传》等,谢章铤称其"文载其质"⑦。

高澍然在福州、厦门、邵武、光泽都有许多弟子,如何则贤、刘存仁等;此外,澍然第四子孝歔"文有家法,善叙事,措辞如铸,而平淡简逸如其人"⑧,

---

① 《答黄临皋书》,《梅崖居士文集》卷二十九。
② 《与筠园书》,《梅崖居士文集》卷二十九。
③ 《〈梅崖先生全集〉序》,《梅崖居士文集》卷首。
④ 《内自讼斋文集》卷六。
⑤ 《李习之文读》,《抑快轩文集》卷七。
⑥ 《与陈恭甫先生书》,《抑快轩文集》乙集卷十九。
⑦ 《〈抑快轩遗文稿〉跋》,《赌棋山庄文集》卷七。
⑧ 《高孝歔传》,(光绪)《光泽县志》卷十六。

澍然族子高炳坤从其学,陈寿祺颇称赞之。高澍然的古文,在晚清的福建文坛有很大的影响,谢章铤三次抄高澍然文,其中包括七十四卷本的《抑快轩文集》,并曰:"大抵先生之文以养胜,其体洁,其气粹,不必张皇以为工,平淡出之,令人有悠然不已之思。盖真积其内,而宁静淡泊之修,有以固其外。故生平致力韩子,而所得和易,乃近欧、曾。于欧去剽,于曾去滞,道气酝酿者深,岂缋章绘句所能袭取哉?"① 陈宝琛也曾抄录过高澍然文。民初,黄曾樾曾向陈衍请教古文,陈衍回答他:应读高澍然的古文。后来陈衍编有《抑快轩文钞》,并说:"吾乡之号称能文于当世者,至明始有一王遵岩,至清始有一朱梅崖,继之者高雨农。"② 黄曾樾也辑有《抑快轩文集》。

　　高澍然为厦门诸生而作的文章以林树梅最多,有《〈啸云诗钞〉序》(即《〈静远斋诗钞〉序》)、《赠林生树梅序》和《〈啸云山人文钞〉序》,共三篇。《〈啸云诗钞稿〉序》谈诗,本小节不拟讨论。

　　《赠林生树梅序》作于道光十六年(1836)秋,当时高澍然离开厦门玉屏书院准备回光泽、道经福州,为诸生留二十余日与之论文。林树梅出其诗、文请乞正,高澍然作此文赠之,中有云:

> 生,负奇士也。韩子论文,黜因循而贵自树立,负奇者近之矣。虽然,所近在是,其不足即在是焉。盖奇施诸诗,可;施诸古文,则不可。诗之途宽,随所由皆可自名。虽奇如卢仝《月蚀诗》,韩子犹仿而和之。古文则曰"唯其是尔"。是者,道也。道,固至平至庸也。平,固充满而不亏;庸,故和易而各足。饰则伪执,则离过,则不可常。何奇之足尚哉!
>
> 明代作者推归熙甫,熙甫之文每与道俱。而当时负奇如李于鳞、王元美,共诋之,目为平庸。卒之,王、李声光歇绝。熙甫自明迄今,未有及之者。其孰得孰失,孰难孰易,宜可以知方矣。抑闻元美晚节自悔其学,日手熙甫文一编不置。以元美之才,使早折节于道,从奇归正,奚不熙甫若哉!
>
> 然则,生移负奇之志,反于平庸,勿狙其所近,毋画其所不足,乃斯道

---

① 《书所钞高雨农〈抑快轩文集〉》,《赌棋山庄文集》卷四。
② 《〈抑快轩文钞〉序》,《抑快轩文钞》卷首。

之寄也。传曰:法后王。望生为熙甫,无为元美之悔。岂但与前明乡先正争烈哉?虽谓金门如熙甫安亭,名天下可也。

凡在列者,各有所负以自见,则余之言亦不专为生告也。书以赠生,兼贻诸子。①

从高澍然治古文之前,林树梅是颇为负奇的。负奇,一是表现在行为方面,如高澍然《〈啸云诗钞〉序》所说的"恒月夜倚海上最高峰,酌酒独吹,吹已长啸"②之类;一是表现在诗文的构思、风格方面。高澍然认为,诗文不因循守旧,贵于自立,也近于奇。他又说,奇施于诗,是可以的,如卢仝《月蚀诗》,韩愈也有诗和他,这也就是韩愈的"奇"。奇,施之古文则不可,因为古文讲的是"道",道是"至平至庸"的。所谓"平",就是"充满而不亏";"庸",就是"和易而各足",至平至庸,就是平和、平易的意思。明代散文家归有光的古文平淡无奇,却受到李攀龙、王世贞的攻击,历史是无情的,王世贞晚年有点后悔,转而习学归有光,可惜为时已晚。归有光的古文至今受到称赞,而王、李则声光歇绝,永远不可能与归有光比肩了。

高澍然对林树梅早期的古文是称道的:"善序事,郁勃有生气。"③ 所期望的是"移负奇之志,反于平庸",劝勉林树梅的古文及早归于平庸,不要等到晚年时再如王世贞那样后悔当初,那么,凭着林树梅的才气学养,金门就是安亭,林树梅就是归有光了!

高澍然说,这篇赠序虽然是赠林树梅的,同时也"兼贻诸子",就是说,这篇赠序虽然是为林树梅写的,并非一时兴到之说。所说的奇,"施之古文则不可";"法后王",推崇归有光等看法,同样适合于诸生。也就是说,这篇赠序的观点,可以看作是高澍然治古文的基本观点。

道光十八年(1838)林树梅从台湾内渡,十九年游邵武、光泽,以六十多篇古文向高澍然乞序。二十年(1840),高澍然为作《〈啸云山人文钞〉序》,首段云:

---

① 高澍然:《抑快轩文集》乙编卷五。
② 《啸云诗钞初编》卷首。
③ 同上。

孟子言气，曰"浩然"。韩子言"仁义之人，其言蔼如"。蔼如，亦气也。而孟子言其"存"，韩子言其"发"。存者，气之充配，道义者也。发者，气之和，载道义者也。兹二子言气，所以同而异，二而一欤！余读韩子书，无在非蔼如之发，其存之为浩然者，不徒托诸空言，而实见诸行事。如驱"鳄鱼"，欲烧"佛骨"；请一军直抵蔡州，缚吴元济；单车使庭凑，穆宗诏毋必入，竟去不顾。其气足以格异类，藐巨憝，轻死生，直养之，塞乎天地，岂减孟子哉？其曰"仁义之人，其言蔼如"，所谓仁义人者，非袭其迹而裕其气之谓也。仁义之气，存则为浩然，发则为蔼如。故论文曰必有诸中，谓有浩然之气于中也。无是，则何能昭晰优游，而蔼如其言哉？呜呼，知此可与语古文矣！①

高澍然对孟子的"浩然"和韩愈的"蔼如"做了阐释，认为二者，实则一也。仁人之人，存于内者，为浩然之气；发于外之者，为蔼如之言。能存浩然之气者，故发者无非蔼如之言。韩愈《祭鳄鱼文》、《论迎佛骨表》、《平淮西碑》，浩然之气塞乎天地，其言岂减孟子之文？只有明白这一点，方可治古文。

此序的第二段，说"金门林生树梅起海上，负奇气，少从其父武义都尉剿海寇，出入风涛"，后应曹瑾之招入凤山幕，所建树，"皆利民生国计之大者。其才既优，其气尤毅不可夺，故能视海如沟，视生番如蚍蚁"。如果对照四五年前，高澍然写的赠序，可以发现，赠序认为林树梅的负奇不足尚，应当立即去奇归正，劝诫不可谓不严！而这篇文序，写在林树梅从凤山幕归来之后，经过历练，林树梅成熟多了，才既优，气尤毅，所作所为皆利国计民生，表扬不可谓不多。虽然林树梅做得不错了，但是，是不是已经弄懂了什么叫着"浩然"？高澍然认为恐怕还未必。浩然，即"揆诸行而慊，返诸心而不馁，更集义以生之"，就是付之行动要自慊，返于内心而不气馁，无论是行为还是内心都必须集于"义"。序文第三段云：

生既内渡，汇前后作六十余首，号《啸云文钞初编》来乞序。余往者去福州，留序别生。论文贵平不贵奇，以平者载道之器也。盖隐以蔼

---

① 《啸云文钞初编》卷首。以下各段的论述，凡引用《〈啸云山人文钞〉序》，所引书与此条同。

如之旨示生矣。今阅是《钞》，多凤山幕中作，朴实论事，真切说理，不事张皇，生气不匮，殆有意弃奇取平，而思进于蔼如欤？生年方及壮，造诣已如此。异时，内外交养，大其所存，实其所发，其至可量哉？欧阳子曰："孟、韩文虽高，不必似之也，取其自然耳。"自然者，气之充与气之和者。是生于此加意焉，可也。

上一段论述了林树梅的所作所为，此段论其所作古文。高澍然充分肯定了林树梅在凤山所作，已经"有意弃奇取平"，逐渐克服了早年负奇的毛病，趋于蔼如了。高澍然勉励林树梅，说正在壮年，造诣已经达到这等地步，如果进一步加强修养，在内，充大正义浩然之气；在外，不发空言，发其所当发，那么，古文的前景便难于估量。孟子和韩愈文甚高，后来的古文家不一定非得似之不可，取其自然而已；取其自然，就是取孟子和韩愈的"气之充与气之和者"，"气之充"，是内在的修养；"气之和"，是外在的、发而为言的修养。如果说，上一篇赠言是诚勉，那么这一篇文序就是对林树梅的厚望了。

第三节　分期之讨论

如果林树梅治古文的经历可以划分成前后两个时期的话,那么,可以道光十五年(1835)五月为临界来划分,正是在此月,林树梅执贽拜高澍然为师。在这之前,称为前期;之后,称为后期。第二章第二节,我们分析林树梅拜师,童塾时的王秀才不论,高澍然之前还有赵士谷、李致云和周凯,特别是周凯,林树梅的一生,周凯是对林树梅的影响很大的人物之一,又是古文家。周凯对林树梅的影响是多方面的,诗画古文、防海的思想。周凯最后鞠躬尽瘁死于台湾道任上,周凯过世数年后,林树梅每念于此,都不免唏嘘不已。我们确定林树梅拜高澍然为师划分其前后时期,其实亦与周凯有关。林树梅拜高氏为师,首先是周凯推荐的;周凯虽然修葺并复兴厦门玉屏书院,但他毕竟主要精力在政务方面,与诸生在一起的时间太少;周凯比高澍然早逝三年,在林树梅的古文趋于成熟时,给林树梅具体指授的只有高澍然一个人了。

我们固然可以说,周凯希望林树梅能转益多师,把古文的水平提高到一个更高的水平,但是周凯与朱仕琇、高澍然的治古文的观念毕竟不尽相同。不尽相同之一,周凯治古文对归有光有所微词,他认为,归有光不是不能学,而是尚未臻于老成"学养兼粹"之境,学则易流于空疏。学归有光,无异于"法后王","以其近己,俗变相类,议卑而易",治古文是没有捷径可循的,应当从经、《左传》、《史记》、韩愈入手,取乎上,才能达到比较高的境界。而高澍然则认为"传曰:法后王。望生为熙甫",直接效仿归有光可也。两家既然存在差异,那么,周凯为什么让林树梅又去拜高氏为师呢？按照我们的理解,林树梅少负奇气,有过当之处,因此,接受高澍然平易、蔼如风格的陶冶和训练也是很有必要的。其次,高澍然反对尚奇,而阳湖派的作家,则不反对"奇",甚至还有所偏嗜。例如恽敬评唐顺之的《广右战功序》云:"直躏子长（司马迁）、孟坚（班固）,而无一语似子长、孟坚,奇作也。"① 上文我们说过,奇,一是表现在行为方面;二是表现在诗文的构思、风格方面。阳湖派作家在古文的写作,很看重《史记》构思的跌宕起伏,文章的气势,风格的峻峭。周凯固认为林树梅文章之奇,有过当处;恐怕更认为个人的修身养性方面之"奇",有所过当,应当有像高澍然这样的儒者加以引导。古文家,无论是哪一派,都是很重视个人的修养的。月夜海上酌酒吹笛,对海长啸,虽然也算是一奇,但有没有其他更"奇"的行为呢？林树梅《怀人绝句》其二有云:"寄声勉我学周处,把卷因君怀谢公。"自注:"建宁张亨甫孝廉定交于谢硕甫孝廉席上。别后《见怀诗》云:'轻财好客贫难继,讲武从戎壮可豪。莫负人间老周处,诗名万古一秋毫。'"② 周处之名,见《世说新语·自新》和《晋书·周处传》。周处少年时有劣迹,有自改意,而又以"年已蹉跎"有点犹豫,陆云对他说:"古人朝闻夕死,且君前途尚可。且人患志之不立,亦何忧令名不立不彰邪？"③ 周处后来终成忠臣孝子。道光十五年（1835）,林树梅与张际亮在福州会面,林树梅时年二十八岁。张际亮此诗有劝林树梅及时建树的意思,不是说林树梅早年一定有劣迹。自道光十年（1830）父林廷福去世后,五六年间,林树梅一事无成,只落得个"奇人"的虚名,无论是张际亮还是周凯,都不能不为他着急。

林树梅的《静远斋文钞》刻于道光十六年（1836）,按照上文的划分,这部文集所收之文,基本上属于早期的作品。对比晚出的《啸云山人文钞初编》和《啸云文钞初编》,可以发现下列几篇文章不见于《啸云山人文钞初编》和《啸云文钞初编》:

① 《杨中立战功格》,《大云山房文稿》二集卷三。
② 《啸云文钞初编》卷六。
③ 刘义庆著、余嘉锡笺疏、周祖谟等整理:《世说新语笺疏》卷十五,中华书局1983年版,第627页。

静远斋文钞自序

某君捐置祭产序

俞淑人行述

铭端溪砚朱石仙归白州

瑞兰室铭

都尉陈公像赞并序

征收先师赵毂士先生遗文启

书谢退谷先生蛤仔难图后

书胥鹤巢诗后

书蓝水何氏家谱后

书宋贤跋李北海卷后

林树梅为什么后来删去以上十一篇文章？高澍然编自己的集子是非常严格的,四十六岁时,他请李祥庚为之删正,李氏删去三分之一,后来,自己又删去一半,就是说最后选定的只有三分之一。林树梅这些文章是不是高澍然帮他删去的,不得而知。《都尉陈公像赞并序》写"都尉陈公"（林树梅室人之父）的画像丢失了,林树梅没有见过陈都尉本人,也没有见过画像,仅凭借陈公子朝进对画像的介绍的描述,林树梅在市上见到一幅画像,觉得有些像陈朝进所言,急买回来,果然是陈都尉的画像。序和赞,写的就是这件事,文章后面又附有陈朝进称赞树梅的"识语"。就文章的内容说,多少有点奇巧,而附以陈朝进的"识语",又不太符合儒家的中庸之道,有"露才扬己"之嫌。其他如《俞淑人行述》（林树梅室人为俞淑人养女）、《书蓝水何氏家谱后》等,内容则未免有些空疏。

林树梅早期的作品,如《渡台湾记》、《自许先生传》、《先考受堂府君行述》等无论是题材还是写法,都是比较成功的。高澍然评《渡台湾记》："丰约合度,中有俊逸之气。"① 又评《自许先生传》："余尝论作传及碑志,有三语诀：一钩玄提要,一删烦除滥,一继长增高。是传三诀皆备,而笔亦老洁,

---

① 《啸云文钞初编》卷四附评语。

真能助我张目也。阅竟，不胜大快。"① 又评《先考受堂府君行述》："叙次尊先人老谋伟绩，并具史才。擒林溜一段尤精彩，要止是文从字顺，各职职耳。昌黎写生以质胜，即此旨也。"② 当然，我们现在看到《啸云文钞初编》里的这几篇文章，和更早刻的《啸云山人文钞初编》文字有不少差异，可能经过高澍然润饰过。关于这个问题，下文将作进一步的论述。

高澍然为林树梅《〈啸云山人文钞〉序》说"生既内渡，汇前后作六十余首，号《啸云文钞初编》，来乞序"，这里的前后，既有第二次渡台前的作品，也有渡台所作及内渡后诸作。而高澍然在序中盛称的只有渡台时所作和内渡后作的有关台事之作，由此也可以看出，这些作品在《啸云文钞初编》中的重要。林树梅古文的写作，最重要的有两段时间，一是第二次渡台之作，一是林树梅从军前后之作。高澍然卒于道光二十一年（1841）闰三月，《〈啸云山人文钞〉序》作于道光二十年，已经看不到林树梅从军前后之作了，当然也不可能对这一时期的作品进行指授和评论。

---

① 《啸云文钞初编》卷六附评语。
② 《啸云文钞初编》卷七附评语。

第四节　分文体之讨论

《啸云文钞初编》十四卷,按照文体排列,我们重新将这些文章归纳,大致分为以下五类,即:书策议论文,记程记游文,传记纪略文,图说,书后序跋铭赞。本小节重点论述前三类,图说一类,第六章第一节已经有专门的论述,故不赘;书后序跋铭赞,暂不论。

一、书策议论文

书策、议论文,包括《啸云文钞初编》卷一卷二的上周凯书,与曹瑾等的书信,卷十二上邓廷桢等的策文,还有卷三的两篇议论文。这些文章都是如高澍然序文中所作的"所为皆利国计民生"之文。第二次渡台的书信议论文有:《上周芸皋夫子论台湾水利书》、《与曹怀朴明府论凤山水利书》、《与曹明府补论水利书》、《贺曹明府水利告成并陈善后事宜书》、《与曹怀朴明府论凤山县事宜书》、《论征台谷书》、《复温梧轩协镇论安平形势书》、《与曹怀朴司马论竹堑水利书》以及《凤山县新旧二城论》、《添设埤头城望楼炮台并浚濠沟议》。这些文章大多是论水利的,如第二章第三、四节中已有论述,凤山令曹瑾修水利成,人称"曹公圳",台湾稻谷获得大丰收,与林树梅的大力襄助,与林树梅这一系列文章阐述的兴修之法有着密切的关联。"经画详尽","切中时弊"①,

---

① 高澍然评:《与曹明府补论水利书》,《啸云文钞初编》卷一附评语。

是林树梅第二次赴台所写的兴修水利等书论的特色。

策文,即卷十二厦门战事前后所写的《上闽浙总督邓公全闽备海策庚子八月》、《上兴泉永道刘公厦金二岛防御策辛丑正月》、《上总督颜公补陈战守八策辛丑二月》、《上泉漳二巡道海澄剌屿尾置戍策辛丑二月》、《上汀漳龙道徐公论厦金沿海事宜状辛丑八月》、《与龙溪县曹公论漳厦安民御贼状辛丑九月》六篇。此六篇题材重大,关系闽南海防,又关系国家的海疆安全。这些文章书写虽然都比较仓促,但是因为林树梅长年生活在海疆,耳闻目睹,又有不少实际的经验,同时还勤于思考,所以篇篇都是写得很精彩。当时的学人多用"知己知彼"、"胸有成竹"、"语无泛设"、"实用"等语来评这几篇文章,如何焕奎评《上闽浙总督邓公全闽备海策》云:"策洋洒数千言,乃以'逆夷犯闽,将为牵掣援浙'一语觇破敌情,可谓知己知彼。中间足食安民,团练战守,步步精细,语语周详。"何焕奎之评不仅评论这篇策文的内容,而且评其古文的文法:"玩之似平,而浑朴之气永以冲和,故能荡涤袊噐,不落迂腐,转于细碎处弥觉其坚,是真善学丰者。吾知握管踌躇时,固已运全闽于指掌,其平日键户读书,作何等胸次邪?"① 气永冲和,是曾巩(南丰)所提倡的,也是高澍然论古文所主张的;荡涤袊噐,就是不负奇,不猎奇。有意思的是,当林树梅上《上总督颜公补陈战守八策》等书策时,高澍然在光泽书写了他生命的最后时刻,完成了上军府的《御英夷议》一文②。该文阐述抵抗英国侵略军八条策略,即:杜和,断授,固内,扼要,隳坚,振颓,复初,善后。文章以其渊博的历史、地理知识和对形势的理智分析和判断,坚决主战,反对颓废,尤其是"扼要"一节,分析了从中国北起天津南到海口的各港口的大致情况,提出防海的设想,眼界宽阔,颇见大气,表达了一个年老文士的爱国情怀,令人钦佩。但是,高澍然毕竟没有军阵、尤其是海战的经历和经验,"隳坚"用的还是晚明时期南居益征讨"红毛"的办法,讲陆战还是藤牌、鸟枪;讲战术,以为"诱彼登岸","一军焚舟夺炮,一军截住海口,使彼进不得据,退无所归,自成擒矣"③,似乎也过于容易。试看林树梅对厦门防御的两小段书写:

---

① 《啸云文钞初编》卷十二评语。

② 《御英夷议》,高孝祚、高孝敽:《先考雨农府君行述》作《御英夷八议》,《抑快轩文集》附录。

③ 《御英夷八议》,《抑快轩文集》补录。

厦门口岸及鼓浪屿既已扎营设炮，其龙头、虎头两山夹港，为夷船必入之冲，仅藉北岸新建石壁为屏蔽，但石壁迳直失势，一着夷炮，则石碎纷飞，伤人尤众。不若囊沙垒土，可柔炮弹。至于壁内所设，皆数千斤之炮，神物重大，不便推移。兹创炮车之式，可以进退转击，如遇夷船突入，则对准轰击，若连樯而至，则连环迭攻。如放杉板冒死登岸，则小铳并可兼施。设虚营以诱陷，伏精锐以掩袭，以战代守，以击解围。

水战则以旧敝巨舰，虚张旗帜，伏精锐小船于舰后，乘势进攻，使彼前后左右不能相顾。或轮番围击于白昼，或鼓噪震骇于夜中，误之、扰之，用兵之秘也。要之，战守无二道，能战而后能守，舍战而言守，守未固而遽战，均为孟浪。

这些文字，既有具体二山（龙头、虎头）的夹港防御，有炮台的修筑，武器的改良（炮车）、连环炮击，敌登岸后的阵地战，还有以敝船掩护小船乘机进攻，虚张声势等。最后的结论是：能战才能守，战守无二道。

二、记程记游文

卷四共六篇，其中三篇写渡台与内渡过程：《渡台湾记》、《再渡台湾记》、《自凤山归省记程》；三篇记载台湾岛的行程：《台郡四邑记程》、《清庄记程》、《〈瑯峤图〉记》。除了《渡台湾记》为早期作品，其余五篇都是后期所作。卷五也是六篇：《嘉义阵亡将士祠墓碑记》记张丙乱死难将士事，有类于史；《前明宁靖王祠墓记》记发现宁靖王墓的过程及宁靖王之死，这两篇作于台湾；《前明鲁王墓图记》记金门鲁王墓发现的过程，《游太姥山记》记福鼎太姥山之奇境，《游鼓山记》记重游福州鼓山，《游道人峰记》写与邵武友人游道人峰。高澍然评《台郡四邑记程》、《清庄记程》云："合阅二篇，或闲澹，或奇赡，或幽渺，或细腻，皆即势会奇，又于险要分疆处一一画清，可补台阳《图经》，不专为记程作也。"[①]《台郡四邑记程》、《清庄记程》及《〈瑯峤图〉记》是纪实之文，把行程、险要分疆、所办之事一一交代清楚，也就可以了，而文章因势因地而变：闲淡、奇瞻、幽渺、细腻，从中可以看出作

---

① 《啸云文钞初编》卷四评语。

者的善于笔。这类文章有时还产生意想不到的效果。《〈瑯峤图〉记》行程所见:"龙涎有潭,广三十里,皆荷花,鱼虾不可胜食。"① 台湾当地文人读过之后,喜爱有加,林树梅后来回忆道:"仙风吹我到蓬莱,恰好龙涎瘴雾开。卅里荷花一潭水,爱莲人爱放舟来。""蓬莱"指"瑯峤"。自注:"瑯峤有龙涎潭,周三十里,悉种荷花。台湾周光郜茂才见树梅游记,谓足令人艳动心魂,香齿颊。"② 这幅图景,长留于台湾茂才周维新(光郜)等人的记忆中了。

《渡台湾记》一文,高澍然评曰:"丰约合度,中有俊逸之气。"③ 而《再渡台湾记》、《自凤山归省记程》却不见高澍然的评语,照理说,这两篇是林树梅后期的作品,得到高氏的指授,较《渡台湾记》更为精粹,也更能得到高氏的青睐才对。因此,我们将载于《啸云文钞初编》的文章与早些时候刻的《啸云山人文钞初编》作了对照,发现前后版本有较大的不同,《啸云文钞初编》的这两篇文章显然是经过精心修改过的。修改者,一是林树梅本人,作者对自己的作品进行修改、改动,这是很正常的;另一个为他改定、润饰的人,当是林树梅之师高澍然了。高澍然《抑快轩文集》中有一篇《玉屏书院夜宴记》,后面又附了一篇同题之文,题下注:"就王生本草示。"④ 就是说,王生写了一篇《玉屏书院夜宴记》的文章,写得不好,高澍然根据王生所写本重新作了这篇文章。说明高澍然为学生修改文章是十分认真用心的。谢章铤钞高澍然的《抑快轩文集》时说:"金门林瘦云从先生学古文,所作多经润色。"⑤ 刘声木也说:"金门林瘦云□□树梅撰《啸云文钞初编》十四卷,□□□□□谓其全由其师光泽高雨农舍人澍然润色、改定、付梓云云。"⑥ 依据这三条材料,我们推断《再渡台湾记》、《自凤山归省记程》高氏曾作较大的改动,故高氏在篇末未再加评语。以下我们试比较《自凤山归省记程》⑦ 修改前后的文字,此篇《啸云文钞初编》题目作《戊戌内渡记》⑧:

---

① 《啸云文钞初编》卷四。
② 《怀人绝句》二十二首之十七,《啸云诗钞初编》卷六。
③ 《啸云文钞初编》卷四评语。
④ 《抑快轩文集》乙编卷十五。
⑤ 《书所钞高雨农〈抑快轩文集〉》,《赌棋山庄文集》卷四。
⑥ 转引自郭哲铭校释:《啸云诗钞校释》台北:台湾古籍出版社 2005 年版,第 458 页。
⑦ 《啸云文钞初编》卷四。
⑧ 《啸云山人文钞初集》卷三。

戊戌内渡记

树梅从曹明府莅凤山县之明年，乞归省母，明府为治装，率侄甥、僚幕置酒，祖道谓："长途自爱，萱堂康健，须再来。"树梅顿首受命而别，时戊戌夏五月十六日也。次大湖，晤叶式宜、林惠畴二司马，咸谓夏令风信不常，遂止大湖。

八月朔入台湾郡城，遇乡人庄把总文芳，约附金门镇战船内渡。望夜，乘小艇出南濠，经安平镇，至国姓港，登战船。（自注：港在鹿耳门北，可容大船出入。前此无人知也。）天将曙，乘潮解缆，一叶凌波，乍起乍伏，但闻奔涛之声，不知行多少里。翌日，见澎湖东吉屿。猝遇飓风，刮大帆破，不得过虎井。回泊台洋碇。随折，恐船逼浅，急掇舵退。又惧南流推去，船底绾勒肚索，索为贯舵，索为贯舵命根。浪复冲断一船，皆惊。急下副碇，寄泊洋中。不举火者三日。稍霁，见白沙青草间孤城矗立，认是鲲身。汕南升旗招渔艇搬载，仍憩台郡南濠寓楼。致明府《论谷贱不独病农书》。

二十八日夜，再出国姓港，不见战船。明晨，遥望孤帆北驶，鼓棹追及之。舵师曰："若乘东风出鹿耳

自凤山归省记程

予佐幕凤山之明年，辞归省母，时戊戌八月既望。附战船一叶，起伏奔涛中，不知行几百里。翌日，见澎湖东吉屿。猝遇飓风，刮帆破，不得过虎井。欲回泊，昏莫辨。碇随折，恐船迫浅，急掇舵。退又惧南流推去，乃于船底绾勒肚索，索以贯舵，命根也。浪复冲断一船，皆惊。急下副碇，寄泊洋中。于是，不举火者三日。风少定，始望白沙青草间孤城矗立，为鲲身。汕南升旗招渔艇，载入台郡，憩南濠寓楼。

二十八日，再出国姓港，不见战船。明晨，遥瞰孤帆北驶，鼓棹追及之。舵师曰："若乘东风出鹿耳，取

门，直取澎湖，泊西屿，视风便再行，为对渡。今值季秋，多北风，取势宜高，不必更由西屿矣。"

九月朔，过澎湖北翘，北翘水多暗石，舟触辄碎，于是向北织行，避北翘也。南顾西屿诸岛，聚散如浮萍，与白鸥出没波浪间。有大鱼随船。逾黑水洋，飞浪从桅杪倾注，舟人争避淋湿。旋闻哗言，船底板裂，海水漏入，水不涸，无从得漏处，又皆饥寒，无肯出死力者。悬赏令庳水补塞，得无虞。比晓，帆半挂，顺风而南。瞬息间，忽有峰峦蔽日，舵师指为古雷诸山，闽之极南地也。大抵海船恃风而行，风愈烈，行愈迅，险亦愈甚。晚泊铜山城北。（自注：铜山一岛，原属漳浦县，明置守御所，隶镇海卫。今归诏安县，设铜山营，隶南澳镇，为闽南门户。）

父执陈公国荣为铜山参将，闻树梅至，延入署，询台湾近事。千总庄卓崖，树梅外兄也，亦来晤。登五老峰，一望浩漫，不知所极。指顾柑、橘二屿，则先君子破贼处，旧部卒犹能述之。维时北风猛烈，战船不能逆风，旋始定由陆归里计。陈公曰：沿途民分大小姓，立红白旗相斗杀，盗贼乘掠，为行旅患。拨兵偕。十四日，把总汪君国琛、黄君荣

澎湖，泊西屿，俟风为对渡。今秋杪多北风，取势宜高，不必更由西屿矣。"

九月朔，过澎湖北翘，水多暗石，乃向北织行，避北翘也。南顾西屿诸岛，如浮萍聚散，出没波浪间。夜逾黑水洋，狂风飞浪从桅杪倾船，底板亦裂，补漏至晓。得无虞，急减帆顺风而南。少顷，有峰蔽日，舵师指为古雷诸山，闽之极南地也。海船恃风而行，风愈烈，行愈迅，险亦愈甚。晚泊铜山城北。

父执陈公国荣为铜山参将，闻予至，延询台湾近事，偕登五老峰，一望浩漫，不知所极。指顾柑、橘二屿，则先君子破贼处。抚今追昔，不禁泫然。维时北风猛烈，战船不能逆风旋厦。居旬日，将由陆归。陈公告予，途有大小姓民相争斗，贼乘掠，为行旅患。遂遣兵护行。渡八尺门，风不顺，舟左右迎如织，所争才尺寸。既舍舟，果值械斗，穿其阵

爵、洪君梦良饯，送渡八尺门，风不顺，舟左右迎如织，所争才尺寸。

登岸，值陈埭乡人自争强弱，当衢械斗，穿其阵而过，宿竹仔前旅舍。明日，寒甚。入云霄驿，陟盘陀岭，即蒲葵关，汉时南越故关。树梅往来六度于此矣。宿岭下，月出梁山九十九峰，可一一数。晓发，至漳浦，迂道东郊，访明诚堂，为先贤黄忠端公讲学之所。谒公遗像，观石刻天方图。绕北郭二里许，拜忠端公。墓已崩塌，无重修者。宿长桥。次晚抵海澄县。水师泛王把总飞鸢以兵护，渡海至厦门。二十五日，始得顺风，乘小舟归金门。到家叩觐慈闱，悲喜交集。

已闻战船自铜山回厦，复买舟往取行李。途遇蔡香祖孝廉，京旋，将归澎湖，而之台湾。出示所刻《海南杂著》，自叙航海飘风至越南国，其涉险生还情事历历。树梅因书此相质，为《戊戌内渡记》云。

过，宿竹野前。

明日寒甚。入云霄驿，陟盘陀岭，即蒲葵关，汉时南越故关，予往来六度于此矣。宿梁山九十九峰下，望月赋诗。晓发，至漳浦。迂道访明诚堂黄忠端公讲学所，谒公像，观石刻，天方图砌石四片，合而为一，修广各丈二尺有奇，中勒经纬百二十八度，规圜矩方，凡九成，合十八变，而归于极。公谓天地鬼神、精堂奥室，尽在于此，说详《易象》。正中，又见台湾黄虚谷明府书。公撰句云："我处畎亩中，乐尧舜之道；人于剥复后，见天地之心。"见其书，愈思其人也。绕北郭二里许，拜忠端公，墓已倾塌。宿长桥。次晚抵海澄县。王把总飞鸢以兵偕渡厦门。二十五日，始得顺风，乘小舟归。觐慈闱，悲喜交集。

已闻战船抵厦，往取行李。遇风脱舵，舟又几覆。然觉心神凝定，风浪顿息。复自海沙坡至厦门，则风沙扑面，寸步难进。始觉平陆之危甚于浮海，人生鹿鹿，何处无风波也！

表中《戊戌内渡记》的黑体字,与《自凤山归省记程》异文。首先是题目,"内渡",仅仅说从台湾回渡内陆这样一个过程;"自凤山归省",则强调内渡起止的地点,起自"凤山",归至亲所居住之地(金门)。"内渡记",船至铜山登岸,已经可以算是内渡了,最多再加上入云霄驿,文章便完整了,再写海澄、厦门,或许有蛇足之嫌。《自凤山归省记程》有"记程"二字,则内渡登岸之后,再写陆地行程,以补足整个过程。"归省",强调了省亲,足见孝道,此点古文家颇为讲究。自凤山起程,出海至澎湖,遇风返回府城。这个过程,《戊戌内渡记》用了差不多300个字的篇幅,而《自凤山归省记程》只用了150个字。《戊戌内渡记》多了祖道、止大湖、出港、回府城写文章等细节,而这些细节,与内渡没有紧密的关联,故《自凤山归省记程》删去。入云霄、过漳浦一段,前文于过程写得稍繁,于谒黄道周墓则较略;《自凤山归省记程》则于过程写得稍略,却加强了谒黄道周墓的细节描写。黄道周是经学家和理学家,文章气节入清之后一直受人称道,给这一细节增加篇幅,既是归程所见的实写,又颇见文章的忠厚。到厦门之后,《自凤山归省记程》删去《戊戌内渡记》遇蔡廷兰这样一个细节,篇末多了"陆之危甚于浮海,人生鹿鹿,何处无风波也"三句话,是加深一层的写法,文字还稍稍有所省减,却颇能耐人回味。

三、传记纪略文

本文把卷六、卷七的传、行述、行状、墓志铭都列入传记的范围;卷十一《从军纪略》记叙作者道光二十年至二十一年从军的始末,是作者某一阶段的传记,也列入其中。这类作品有历史人物的传记,如卢若腾;更多的是当代人物的传记,如陈化成和林树梅自己的父亲林廷福等。《先考受堂府君行述》,"行述",是给有名望的饱学之士写传记用的,具有素材的性质,所以记叙得很仔细,这是与《江南提督忠愍陈公传》和《自许先生传》这样的传记不一样的。高澍然评《自许先生传》云:"余尝论作传及碑志,有三语诀:一钩玄提要,一删烦除滥,一继长增高。是传三诀皆备,而笔亦老洁,真能助我张目也。阅竟,不胜大快。"[1]卢若腾崇祯十三年(1640)成进士,年已

---

[1] 《啸云文钞初编》卷六附评语。

四十三,此前的经历,作者只记其里籍中举年份,其余一概省略,这就是"删烦除滥"。从成进士至清康熙三年(1664)卒 ①,还有二十多年的时间,林树梅着重写其四件事,一是弹劾名极一时的杨嗣昌,二是福王之时,他对形势的分析,三是清兵入温州,卢若腾与之巷战,四是病亟,知是"先帝殉国",一恸而卒,这就是"钩玄提要"。卢若腾与清兵巷战一节云:

> 大兵逼温,盘山关兵溃,田仰、马汉十一镇兵皆东下。先生无兵可调,乞援之,疏至七发。温民拥先生,呼曰:"愿为百万生灵计。"先生曰:"若欲降邪? 欲降先杀我。"民涕泣散。先生知时势已去,夜半叩温绅周应期、王瑞柟门,谋固守。二人曰:"人心已死,非口舌可挽回。"相与恸哭。大兵入城,先生偕镇将贺君尧率家人巷战,腰臂中流矢,力竭,出永清门,欲赴水死,部将金世祯救之,遂入靖海营。

"继长增高"不是有意拉开拉长篇幅,或者人为地拔高传主地位、夸大他的事迹,而是在书写时突出文章的重点,用心刻画,适当增加笔墨。这一段或许就是高澍然很着重的"继长增高"的范例。

林树梅写《江南提督忠愍陈公传》时,高澍然已经去世,文章没有高氏的评语。这篇陈化成的传记,引文见第五章第五节。我们说过林树梅海疆人物的书写,最重要、也写得最精彩的就是这一篇。这篇文章名为传记,实则仅仅写陈化成为江南水师提督备战及战死于吴淞一事,仕历只用一笔带过。这篇文章写得很简洁,不枝不蔓。陈化成是林树梅的父执,林廷福还曾经把银两寄存在陈化成处,可见交情的不一般。林树梅知道陈化成的正事及佚闻佚事一定很多,传记却一概略去不写,重点突出陈化成最为可歌可泣的、也就是备战、战死吴淞一事而已。看来,昔年高澍然对林树梅的文章进行润色、改定,林树梅得到的启示一定不少。阳湖派古文,讲气势,崇尚《史记》。这篇传记,颇得太史公司马迁的笔法。具体细节的书写,如"坐卧一帐中,与士卒同甘苦,即大风雨,弗他徙,兵皆感附"一段,似源于《史记·李将军列传》

---

① 卢若腾生卒年,据吴岛:《卢若腾年谱》,《岛噫诗校释》,台北:台湾古籍出版社 2003 年版,第 411、428 页。

的"士卒不尽饮,广不近水,士卒不尽食,广不尝食。宽缓不苛,士以此爱乐为用"。"江南人言公死事,无不流涕称感者"一段,及引"陈公但饮吴淞水"之谣,又有点类于《李将军列传》的"及死之日,天下知与不知,皆为尽哀。彼其忠实心诚信于士大夫也。谚曰:'桃李不言,下自成蹊'。"① 这篇传记,把陈化成刻画得很有生气,颇为传神,是林树梅古文的一篇代表作。

卢若腾、陈化成,都是一代的风云人物,他们都有独特的经历、震动人心的事迹可以书写,传记既有丰富内容,也较容易写得生动。没有这方面素材(卢若腾)、或者所处时代没有这样的人物(陈化成),古文家自然写不出这些风云人物的传记。无论是阳湖派作家张惠言、周凯,还是闽人高澍然,他们书写的一些人物,有时却是社会底层的人物,如张氏写菜农,周氏写做针线活的妇人,高澍然甚至还写过《李氏二乞传》②。底层人物,有时似比较容易写好,因为这些人物往往有一些很特别的举止,而且这些举止能发人深省。林树梅的笔下没有这样的人物。林树梅写水师将领,往往带着崇敬的心情;而为友人写的传记,则带着很深的情感。林必瑞(号砚香),是林树梅在厦门的朋友,本文第六章附论吕世宜时提到过《太学生林君砚香墓志铭》一文,林树梅说他与林必瑞是同姓、同学、同嗜古、同不治家人产、同贫,一连讲了五个"同"字,然后下一判断:"觉彼此意度无弗同者。"又用一个"同"字。六个"同",足见他们亲密无间的友情。文中又用与周凯、高澍然二师"畴曩游迹,亦皆风流云散,不可追忆"③ 的气氛加以渲染,翻进一层写作者对林必瑞过世之痛。最后,是林必瑞病危时遣子邀树梅至榻前托于后事,更是令人感叹不已。林树梅十七岁时在台湾结识陈朝进(字继豪),当时朝进只有十一岁。林树梅《别陈子继豪》:"忆君昔总角,我发初胜冠。结交誓车笠,意气同芝兰。"④ 就是当时的情形的纪实。陈朝进道光十七年(1837)卒,仅三十一岁。同样是写情谊,《太学生林君砚香墓志铭》重记事,《太学生陈君继豪行略》一文重抒情:"游居数月,予北旋,君谓二千里同来,而予遽独

---

① 司马迁:《史记》卷一百九,中华书局1959年版,第2872、2878页。
② 《抑快轩文集》乙集卷二十六。按:《抑快轩文集·目录》作《乞儿传》。
③ 《啸云文钞初编》卷七。
④ 《啸云诗钞初编》卷二。

返,意惓惓不忍别,予亦不忍舍君独归也,然不可止……情益深,交益挚,愈相爱而相勖,虽偶离,如未尝离焉。"这是对离别的抒写,交情益深益挚,虽是离别而心未尝离。朝进卒后,入梦于树梅:"岂天不使吾两人相与成就,何夺君之速邪? 君殁后,屡见梦于予,两人情话不异畴昔。呜呼! 君死而有知,而魂不忍舍予而入梦,而予终不能与君得一日之欢。予之悲何时已耶?"① 都是非常感人的。高澍然评曰:"无一语不合度,无一字不得脉。置诸欧、归集中,觉详缓清超,殆欲与之并体。"② 高澍然说此文可以置于欧阳修、归有光的集子,当然是勉励的话,不过,从《太学生林君砚香墓志铭》与《太学生陈君继豪行略》的风格,却道出此类传记与《江南提督忠愍陈公传》等传记风格不同的事实。

---

① 《啸云文钞初编》卷七。
② 《啸云文钞初编》卷七附评语音。

第五节　境界之讨论

高澍然希望弟子的古文"详缓清超",以接近于欧阳修、接近于归有光,但是,他可能来不及思考时移世易给文风带来的影响,假如他能多活几年,能沿着他花很大气力写就的《御英夷议》的方向再写更多的古文,他的古文的文风可能就会有所变化。但是,在厦门战事爆发前夕,高澍然溘然长逝了,他给后人留下了多达七十四卷的《抑快轩文集》,林树梅、何则贤、谢章铤、陈宝琛、陈衍、黄曾樾,一百年间,闽地学人不断地研读、抄录、编选他的古文。在研读、抄录、整理的过程中,有的学人在仰慕之余,对高澍然的古文作了深入的思考,其中以谢章铤思考最为深刻,其《书所钞高雨农〈抑快轩文集〉》一文对高澍然的古文作了充分的肯定,并以自己未能置一部《抑快轩文集》为憾,以未能读全本《抑快轩文集》为憾,最后,他又说:

> 往,金门林瘦云从先生学古文,所作多经润色,余读其集,益思先生之文不置也……
>
> 虽然,犹有憾者,(雨农先生)挂名朝籍,而家居之日多,凡运会升降之故,山川伟丽之观,微觉取资之未广,又所纪多乡里善人,无瑰特奇绝之行恣其发挥,足以引胜耐思,而未足以惊心动魄。譬之水,澄潭清泚,与长江大河万怪皇惑者稍异矣。盖自归熙甫即有此憾,是则先生之遇为之也。惜哉!

写甫毕，适颖叔以杜于皇《变雅堂》、刘公勇《七颂堂》二集畀我。寒梅在几，霜风飒然，开卷循览，慨然曰："古文无以声色为也。使先生处杜、刘之时、之地，则所以昌其文者，岂止是哉！"①

谢章铤的这一小段话，涉及文学批评某些重要命题。高澍然虽然在北京、山东做过官，在福州修过史，但长年居住在闽北山区的光泽，眼界受到很大的限制，见闻也十分有限，此一。其次，"运会升降"，高澍然生活的时代是鸦片战争正在酝酿之中，并且最终爆发，社会生活和政治生活发生了很大的变化，但是，他除了一篇《御英夷议》，未能关注"运会升降"，远不如张际亮、林树梅这些年轻学人敏锐，此其二。眼界不广，思考不深，因此"取资不广"，文章的题材受到很大的限制，"所纪多乡里善人"。不错，他的古文"其体洁，其气粹，不必张皇以为工，平淡出之，令人有悠然不已之思"②，自成一家，达到很高的水准，"澄潭清泚"，尽管美轮美奂，终究还是"潭"，不能达到"长江大河万怪皇惑"的境界。究其原因，实由高澍然"之遇"使之，学归有光，其"遇"一也，归有光的散文本来就有此弊，高澍然亦不能免。生活的经历和所处环境，其"遇"二也。如果高澍然长期生活在海疆，如果高澍然参与海疆的政事军务，不论他的能力如何，相信他的古文"取资"就不能不广。颖叔，即林寿图，谢章铤的友人。杜于皇，即杜濬，有《变雅堂集》；刘公勇，即刘体仁，有《七颂堂集》。杜、刘都是明末清初人，经历过"运会升降"，激烈的社会变动，谢章铤认为，如果高澍然处在杜、刘的时代和地位，他的古文成就，一定会比现在高得多的，这个判断对还是不对，暂且不论，但是说明文章与时代、与作家的经历有着密切的关系，的确是一个很值得注意的命题。

谢章铤也是古文家，关于如何治古文，他的《论文上下篇赠李少棠》③，《赠言三篇示及门》④ 等有不少见解。他说："铤于文所留甚少，十去六七。"⑤保留在《赌棋山庄文集》、《文续》、《文又续》、《余集文》仍然不少。谢

---

①　《书所钞高雨农〈抑快轩文集〉》，《赌棋山庄文集》卷四。

②　同上。

③　《赌棋山庄文集》卷一。

④　《赌棋山庄文集》卷三。

⑤　《致王霞举书》，《赌棋山庄文集》卷四。

章铤治古文,和他经学致用的观念也是一致的,也主张实用。但是,尽管他批评高澍然的古文取资不广,尽管他认为高澍然的古文尚未能达到"长江大河万怪皇惑"的境界,可惜谢章铤的古文也稍涉此弊。谢章铤真正切于时事的古文作品,也只有《东南兵事策咸丰七年作》数篇,就是这几篇古文,也还难于达到"长江大河万怪皇惑"的境界。谢章铤之友刘存仁,也是高澍然的弟子,年近五十为甘肃县令,与林树梅同入林则徐幕,亦治古文,谢章铤评其古文曰:"道光末,英夷不靖,沿海苦兵。其后贼起桂管间,蔓延江南北,闽中上下游亦窃发,时事颇棘。君慷慨作《战说》、《守说》、《团说》、《钱荒论》、《赈论》、《破除情面说》数十篇,皆切直中事理,可见于施行。宫保林文忠公方家居,读之,曰:'是陆宣公之奏议,苏长公之扎子,足以不朽矣。'"①《战说》这些政论文或许比较接近于谢章铤说的"长江大河万怪皇惑",但是这些文章还不是我们要讨论的海疆文学书写。

让我们再回头审视上述所引谢章铤的那段话,谢章铤是读过林树梅集子的,因读林树梅集而更想一读《抑快轩文集》。对林树梅文,谢章铤没有直接评论,只说集子经高氏润饰,接着是高度评价高氏文,又指出其不足,最后则归结到"长江大河万怪皇惑"。如果按照高澍然"运会升降",作家所处时、地的论述,我们可以推断,"长江大河万怪皇惑",就是谢章铤对林树梅古文的评价。退一步说,即使不是专门评价林树梅的古文,我们把这句话移来评价林树梅,也是很合适的。

"长江大河",就是大,在中国境内,在中国人的眼中,没有哪一条江、哪一条河,可以和长江大(黄)河相比拟,更不用说哪些小池小潭了。谢章铤论中的"长江大河",就是指题材的重大,文章气象的博大。西汉贾谊的《治安策》,纵论天下形势,可痛哭者二,可流涕者六,题材何等重大,气象何等博大!古文家津津乐道的韩愈,《平准西碑》一文,李愬雪夜袭蔡州,斩吴元济,关系国家安危,题材何等重大,气象何等博大!林树梅没有贾谊和韩愈的地位,不可能进入国家机关的最上层参与政局大事,也不可能发表事关全局的议论,他的《〈闽海握要图〉说》,他的厦门战事期间所写的书策,他的《从

---

① 《刘炯甫六十寿序》,《课余续录》卷一,光绪庚子福州刊本。

军纪略》,以及为陈化成所做的传记,所书所写所记,虽然只是东南海疆的安危,而东南海疆的安危却维系着国家的安危。如果厦门不失守,英军的主力就不可能北上攻陷定海;如果吴淞不战败,英国军舰如何进入长江,长驱南京城下?"安不忘危,诚今日海疆之先务"①。"必也,备大船,配精兵,利器械,择善将者统之,重以节制。沿海各镇之权无分畛域,专务剿夷。沿海各有兵船,如遇统帅追夷至境,必一体策应,勿使远扬。中国海洋万里,能令无夷船停泊之所,即所以绝奸民接济之源,边患自除,洋烟亦不禁自绝。"② 此类重大的题材的文章,在厦门玉屏书院中,除了林树梅,没有第二个人可以写出这样的古文;鸦片战争时期,闽人能写出这样的文章来,也不多见。如果进一步说,纵论闽海海疆形胜,并且具体到以如何防、如何战为写作对象,除了林树梅,在当时的文坛很难于找到第二个人。

"澄潭清泚",归有光、高澍然的古文,在美学上有其不可忽视的意义,中国古代的文学,因为有这样的散文而有其不可替代的光芒,说实在,我们和谢章铤一样也很喜欢这类优美的散文。但是,如果中国古代文学散文中只有这类作品,"无瑰特奇绝之行",无"惊心动魄"的场景让人深思,就像水,清池碧潭,一览见底,而缺乏"万怪皇惑"的千姿百态,那么也就缺少了崇高之美。林树梅的海疆文学书写,给道光间古文文坛带来新鲜的气象:

> 晚,见水色如靛,乃海中深处。回视内地,诸山皆无可望,夜行遂不辨所经。天将曙,红日浴海,凡三数跃而升,令人莫能正视。少焉,至黑水沟,舟触浪,作陨屋折柱声,遥望巨鱼喷水,如雪花飘空。舟子云:"沟有珊瑚,巨鱼守之。红毛人尝以铁网载人入水取,弗得也。"语次,飓风骤至,舟颠播欲眩,顾同时解缆诸舶,皆不识所之。黑云垂海,海壁立。舟人曰:"出鼠尾邪。"海船以龙吸水行雨,为出鼠尾。舱门不闭,水满船且沉。夜过黑水洋,风雨不止,从者窃语:"天明不见山,恐落溜溜弱水也。水趋下而不回,生还难卜矣。"(自注《吾学编》:澎湖岛,海水渐低,谓之"落漈",即此。)家君令谨柁帆,凭指南针,向巽转折行。夜半,

---

① 《上总督颜公补陈战守八策》,《啸云文钞初编》卷十二。
② 《上兴泉永道刘公厦金二岛防御策》,《啸云文钞初编》卷十二。

众哗曰："水漏入舱。"玻卜天后神龛前,得渗处,塞而渫之,旦乃止。稍霁,东方亦白,过澎湖猫屿。亭午,令人登桅,望山势,隐在烟雾中。于是,水色青而蓝,而白,知近鹿耳门。①

船从金门出发,东行,过黑水沟"遥望巨鱼喷水,如雪花飘空","黑云垂海,海壁立","龙吸水行雨",千奇百怪,惊心动魄,已经令人目眩耳迷,又加上红毛人水求珊瑚有鱼守护的传说,玻卜天后神龛前得渗处的细节,为内陆文人闻所未闻,见所未见,更显示出海洋的诡异神秘、千变万化与扑朔迷离。

我们上文已经论述过的《台郡四邑记程》、《清庄记程》及《〈瑯峤图〉记》等记程文,题材和内容也颇为新颖,有一种令人耳目一新的清新感受,同时又不失劲健之气。《〈瑯峤图〉记》云:

> 七月七日出县城东,越凤山,渡淡水溪、竹围棋布,田畴绣错,天外数峰与云光相掩映。入六房洲,手排茅棘而行,闻海吼声,已逾三十里,夜宿东港水师营盘。平明,许把总国升送过茄藤港,林木翳翳,六里许,始见天日。遥望海西,小琉球屿形如覆舟。经新拍港,复度密林。大昆麓,人烟与绿阴相接。过两小溪,皆履而涉溪,尽即水底寮。迫近傀儡山,生番出没处也。晚宿飞琥家。越三日,由枋寮海道行,风劲甚,约七十里,抵瑯峤。将入狮窟港,港多怪石。日且暮,而生番炮攻柴城,轰然有声,乃移泊城南之社寮港。社寮在龟山阴,阻溪结栅,土生团聚居者,其俗结发、短衣、手约银环,屈竹为弓,削竹为矢,无羽,而镞铦不及远,亦不虚发。淬刀于泉,使犀利,佳者直数牛。鸟铳亦精绝,出必挟铳,倚以为命。寮西遍种薯豆,畜牛蕃孳山外。海汊可泊小舟采螺蚌。近山之东曰平埔、猴洞、龙涎,诸番地皆蚕食欺并,寝强盛。而龙涎有潭,广三十里,皆荷花,鱼虾不可胜食。②

高澍然评此文云:"合《水经注》之醲纤,《来南录》之超旷,《壬戌纪行》

① 《渡台湾记》,《啸云文钞初编》卷四。
② 《啸云文钞初编》卷四。

之逸赡,成兹巨制。"①《南来录》,韩愈弟子李翱所作;《壬戌纪行》,明归有光所作。高澍然列郦道元等三家,说都有点像,必须合而观之,这是不错的。但也有三家所不及处,就是林树梅的海疆文学书写,景物方面:既有翁翳的山林,有可涉而过的小溪,有开满荷花的池潭,还五次写到海:"闻海吼声",写闻声;"遥望海西",写遥望;"由枋寮海道行,风劲甚",写海上行程、海风;最后还有"海汊可泊小舟采螺蚌",写赶小海。"生番"、"土生团"的描写,读者仿佛可以听到炮声,听到他们手腕上银环清脆的声响,仿佛可以观赏到他们的箭无虚发,还可以看到田野遍种的薯豆和山上蕃孳的牛畜。变幻莫测,即使不会令人眼花缭乱,至少是目不暇给。

上文我们说讲文气、文章气势是阳湖派古文的特点之一。林树梅的《渡台湾记》有一种"俊逸之气"②;《〈琊峤图〉记》写海风,颇有此风快哉的劲健之气。周凯在评《添设埤头城望楼炮台并浚濠沟议》云:"总起三事具举,笔势轩轩。"③ 评《武翼都尉陈公行状》云:"叙平南北中三路,以清苍之气络之。不觉其繁,惟恐其尽。"④ 饶禹生评《问吴君体士浯岛粮价书》云:"文有雄健沉深之气。"⑤ 林树梅是应当感谢高澍然师的,因为高澍然教给他古文家的修养,教给他古文写作的许多基本知识和文法,特别是语言的简洁,要言不烦,遣词造句方面。如果上文说过的《自凤山归省记程》等文确实经过高澍然润饰的话,那么,高澍然对林树梅这个弟子可谓是尽了极大的心力了!高澍然"望生为熙甫","名天下"⑥,然而由于林树梅的出生、生长环境和特殊的经历,决定了他个人的禀性,决定了他负奇的才性是很难改变的(作文时修辞的变化,例如古文家讲的"去嚣",则不属于才性、禀性方面)。林树梅个人的禀性,他负奇的才性,也决定他不可能去刻意追求阳湖派,他并没有最大的用心力去治经,并没有以经为古文,他虽然与吕世宜、林焜熿等都是阳

① 《啸云文钞初编》卷四评语。
② 《渡台湾记》,《啸云文钞初编》卷四附高澍然评语。
③ 《啸云文钞初编》卷三评语。
④ 《啸云文钞初编》卷七评语。
⑤ 《啸云文钞初编》卷二评语。
⑥ 《赠林生树梅序》,《抑快轩文集》乙编卷五。

湖派的弟子,但不一定非得称他们是阳湖派不可①。但是在文章的气势方面,林树梅确实于阳湖派为近。上文我们引用周凯评韩愈的话道:"其阴阳开阖,风雨晦冥,鱼龙变化,天吴柴凤,药叉鬼怪,出没于其际,与夫涵育覆载,沐日浴月之情况,闪尸不测,而气象沛然,有非震川所能至者。"②此境归有光不能至,当然,林树梅虽然不可完全能达到那么高的之境,不过,林树梅的古文绝对不是周凯最欣赏的"震川之文,犹苏之具区也"(具区,太湖别称)的那一类;"长江大河万怪皇惑",林树梅的古文的境界,其方向难道不是接近于韩愈"海也"那种沛然的气象吗?

① 陈光贻、曹虹等学者,均视林树梅的同门友吕世宜、林焜熿为阳湖派,分别详《阳湖派主要作者简介》,《江淮论坛》1983年第1期;《阳湖派研究》,中华书局1996年版,第73—74页。
② 《答刘五山大令书》,《内自讼斋文集》卷八。

结　语

　　林树梅先后从富阳周凯和光泽高澍然治古文。周凯是阳湖派代表人物恽敬和张惠言的弟子。张惠言卒后,与同门仁和陈善为张惠言刻《茗柯文补编外编序》,进一步倡导阳湖派的古文。道光十年（1830）周凯到厦门之后,兴修玉屏书院,闽南古文称一时之盛。道光十五年（1835）,周凯让林树梅往福州执贽为师,高澍然是建宁朱仕琇的弟子。本文把林树梅的古文分成前后两期,在拜高澍然为师之前,称为前期;之后,称为后期。林树梅后期的古文有长足的进步。

　　本章把林树梅的古文归纳为五类,即:书策论议文,记程记游文,传记纪略文,图说,书后序跋铭赞。重点论述前三类。"经画详尽","切中时弊",是林树梅第二次赴台书论的特色。厦门战事所作书策,篇篇精彩,语无泛设,义正词严,眼界宽阔,颇见大气。记程记游文《戊戌内渡记》,后收入《啸云文钞初编》题改为《自凤山归省记程》,两文差异很大,高澍然为之润饰改定,对林树梅帮助很大。传记纪略文,《江南提督忠愍陈公传》和《自许先生传》等文,文章气势和笔法或源于太史公。

　　林树梅于阳湖派,得其文章的气势,得其文章的"见用于世";高澍然指授林树梅古文的文法,文章的洁静平易。林树梅于二者均有所得。而林树梅的文学书写,既不可能如阳湖派那样以经学为古文,也不能按照高澍然为他指出的走归有光的路子。谢章铤以为高澍然的古文"所纪多乡里善人","澄潭清泚"也;林树梅古文接近于谢章铤欣赏的"长江大河万怪皇惑"的境界,也与周凯所说的韩愈"海也"的那种沛然的气象为近。

结　论

其一,中国历代文学,由于受到传统观念的影响,重陆轻海,文学研究也大抵如此。"海疆文学书写",是一个新课题。本文以金门奇人林树梅的"海疆文学书写与图像"作为研究对象,由于林树梅流传下来的"图像"很少,本文的研究,主要也是依据林树梅本人的书写。"海疆"的内涵是:一个主权国家拥有主权的海域及拥有主权或管辖权的岛屿;主权海域的陆地部分,即大陆的海岸线及岛屿的海岸线部分。"海疆文学书写"是以海疆为对象的文学书写。林树梅一生的活动,基本上没有离开海疆;他的书写和笔下的图像,也都以海疆为对象。

其二,中国海疆的书写,可以上溯到《山海经》。秦始皇梦见"海神"挑衅其权威,方士以巨鱼喻之。秦始皇巡游至海上,射杀巨鱼,隐含着秦帝国对黄海至渤海广大海域的拥有,以及不能容忍海疆受到挑战之意。自汉至宋元,中国海疆文学书写时快时慢地发展着。明代嘉靖至万历年间,中国沿海遭受倭患,海疆的安全受到严重威胁。抗倭名将张经、戚继光、俞大猷在中国东南沿海重创倭寇,他们的诗文都有不少保卫海疆的书写。明末清初,荷兰等西方国家觊觎澎湖、台湾,沈有容、郑成功驱逐占据澎湖、台湾的"红毛"。沈有容将军编的《闽海赠言》和卢若腾、王忠孝等人的海疆文学书写,带有强烈的爱国精神。入清至道光年间,海疆书写缓慢地发展着。随着台湾的开发,与林树梅同时代的周凯、姚莹、蔡廷兰、刘家谋等的书写也多关海疆,例如刘家谋在台湾写下了《海音诗》和《观海集》两部诗集。但是,由于生活经历不同,无论是周凯,还是姚莹、蔡廷兰、刘家谋,他们都未能像林树梅那样,尽全力来进行海疆文学书写。就这一点说,林树梅是道光间闽海海疆文学书写成绩最为突出的作家和诗人。

其三,林树梅出生在金门岛的一个水师之家,成长于闽海的水师之营,出没于海上的风涛巨浸。他的所闻所见以及经历,几乎都与海疆有关。他熟悉海疆的水道、港口、地形,他熟悉海疆的民众生活,他熟悉海疆的经济和文化;

他还熟悉闽海海疆各水师要塞、熟悉海上的搜捕"盗贼"、熟悉船舰水战、熟悉闽海的防守。林树梅出生的环境、成长的环境、生活和经历的环境,注定他的文学书写只能是中国东南的海疆,而不可能是西北的大漠,或者是华北的一马平川,抑或是江南的池沼河汉。林树梅的海疆文学书写,再次证明了文学作品,是一定的自然环境的生活、经济生活和社会生活在作家头脑中的反映这样一个真理。

其四,林树梅生活的时代,是在 1840 年之前约三十年和之后约十年的时代,其时,内忧外患,各种社会矛盾加剧。鸦片战争爆发之前,生活在海岛,在水师营中成长的林树梅以他诗人特有的敏感,特别关注宋元、明清之际的兴亡废替,特别关注海疆的形胜,特别关注海疆的战守。鸦片战争爆发,他在厦门慷慨从军。"时运交移,质文代变";"歌谣文理,与世推移"[1]。林树梅充满爱国激情的诗文,深刻地烙上时代的印记。

其五,嘉庆之后,阳湖派是一个有较大影响的古文流派,道光间,恽敬和张惠言的弟子富阳周凯、仁和陈善先后来到福建,周凯又在厦门修葺玉屏书院,闽南古文称一时之盛。光泽高澍然是建宁朱仕琇的再传弟子,又是继陈寿祺之后修《福建通志》的总纂,其古文在福建、甚至江西有较大的影响。林树梅先后从周凯、高澍然学,于阳湖派得其文章的气势,得其文章的"见用于世";高澍然指授林树梅古文的文法,文章的洁静平易。而林树梅的文学书写,既不可能如阳湖派那样以经学为古文,也不可能完全照着高澍然为他指出的路子走下去。林树梅海疆文学书写,臻于"长江大河万怪皇惑"的境界。毕竟,林树梅是将门之子;毕竟,他从周凯、高澍然治古文时已经二十多岁,有了丰富的阅历。魏文帝曹丕说过,文以气为主,虽在父兄,不能以移子弟。我们只要看曹操、曹丕、曹植的文章,就可以知道曹丕说得多么正确。同样,成年之后的林树梅,周凯、高澍然可以修饰他文章的文辞,可以教给他文法,但是已经很难改变他那将门之子的禀性,很难改变他长期生活在海疆所形成的禀性。林树梅绝对写不了张惠言《送张文在分发甘肃序》一类的文章,也写不出高澍然所欣赏的归有光的散文。林树梅还是林树梅,他书写的

---

[1] 刘勰:《文心雕龙》卷九《时序篇》,范文澜注,中华书局 1958 年版,第 671 页。

对象仍然还是海疆,他海疆文学书写的气象注定不同于阳湖派,也不同于朱仕琇和高澍然。尽管他的古文磨砺的火候还有些不足,也尽管他的文章没有阳湖派和朱仕琇、高澍然那样精致,但是,他的海疆文学书写,无疑给当时的古文文坛带来了沛然的气象。

附　录

一 啸云诗辑佚

碛田[一]

　　闽安镇,山田如梯,层阶而上,昔人所谓碛田是也。

　　海齧山根地少田,农夫辛苦自年年。行人遥指云深处,绝顶耕牛背擦天。

[校]

[一]碛田　此诗编入《啸云山人诗钞初编》卷一。

[评]

尾句炼极入浑,神出古异。_{高雨农}

游厦门白鹿洞绕出虎溪岩同陈二继豪作[一]**二首**

　　古寺藏幽壑,城东一里余。游踪随白鹿,午饭饱红薯。阁峻欲吞海,林深宜结庐。与君期有用,未忍说山居。

　　逐云穿洞出,又听隔岩钟。石磴伏如虎,溪风来入松。苦吟僧未解,豪与客能从。归路迷山腹,沿村问老农。

[校]

[一]游厦门白鹿洞绕出虎溪岩同陈二继豪作　此诗编入《啸云山人诗钞初编》卷一。

［评］

两首二、三联分用拗体，句法亦同，而气格微别。"阁峻"十字出右丞，"石磴"十字出昌黎。知言者辨之。高雨农

巡山即事[一]

凤山山海疆，全台为扼隘。闽粤与野番，杂居起蜂虿。曹侯初下车，开诚化愚昧。巡防虑未周，偕我历边界。绕道南马仙，西折大冈背。下如落井坑，草蔓多滞碍。渐进忽上天，喘平力欲惫。壶浆出林间，父老迎道拜。自言昔苦饥，盗贼更可慨。今日逢贤侯，到处抚凋瘵。年丰人心平，不图余生快。保甲齐清庄，威严寓劝戒。为语蚩蚩氓，从兹务观爱。勿肆汝凶残，汝侯不汝贷。

［校］

［一］巡山即事　此诗《啸云山人诗钞初编》编入卷二。

［评］

沙苑兜驹，骄嘶自赏。高雨农

春日客怀[一]

此身泛泛等浮槎，行止依人岁已赊。欲涤尘心惟纵酒，且消长日自烹茶。黄鹂隔院有时语，苦楝当窗无数花。一事无成春又老，可怜如此度年华。

［校］

［一］春日客怀　此诗《啸云山人诗钞初编》编入卷二。

［评］

三联剑南高境，余亦质素。高雨农

三月六日同叶式宜司马挈眷归大湖[一]

鹧鸪啼彻曙星稀，一櫂携家日未晞。山色远迎大米舫，波文轻漾细君衣。座中朗抱深深语，湖上春风缓缓归。绝忆朝来村酝熟，榜人遥指酒旗飞。

[校]

[一] 三月六日同叶式宜司马挈眷归大湖　此诗《啸云山人诗钞初编》编入卷二。

[评]

可入唐人《才调集》。_{高雨农}

怀李仲进[一]

登堂拜母记龆龄,别绪纷如水上萍。兄弟相望同一哭,雁飞况不到南溟。

[校]

[一] 怀李仲进　此诗《啸云山人诗钞初编》编入卷二。

[评]

结句自佳。_{高雨农}

答家砚香上舍寄画竹[一]

平生说诗癫,爱竹复成癖。去年居凤山,手种几千百。晚坐山海堂,绿云生四壁。恰有思乡诗,拉杂补其隙。得君不俗人,古意出新格。珍重写数竿,寄取慰孤客。颇惜凌霄姿,坐扼边幅窄。曷不学坡翁,蜀绢致万尺。风雨战蛟螭,森然荡胸膈。助我挥狂吟,竹叶斟琥珀。

[校]

[一] 答家砚香上舍寄画竹　此诗《啸云山人诗钞初编》编入卷三。

[评]

画不坡翁,诗却闯入。_{高雨农}

怀叶司马式宜[一]

亲厚如兄弟,家人亦不疑。记从经岁别,愁寄半屏诗。白露出分袂,红绵又满枝。惊心人事改,况是各天涯。

[校]

[一] 怀叶司马式宜 此诗《啸云山人诗钞初编》编入卷三。

[评]

全首精味兼载,可入张为《主客图》。高雨农

自石衡如试馆归苦雨却寄 [一] **二首**

经岁不相见,相思镇日催。昨宵尊酒共,一笑海云开。老我十年梦,因君百感来。忍闻湖上柳,移向别堤栽。

归听兼旬雨,萧萧六月秋。离忧生咫尺,身世感沉浮。文岂求名著,情还阅世投。朝来徐孺榻,已为拂尘不?

[校]

[一] 自石衡如试馆归苦雨却寄 此诗《啸云山人诗钞初编》编入卷三。

[评]

二诗何异读工部《别卫八处士》,虽古今体不同,而佳想则一。高雨农

宿鼓山白云堂[一]

白云深处净无尘,断续钟声入耳频。冷到衣裳秋夜永,万松冈上月亲人。

[校]

[一] 宿鼓山白云堂 此诗《啸云山人诗钞初编》编入卷三。

[评]

清虚中饶高华气色,中谓神寒骨重。高雨农

琴剑渡江图送客之楚[一]

美人琴剑滞扁舟,送汝潇湘感壮游。此去莫惊芦荻雁,怜他犹作稻梁谋。

[校]

[一] 琴剑渡江图送客之楚 此诗《啸云山人诗钞初编》编入卷三。

［评］

其来无端,其去无迹,半山七绝,独出宋人。高雨农

忆洪惇甫归台阳将至泉州觅渡书寄［一］二首

今宵君宿处,知在几重山。千里独归客,愁看霜叶殷。

昨日送君归,好风吹五两。相思各有情,不及溯来往。

［校］

［一］忆洪惇甫归台阳将至泉州觅渡书寄楚　此诗《啸云山人诗钞初编》
编入卷三。

［评］

闲闲叙去,可谓不着一字,尽得风流。

确是唐人绝句,格在王、韦间。高雨农

酒后思乡［一］

醉余方觉滞归期,枫叶如花落满地。酒趣自怜为客减,入山何处避
人知。仍将八口同游食,每到三秋倍系思。手把一卮闻过雁,故乡南望
不胜悲。

［校］

［一］酒后思乡　此诗《啸云山人诗钞初编》编入卷三。

［评］

劲气直达,潜气内转,如习白猿公术,看似闪尸,操舞如度。高雨农

题画赠周东塘［一］

露滴高梧月上阶,风摇蕉叶扫莓苔。停琴留客两无语,坐听茶声作
雨来。

［校］

［一］题画赠周东塘　此诗《啸云山人诗钞初编》编入卷三。

[评]

经其户,寂若无人;披其帷,其人斯在。那得非名贤诗,似为写照。_{高雨农}

宿吴园^[一]

吴君高隐处,相过两忘形。夜静钟催梦,秋来叶满庭。风枝勾败瓦,灯影漏疏棂。何事鸡声急,主人眠未醒。

[校]

[一] 宿吴园　此诗《啸云山人诗钞初编》编入卷三。

[评]

小径落花,时有委艳,亦足钩留。_{高雨农}

秋江小景^[一]

红树江头系钓舟,吟身瘦到众山秋。眼中光景心中句,都被丹青一笔收。

[校]

[一] 秋江小景　此诗《啸云山人诗钞初编》编入卷三。

[评]

景从言外领取,是谓不着一字,尽得风流。_{高雨农}

送吴楚峰先生理醮惠邑^[一]

十年父执几人留,怅触因君话旧游。不喜浮名交自寡,随缘小住世无求。我生马齿惭知己,终古鱼盐有杰流。闻道螺阳多美酒,他时共解骗骦裘。

[校]

[一] 送吴楚峰先生理醮惠邑　此诗《啸云山人诗钞初编》编入卷三。

[评]

思曲如控生马,不施衔橛,无不捉搦。_{高雨农}

题平旦钟声图[一]

蒲牢一杵隔溪闻,道味禅心已十分。人与青山共平旦,更从何处著尘氛。

[校]

[一]题平旦钟声图　此诗《啸云山人诗钞初编》编入卷四。

[评]

清气袭人。高雨农

滩行纪险歌[一]

闽西千里少平路,插汉万峰绝攀附。一水远从西北来,势与山根共回互。水中乱石相巉岩,断流刀锯森如树。大小相间五百滩,满目怪状纷无数。长若蚺蛇迎舟吞,曲为称钩偃铁铸。剑津巨浪奔雷霆,挑战时激将军怒。(自注:蚺蛇、称钩、将军,三滩最险。)舟子持篙与石争,得失分毫性命付。我生海外习风波,一经此险嗟难渡。篙师抵险乃若夷,出险莞尔向我顾。谓我滩石殊梗顽,曷学愚公移之去。否则鞭走或划平,永除阻碍任沿溯。我独一笑曰不然,世间忧虑在恬豫。舟行若驰无危滩,相安顺境更奚惧。逐流争作捷径趋,风气谁能挽之住。即此可知天地心,使历艰难生智悟。

[校]

[一]滩行纪险歌　此诗《啸云山人诗钞初编》编入卷四。《啸云诗钞》卷五有《建溪行》,与此诗文有异同,而异多于同,故别辑于此。

[评]

质固中仍自流逸,是为骨重神寒之作。高雨农

拜忠愍公祠[一]

父执公专阃,江南昔驻兵。孤军无后继,一死有余荣。鹭岛归忠骨,泄流带恨声。至今寰海外,犹自仰威名。

[校]

[一] 拜忠悫公祠　见罗元信《金门佚文访佚》。(《金门日报》2003 年 4 月 3 日。)

临终口占[一]

深负平生国士知,盐车老驾欲何之? 归来化作孤山鹤,犹守梅花影数枝。

[校]

[一] 临终口占　见（光绪)《金门志》卷十。

二 啸云文钞辑佚

金门林树梅 著

陈 茗 辑

静远斋文钞自序[一]

树梅生长海滨,学识谫陋,恶敢言文?然闻乡里父老谈先哲文章气节事,心辄响往,且毕力搜抉,据事直书,盖欲存间闬风流,惜遗佚心血,以备问俗之采耳。

道光十六年九月,金门林树梅自序。

[校]

[一]某君捐置祭产序 此文见《静远斋文钞》。

某君捐置祭产序[一]

宗族亲疏,其始,一姓之聚也;祖考、孙子,其始,一人之身也。渐而支分派别,宗族之人不相识矣。君子所以叹敦族之难也。某氏于金门为巨族,族有祠,岁时祭祀,子姓咸集,燕饮尽欢,雍雍怡怡,得敬宗睦族之道焉。然未置祭产,族人届期递值以供祀事,而经费繁浩,或贫不能任,至有鬻妻孥以集事者。

噫嘻!奉祖宗之蒸尝,燕父兄以酒食,意甚美也。至于弃室家以供众人之一饱,使先人有灵,必有愀然不乐者矣。某君思有以易之,而商于予。予曰:"昔范文正公置义田,以赡族人之穷乏,其田世守,至今不废。今君虽食俸无多,何难捐所有为后起倡乎?"某君于是慨然欲以其父所遗近市之屋,量值八百金,并其俸廉,又得二百金,充为祀产。其意盖思免族人弃室家之苦,以妥先灵而厚宗亲。虽微,范公故事可循,知必不菲予言也。

顾予之所望于君者,犹不止此。盖人之拥厚赀而不恤宗族者,不过为子孙计耳。与其贻之子孙,屡分而尽,不若分之于宗族,可以无穷。使某君他日更有所积,或置义仓、建义塾,使族姓无穷乏之忧,子弟沐诗书之教,则所为承先启后之功,又岂仅祭产一事足为夸美已邪!某君行将乞假,养母得于里鄗间,次第而毕其孝义之志。予且乐观其后而先为之序焉。

某君名某,其官千夫长也。

予既送某君归,闻其比入里门,遽病不起,捐产事遂寝。昔人曰:士大夫遇好事不要放过。旨哉言也。自记。

[校]

[一] 某君捐置祭产序　此文《啸云山人文钞初编》编入卷二;又见《静远斋文钞》。

[评]

意态入古,笔亦清旷。_{高雨农夫子}

立言有则,气清以和。周芸皋夫子(按:此条仅见《啸云山人文钞初编》卷二)

俞淑人行述[一]

淑人姓俞氏,闽县人。年二十四适陈公一凯,时公为千夫长,家酷贫。姑周太淑人性急,淑人事之惟谨。与后先同甘苦,如女兄弟然。

越二年,随公之台湾任所。适蔡逆滋扰,公力谋战守,无内顾忧者,淑人之助也。贼平,公擢守备,寻升游击。引见,挈淑人内渡奉姑。逮公旋自京师,更渡台,淑人以姑老不忍去,然重违姑命,不得已,偕行。及嘉庆二十四年,公署澎湖游击,姑卒于家。淑人闻讣恸绝。终丧后,形神焦瘁,语人以不得亲姑含殓为憾,犹前志也。后随任之鹿港及艋舺营,往还数百里,与夫侍卒未尝见其面,其肃慎如此。

未几,公卒于台,为主将所抑,停丧海外,不能返。久之,事解,淑人乃携二子扶榇归福州。族之贫者,赖之以食。指繁浩积,忧逾三年。疽发于背,且死,遗命二子曰:"尔父在日,所善台湾令姚君,尝假千金偿官负,固知姚君为官清介,所假金勿取偿也。姚君来闽,可折券还之。"命书于券以识,遂卒。时道光八年八月七日也。距生乾隆四十三年十月五日,得岁五十有一。

淑人先抚蔡氏女为己女,归树梅,为言淑人平日见公临下太严,辄愀然不怿,常讽劝之。其在艋舺时,手足患瘘痹,公取熊掌和药,淑人以其象人形,却不食。病旋自瘳,咸谓仁慈之报也。犹忆树梅时觐淑人,谆谆焉,以承顺亲心为训。呜呼,言犹在耳,吾亲不复见矣!哀哉!

长子朝选附贡生,娶龚氏。次子继豪取吾姑女庄氏,老成练达,得于母教为多。以十五年闰六月二十七日奉淑人柩于闽安镇茶坑山,启公窆而合葬之。遵治命也。

[校]

[一]俞淑人行述　此文见《静远斋文钞》。《啸云山人文钞初编》目录编入卷六,文缺。

[评]

清苍简贵,叙女德宜此笔。高雨农先生并填讳

铭端溪研送朱石仙归白州[一]

石之才,玉之德。取友端,难再得。

[校]

[一]铭端溪研送朱石仙归白州　此文见《静远斋文钞》。

瑞兰室铭[一]

道光壬辰,予游南澳,馆于康氏家塾时,盆兰花开并蒂。允颐、允立

兄弟属铭其室,乃为之铭曰:

兰生空谷,不言自馨。于以培之,君子之庭。人有善气,物效其灵。同根并蒂,沆露亭亭。写图纪瑞,复为之铭。宜尔兄弟,相对忘形。

[校]

[一]瑞兰室铭　此文见《静远斋文钞》。

都尉陈公像赞[一]并序

道光戊子,树梅撰《陈都尉行述》时,公子继豪曰:"先公之像久失。"又言其图中形景极详。梅心志之。癸巳十月,过市上见此幅须发苍古、眉宇清幽,一如继豪言。亟赎以示室人,果公像也。室人,为公养女。请并俞淑人像为装潢,归诸继豪。嗟呼! 失去数年,一朝返璧,非冥冥中有以护持,乌能得之意外如此邪! 谨薰沐拜手为之赞:

梅不识公,忝为戚党。闻公生平,恨未瞻仰。市中有图,英姿飒爽。景物副之,神为之往。携示吾妇,妇谓所养。数年遗落,一朝慰想。乃张高斋,乃为荐享。知公神灵,长在天壤。

附录

往岁出先严像,使绘士作副幅,不戒于火,遂以遗亡。每为瘦云言之,滋痛恨焉。今瘦云于市头遇之,揣拟景色,审为不诬。非绝顶聪明,安及此? 拜诵《图赞》,感泣交萦。知先严之灵,亦欲藉手才人返其像也。瘦云造福于吾子孙匪浅哉! 甲午三月十五日。继豪谨记。

[校]

[一]都尉陈公像赞　此文见《静远斋文钞》。

征收先师赵毂士先生遗文启[一]

道光丙申春,树梅归金门,闻先师赵毂士先生讣,亟走福州,哭诸堂。及询先师著述,则存稿无几焉。夫先生颐学攻文,为闽宿望,而遗文散坠,听其弗彰,非及门后死者之责邪?

　　呜呼！古人师门谊重，至有顶踵不恤，惟恐其师之弗传者。树梅不才，亦尝侧闻君子之风，矧复重以先师之恩有特挚乎？梅侍先师五阅年，谆谆然诲以勿盗虚声，则先师之不骛声华而敦实践也。可知身后之传不传，讵先师意哉？虽然先师姓名满宇内，而文采湮没，卒听弗彰，则诚门人之责也。树梅其敢一日不汲汲乎？

　　忆今春归里，谒别先师，师语梅曰："吾老矣，生平考订金石文字，尝欲补正王兰泉少司寇《萃编》阙遗，需子重来共勤吾事。"梅敬志之，毋敢忘。乃遗文蚀蠹人间，先师已骑鲸天上。树梅不才，受恩特挚，忍使先师无所传以重及门之咎？是用敬缀鄙词，遍启同志，庶几先师所为词章、简牍、序、传、碑、铭，流落四方者，或赐钞邮，俾获脥集，则先师藉以不朽，树梅亦赖以少谢恩知，当亦诸君子所乐为许者也。

　　金门林树梅谨启。

[校]

[一] 征收先师赵毅士先生遗文启　此文见《静远斋文钞》。

书谢退谷先生蛤仔难图后[一]

　　嘉庆十年，海寇蔡牵、朱濆辈为水师军所蹙[二]，欲取台湾蛤仔难为负隅地，时先君子以戈船从大帅击退之。蛤仔难者，在台湾之东，周数百里，番民杂处，易为逋逃薮。十五年，杨观察廷理始按其地，译为噶玛兰，奏设厅治，调兵戍守。

　　道光四年，先君子护理台湾水师副将，曾作《全台舆图》，记其要害。迨署闽安副将，又命树梅搜罗筹海之书，得乡贤谢退谷先生所著《蛤仔难纪略》，谓西渡五虎、闽安为甚捷。益见海疆门户之宜防，与先君子之论合，亟纂入《闽安记略》，资考鉴焉。先生令嗣宗本茂才为言原板巳亡，去冬重梓，而《图》注阙如。兹访得何氏所藏先生旧本，因属树梅补绘之。

　　夫图、书自昔并称，而按山川之险夷，审岛汛之远近，则图之所关甚巨，岂可忽哉！谨出先君子旧图互相校勘，摹画既成，敬识其后。

[校]

[一] 书谢退谷先生蛤仔难图后　此文见《静远斋文钞》。

[二] 蔡搴　应作"蔡牵"。

书胥鹤巢诗后[一]

胥君名贞咸,字心若;鹤巢,其自号也。与予同里居,幼同受业于表兄王汉槎先生,相切劘极欢。

洎长,予省父军营,鹤巢亦就荫武职。偶归里,偕游啸卧亭,鹤巢诗先成,有"我欲弃浮名,蓑笠此间钓"之句。予戏之曰:"诗言志也。昔俞公大猷诵范文正公'先忧后乐'之语,慨然慕之,卒挫倭气,老乃游息于此。今吾子年方盛,出其才以建功业,固自易易,乃薄轩冕而慕渔樵,何计之左也!"鹤巢未及对,海雨欻来,疾走下山,衣履濡湿。村妇、牧竖群哗然笑,犬从而吠。今忆之此景,犹在目前也。

己丑,予侍任闽安,鹤巢来,官守备,癖于诗,为某都阃所弹,予代请先君画策解之。方鞿省会时,见《旧拓圣教序》,典衣以购,日事临摹,其嗜好如此。及从事厦门,邮诗云:"才短每思归隐乐,家贫无那养亲难。"其处境之难又如此。逾五年,以荐权金左游击。予闻之喜,冀于乡里间有所树立也。

去秋,内兄薛绍庭茂才晤予福州寓次,谓鹤巢力疾趋公,势将不起,欲以遗诗请,恐伤厥心。予闻,已凄然感怆,然犹冀其无恙也。未几,而鹤巢之讣至矣。呜乎!鹤巢生平遭际之艰,亦已极矣。天假以年,未必不有所表见于世,乃甫三十有三,溘然逝邪。悲夫!

绍庭敦故人之谊,赙其丧,复辑其遗稿梓之,此昌黎所谓庶几有始终者。会属予校订,因书其后,以当一哭,且志予之有愧绍庭也。

鹤巢之祖讳献珪,以千总从征林爽文,阵亡,恩荫世职。鹤巢父讳德恩,任陆提守备,署安海都司,奉差途死。时鹤巢母董氏年方少,家徒四壁立,内外无亲,养姑育子女,皆从十指中出。课鹤巢读,风雨昕夕,不少宽贷。长则令习弓马,袭云骑尉。今鹤巢既殁,母依女家董姓云。

[校]

[一] 书胥鹤巢诗后　此文见《静远斋文钞》。

[评]

叙走雨一段,饶有逸趣,结尾情来会悲,生曲有味。高雨农先生

至性挚情,跃跃纸上。柯易堂先生

书蓝水何氏家谱后[一]

福州嵩山之麓左侧,有孝义里焉,何氏兄弟三人居之。然里名所起,《闽书》及《福建通续志》,《福州府志》皆未之详。《淳熙三山志》、《闽都记》,于坊巷缘起搜采甚备,而孝义里仍未悉。后阅朝仕坊《陈氏家谱》,载其先曰:"元宰者,宋宁宗时人,生平笃行孝义,以荐为台臣致职。归卜宅于此,里因以名。"《陈谱》当有所本,然亦无他书可征。今何氏三兄弟以孝义得旌,不愧为是里之人,则是里转以何氏传矣。

予生也晚,不及见其行事,独得交其哲嗣。道甫辈皆恂恂儒雅,方承父志,襄诸义举。时家园中枯竹复青,予忆《明史》于闽县《林世勤传》,特记是瑞,可见孝义之气所感,自然隐合。而是里汶汶数百年,得何氏而显,非偶然也。

道甫名则贤,乙未举人,师事乡贤陈惕园先生。藏书甚富,暇日出所订《家谱》视予,标其目曰"蓝水",不曰"孝义里",盖以本源所自,不敢务于名也。呜呼! 何氏真孝义,又何必沾沾于里名所自起哉!

[校]

[一] 书蓝水何氏家谱后　此文见《静远斋文钞》。

书宋贤跋李北海卷后[一]

右王荆公跋唐李北海所书《秋莲赋》,卷尾字虽磨灭,尚可句读,笔带侧锋,过于险劲,其执拗之性可想见也。后有真西山审定,题款小楷一行,书法端整,亦如其人。又有草书三行,较荆公差小,不署姓氏。绎其印章,知为洪容斋,字格高古,如见使金时不屈风焉。

此卷前明曾在王守溪处，吴瓠庵与之周旋，六载始得借观，俱有题识。道光壬辰春，予得之于里人程尔三，亟付装池。北海为天宝中第一流人，其作书独立门户，入于神品，故后进虽宗之，未能登其堂奥。至如尺楮寸缣，不啻连城照乘。千百年来，真迹罕传，今仅获其跋北海者，而复跋之。不知后之继予而跋者，又何人也。

[校]

[一] 书宋贤跋李北海卷后　此文见《静远斋文钞》。

[评]

俯仰今古，一往情深。柯易堂先生

林氏家塾碑记[一]

林君道津，闽县永庆里人也。生平好义，尝欲建文昌祠于其乡之左旁，构数楹为子弟肄业之所，更置田资膏火，事未兴而君疾革，嘱其嗣长芝等而瞑。

越数年，长芝兄弟承父志，乃度地建层阁，以祀文昌神位，结斋舍十余间，缭以短垣，得林泉之胜焉。庀役于道光某年某月，次年某月告成。复置膏腴田若干亩于某地，岁收租谷若干，价银若干，以租谷之入，延聘品学优者为子弟师。子弟自入泮至乡、会两试，行囊诸费，皆有以给也。胪列规条，揭于堂上，且刻田籍以为永久计。所以继承先志、培养后昆之意，至周且备，可谓令子矣。属树梅为记，将以昭来兹也。

树梅不肖，先君子临殁，谆谆以义田宅为嘱，至今未能成其志。仅捐己产赡族，而于义塾未果也。见长芝兄弟之规条，不胜愧叹焉。爰书其概，亦以劝夫世之为人子者，当体先志也。

[校]

[一] 林氏家塾碑记　此文编入《啸云山人文钞初编》卷四。

[评]

正大精简。郭子虹

广东水师提督陈公传[一]

公讳梦熊，字章如，一字渭溪。世居浙江金华东阳县，元至治间入闽，居省城。曾祖熙俊，祖一鹗，父文德由武举人授闽安千总署守备，遂家焉。公少随父征台湾，负矢箙，日行数十里，恐父饥，捣麻枣为饼以进。年二十，起闽安营行伍。

乾隆五十二年，台湾贼林爽文势张甚，公从军，率藤牌手三十，攻小半天山，大破之。福文襄公壮其勇，赏以银牌。积功至千总，守笨港，瘗枯骸无数。既补右营守备，时朱渍、蔡牵诸海贼并起，水师军追捕甚急，公以所造船奉浙江提督李忠毅公命，败贼于三盘洋。

又从水师提督张某御逆渍南澳洋，张令公追，公曰："未可。"遥指云气鳞鳞，谓宜有飓，请俟风起，乘危击之，必劳半功倍。语次，风雨大作，海波澎湃号怒。公曰："可矣。"进迫贼舟，贼方迷失道，随浪浮沉，又人杂技疏，辄自惊。公炮轰之，樯舻灰飞，存者无一逸。于是，张服公神。

会广东艇船啸聚南澳，外洋衔接数百艘，跳梁无忌。公架炮环攻，贼皆海死，而贼首叶两独死拒，伤公频。公佯却，叶来追，就缚其党。林桂急发炮，伤公，眼鼻流血及趾。鼓音不绝，士卒皆奋，遂并擒桂还。既复遇贼目黄典于韭山洋，有谓其能咒召鬼兵，公曰："妄耳。王命在邪，安得祟？第并力攻之。"果获典。会兵剿蔡牵，铅弹殆尽，捣瓷以代。贼退，公追，获其党，先后报捷。赐花翎，补铜山营参将。既至东涌洋，望见贼旗出烟岛，追及之。贼张鱼网，炮蔽不入。公命掷火罐，船炽，溺禽戮甚夥。

护理温州镇总兵事。未几，回铜山。贼闻公来，皆股栗。渍逆弟朱渥率首夥数百人降。吴淡、吴尾、陈孙、□□之徒，亦以千余众赴军前乞命，皆牵党也。至是，尽矣。

公凡三获金门总兵印，禽斩名盗不下千人。护浙江黄岩镇时，有贼黄茂肆劫官谷，杀官兵，出没闽、粤间，独憛公，以公屡歼其党也。再署闽安协副将，令弁兵佯坐小船为贸客，潜往朦艚，探获土盗，商舶赖以安。

嘉庆二十年，澎湖饥。公为副将，谋诸通判彭谦，出廪粟以赈，且割己俸粥饥者。其秋大水，海漂尸二百余，悉收葬之。补浙江黄岩总兵，署温州镇总兵。旋授浙江定海镇总兵，陛见圆明园，仁宗睿皇帝赐问攻贼伤痕,赐克食。回任后,属官晋谒,首询洋面情形,众以所在多贼对。公曰:"多才易办。彼乌合之众,利不相让,害不相救。我苗薅而发梳之,可立尽。"乃饬舟师勤缉捕,浙海贼氛尽熄。

公谋虑决,机实致之。今上初元入觐,连召对叠,赐克食。癸未,进广东水师提督,益感激思报。称日督弁兵练技艺,人人教以讲习潮信,命出洋者计天时,观云色,先见避风灾,什八弗爽。绘图改造广东战船,船既轻捷,人得尽力,所向恒有功。寻以年力衰惫,陈请休致。有旨召见,准在籍食俸。既归,寡酬应,布衣蔬食,足不至公门。惟闻台湾、闽、粤人械斗,抗拒官兵,则翘盼捷音,寝不能安席。八年四月疾,卒于家,年六十九。

论曰:公以勇闻,不徒勇也。其智略过人,观于言,可以知所蕴蓄矣。非明识今古、韬钤之大、老于海上者,其将能乎? 孙子曰:"知彼知己,百战百胜。"公盖有焉。

[校]

[一] 广东水师提督陈公传　此文编入《啸云山人文钞初编》卷五。

[评]

武生写生,贵以朴胜。其间继长增高,亦加厚耳,非加饰也。是传得之,论亦清简。高雨农夫子

上官都尉家传[一]

都尉姓上官,名赞朝,字定春,号元圃,邵武人也。少读书,喜吟咏,性阔达,有盱衡一世之概。父忠隶伍籍,会台湾林爽文乱,当戍,都尉以父命弃儒随征。乾隆五十三年,师旋,其父道卒,至泉州,即葬泉之麒麟山。而身归故籍,积劳官汀州右营外委。

寻以千总调台湾城守右军。嘉庆十年,进守备。明年春,护理中营游击。海贼蔡牵惊台湾,扼东南,两门都尉乘贼猝至,未成列,骤引兵出大西门,伐木树栅,掩袭贼后。而西门近海,贼虑归路绝,散去。次日,山贼起应之,复聚攻南门。都尉出奇兵,冲陷其旁,水陆援师继至,夹击其后,城上炮石雨下,群贼波骇走保柴头港,都尉伏精锐,中途截击,轰溺

死者不能悉数,遂克洲仔尾。追逐抵三坎店,尽焚积聚,郡北道路始通。而大目降山贼尚据险死拒,都尉麾军克之。转攻桶盘栈及七鲲身,濒海贼巢皆尽,中路亦平,惟南路贼犹炽。镇帅檄都尉往剿,遇于大湖、冈山诸庄,连日二十五战,皆捷。乘胜进剿南梓坑等处,克复凤山县新旧治城,获渠魁三逆党四十阵,斩三百余级,夺马四、器仗无算,焚贼寮及船各三百有奇。于是,全台平定。赛将军冲阿最都尉功,擢都司,历任北路镇中、南路下淡水各营事。

都尉宅心仁恕,而治法尚严,部下多同乡人,遇老病者赒之以归,有过,虽亲必罚,士卒无不感奋。尤熟谙台地民情,故所莅屡著懋绩。暇与文吏宴会歌诗,咸叹服其雅量,有古儒将风焉。

越二年,会匪扰嘉义,漳、泉二籍之民亦互斗不已,都尉往来剿抚,悉合机宜。镇帅以闻总督,保升游击,奏可。即奉檄赴口买马,事毕回任。历署城守南、北路参副将,皆称职。总督请实除城守营参将,而部议以本贯人,例不可,遂已。二十四年,遇覃恩,诰授武翼都尉,赠祖、父,俱如其阶。

道光三年,引疾乞休致。逾岁卒于家,年六十。配翁氏,封淑人。生二子,长纯仁,由增贡生议叙得监知事衔,候选巡检;次体仁,拔贡生,皆能志父志,思建功名。都尉既葬,乃梓其遗诗以传。

林树梅曰:都尉尝与先君子同事讨贼,故树梅久闻都尉名。比佐凤山幕府,检案牍,得都尉履历册,思纂其事,备修志之采。值内渡,未遑也。今来邵武,识二公子,又得都尉行实,为作此传,俾附家乘中。至其诗笔苍古,气韵沈雄,自有知之者,兹不具论。

[校]
[一]上官都尉家传　此文编入《啸云山人文钞初编》卷五。
[评]
叙平南、北、中三路,以清苍之气络之,不觉其繁,唯恐其尽。高雨农夫子
止叙走蔡牵一事,如干将溢匣有声,附以歌诗,已将名将本色传出。由气朴而神洁,不假添毫写生也。又评。

周封君传[一]

君姓周氏，讳悠亨，字逊仁。系出宋濂溪先生，后迁晋江东石者为鳌前公，六传至台任公。明天启间以材武举于乡，召为十都团练，总御海盗，多奇策。然族甚微。再传至邦富，生三子，长奕珍生佐昌，佐昌生五子，君其第三人也。少有至性，孝弟之称，人无间言。既长，事会计，往来海滨，得圭撮以归。奉亲自持，务极俭约。

顾以得济一贫乏、恤一孤寡为平生大欲所存。尝冬月泛海至围头澳，飓风大作，舟多覆溺。他先碇者，争捞货物，君独冒险驰拯数十人以归，为供湢糜，治火具，身虽衣裤漉如，弗恤也。已而数十人辞去，中有自言亡其荷担，疑君匿之者，有谰语。君笑谢，取家用者偿焉。其德量如此。武弁某遗官帑，君念素识，为纳数百金。弁后累迁副帅，诣君礼谢，辞不受。盖君仁厚性成，趋善若鹜，又不欲居其名，故事过辄忘，既不乐人称道，人亦无由称道之也。

先娶蔡氏，无出。继娶张氏，产丈夫子三。悯时俗嫁女千金，不以百金教子，故延师特加礼。诸子率觥以有成，而次君维翰，弱冠即补郡庠生，族亦渐盛。

嘉庆庚辰二月之望，君病且革，呼维翰取火，探箧出束纸焚之，曰："此亲友画指券也。吾虽不能多种福德遗子孙，安忍留此以益汝过而生怨？"呜呼，君之存心亦厚矣哉！卒年五十有一。

长子维涵，太学生。次维翰，以廪贡生选闽县学训导。道光壬辰，运米赈饥，加六品衔，循例赠君如其官。三维垣。女一，适蔡某。孙五人，女孙三，俱幼。方君在日，常曰："为善最乐。安得效古人置家塾、育子弟、建支祠、鸠宗族乎！"易箦谆谆，犹举以训维翰等曰："儿能继我志，胜椎牛享我也。"维翰泣而志之。故君殁后未数年，辄合伯叔昆季，共造东埭石桥以济行旅。支祠、家塾，次第踵成，皆以毕君未竟之志。而君之生平可知矣！

庚子八月，树梅归金门，道过东石，维翰追述先德，属为立传。爰著所闻如此，欲使为善者有征劝云。

[校]

[一] 周封君传　此文编入《啸云山人文钞初编》卷五。

［评］

不必张皇矜侈，但据事直书。而封君之长者自见，文之气味亦自佳。高雨农夫子

胎产必读题记^[一]

《达生篇》所载，生产原无遗义，但恐文之际参差，难于记忆。兹阅《吏治悬镜》、《生产十六诀歌》，自受胎以迄产后，悉编韵语，词简意赅，最便念记，因卷首，俾有孕者钞写一张，粘于壁上，可以时常观览。

［校］

［一］胎产必读题记　此文见《重刊〈胎产必读〉》，道光三十年本，杨永智藏（杨永智：《金门林树梅刻书考》，《东海中文学报》2003 年第 15 期）。题目点校者所拟。

仙传牡丹方治产必后十三证附识^[一]

偶阅《杭州府志》，有王姓者素好善。一日，有道人来，食斋毕，留少许药于花盆中，曰："以谢主人。"明年生牡丹一株，开花十八朵，视花片中隐隐有字，皆医方也。其家人取笔录之，共得医方十八条。按方治验，以致巨富，人称牡丹王氏。此即其一方也。

［校］

［一］仙传牡丹方治产必后十三证附识　此文见《重刊〈胎产必读〉》，道光三十年本，杨永智藏（杨永智：《金门林树梅刻书考》，《东海中文学报》2003 年第 15 期）。题目点校者所拟。

朱伯庐先生家居格言集说序^[一]

近晤里人曾树桂，得读乃祖省轩先生手著《集说》，予喜其用意之善、搜见之勤，因检《江苏通志》朱氏二传，录冠简端，复加证正，彦之曰：《朱伯庐先生家居格言集说》。予以是文虽非朱子之书，而朴实近道，深切著明，尤为四方所传诵，实堪媲紫阳之家训，而俱传士君子立己

之言,其故正可深思也。因怂付梓墨,以公于世,览者勿以其易而忽诸。

道光甲辰中秋日,后学林树梅书于鹭江寄舫。

[校]

[一]朱伯庐先生家居格言集说序　此文见《朱伯庐先生家居格言集说》,杨永智藏(杨永智:《金门林树梅刻书考》,《东海中文学报》2003年第15期)。题目点校者所拟。

浯江林氏原定授产条约^[一]

— 坟茔条约。先大父端懿公茔,在后浦北门外石碑牌之西,原买许氏园地。先大母陈太淑人茔,在庵前莲花山,原买叶姓园地。先考受堂公茔,在古坑路太文岩之麓,新买薛姓园地。先妣陈淑人,祔葬先大母茔,其东为母黄淑人寿域。以上地段,俱经呈官定界,母今掌契。其余各地,仍垦为园,将来俾树梅、光廉、成郭,三房轮耕,以供祭扫完粮之费。不得将园擅弃,致伤先茔。愿我后人,共永孝思,保守勿替。

— 房屋条约。原置北门老屋一所二进,后厅安奉祖先神主,大房奉母居住。其前厅及原典傅姓附屋,分与树梅;其两旁耳屋,东与光廉,西与成郭。所有前后厅堂天井门路,则公同出入,母今掌契,后人不可擅弃。其原买郭姓店屋一所,在大衙口,又一所在观音亭街,母今掌契,收租供赡,将来亦听树梅等三房轮收,以供祭祀,后人不得霸占擅弃。其原典郭姓店屋一所,为树梅业,即转典分润族戚。又原典郭姓店屋一所,为成郭业。又原典许姓店屋一所,为光廉业。又新典林姓店屋一所,谨遵先考遗命,捐充浯江书院经费。所有地名屋价,俱于契内填明。

— 田园条约。树梅凭阄,分得原典沈氏园地九区。光廉凭阄,分得原典许姓园地八区。成郭凭阄,分得原典吴姓园地五区。所有地名园价,及受种若干,俱载契内。就耕完粮,听各原主取赎,仍听将钱别置。

— 财物条约。先考服官三十余年,俭积廉俸,统交许君文斌置产家费,籍记无余。其任中一切财物,又系从兄光亮经理,今已全数呈母收掌。其寄存陈提督处俸银一千五百两,经蒙发交,以五百两为母贷息供

赡，五百两为光廉、成郭长成赍本。给树梅五百两，不敢自私，悉以分润
亲族里党诸贫乏。此实仰承先考未竟之志，非敢轻弃遗赍。

　　—　分润条约。伯父海公，与先考早经分爨，今树梅愿自抽银二百
圆，并赎回桥巷店屋一所，及原典许姓园地一区，统与从兄光亮，为伯父
祀产。又将原典沈姓园地口区，与从伯母翁氏，为从伯父才公祀产。又
将原典许姓园地一区，与再从兄有志，为从伯父雅公祀产。又自抽钱
一百千文，与再从伯父德公，给其子双喜婚娶之费。又原典表兄王秀才星
华房屋一所，念吾兄弟皆蒙训迪，今以契价并钱二百千文，还以赠之。又
自抽银二百圆，并原典赵姓店屋一所，奉献外祖母赵宜人供赡。又以原典
邱姓园地四区，奉献外祖母洪孺人供赡。复自抽银为舅氏赍本。以上园
价，俱载契内，就耕完粮，限届听赎。凡此皆所以副我先人睦族至意也。

　　—　抚恤条约。先妣遗有侍女，名曰香姐，先考尝欲纳为侧室，未果，
遗命听去留。香姐不忍轻孤先考之恩，复感先妣爱育，誓志不嫁。爰凭公
议，安置祖宅后房，与诸伯母同居，拨原典许姓园地四区，付与管耕完粮，
母为收契，届限听赎，将钱别置。身后即为公轮祀产，不得擅弃隐匿，今立
案在官也。先考在省，收抚来发，遗命奉祀伯父泽公。今拨祖宅房屋一
所，并原典赵姓园地一区给与之，母为收契，届限听赎，将钱别置可也。

　　右原约六条，于道光壬辰四月之吉，亲戚议定。奉母命缮请金门分
县张君秀景钤盖印信，分给执掌，副稿存案，以杜后言。

　　分产未久，而成郭殇，母又为光左立后，名曰"再育"，盖欲含饴消
忧。树梅不敢违命，今并记之。

[校]

[一] 浯江林氏原定授产条约　此文见林策勋辑：《浯江林氏家录》，
1955 年家印本。

林氏世系演支分派序跋[一]

　　祖籍漳郡龙溪县十一都象山乡。明嘉靖己亥年，祖讳敦朴公，移住
同安县西桥之西茂林下乡，迨至清朝康熙戊寅年，洪水涨溢，田园厝宅，

尽被冲流。高祖讳贞,字国元公,乃率二子(自注:长即曾伯祖讳能公,次即曾祖讳嘉龙公。)始迁金门(自注:即浯岛)。爱后浦风俗淳良,遂居焉。谨按国元公神主镌刻"武略将军"字样,但知其官衔,不知其勋业,良可慨也。盖缘当时遭遇水灾,谱牒遗失,以致后裔无从稽考。于是不肖孙光前,询问宗亲,编图如左。从兹木本水源,可知宗派,俾使左昭右穆,有所依归云尔。

清道光十二年岁次壬辰首夏之月上浣六日

自国元公以降,子孙皆不读书,故世系源流,俱失记载。嘉龙公以上列位祖考妣坟墓,俱葬同安康封山。至祖考妣考妣坟墓,俱在金门。所有祖宗忌辰讳日,另有条记于后,以备稽查,兹不重复云。

光前再跋。

[校]

[一] 林氏世系演支分派序跋　此文见《浯江林氏家录》,林策勋辑,家印本,1955年版。按:原文作"林氏世系演支分派序",据文意加"跋"字。

浯江林氏家录世系序[一]
树梅谨纂[二]

世系

明嘉靖十八年,吾林有自龙溪象山十一都迁居同安之茂林下社,其宗系之详,莫得而究。仅记大瑞公三传至国元公,以康熙三十七年,避水患,再徙金门后浦,于是金门始迁之祖,断自国元公为第一世者,举所知也。按:国元公栗主称"武略将军",其生平事迹,盖亦莫考。入国朝来,世有武功,今渐衰弱。树梅深惧散失,势将愈久无征,谨就见闻纂辑成帙,以金门古号浯江,因名之曰"浯江林氏家录"。愿我后贤,效法备纪,庶几数典无忘哉。

[校]

[一] 浯江林氏家录世系序　此文见林策勋辑:《浯江林氏家录》:1955年家印本。树梅"浯江林氏家录"后另起一行有"世系"二字。据文意题

加上"世系序"三字。

〔二〕树梅谨纂 原文有此四字。

咏雪斋诗草跋[一]

漳南闺秀,以诗闻海内,于宋,则漳浦李氏女兄弟互相唱和;于明,则黄忠端公继室蔡夫人;于近时,则海澄周淑和。然皆零珠碎玉,多不尽传。

顷者,吾友诏安谢君琯樵,重晤厦门,以《咏雪斋诗草》见示,乃其女兄芸史先生闺中句也。衰然成集,无体不备。树梅最服其《咏梅》诸作,骨重神寒,自为写照。《思亲》数首,出自至情。"喜姬抱雏,少慰慈姑九原之望"等句,深得力于二《南》,非寻常巾帼率尔操觚者所能道。其寄弟与侄,每章隐寓规讽,多见道语。《老将》、《老儒》,多至二十首,或悲壮沈郁,或尔雅温文,随题措辞,各极妙趣。方之二李、蔡、周,应无多让。

先生适沈氏。年三十九,授徒于家门,弟子著录者数十人。其舅祖沈耻轩赠句,谓:"学礼学诗男弟子,教忠教孝女先生。"盖实录也。琯樵行将北游,匆匆言别,漫题卷后而归之。

时丙午花朝日,啸云弟林树梅拜手谨跋。

〔校〕

〔一〕咏雪斋诗草跋 见谢芸史著、李青云注。谢继东校阅:《咏雪斋诗录》卷首,台南:大新出版社1990年版。

三 《啸云诗文钞》点校前言

林树梅（1808—1851），初名光前，少赋梅花诗，为师所赏，赠字树梅，因以字行。字实夫，自号"啸云"。以神骨清癯，又自称"瘦云"。淘井得铁笛，吹声澈云，众呼为"铁笛生"。自称"世外人"，人呼"金门羽客"。同安金门（今福建省金门县）人。本姓陈，本生父陈春圃，金门左营百总；本生母谢氏。兄弟六人，树梅排行第六。两岁时，过继金门千总林廷福；林廷福特怜之，母陈氏爱抚备至。

林氏其先世居漳州府龙溪县象山，明嘉靖十八年（1539）迁徙至泉州府同安县茂林下社。清康熙间，树梅高祖避患迁至同安县金门后浦。高祖林国元，武略将军。曾祖林嘉龙。祖父有四子，树梅之大伯父林海、二伯父林泽，均为水师外委；三伯父林汪早卒。树梅父林廷福排行第四。林廷福，字锡卿，号受堂。起行伍，三十多年间，寝馈风涛巨浸中，北至天津、辽阳，南极琼崖、交趾，东至澎湖、台湾，闽、粤沿海则驻守过金门、南澳、海坛、闽安、福宁、烽火门，上下数千里，大小百余海战，以功累至署闽安镇副将。

金门，宋以后隶属于同安县。1915年建县时面积约150km^2，包括大金门、小金门、大磴、小磴、角屿、大担、二担诸岛（1949年以后大金门、小金门、大担、二担，由台湾地区管辖，仍称金门县）。金门有着深厚的文化传统，朱熹为同安主簿，到过金门，燕南书院的设立，可能与他有关。不过，早在朱熹过化金门之前，宋淳化三年（992）金门已经有了同安县（含今厦门市、金门县以及龙海县的局部）第一个进士陈纲。南宋四大遗民之一邱葵、明代会元、探花许獬都是金门人。清代的浯江书院,也是当时一个著名的书院。

金门还是中国东南的一个军事要地和厦、漳、泉的门户。明代,为加强海防,朝廷在金门兴建金门城。著名的抗倭名将俞大猷、沈有容,曾驻守于此。南明时期,与清兵直接交锋过的兵部尚书卢若腾,就是金门人。明亡,郑成功曾以金、厦为据点,与清廷长期周旋;东南沿海的抗清力量奉鲁王朱以海以相号召,鲁王最后客死金门并葬于金门。清代,在金门设总兵署,隶福建水师提督。名将陈化成(同安人),林树梅之父执,曾任金门镇水师总兵,后升任福建水师提督、江南水师提督。金门产生过许多水师杰出的将领,嘉庆间官至浙江水师提督的郑良功就是其中的一位。金门籍水师将领熟悉航海、熟悉海战,绝大多数都有被派到台湾驻防的经历。

林树梅两岁过继到将门,从小接受传统的文化教育。七岁丧母之后,随父出没风波。十七岁,随父远渡台湾;次年随父守澎湖,与蔡廷兰定交。道光十年(1830),富阳周凯为兴、泉、永道观察,驻厦门,于玉屏书院倡古文,树梅从之学。道光十五年,树梅执赞从光泽高澍然乞授古文法,周凯聘高氏为厦门玉屏书院主讲。周凯是阳湖派古文家张惠言的弟子;高澍然是建宁古文家朱仕琇的再传弟子。陈寿祺辞去《福建通志》总纂后,由高澍然继任。在周凯与高澍然的指授下,树梅古文日进。

林树梅两次赴台,第一次已如前述;另一次是道光十六年(1836),时年二十九岁。两次赴台,往返四次,三次遇险,道光十八年内渡,从五月候风,至八月方得以附金门镇战船两度出海,过黑水洋,飞浪从桅杪倾注,船底板漏水,随风漂到福建南部东山岛,九死一生,《渡台湾记》、《再渡台湾记》、《自凤山归省记程》,记录了当时往返闽台的艰辛。曹瑾为台湾凤山令,召林树梅协助治县。林树梅作《与曹怀朴明府论凤山水利书》、《与曹明府补论水利书》、《与曹怀朴司马论竹堑水利书》,曹瑾采纳他的建议,兴修水利,每年增收谷米十数万石,民众虽称之为"曹公圳",而林树梅之功居多。又建议修城楼、炮台。林树梅深入深山林区,海隅小岛,安抚当地居民,协调闽、粤社,制止械斗,训练团勇,曹瑾拟为之报功,林树梅力辞。

道光二十年(1840),爆发鸦片战争,林树梅时在邵武,闽浙总督邓廷桢急速令下属修书招之,林树梅连忙赶到泉州,又从泉州赶到厦门,慷慨从军。

他勘察地形,挖掘泉井,训练乡勇,上书当局,条陈防守利弊,所作《上闽浙总督邓公全闽备海策庚子八月》、《上兴泉永道刘公厦金二岛防御策辛丑正月》、《上总督颜公补陈战守八策辛丑二月》、《上泉漳二巡道海澄刺屿尾置戍策辛丑二月》等文,非平日深谙防海者不能发。陈化成将军战死于吴淞,林树梅以通家子的身份作《江南提督忠愍陈公传》,这篇传记,很可能是史上最早的陈化成传记。道光三十年(1850),林则徐招其入幕,称其为"南金",目之为"国士"。十月,林则徐前往广西处理粤事,林树梅随行至泉南,暂时告假归里,林氏赠以诗并貂裘,约赴军前。数日后,林则徐卒于广东。林树梅悲恸欲绝,次年郁郁而终,年仅四十四岁。

林树梅生活在清道光年间,活动于闽台沿海,他的作品是那个时期闽台社会、闽台民众往来的重要文献。林树梅兼有水师将门子弟和文士的双重身份,非常关注闽台的海防,他在军中、军外还写下许多务实的爱国诗文,在史学和文学方面有着重要的价值。林树梅的古文文意严洁,切于时务;诗多奇气,悲壮苍郁。树梅间亦作词,惜已不传。

乾隆、嘉庆、道光间,福建的古文家首推朱仕琇(1715—1780)。朱仕琇治古文以韩愈为主,李翱为辅,主张"平易诚见"、"淡朴淳洁"①,有《梅崖居士文集》。高澍然(1774—1841)亦推崇韩、李,并穷三十年的精力,撰著《韩文故》一书,其《抑快轩文集》多达七十四卷。高澍然治古文反对负奇而贵平易,"奇施诸诗,可;施诸古文,则不可。诗之途宽,随所由皆可自名。虽奇如卢仝《月蚀诗》,韩子犹仿而和之"②。治古文和写诗是不一样的。高澍然认为古文应当"弃奇取平"、"进于蔼如"③。高澍然重视古文家的言与行的结合,言之见于行。陈寿祺、谢章铤以至陈衍等都非常看重高澍然的古文。但是由于生活面和视野的限制,高澍然的古文也有不足。谢章铤以为一是在题材方面的取材不广,二在风格方面虽然有着"澄潭清泚"的宁静,但是缺乏"长江大河万怪皇惑"④的气势。平心而论,能看到高澍然古文

① 参见陈庆元:《福建文学发展史》,福建教育出版社1996年版,第458页。
② 高澍然:《赠林生树梅序》,钞本《抑快轩文集》乙编卷五。
③ 高澍然:《啸雲山人文钞序》,钞本《抑快轩文集》乙编卷八。
④ 谢章铤:《记所钞高雨农〈抑快轩文集〉》,《赌棋山庄文集》卷四。

不足的谢章铤，阅历虽然比高澍然丰富，但是长期的书院生活，视野仍然不够
开阔，古文取材也不可能广泛，真正称得上经世致用的也不过三数篇，书生之
论，够不上"长江大河万怪皇惑"这么一种境界，最后真正臻于此境的，则只
有林树梅了。一方面，林树梅的古文得到高澍然的指授，如果我们比较一下
《啸云文钞初编》（后期刻印）与《啸云山人文钞初编》同题之文，就可以发
现，修改润饰后的作品比之前的作品有长足的进步，这是一方面。另一方面，
出生于海岛，长于水师之家，自幼随父出没于惊涛骇浪之中，两渡台湾，英军
侵扰厦门，慨然从军，特殊的经历，则造就了他与众不同的古文风貌。

　　林树梅的诗歌创作，以《太武山十八咏》为最早，作于道光元年
（1821），当时诗人只有十四岁。《啸云诗钞初编》所收，截止于道光二十七年
（1847），此后还有 50 多首见于林策勋所辑《啸云诗钞续编》。林树梅有游遍
名山大川之大志，遗憾的是，直至生命终结，连向往之至的武夷山他都没有到
过。他的履迹，内陆最远的不达到过福建的邵武、光泽，这多半还与他的老师
高澍然是光泽人有关。林树梅丧母之后，随父镇守海疆，他是否到过天津、温
州等地还有待于考证，从现有诗文分析，东南沿海北起福建太姥，中经宁德、福
州、平潭、莆田、泉州、金门、厦门、漳州、漳浦、东山，南至广东潮州、南澳，重要
的港湾、河口，无所不到；台湾东海岸，府城、鹿港，南到琅峤，无所不至。林树
梅曾协助凤山令曹瑾治县，又亲历鸦片战争的厦门战事，部分纪事诗可备史
乘之采 [①]，这是没有问题的。但是，如果讨论林树梅诗最大的特色，那就是他
的诗具有海洋与海岛的特质。宋代以后，由于海上交通的逐渐发达，海疆文
学也有一定的发展。随着明代郑和的下西洋，嘉靖、万历的倭乱，荷兰据台和
郑成功的复台，人们对海疆有了更多的关注。林树梅生长于海岛以及他的水
师军营的生活阅历，他的诗比前辈诗人在描写海疆，表现出更大的热情与热
力。他的诗内容十分广泛，有海岛的历史传说和追忆（南宋的南澳和南明的
金门），有航海的描述（东渡台湾与内渡），有海上防御与海上战争的书写（沿
海各要塞及厦门海氛），有岛上建设的载述，有海岛赈灾和岛民生活的记载
（澎湖和金门），有海上和海岛风物的描绘，有水师子弟的倡酬，有海疆图画

---

　　① 　光泽何长聚评语，林策勋辑：《诸家评论》，《啸云诗钞》附录，菲律宾宿雾市：大众印书馆
1968 年重印版。

的题诗,还有结交海疆师友及海外使臣记载,丰富多彩。面对海疆,林树梅没有太多的豪言壮语;虽然渡海经历千辛万险,却也没有心惊胆寒。海疆生活,对于他来说,不过是平常的生活,不过是平常之事而已。远在台湾府城的刘家谋评林树梅的诗,一说他有"真气",二说他有"生气"①,最得树梅诗之精髓。

树梅亦能绘图绘画。其图多配于文,如《〈闽海握要图〉说》②,配有《闽海握要图》(今存),对闽海的海防有详细的论述,图亦可资考镜;绘画,时配以诗,可惜画今已不存,未能窥其全貌。林树梅勤于著述,《(光绪)金门志》载其著作十来种,还有一些漏载的。重要的有《啸云诗钞初编》、《啸云文钞初编》、《静远斋文钞》等。从其《说剑轩余事》可以看出林树梅善于辨识金石,工于篆事。林树梅篆印,"古雅绝伦"。吕世宜认为林树梅论篆,世人所不及知者有二,一是"汉印用篆法,兼用隶法,深得篆初变隶意";二是"印之作,在结体运刀,要出之端重,要识其拙处正其妙处"。③

林树梅除了刻自己著作外,还刻了不少书,有家学阅历的,还有军事专书;有重益世、劝孝淑的,还有乡邦文献,时人著述,例如南明兵部尚书、金门人卢若腾的《岛噫诗》、《岛居随录》,多亏林树梅的整理刊刻,才得以流布,功莫大焉。

林树梅的诗集,最早的是《静远斋诗钞》,检高澍然《抑快轩文集》(钞本)丙编卷四有《静远斋诗钞序》,疑道光十六年(1826)高澍然前往厦门主玉屏书院前后,林树梅请质于高氏,即此本。然此本是否刊刻,未详,也未见钞稿本流传。其次是《啸云山人诗钞初编》四卷,此本有高澍然的点评,疑为就正于高氏、为高氏删定之本。高澍然卒于道光二十年润三月,前此一年林树梅曾到光泽谒其师,此本所录诗亦止于道光十九年。其次是《啸云诗钞初编》八卷,此本载诗止于道光二十七年(1847)。《啸云诗钞初编》之所以仍然以"初集"命名,我们推想,这一年林树梅只有四十岁,将来还有很长的时日,因此留有余地(文集名"初集"理同)。谁也不会想到,四五年

① 侯官刘家谋评语,林策勋辑:《诸家评论》,《啸云诗钞》附录,菲律宾宿雾市:大众印书馆1968年重印版。
② 《啸云文钞初编》卷十。
③ 吕世宜著、何树环校释:《爱吾庐文钞校释》,台北:台湾古籍出版社2002年版,第85页。

后,林树梅竟于咸丰元年卒,他的诗就还有四五年未刻。刘家谋《为啸云删诗毕未寄去而讣音至矣》云:"岭海茫茫几霸才,重洋两度寄诗来。一编读罢成遗草,商略何因到夜台。"① 树梅请时为台教谕的刘家谋删诗,当包括道光二十七年以来之诗,可惜诗稿已不可寻。(光绪)《金门志》卷十著录林树梅著述,有《诗文续钞》,可能就是树梅晚年所作未及刊入《诗钞》、《文钞》者,惜未见。万幸的是, 20 世纪 10—20 年代,树梅族孙、菲律宾华侨林策勋先生在其族兄破簏中觅得林树梅诗手钞本五十多首,于 1955 年在菲律宾以《啸云诗存》之名刊印,这些诗都是树梅晚年之作。林策勋先生以未能一睹已经刊刻的《啸云诗钞初编》为憾。后来,其挚友黄荡甫告知其宗人黄秋声曾从厦门鼓浪屿林菽庄老人处得此本。林策勋"喜极涕下,亟托荡甫君婉转营求"②。秋声割爱之后,黄荡甫三次试着从厦门往菲律宾邮寄,未果。只好重抄缩小篇幅,分八次携至香港再转寄菲律宾。用心之良苦,林树梅地下有知,亦当为之感动! 1968 年,林策勋将《啸云诗存》改名为《啸云诗钞续编》,合《啸云诗钞初编》为一册,名为《啸云诗钞》,在菲律宾宿雾市由大众印书馆重印,这是第一部比较完整的林树梅诗集。然而,《啸云诗钞》也有缺陷。缺陷之一,卷八止于《题许鹤仙为石松绘寄园图即送其调戍东瀛》一诗,而缺《陈颂南先生惠书赋答》至《听琴》九题。缺陷二,林策勋未能见到《啸云山人诗钞初编》,《啸云山人诗钞初编》还有若干首《啸云诗钞初编》未收录之诗。2005 年,台湾古籍出版社出版了郭哲铭先生的《啸云诗编校释》,是第一部林树梅诗集的注释本。 此本的优点有三:一是补入《啸云山人诗钞初编》之诗若干首;二是对诗钞作了校释;三是附录收入若干篇林树梅的传记以及评论资料。此书的不足有二,一是以林策勋的《啸云诗钞》作为底本,而未能使用更早的版本,致使《题许鹤仙为石松绘寄园图即送其调戍东瀛》以下诸诗仍付阙如;二是事典注释偶有疏失,语词出处间未能沿波讨源。

林树梅的文集,以道光十六年(1836)刻本《静远斋文钞》为最早。此本不分卷,仅 26 篇,其中《啸云山人文钞》十卷本和《啸云文钞初编》十四卷本未录者 11 篇(序 2 篇,行状 1 篇,铭 2 篇,赞 1 篇,启 1 篇,书后 4 篇)。其次为

① 《观海集》卷三。
② 《啸云诗钞跋》,林策勋编:《啸云诗钞》,菲律宾宿雾市:大众印书馆 1968 年重印版。

《啸云山人文钞初编》十卷本。我们见到的福建省图书馆藏本,卷一至卷五版心为"啸云山人文钞初编",卷六至卷十为"啸云山人文钞"。目录为"啸云山人文钞初编",有目而无文者共 16 篇;卷十另有《全闽备海策》4 篇,《全闽备海策》下自注"以下嗣刻"。这个版本比较复杂,我们拟另文撰述。这里简单说明一下,这个本子刻于林树梅第二次赴台内渡之后的次年,即道光十九年(1839)或稍晚,正文刻成之后,作者在编目录时又准备增加若干篇《静远斋文钞》有录,初编此集时删去,又拟补回的《俞淑人行状》等编,以及道光二十年初撰写的《上官都尉传》等篇。而目录中的嗣刻则晚至道光二十一年(1841)。所以可以断定,目录是在书稿基本刻定后的道光二十一年编的,书则刻于道光十九年至二十年间。这个本子多数文章与《啸云文钞初编》的文字有出入,甚至很大出入。最后是《啸云文钞初编》十四卷本,道光二十七年(1847)刻本。之所以还称"初编",已如前述。《文钞》名为三,实则为一,都是林树梅的文集。载文由少到多,不断增饰,偶有删汰,因此,以《啸云文钞初编》最为完备。

我们这次整理出版,把啸云诗、文合为一帙,总名为《啸云诗文钞》。诗,以旧钞本《啸云诗钞初编》十四卷本为底本,校以《啸云山人诗钞初编》。《啸云诗钞》之后,续以《啸云诗钞续编》。《啸云山人诗钞初编》有录,而《啸云诗钞初编》未载及其他佚诗,编为《啸云诗钞辑佚》附于其后。文,以旧钞本《啸云文钞初编》为底本,校以《静远斋文钞》、《啸云山人文钞初编》。《静远斋文钞》、《啸云山人文钞初编》有录,而《啸云文钞初编》未载,以及其他我们发现的佚文编为《啸云文钞辑佚》附于其后。《啸云山人文钞初编》有目无文者,别辑为《啸云文钞辑佚存目》。《说剑轩余事》文不多,难于单独排印出版,亦附于文之末。《啸云山人诗钞初编》亦有高澍然的评语,然高氏之评是点评,夹评和总评,仅录一诗的总评。《啸云文钞初编》有周凯、高澍然等的评语,本书依其体例仍附于各文之末。《啸云诗钞》、《啸云文钞初编》都有高澍然序,本书已将诗、文合为一帙,故将诗、文序移至附录"诸家序跋倡和与题咏"。本书附录四种,一是《诸家序跋倡和与题咏》,林策勋所辑《诸家评论》数条,亦列于此。二是林树梅传记。林树梅传记见于方志或笔记的有多篇,然多辗转抄摘,不遍录,仅录最早的或有代表性的 3 篇。三是点校者所撰的《林树梅著述考》。四是点校者所撰的《林树梅年谱简编》。

四　金门林树梅年谱简编

林树梅，初名光前，少赋梅诗，师赠字树梅，以字行。又字实夫，自号"啸云"。以神骨清癯，又自称"瘦云"。淘井得铁笛，吹声澈云，众乃呼为"铁笛生"。自称"世外人"，人呼"金门羽客"。

林策勋《从伯祖啸云公传》："初名光前，少赋梅花诗，为师所激赏，赠字树梅，因以字行。"（林策勋：《浯江林氏家录》，1955年家印本）

林焜熿《铁笛生小传》："铁笛生，林姓名树梅，字实夫，同安金门人也。金门宅东南大海中，有太武岩、眠云石诸胜，生常陟岩巅枕石长啸，与海涛相答，因自号'啸云子'，或以其神骨清癯，又目之曰'瘦云'，后得古铁笛，遂自更为'铁笛生'。"（《说剑轩余事》附，郭柏苍校录本）

福建同安金门人。

按：金门清属同安县，民国四年（1915）始建县。详刘敬《金门县志》（钞稿本）。

宅金门后浦北门；

《林廷福》："故宅在后浦北门，现为其后裔林焕章居住，廷福及其子神主尚存其内。"（《金门先贤录》第三辑，金门县文献委员会，1972年版，第125页）

有别业在福州。

高澍然《〈啸云诗稿〉序》："生有别业在福州，余返自厦门，为生留二十日论文。"（《啸云诗钞初编》卷首，《啸云诗钞初编》以下简称《诗钞》）。

本姓陈。祖天琪,姓杨氏。本生父春圃,金门左营百总;本生母谢氏,兄弟六人,树梅排行第六。兄弟早卒。养母陈氏,呼春圃为族兄。

《〈授产条约〉及〈家录〉引》:"吾原姓陈,祖天琪公,姓氏杨,本生父春圃公,为金门左营百总,本生母氏谢,生吾兄弟六人,长庆,次强,次新、次继、次愚……汝祖母呼吾本生父为族兄,吾则本生父第六子也。"(《啸云文钞初编》卷十三,《啸云文钞初编》以下简作《文钞》)

林氏其先世居漳州府龙溪县象山,康熙间迁同安金门后浦。

《先考受堂府君行述》:"先世居漳州府龙溪县象山十一都,明嘉靖十八年徙泉州府同安县茂林下社。入国朝康熙三十七年,先高祖武略将军国元公挈先曾祖嘉龙公避水患于金门后浦,遂家焉。"(《文钞》卷七)

高祖国元,曾祖嘉龙。

详上。

祖端懿。

《先考受堂府君行述》:"先大父端懿公生府君兄弟四人,长讳海,次讳泽,皆为水师外委,次讳汪,早世,府君其季也。"(《文钞》卷七)

伯父海、泽皆为水师外委;汪,早卒。

详上。

父林廷福,字锡卿,号受堂。起行伍,以海战功,累至署闽安镇副将,授武义都尉。

《先考受堂府君行述》:"府君姓林,讳廷福,字锡卿,号受堂……顾府君三十余载,寝馈风涛巨浸中,北至天津,东抵辽阳,南极琼崖,交趾上下数千里,大小百余战,馘名盗无数。遇贼舟往往不避艰险,欲以图报国恩。"(《文钞》卷七)

母陈氏。

《先姚陈淑人行述》:"先姚氏陈,外祖父必高公以水师外委戍台湾,死林爽文之乱,外祖母赵茹荼厉节,与先姚相依为命。"(《文钞》卷七)

幼,失恃,随父出没风波,走南澳、天津、福宁烽火门、海坛、台湾、澎湖、闽安等地。

详各年。

不遑为制举之学;尝从富阳周凯、光泽高澍然治古文。

详《书周芸皋夫子遗像后》、《书高雨农夫子文集后》(《文钞》卷八)。

林策勋《从伯祖啸云公传》:"自少负奇气,讲究兵农有用之书,不遑为制举之学。时富阳周芸皋凯,为兴泉永观察使,光泽高雨农澍然,主厦玉屏书院讲席,以诗古文词倡导后进,公出其门下,虚心请益研讨,深得古文义法。"(《浯江林氏家录》)

刘敬《林树梅传》:"既长,学为古文词,从周凯及玉屏掌教高澍然游,得其指授,故为文具有矩矱。"(《金门县志·文苑传》,稿本)

凤山令曹瑾招入幕,再赴台湾,助修水利。

详《再渡台湾记》(《文钞》卷四)。

熟悉海疆形势、风潮变化、礁汕浅深,尝画《〈闽海握要〉图》并作《〈图〉说》。

《〈闽海握要图〉说》(《文钞》卷十)。

海氛告警,慷慨从军;相度地脉,掘得泉井,人称"林泉井";

详《从军纪略》(《文钞》卷十一)。

条陈诸策,时人目为陈同甫一流人物;当局议叙布政使经历,以母老辞。

《从军纪略》:"为援例,得布政司经历,又欲会疏荐改武职,树梅以母老辞。"(《文钞》卷十一)

蔡廷兰《林君瘦云四十初度寿言》:"所条上诸策,有可防寇患,卫乡里,率抵掌庄论,务求便民。论者谓君以一韦布,抗议达官前,为陈同父一流人。于是当道亟称其才,为叙官六品阶,又将奏移武秩,君复以母老辞。"(林策勋:《浯江林氏家录》,1955年家印本)

闽县何广熹评:"啸云具文武资,有陈同甫之概。"(林策勋:《诸家评论》,《啸云诗钞》附录,菲律宾宿雾市:大众印书馆1968年重印版)

声名倾动海内,至远播西国。

曾以健《跋》:"今夏至厦门……益叹啸云之所以倾动海内。"(林策勋:《诸家评论》,《啸云诗钞》附录,菲律宾宿雾市:大众印书馆1968年重印版)

林豪《瘦云先生留影镜歌》,其《序》云:"先生家厦门时,洋人闻其名,

欲图像以传于外国,乃取洋镜照其面。"（郭哲铭注释:《诵清堂诗集注释》卷三,台湾古籍出版社 2008 年版）

迎生母住厦门,娶妾生子,令其复陈姓;置别业曰"寄舫"。

蔡廷兰《林君瘦云四十初度寿言》:"继母弟殇,君同产兄弟,亦皆死亡,乃迎养本生母,命妾所生子后陈氏。"（林策勋:《浯江林氏家录》,家印本,1955 年版）

《〈朱伯庐先生家居格言集说〉序》:"后学林树梅书于鹭江寄舫。"（据杨永智《金门林树梅刻书考》,《东海中文学报》2003 年第 15 期）

林树梅《寓居偶咏·寄舫》:"负壳笑蜗庐,浮生总寄居。此身已多事,况复一船书。"（林策勋编:《啸云诗钞续编》）

林则徐招其入幕,赠诗,誉之为南金,目之以国士;则徐卒,郁郁寡欢,临终口占"深负平生国士知"之句。

详道光三十年（1850）、咸丰元年（1851）。

性负奇。

高澍然《啸云诗钞稿序》:"家藏铁笛,恒月夜倚海上最高峰,酌酒独吹,吹已长啸。其负奇如此。"（《诗钞》卷首）

蔡廷兰《林君瘦云四十初度寿言》:"君才调豪上,负奇气,博学多能,尤精兵阵。状貌类文弱,而精悍矫捷若健儿。"（林策勋:《浯江林氏家录》,1955 年家印本）

好义举。

刘敬《林树梅传》:"值年暮,市绵衣数百,给邻里之贫者。曾游鼓冈湖,访得鲁王墓,请于当事清其界,树碣墓石,自捐市廛为祭费。"（《金门县志·文苑传》,钞稿本）

勤著述。

刘敬《林树梅传》:"每从廷福巡洋所至,港汊夷险辄笔记录。"（《金门县志·文苑传》,钞稿本）

《（光绪）金门志》:"著有《沿海图说》、《战船占测》及《啸云文钞》十二卷、《诗钞》八卷、《啸云铁笔》一卷、《文章宝筏》一卷、《云影集》、《诗文续钞》、《日记》若干卷。"（光绪《金门志》卷十）

按:林树梅著作别详拙撰《林树梅著述考》。

诗多奇气,悲壮苍郁;文意严洁,切于时务。

高澍然《啸云诗钞稿序》:"诗多奇气如其文,悲壮苍郁。"(《诗钞》卷首)

林策勋《从伯祖啸云公传》:"诗亦雄深雅健,生气盎然。"(《浯江林氏家录》)

间亦作词。

曾以健《跋》:"诗余寥寥,犹征宝气。"(林策勋:《诸家评论》,《啸云诗钞》附,菲律宾宿雾市:大众印书馆 1868 年重印版)

好藏书。

名列《福建藏书四百家》(王长英等:《福建藏书家传略》,福建教育出版 2007 年版,第 274 页)

林树梅《理残书》:"生平惟爱书,今古冀淹贯。罄橐极网罗,琳琅周几案。有时灿宝光,陆离喜心涣。亦复如故人,骤遇言笑晏。"(《诗钞》卷二)

善绘事。

蔡廷兰《林君瘦云四十初度寿言》:"间作小书画,笔墨精能。"(林策勋编:《浯江林氏家录》,1955 年家印本)

所绘图有:《凤山水利图》(《与曹怀朴明府论凤山水利书》,《文钞》卷一)等。

所绘画有:《周芸皋夫子像》(《书周芸皋夫子遗像后》:"请仿绘小像,图成,自题《富春江上捞虾翁》长句。"《文钞》卷八)等。

按:林树梅的绘画,别详拙撰《林树梅绘画考》。

辨识金石,工篆刻。

吕世宜《啸云铁笔序》:"为铁笔,古雅绝伦,得意时赵次闲、陈曼生辈弗让也。"(何树环校释:《爱吾庐文钞校释》,台湾古籍出版社 2002 年版)

详刘敬《林树梅传》(《金门县志·文苑传》,稿本)。

按:树梅有《镂螭存参》(《说剑轩余事》)。

多刻书。

林树梅刻书有四个方向:①融铸家学阅历,出版军事专书,以献策当道:《闽安纪略》、《〈闽海提要图〉说》、《〈沿海图〉说》、《战船占测》、《〈团练乡勇图〉说》、《兵农要政》、《备海要策》、《啸云丛记》计 8 种。②精择著明版本,重益世善书,劝孝淑人:《杨忠愍公年谱》、《〈孝经〉集纂》、《孝经》、《文昌〈孝经〉》、《经验药方》、《朱伯庐先生居家格言集说》、《功过格》、《胎产必读》,计 8 种。③复刻乡邦文献,保存时人作品:《一斋集》、《岛居随录》、《岛噫诗》、《内自讼斋文集》、《拾遗录》、《胥鹊巢诗集》、《云影集》、《金门志》计 9 种。④记录自己生命经验、文学创作:《〈游太姥山图〉咏》、《静远斋文钞》、《啸云文钞》、《啸云诗钞》、《啸云诗存》、《寄情集》6 种。(参考杨永智:《金门林树梅刻书考》,《东海中文学报》2003 年第 15 期,有增删)所订《镂蝤存参》(《说剑轩余事》),刻否未详。

卒,葬金门太文山之麓。

《林廷福》:"在太文山之麓(东社村前通往鼓冈之坡地),坐南朝北,墓碑石桌均甚完整。有短柱,雕刻伏狮一对,颇精巧。墓东数十武,为其子树梅墓,规模差小。"(《金门先贤录》第三辑,金门县文献委员会 1972 年版,第 125 页)

先后娶薛氏、蔡氏、李氏。

按:《〈授产条约〉及〈家录〉引》:"吾娶汝母薛氏,生汝惠、汝意。又娶蔡氏,生爱、殇,乃生汝忠、汝恩。又娶李氏,以奉事吾本生母者,生汝念。"(《文钞》卷十三)

弟光左,卒年十五;继母养成郭为光左之后;成郭卒,又立再育为光左后。

《亡弟光左圹志》:"弟生于嘉庆丁丑正月二十二日,殁于道光辛卯八月二十六日,年仅十五。"(《文钞》卷七)

按:光左为继母黄氏所出。《〈授产条约〉及〈家录〉引》第三则:"汝继祖母黄淑人生汝叔光左。"(《文钞》卷十三)

《浯江林氏原定授产条约》:"分产未久,而成郭殇,母又为光左立后,名曰'再育',盖欲含饴消忧。"(林策勋辑:《浯江林氏家录》)

继母黄氏又有养子光廉;

按:《〈授产条约〉及〈家录〉引》:"汝继祖母黄淑人养成郭后汝叔,而养光廉为己子。"(《文钞》卷十三)

以某从族父次子为弟,以承林氏宗祧;是为光抱。

《授产条约及家录引》:"吾尝从容偕众议,以从父某公次子某为吾弟,俟吾薄有储积,即以畀之,使承林氏宗祧。"(《文钞》卷十一)

按:光抱之名不见《文钞》,见林树梅《浯江林氏家录·世系》(林策勋:《浯江林氏家录》)。林廷福四子,依次为:光前(树梅)、光左、光廉、光抱。

又按:光抱生茶占,茶占生和尚。和尚后人仍生活在金门后浦。

子六:公爱,夭;功惠、功意、功忠、功恩、功念。以功恩、功念为陈氏后。女二人。

按:公爱详《先考受堂府君行述》、《亡弟光左圹志》(《文钞》卷七)。

详《诫子诗》七首(《诗钞》卷七)。

又按:林策勋《从伯祖啸云公传》:"子三:功惠、功意、功忠。孙百龄、沧洲。"(林策勋:《浯江林氏家录》,1955年家印本)功恩、功念盖复陈姓,故未计在内。

按:《〈授产条约〉及〈家录〉引》:"兹欲使汝恩、汝念以后陈氏。"(《文钞》卷十三)

孙二:百龄、沧洲(详上)。

按:树梅世系如下:国元—嘉龙—端懿—廷福—树梅—功惠—百龄

又按:据我们调查,功惠次子沧洲生焕章,焕章生邦信、邦英。邦信、邦英至今仍居住在金门后浦(2009年5月调查)。

清仁宗颙琰嘉庆十三年戊辰(1808)　一岁

是岁,林树梅生于陈家。本生母时年三十七。

按:《〈授产条约〉及〈家录〉引》第三则:"吾本生母今年七十有三矣。"(《文钞》卷十三)

又按:是则作于甲辰,即道光二十四年(1844),逆推,本生母生于乾隆三十六年(1772)。

是岁,父林廷福于粤界长汕尾洋遇朱渍,与战,渍毙,帅抑其功。

《先考受堂府君行述》(《文钞》卷七)。

是岁,高澍然三十五岁,父林廷福年三十二岁,周凯三十岁,母陈氏年二十六岁,吕世宜二十五岁,林则徐二十四岁,陈化成二十三岁,曹瑾二十三岁,陈庆镛十四岁,张际亮十岁,刘存仁四岁。

嘉庆十四年己巳（1809）　二岁

是岁,由陈氏过继林家;母陈氏爱抚备至,父林廷福特怜之。

是岁,父林廷福剿灭海贼,获其大鼓。详《独木鼓铭并序》(《文钞》卷十四）

嘉庆十五年庚午（1810）　三岁

是岁,本生父陈春圃卒。

按:《〈授产条约〉及〈家录〉引》:"顾吾陈氏,自吾三岁时,本生父已卒。"(《文钞》卷十三）

是岁,父林廷福以战功加千总衔。

嘉庆十七年壬申（1812）　五岁

是岁,父林廷福以战功进水师提标前营千总。

《先考受堂府君行述》(《文钞》卷七）。

是岁,大父卒（详下年）。

嘉庆十八年癸酉（1813）　六岁

是岁,大母卒,父林廷福请假归葬。

《先考受堂府君行述》(《文钞》卷七）。

嘉庆十九年甲戌（1814）　七岁

是岁前后,与同里胥贞咸同受业于王汉槎。

《书胥鹤巢诗后》:"胥君名贞咸,字心若,鹤巢,其自号也。与予同里居,幼同受业于表兄王汉槎先生,相切劘极欢。"(《静远斋文钞》）

十二月,五日,母卒,年三十一。详《先妣陈淑人行述》(《文钞》卷六）。

是岁,父林廷福署金门左营守备。

《先考受堂府君行述》:"十九年,署金门左营守备。"(《文钞》卷七）

是岁,刘家谋生。

嘉庆二十年乙亥（1815）　八岁

是岁之后,树梅随父游宦四方。

《〈授产条约〉及〈家录〉引》:"既而吾年七岁,汝祖母卒,汝继祖

母黄淑人生汝叔光左。吾既失恃,则随汝祖父游宦走四方。"(《文钞》卷十三)

嘉庆二十二年丁丑（1817） 十岁

是岁,父林廷福于奉天监造外海战船;擢南澳左营守备。

《先考受堂府君行述》:"二十二年正月,监造奉天外海战船,驾赴金州交付,擢南澳左营守备。"(《文钞》卷七)

是岁,次弟光左生。详《亡弟光左圹志》(《文钞》卷七)。

嘉庆二十三年戊寅（1818） 十一岁

是岁,父林廷福授天津水师镇中军游击。

《先考受堂府君行述》:"二十三年……授天津水师镇中军游击。"(《文钞》卷七)

嘉庆二十四年己卯（1819） 十二岁

是岁,父林廷福诰授武翼都尉。

《先考受堂府君行述》:"二十四年正月,恭遇覃恩,诰授武翼都尉。"(《文钞》卷七)

嘉庆二十五年庚辰（1820） 十三岁

是岁,随父至东瓯。

《渡台纪事》:"十三游东瓯。"(《啸云山人诗钞初编》卷一)

清宣宗旻宁道光元年辛巳（1821） 十四岁

是岁,父林廷福回闽,候补署福宁左营游击兼署烽火门参将。

《先考受堂府君行述》:"道光元年,议裁天津水师,奉撤回闽,候补署福宁左营游击兼署烽火门参将。"(《文钞》卷七)

是岁,作《太武山十八咏》(《诗钞》卷一)。

道光二年壬午（1822） 十五岁

是岁,父林廷福署南澳左营游击,树梅随侍。

《渡台纪事》:"十五客南粤。"(《啸云山人诗钞初编》卷一)

《先考受堂府君行述》:"二年五月,署南澳左营游击。濒行,军民攀留遮道,有请为府君立生祠者,谢却之。"(《文钞》卷七)

道光三年癸未（1823） 十六岁

是岁,随父在南澳。

是岁前后,作南澳诸诗:《宋杨太后陵》、《帝子楼》,《陆丞相墓》、《辞郎洲》(《诗钞》卷一)。

道光四年甲申（1824） 十七岁

是岁前后,与胥贞咸游金门啸卧亭（昔俞大猷游息于此亭）,谈诗,海雨歘来。

作《啸卧亭》(《诗钞》卷一)。

《书胥鹤巢诗后》:"泊长,予省父军营,鹤巢亦就荫武职。偶归里,偕游啸卧亭,鹤巢诗先成,有'我欲弃浮名,蓑笠此间钓'之句。予戏之曰:'诗言志也。昔俞公大猷诵范文正公先忧后乐之语,慨然慕之,卒挫倭气,老乃游息于此。今吾子年方盛,出其才以建功业,固自易易,乃薄轩冕而慕渔樵,何计之左也!'鹤巢未及对,海雨歘来,疾走下山,衣履濡湿。村妇、牧竖群哗然笑,犬从而吠。"(《静远斋文钞》)

五月,父林廷福补海坛左营游击(《先考受堂府君行述》,《文钞》卷七),随侍。

作《离筵即事》、《海坛秋夜闻笛》(《诗钞》卷一)。

闰七月,父林廷福护理台湾水师副将(《先考受堂府君行述》,《文钞》卷七),泊舟金门后浦,不登岸入家。

《渡台纪事》:"疾驰六百里,过门不肯歇。（自注泊舟金门后浦港守风,请家君登岸,不许。）"(《啸云山人诗钞初编》卷一)

八月,四日,随父林廷福由厦门航海往台湾,海上遇险,经三日二夜至鹿耳门。

《渡台湾记》:"道光四年闰七月,家君自海坛奉檄护台湾水师副总兵事,挈树梅之官。八月四日,厦门登舟。"(《文钞》卷四)

《渡台纪事》:"拔碇出料罗,（自注:港名,在金门东。）浪涌长空没。战舰轻如梭,随波为凹凸。渐至黑水沟,鬼哭阴云结。大鱼能吞舟,腹有死人骨。水立龙尾垂,掀簸舟屡蹶。夜闻人语喧,云是补舱裂。亚班登桅巅,整帆虞风折。"(《啸云山人诗钞初编》卷一)

十月,许尚、杨良彬等攻县城。林廷福提劲旅弹压。许尚、杨良彬事起于闰七月,至次年始平。(《渡台湾记》,《文钞》卷四)

是岁,父林廷福作《全台舆图》。

《书谢退谷先生〈蛤仔难纪略〉后》:"道光四年,先君子护理台湾水师副将,曾作《全台舆图》,记其要害。"(《静远斋文钞》,道光十六年刊本)

是岁,交太学生陈朝进。详《太学生陈君继豪行略》(《文钞》卷七)。

是岁或下岁,作《台湾感兴》三首(《诗钞》卷一)。

道光五年乙酉(1825) 十八岁

是岁,随父林廷福在台湾。

十一月,父林廷福调任彭湖右营游击,树梅随侍。

《渡台湾记》:"明年十一月,家君调署澎湖右营游击。"(《文钞》卷四)

是岁,与澎湖蔡廷兰订交。

蔡廷兰《林君瘦云四十初度寿言》:"道光乙酉,君年十八,侍父武义都尉官澎湖。余爱其才器奇杰,遂与订交。"(林策勋:《浯江林氏家录》)

是岁或次岁,澎湖苦旱,父林廷福建龙神祠。

《先考受堂府君行述》:"五年,调署澎湖右营游击……府君建龙神祠为祈报地,民至今咸诵德。"(《文钞》卷七)

道光六年丙戌(1826) 十九岁

五月,父林廷福由署澎湖右营游击复以水师抵台,驻西螺堡;树梅随往。于澎湖获明卢若腾遗书数册。

《渡台湾记》(《文钞》卷四)《先考受堂府君行述》(《文钞》卷七)略同。

作《澎湖留别》四首,其四略云:"古剑寒肝胆,奇书瀹性灵。(自注:在澎得卢牧洲先生遗文数册。)"(《诗钞》卷一)

十一月,随父林廷福内渡,前后在台出没风涛戎马间三年。详《渡台湾记》(《文钞》卷四)。

十一、十二月间,在金门。追忆渡台事,作诗与文纪之。又谒卢若腾墓,有诗纪之。

作《渡台纪事》,其《序》云:"道光四年,家君署台湾副总兵官,树梅侍行。越二年归,作《渡台记》,'意有未尽,复成此篇'。"(《诗钞》卷一)

作《渡台湾记》(《文钞》卷四)。

道光七年丁亥（1827） 二十岁

是岁，渡海就读于海坛兴文书院，主讲者为李致云（自青）。

李致云《〈静远斋文钞〉序》："林生瘦云好游，嗜古。少随父宦游海上，杀贼于风涛汩没中。丁亥，予主讲海坛兴文书院，航海来从予学，为诗古文词。"(《静远斋文钞》卷首) 按：海坛，今福建平潭。

是岁，琉球贡使船飘至海坛，林廷福救导，并送之归。

《赠琉球魏贡使有渊》，其《序》云："有渊名学源，琉球中山久米府唐营人。道光丁亥，贡船来闽，飘至海坛，几坏。先君子遣兵救导，且护之归。"(《诗钞》卷四)

是岁，父林廷福升烽火门参将。

《先考受堂府君行述》："七年十月，署福州水师营参将，旋升烽火门参将。"(《文钞》卷七) 按：烽火门，在福建福鼎。

道光八年戊子（1828） 二十一岁

是岁，父林廷福回闽，署闽安镇副将，随侍。

《先考受堂府君行述》："八年十月，引见回闽，署闽安镇副将，恭遇覃恩，诰授武义都尉，荣及先世。"(《文钞》卷七) 按：闽安，在今福建福州。

是岁或次岁，作《佛郎机铜炮歌》、《登福州钓龙台》、《南台夜泛》(《诗钞》卷一)。

是岁或次岁，作《磻田》(《啸云山人诗钞初编》卷一)。

是岁，蔡夫人养母俞淑人卒。

《俞淑人行述》："淑人姓俞氏，闽县人。年二十四适陈公一凯……卒，时道光八年八月七日也。"(《静远斋文钞》)

《太学生陈君继豪行略》："俞淑人亦以养女蔡氏归予。"(《文钞》卷七)

道光九年己丑（1829） 二十二岁

是岁，父林廷福乃署闽安镇副将，随侍。

是岁，闽安人淘井得铁笛，归之。

作《铁笛》，其《序》云："闽安镇有人淘井得铁笛，归于树梅。谱之，盖仙品也。"(《诗钞》卷一)据"携登太姥摩霄峰"句及《自题〈游太姥山图》》其一"铁笛横风第几声",此诗当作于是岁。

秋,游闽安猴屿。

《自闽安重游侯屿岩》有云:"怪昔同游者,封侯未得闲。(自注:二十年前有裨校偕予至山,今为渠帅矣。)"(《啸云诗钞续编》)详道光二十八年(1848)。

冬,于福州越土台谒师李致云,欲为武夷之游,未果。

李致云《〈静远斋文钞〉序》:"己丑冬,谒予于越王台下,欲为武夷游,未果。"(《静远斋文钞》卷首)

十一月,自福州往游太姥山,并作游山记,绘游山图及题诗。

作《游太姥山记》(《文钞》卷五);又作《自题〈游太姥山图〉》二首(《诗钞》卷一)。

道光十年庚寅(1830) 二十三岁

是岁,父林廷福乃署闽安镇副将,随侍。

三月,父林廷福病卒于闽安任上,时年五十四。

《先考受堂府君行述》:"十年二月,痰气上壅,犹厘剔军实……竟弃不孝等而逝。时为三月十一日也……府君生于乾隆四十二年十一月二十五日,年五十有四。"(《文钞》卷七)

四月,扶父枢归里,葬太文岩之麓。

《先考受堂府君行述》:"以是年四月扶枢归里,营葬太文岩之麓。"(《文钞》卷七)

八月,与弟光左为父林廷福下葬立碑。

陈炳容《金门的古墓与牌坊》第四章"林挺福"条:"廷福之墓在太文山山麓,即由东社往古岗之坡地,整座墓园几乎被树丛所遮掩,蔓藤根柯横生,不易找寻。碑身为花岗岩,长方形,二端截角少许,碑翼为三合土,风化严重,墓手立柱之石狮颇精巧雄健,碑文为:

道光岁次庚寅年八月吉旦

皇清诰授武功将军受堂林公之墓

孝男光前光左□立石"

(金门县1998年版,第105页)按:□爱,即公爱。

是岁,周凯为福建兴泉永道观察。(《福建台湾道周公墓志铭》,《内自讼斋文集》卷首)

道光十一辛卯（1831） 二十四岁

夏,子公爱夭。

《亡弟光左圹志》:"予五六岁哭祖父母,七岁哭母,去年哭父,今夏哭子,秋复哭汝。"(《文钞》卷七)

秋,弟光左卒,年仅十五。详《亡弟光左圹志》(《文钞》卷七)。

是岁,在福州,于福建通志局结识王怀佩。

《陈颂南先生惠书赋答》略云:"那堪谈旧雨,碌碌愧知音。"自注:"书云:前到仙游,王怀佩先生谈及,亦不胜叹赏。树梅识王先生于福州志局,别来十七年矣。"(《诗钞》卷八)

按:此诗作于道光二十七（1847）,与王怀佩别十七年,则结识在是岁。

是岁,澎湖旱潦,冬大饥,通判蒋镛筹赈报恤。

《澎湖施赈图歌送蒋怿莽司马归楚》,其《序》云:"道光辛卯夏,澎湖旱潦,冬乃大饥。通判蒋怿莽先生筹赈报恤,全活无算。"(《诗钞》卷四)

是岁或下岁,从富阳周凯治古文。

《哭芸皋夫子》四首其四:"六载蒙提携,师门热泪潸。"(《诗钞》卷三)

按:周凯卒于道光十七年（1837）。

是岁,林豪生。

林豪（1831—1918）,本名杰,字卓人,一字嘉卓,号次逋。贡生林焜熿之子。咸丰九年（1859）举人。续修有《金门志》,著有《诵清堂诗集》等。(郭哲铭:《林次逋先生年谱》,《诵清堂诗集注释》卷首)

道光十二壬辰（1832） 二十五岁

正月,将南游潮阳,师李致云作《序》送之。

李致云作《送林树梅游潮阳序》(《静远斋文钞序》卷首)。

一、二月间,有潮州之行,重游南澳,馆于康氏家塾。谒韩愈庙;过漳浦,拜黄道周墓,解读道周父青原公墓碣文;过漳州,游木棉庵。有诗。

作《题分水关》,略云:"闽粤色连处,漳潮二水分。"(《诗钞》卷二)

作《潮州曲》、《韩文公庙》、《拜黄忠端墓》、《木棉庵》(《诗钞》卷二)。

作《瑞兰室铭》(《静远斋文钞》)。

二月,访得前明鲁王朱以海之墓,并作《图记》及诗。

《前明鲁王墓图记》:"道光十二年春二月,树梅偕里父老于金门城东鼓冈湖西访得王墓。墓前灰土筑屏,稍下一墓形制如前,俱不封树。土人皆称王墓。盖旧有三,上一为正圹,下二为陪葬,今皆犁为田矣。"(《文钞》卷五)

作《修前明鲁王墓即事》(《诗钞》卷二)。

春,书宋王安石、真德秀、洪迈跋李邕书《秋莲赋》后。

作《书〈宋贤跋李北海卷〉后》(《静远斋文钞》)。

四月,纂辑《家录》、《世系》。

作《林氏世系演支分派序》,略云:"不肖孙光前,询问宗亲,编图如左。从兹木本水源,可知宗派,俾使左昭右穆,有所依归云尔。清道光十二年岁次壬辰首夏之月上浣六日。"(林策勋:《浯江林氏家录》)

作《〈浯江林氏家录〉世系序》:"入国朝来,世有武功,今渐衰落。树梅深惧散失,势将愈久无征,谨就见闻纂辑成帙,以金门古号浯江,因名之曰'浯江林氏家录'。愿我后贤,效法备纪,庶几数典无忘哉。"(林策勋:《浯江林氏家录》)

四月,分产。并奉母黄氏之命缮《授产条约》,共六条,曰:坟茔条约,房屋条约,田园条约,财物条约,分润条约,抚恤条约。

作《浯江林氏原定授产条约》,附识:"右原约六条,于道光壬辰四月之吉,亲戚议定。奉母命缮请金门分县张君秀景钤盖印信,分给执掌,副稿存案,以杜后言。分产未久,而成郭殇,母又为光左立后,名曰'再育',盖欲含饴消忧。树梅不敢违命,今并记之。"(林策勋:《浯江林氏家录》)

是岁,刻明卢若腾《岛居随录》、《岛噫诗》;谒卢墓,作《自许先生传》(《文钞》卷六)。

是岁或次岁,作《嘉义阵亡将士祠墓碑记》(《文钞》卷五)。

是岁,作《赠澎湖蔡香祖茂才》(《诗集》卷二)。

是岁或稍后,有日本刀并诗赠泉兴永道周凯,凯有答诗,称树梅能武兼能文。

作《日本刀》(《诗钞》卷二)。

是岁,为周凯画《富春江上捞虾翁图》。

《为李香农绘〈钓台泛月图〉并题》自注:"芸皋师,富阳人,尝属树梅作《富春江上捞虾翁小照》。"(《诗钞》卷四)。高澍然《书周观察〈捞虾图〉后》:"富阳周芸皋先生备兵厦门之三年,属绘者作《捞虾图》,因自号'捞虾翁'。"(《抑快轩文集》乙集卷三十九)按:周凯道光十年(1830)为兴泉永道观察,至此年三年。

是岁或稍后,弟光左之后成郭卒,母黄氏又立再育为光左后。

详上《浯江林氏原定授产条约》附记。

是岁,二月,澎湖饥,周凯奉檄赈济。

《书周芸皋夫子遗像后》:"道光十二年二月,澎湖饥,奉檄赈济,全活无算。"(《文钞》卷八)

是岁或下岁,周凯命题《鹭门纪游诗画册》。

作《芸皋夫子命题〈鹭门纪游诗画册〉》(《诗钞》卷二)。

道光十三年癸巳(1833)二十六岁

十月,于市上觅得室人蔡氏养父、友人陈朝进之父雪华像,亟赎回,并作像赞。

作《都尉陈公像赞》,其《序》云:"道光戊子,树梅撰《陈都尉行述》时,公子继豪曰:'先公之像久失。'又言其图中形景极详。梅心志之。癸巳十月,过市上见此幅须发苍古、眉宇清幽,一如继豪言。亟赎以示室人,果公像也。"(《静远斋文钞》)

是岁,刻《游太姥山图咏》。

按:《游太姥山图咏》第10页有"闽泉同安浯岛林树梅瘦云氏譔"13字。

是岁,周凯权台湾道。详周凯《自纂年谱》(《内自讼斋文集》卷首)。

是岁,在福州,游雪峰寺;晤黄君寿秀才。

作《题雪峰枯木庵刻字榻本》、《晤黄秀才君寿》、《寄家秋泉先生》(《诗钞》卷二)。

是岁,六月十四日,父执福建布政司经历朱德峒卒,年五十有六。

见《父执福建布政司经历朱传》(《啸云山人文钞初编》卷五)。参见下年。

道光十四年甲午(1834) 二十七岁

三月,友人陈朝进为作《都尉陈公像赞》书后,称树梅绝顶聪明。

陈朝进《书后》："今瘦云于市头遇之，揣拟景色，审为不诬。非绝顶聪明，安及此……甲午三月十五日。继豪谨记。"（《静远斋文钞》）

春夏间，有与陈朝进游白鹿洞、虎溪岩，有诗。

作《游厦门白鹿洞绕出虎溪岩同陈二继豪作》二首（《啸云山人诗钞初编》卷一）。

五月，在福州，大水，有诗纪之。

作《大水甲午五月在福州作》（《诗钞》卷二）。

五、六月间，在福州，于郭柏苍乌石红雨山房消夏，并与李作霖、吕西宜等以黄子环《印谱》相质证，偶作一二石以酬答。

郭柏苍《乌石红雨山房记道光甲午》："夏仲，溪涨成灾，骨董、字画、古砚、寿山石，美不胜收，鬻此质彼，为书贾作居停。李君作霖，工篆石，其父振涛茂才学于十砚翁，以山房之胜，携锤凿消夏。吕西邨、林瘦云、吴小溪日以黄子环《印谱》相质证。时亦偶作一二石以酬答东道。"（《葭柎草堂集》，光绪本）

是岁，在福州，登镇海楼。有诗纪福州行踪。

作《乏盐》、《登福州镇海楼》、《别陈子继豪》、《理残书》、《随舍利塔歌》、《寄朱晓霞进士石仙上舍》（《诗钞》卷二）。

按：此诗《啸云山人诗钞初编》卷一作《送蒙古金镜轩侍任北上》。

是岁，为父执福建布政司经历朱德屿作传。

作《福建布政司经历朱公传》："以次年二月奉公枢归广西。林树梅曰：先君为海坛游击时，与公共事，称公为忠厚长者……顾念公，父执也。谨著其行事于篇。"（《啸云山人文钞初编》卷五）朱德屿卒于上年。

是岁，为谢金銮《蛤仔难纪略》补图。

《书谢退谷先生〈蛤仔难纪略〉后》："道光四年，先君子护理台湾水师副将，曾作《全台舆图》记其要害。迨署闽安副将，又命树梅搜罗筹海之书，得乡贤谢退谷先生所著《蛤仔难纪略》……谨出先君子旧图，互相校勘，摹画既成，敬识其后。"（《静远斋文钞》，道光十六年刊本）

是岁，为广东水师提督李增阶作传（《文钞》卷六）。

是岁，高澍然继陈寿祺为《福建通志》总纂。

是岁，曹瑾署闽县（《文钞》卷一）。

《贺曹明府水利告成并陈善后事宜书》："道光十四年来闽，历署闽县、将乐，皆有政声。"（《文钞》卷一）

道光十五年乙未（1835） 二十八岁

春，金门寒冷异常，为制衣襦千件施邻里。游鼓冈湖。

作《赠衣篇》："闽南近赤道，郁热蒸如炉。今春忽严冷，常候安可居。颇闻有冻馁，僵卧横中途。恻然念胞与，急难谁持扶。竭我薄绵力，制为千衣襦。聊以赠邻里，博施嗟难敷。"（《诗钞》卷二）

作《游鼓冈湖》、《同王香雪先生渡海至刘五店》（《诗钞》卷二）。

二月，在厦门，与吕世宜、叶化成等共饮，袖出一椰瓢。

周凯《椰瓢说代》："乙未二月既望，吕子西邨将之漳，叶子东谷至自泉，相偕来谒，与之共饮。林生瘦云与焉。袖出一瓢示余，光泽可鉴，椰质也。背镌'巢遗'二字。"（《内自讼斋文集》卷六）

五月，在福州，执贽从高澍然乞授古文法，此后，古文日进。

《书高雨农夫子〈抑快轩文集〉后》（《文钞》卷八）。

高澍然《赠林生澍梅序》："道光乙未五月，余将去福州，识生于友人钱席。旦日，生肃衣冠，贽为弟子，乞授古文法。适余是日发，匆匆数语而别。"（《抑快轩文集》卷五）

高澍然《〈啸云诗钞稿〉序》："岁乙未，生年二十有七，来从余学为古文。余考其业，善序事，郁勃有生气。时余将去福州，恨得生之晚也。"（《诗钞》卷首）

按：《〈啸云诗钞稿〉序》，高澍然《抑快轩文集》丙编卷五作《静远斋诗钞序》，"二十有七"作"二十有八"，当从。

六月、闰六月，汇所作正于高澍然；澍然为即指其利病。

高澍然《赠林生澍梅序》："自是，积一、二月，生辄汇所作，走使求正。余为处其利病而退，虽隔面，无异亲授然。"（《抑快轩文集》卷五）

六月、闰六月，在福州，与张际亮、谢金銮之子谢孝知兄弟游。

张际亮有《谢孝知兄弟招饮席间喜晤林大瘦云因有此作》二首（《思伯子堂诗文集》卷二十二）。

张际亮有《闰六月廿四日偕梅友孝知卓人炯甫瘦云蕙卿宴集小西湖宛在堂口号绝句四首》(《思伯子堂诗文集》卷二十二)。

闰六月,为陈一凯(室人蔡氏之养父)作《行状》。

作《武翼都尉陈公行状》(《静远斋文钞》)。

八月间,张际亮作《林瘦云游〈太姥山图〉》(《思伯子堂诗文集》卷二十二)。

八月,晤友人曾以健,谈天下事。

曾以健《跋》:"乙未之秋,在三山晤啸云,才气遒上。谈天下事如指掌,己心重之。"(《金门县志》卷十三《艺文志》,金门县 1991 年版,第 1558 页)

是岁或下岁,来往厦门、福州途中,过莆田,访梅妃故里,借以表达爱梅情愫。

作《访梅妃故里》,略云:"我生素癖酷爱梅,探梅特访江村路……月明定有爱梅人,珊珊翠袖来何暮。"(《诗钞》卷二)

是岁或稍晚,因树梅施寒衣邻里,县尹将制题额,榜其门,作书却之。

作《与张梅村贰尹却旌奖书》,略云:"以某禀承先志,有捐产、赡族,及散给贫民棉衣之事,制题额榜,将旌其门……惟执事鉴谅下忱,毋庸举行,某幸甚。"(《文钞》卷二)

是岁,周凯倡修厦门玉屏书院,作《重修玉屏书院碑记》。延高澍然主讲。

周凯作《重修玉屏书院碑记》:"道光十五春,董事请修玉屏书院。"(《内自讼斋文集》卷八)

周凯《自纂年谱》:"(十五年)厦岛之玉屏书院久圮,为新之……一月而成。禀请大宪延光泽高澍然主讲。"(《内自讼斋文集》卷首)

吴德旋《福建台湾道周公墓志铭》:"光泽高君雨农,方以其乡先辈梅崖朱氏之学宣导后进,公延至厦门书院,与君士之茂异者相切劘。"(《内自讼斋文集》卷首)

道光十六年丙申(1836)　二十九岁

春或去冬,民饥,有诗纪之,又有诗赠何则贤。

作《哀饥民》、《赠刘懿洵茂才》、《赠何道甫孝廉道晋上舍》(《诗钞》卷三)。

春,师赵毅士卒,树梅往福州奔丧,哭诸堂。随后,作启征集赵毅士文。

作《征收先师赵毅士先生遗文启》:"道光丙申春,树梅归金门,闻先师赵毅士先生讣,亟走福州,哭诸堂。"(《静远斋文钞》)

五月,高澍然至厦门。岛上弟子古文绝去时径,一时称极盛。

周凯《自纂年谱》:"雨农五月始至,携其夫人及弟子高炳坤偕来。于是,岛上弟子能古文者吕孝廉世宜西邨、庄中正诚甫、林焜燧巽夫、林鹗腾荐秋,及好学之士皆居于书院,游宴皆有所作为。诸生评削制艺,绝去时径,俾人真理,一时称极盛焉。"(《内自讼斋文集》卷首)

六月,周凯宴高澍然,林树梅当亦陪侍。高澍然偕配上官氏游厦门。

《海天评月图赞并序》:"道光丙申季夏,吾师高雨农先生偕配上官夫人游厦岛。"(《文钞》卷十四)

周凯《宴游白鹿洞诗序》(《内自讼斋文集》卷十下)。

高澍然作《游厦门二岩记》、《宴游白鹿洞记》(《抑快轩文集》乙编卷十五)。《宴游白鹿洞记》云:"先生为主人,以书院诸生从。诸生皆先生旧弟子也。"

六月,望,吕世宜率十一人觞主讲高澍然于玉屏书院,林树梅当在其中。

高澍然《玉屏书院夜宴记》:"六月望。诸生长吕君西邨率诸生十人宿戒供张,觞余及观察芸皋先生于书院之崇德堂者。"(《抑快轩文集》乙编卷十四)

周凯《玉屏书院夜宴记》:"诸生长吕西邨率十一人觞主讲高雨农先生及余于玉屏书院之东堂。既肆筵,先生与余占尊位,诸生与次坐。"(《内自讼斋文集》卷十下)

七、八月间,高澍然偕配上官氏玩月,作《海天评月图》;树梅为作赞和序。

作《海天评月图赞并序》(《文钞》卷十四)。

八月,周凯调台湾道,高澍然亦辞归。澍然作《留示厦门诸生》,提及明代金门会元许獬。

周凯《自纂年谱》:"(十六年)调署台湾道……八月二十日,卸兴泉永道事。二十六日,东渡。雨农亦辞归,相对泫然,弟子皆泣下,深叹古文之学不行也。"(《内自讼斋文集》卷首)

高澍然《留示厦门诸生》："如许獬、黄景昉、吴韩起,皆诸生里人。"（《抑快轩文集》乙编圈子四十八）

八、九月间,在福州别业。向高澍然请益,澍然答之。澍然病疟,树梅日来问讯,呼医称药。

高澍然《赠林生澍梅序》："丙申夏秋,余往反厦门,并遇生于福州,其归,为生留二十日论文。"（《抑快轩文集》卷五）

高澍然《啸云诗钞稿序》："明年夏,余掌教厦门道,出福州,欻病疟卧邸。生日来问讯,呼医称药,夜分始归休。窥其意殊切,余感之而叹。古今负奇者以气生,乃足于性,其尤难得可贵尚也。生有别业在福州,余返自厦门,为生留二十日论文。出所著诗钞乞正,诗多奇气,如其文悲壮苍郁。"（《诗钞》卷首）

九月,作《〈静远斋文钞〉自序》。

《〈静远斋文钞〉自序》："树梅生长海滨,学识谫陋,恶敢言文? 然闻乡里父老谈先哲文章气节事,心辄向往,且毕力搜抉,据事直书,盖欲存间闬风流,惜遗佚心血,以备问俗之采耳。道光十六年九月,金门林树梅自序。"（《静远斋文钞》卷首）

九月,望,游鼓山,并作记。同游者康允怡、叶小圃。僧文端乞诗画;题诗廨院,康、叶和之。其夜作《图》、《记》赠康。

作《游鼓山记》（《文钞》卷五）。别详《游鼓山记》（《啸云山人文钞初编》卷四）。

九月,高澍然命树梅职校《周高二家拾遗录》。

《书周高二家拾遗录后》（《文钞》卷八）。

十月,应台湾凤山令曹瑾（怀朴）招,拟赴其幕。

《再渡台湾记》："道光十六年秋……制军以曹怀朴明府廉敏干济、有折冲才,专章入告,调宰凤山,招树梅佐幕事。树梅习明府之足以有为也,遂从行。"（《文钞》卷四）

十二月,六日,从泉州蚶江出发,东北风,渡鹿耳,北折崇武,再由崇武出外洋,为风潮所阻,水米殆尽,鹿耳港水道阏塞,除夕始至番仔洼。曹瑾已于十二日到达,二十四日上任。

《再渡台湾记》:"十二月六日,由泉州放船出大队屿……偕众登陆,欢然称庆。初,不知是夕为除夕也。"(《文钞》卷四)

《再渡台湾记》:"由蚶江登舟。越五日拔碇挂帆,离臭涂澳,潮流迅急,礁汕丛杂,募土人谙港道者,操纵出大、小坠屿门。"(《啸云山人文钞初编》卷三)

《再渡台湾记》:"明府以正月十二日至郡城,二十四日抵任。"(《啸云山人文钞初编》卷三)

是岁,刻《胎产必读》;作《〈胎产必读〉题记》及《〈仙传牡丹方治产必后十三证〉附识》。

见杨永智《金门林树梅刻书考》(《东海中文学报》2003年第15期)。此书不见著录,道光十六年本未见,杨永智藏有道光三十年重刊本。

是岁,龙溪令曹衔达晤交高澍然,闻树梅之名。

曹衔达《书》:"衔达自丙申冬间获交雨农高先生,即籍籍耳足下名。"(《文钞》卷十一附录)

是岁,四月二十日,蔡廷兰由越南回到厦门。

道光十五年(1835),蔡廷兰由澎湖往内地省试,十月初二,由金门乘舟返回澎湖,海上遇飓风,漂泊十余日,至越南,登岸后历经千辛万苦,于次年四月二十日返回厦门(详蔡廷兰:《南海杂著》,越南钞本,载陈益源《蔡廷兰及其〈南海杂著〉》,台北:里仁书局2006年版)

道光十七年丁酉(1837) 三十岁

元旦,住番仔洼,信宿入鹿港。树梅亲友有来相视者。(《啸云山人文钞初编》卷五)

正月,朔,北行至鹿港。八日,南行,宿西螺庄。九日,过虎尾溪,宿他里雾庄。十日,渡石龟溪,入诸罗山,宿嘉义县城。十一日,游火山,渡铁线桥,宿茅港尾。十二日,逾湾里溪,入台郡城大北门。谒师周凯。二十二日,出大西门,自鲁古石渡海六里,拜父执副将温公兆凤,留饮。二十五日,回郡。二十六日,出小南门,经魁斗山,观明宁靖王殉节五妃墓、游法华寺,抵凤山。有诗赠曹瑾并纪至安平、冈山。

作《再渡台湾呈曹怀朴明府》、《重至安平镇》、《冈山》(《诗钞》卷三)。

《再渡台湾记》:"明年正月八日,由鹿港南行,过下加冬茅港尾百余里,内悉为贼窟。闻总镇驻军大埔林,元凶就戮,道途无梗,唯凤山响应之贼未平。二十六日抵凤山,亟练乡勇。"(《文钞》卷四)

作《台郡四邑记程》(《文钞》卷四)。

正月,为师周凯绘小像。

《书周芸皋夫子遗像后》:"方夫子移节台湾,树梅适膺凤山曹明府聘,来郡进谒,见夫子形色憔悴,心窃忧虑,不忍远离。夫子屡促使归,乃请仿绘小像,图成,自题《富春江上捞虾翁》长句,以示归志,孰意竟不遂初,而此诗遽成绝笔。"(《文钞》卷八)按:谒师事,详上。

《哭芸皋夫子》四首,其四自注:"尝自题《富春江上捞虾翁图》,以寓归思。有'借得腰缠跨鹤飞'之句。"(《诗钞》卷三)

《为李香农绘钓台泛月图并题》自注:"芸皋师,富阳人,尝属树梅作《富春江上捞虾翁小照》。"(《诗钞》卷四)

二月,平刘蓝及其余党,曹怀朴欲列上树梅首功,辞谢之。

《再渡台湾记》:"二月十一日擒获贼首刘蓝及其党二百六十余人。明府欲列上树梅首功,辞谢之。回忆甲申旧游,今忽忽已十四载。台凡三经兵燹,民生亦云敝矣。明府所以报制军之知,树梅所以应明府之聘,殆不从办贼已也。敢言功邪?"(《文钞》卷四)

七月,琅峤闽粤民番纠斗,曹瑾嘱树梅与王飞琥往谕止之。七月七日出凤山县城,南行,在保力三昼夜,居宿、饮食,无不与诸番偕。详《琅峤图记》(《文钞》卷四)。得二番刀,构芙蓉室贮之。

作《题琅峤图》四首、《番刀》(《诗钞》卷三)。

八月,朔,自琅峤番社归。

《琅峤图记》:"八月朔日,曹明府命乡勇来迎,许把总亦以兵护渡。计自枋寮以南,历加洛堂、崩山、刺桐脚、狮头山、顶下、风港、大小尖山,而至琅峤。"(《文钞》卷四)

《赠琉球魏贡使有渊》自注:"丁酉八月,树梅自琅峤番社归。"(《诗钞》卷四)

十一月,初七,戎服从曹瑾、南路营余参将往清庄除奸,至冈山,树梅亲燃铜炮,大声轰山谷。详《清庄记程》(《文钞》卷四)。

是岁,进曹怀朴书,论凤山县城池。

作《凤山县新旧二城论》并《附记》(《文钞》卷三)。

作《登凤山县新筑城楼》、《从曹侯巡山即事》(《诗钞》卷三)。

又作《巡山即事》(《啸云山人诗钞初编》卷三)。

按:两巡山诗,一为七律,一为五古。

是岁,助曹怀朴修凤山水利,圳成,人称之为"曹公圳";并拟刻《孝经》刊布授邑父老。

作《与曹怀朴司马论竹堑水利书》(《文钞》卷二)。

作《曹侯既兴水利乃巡田劝农赋此以颂》:"山郭新晴野草香,薰风吹动葛衣凉。劝农遍种三杯粟,台产谷名,耐旱多实。引水新开九曲塘。事事便民真父母,心心报国大文章。昨朝应有村儿女,争看先生笠屐忙。"(《诗钞》卷三)

按:刘家谋《海音诗》:"谁兴水利济瀛东,旱潦应资蓄泄功。溉遍陂田三万亩,至今遗训说曹公。字书无'圳'字,俗制也;音若'畯'。"自注:"曹怀朴瑾。令凤山时,开九曲塘,引淡水溪。垒石为五门,以时启闭,自东成西,入于海。计凿圳道四万三百六十丈,分筑十四壩,灌田三万一千五百余亩,岁可加收旱稻十五万六千六百余石。逾一岁而功成,熊介臣观察一本名以'曹公圳'。"(《芑川合集》本)

又按:连横《台湾通志》:"当是时,凤山平畴万顷,水利未兴,一遭旱干。粒米不艺。瑾乃集绅耆,召巧匠,开九曲塘,筑堤设闸,引下淡水溪之水以资灌溉;为五门,备蓄泄……凡二年成。圳长四万三百六十丈有奇,润田三千一百五十甲。其水自小竹里而观音,而凤山,又由凤山下里旁溢于赤山里。收谷倍旧,民乐厥业,家必盖藏,盗贼不生。十八年,巡道姚莹命知府熊一本勘之,旃在功,名曹公圳,为碑记之。"(卷二十四《曹瑾传》)

《孝经赞》:"岁丁酉,树梅佐曹公怀朴,既兴水利于凤山,则请刊布《孝经》授邑父老,使训其子弟。遇械斗,复为诵'身体发肤,受之父母,不敢毁伤'句以怵之,甚有感泣解散者。"(《文钞》卷十三)

是岁,访得明宁靖王朱术桂祠、墓,有诗、文纪之。

作《前明宁靖王祠墓记》(《文钞》卷五);《前明宁靖王祠》(《诗钞》

卷三）。

是岁,作书与曹瑾论治理凤山县事宜;周凯按部,赞之。

作《与曹怀朴明府论凤山县事宜书》(《文钞》卷二)论治县十事:筹赈粜,编保甲,驭胥役,急捕务,省无辜劫案,禁图赖,广教化,崇祀典,清港澳,和闽粤。

周凯评云:"林生啸云,天资卓绝,遇事又能用心。今来台阳从事幕府,因书程子思,于物有济,求其心所安,二语勖之。寻阅其《与曹大令论凤山县事宜书》,言皆有物。迨余按部凤邑,见生所言已次第举行,是大令与生相得益彰,而余之许生为不谬耳。"(《文钞》卷二附)

是岁,作《添设埤头城望楼炮台并浚濠沟议》(《文钞》卷三)。

是岁,曹瑾嘱树梅作《团练乡勇图》并《图说》。

作《〈团练乡勇图〉说》(《文钞》卷九)。

曹衔达评:"尊著《备海要策》及《〈团练乡勇图〉说》并卓然成体,可以施行。中图说尤佳,深得古人分合遗意。中行穆子毁车为徒,两于前伍于后,即此法也。"(《文钞》卷九附)

是岁,作《台阳竹枝词》四首、《红螺仙馆画红梅有寄》、《惜翠图》、《夜行所见》(《诗钞》卷三)、《琅峤图记》、作《清庄记程》(《文钞》卷四)。

是岁,作《上周芸皋夫子论台水利》(《文钞》卷一)。

是岁或之前,刻《功过格》,以为有益于世道人心,为人身性命之助者。

作《功过格序》:"刊传劝善之书不少矣,其有益于世道人心,为人身性命之助者,尤莫切于《功过格》,盖诸书不过使人知善当为、恶当去,格致之功也……回忆十数年来,虽日逐劳尘,未敢须臾或离,近得陈子继豪捐赀助锲,遂略叙吾志于简端。继豪业儒学勇为善,有志之士也。"(《文钞》卷十三)

是岁或稍后,为凤山水底寮王飞珑作传。

作《王飞珑传》:"十五年二月,巡山,生番突出草莽,猝不及防,遂遇害,年四十有四。闻者惜之。"(《啸云山人文钞初编》卷五,《文钞》卷六文字有异)《琅峤图记》记其事,此文必作二次入台,可能作于《琅峤图记》后,暂系于此。

是岁,友人陈朝进卒,有诗吊之。

《太学生陈君继豪行略》:"殁于道光丁酉十一月六日。"(《文钞》卷七)参见嘉庆十九年(1814)。

作《检继豪遗札怆然书此》(《诗钞》卷三)。

是岁,周凯卒,年五十九。有诗哭之,又为作《书周芸皋夫子遗像后》。

《福建台湾道周公墓志铭》:"十七年丁酉七月三十日以疾卒于官。"(《内自讼斋文集》卷首)

作《哭芸皋夫子》四首,其四:"六载蒙提携,师门热泪潸。遗编诚我责,失学更谁闲。未遂捞虾志,空思跨鹤还。羊昙生死感,莫望富春山。以遗文见托,尝自题《富春江上捞虾翁图》,以寓归思。有'借得腰缠跨鹤飞'之句。"(《诗钞》卷三)

《书周芸皋夫子遗像后》:"十七年春,巡阅全台,入噶玛兰感瘴病足,还郡。复力疾祷雨,发仓平粜。文移旁午一出亲裁,于是精力消亡,遂以不起。易箦湛如语,弗及私,唯切切自恨,曰:'国恩未报,奈何死哉?'平生所著《内自讼斋》古文稿,治命次子壤以属树梅。盖七月三十日也,年五十有九。"(《文钞》卷八)

道光十八年戊戌(1838) 三十一岁

春,作《春日客怀》诗;《柳枝词》(《啸云山人诗钞初编》卷二)当亦作于此时。

三月,琉球人碎舟于瑯峤,树梅急遣人谕救,并由凤山递送其回国。

《赠琉球魏贡使有渊》:"去年我过小琉球,君乡有客时覆舟。"自注:"戊戌三月,又有碎舟于瑯峤者,土番欲尽杀之,乃急遣人谕救,由凤邑递送回国。"(《诗钞》卷四)

五月,拟回金门省母,夏令风信不常,遂止大湖。八月朔入台湾郡城。

详《戊戌内渡记》(《啸云山人文钞》卷三)。

八月,望夜,乘小艇出南濠;既望,附金门镇战船内渡。有诗别台湾亲友。十七日,见澎湖东吉屿。猝遇飓风,不举火者三日,返台郡。于南濠寓楼,作《致明府论谷贱不独病农书》。二十八日再出国姓港。

作《中秋夜别台湾亲友》(《诗钞》卷三)

《戊戌内渡记》:"望夜,乘小艇出南濠,经安平镇,至国姓港,登战船。(自注:港在鹿耳门北,可容大船出入。前此无人知也。)天将曙,乘潮解缆,一叶

凌波,乍起乍伏,但闻奔涛之声,不知行多少里。"(《啸云山人文钞》卷三）

《自凤山归省记程》:"予佐幕凤山之明年,辞归省母,时戊戌八月既望。附战船一叶,起伏奔涛中,不知行几百里。翌日,见澎湖东吉屿。猝遇飓风,刮帆破,不得过虎井。欲回泊,昏莫辨。碇随折,恐船迫浅,急捩舵。退又惧南流推去,乃于船底缩勒肚索,索以贯舵,命根也。浪复冲断一船,皆惊。急下副碇,寄泊洋中。于是,不举火者三日。风少定,始望白沙青草间孤城矗立,为鲲身。汕南升旗招渔艇。载入台郡,憩南濠寓楼。二十八日,再出国姓港。"(《文钞》卷四）

九月,过澎湖,遇飓风,舟飘至铜山（今福建东山县）。父执铜山参将陈国荣延入署。晤外兄千总庄卓厓。

《自凤山归省记程》:"九月朔,过澎湖。北翘水多暗石,乃向北织行,避北翘也。南顾西屿诸岛,如浮萍聚散,出没波浪间。夜逾黑水洋,狂风飞浪从桅杪倾船,底板亦裂,补漏至晓。"(《文钞》卷四）

《戊戌内渡记》:"九月朔过澎湖北翘……比晓,帆半挂,顺风而南。瞬息间,忽有峰峦蔽日,舵师指为古雷诸山,闽之极南地也。大抵海船恃风而行,风愈烈,行愈迅,险亦愈甚。晚遂泊铜山城北。铜山一岛,原属漳浦县,明置守御所,隶镇海卫。今归诏安县,设铜山营,隶南澳镇,为闽南门户。父执陈公国荣为铜山参将,闻树梅至,延入署。"(《啸云山人文钞》卷三）

作《西屿灯塔》、《归舟遇飓风飘铜山呈陈参戎》(《诗钞》卷三）。

九月,过盘陀岭,至漳浦,谒黄道周墓。经海澄渡海至厦门,二十五日回金门。复往厦门取行李,遇蔡廷兰,廷兰亦周凯门下士,曾被飓风飘到越南,赠《海南杂著》,树梅题以诗并书《戊戌内渡记》以赠。

详《戊戌内渡记》(《啸云山人文钞》卷三）。

作《过蒲葵关在漳浦盘陀岭上汉时南越故关也》、《题蔡香祖孝廉海南杂著》、《继豪寄棺白鹿洞诗以奠之》、《哭家秋泉先生》、《绘烈屿图》、《过宋侗庵琼江别墅》、《送友归台阳》、《喜晤周秋屏广文即题其诗卷志别》、《解剑赠友北上》(《诗钞》卷三）。

是岁或稍后,作《〈闽海握要图〉说》。

《〈闽海握要图〉说》:"树梅衣食奔走,再渡台湾。每与宿将老军讲求利弊,益以身所经历参证前闻。思举其要,资经世之采择。爰著《〈闽海握要图〉说》,久乃成书。篇中《图》先于《说》者,必按《图》而后可审形势,施战守也。"(《文钞》卷十)

按:《〈闽海握要图〉说》,凡五篇:《海道》、《巡哨》、《占测》、《战舰》、《剿捕》。

是岁或稍后,为陈朝进(继豪)作《太学生陈君继豪行略》(《文钞》卷七)。

是岁或下岁,林焜熿为撰《铁笛生小传》。

《铁笛生小传》:"铁笛生,林姓名树梅,字实夫,同安金门人也……后得古铁笛,遂自更为'铁笛生'"。光泽高澍然评云:"写生处神采奕奕,不落说部。而捶字卓句,无一不靠。一别三年,精进如此,当与乃弟并以古文名世。"(沈祖彝写本《说剑轩余事》)

道光十九年己亥(1839) 三十二岁

春,有寄答友人诗。

作《答家研香上舍寄画竹》、作《自石衡如试馆归苦雨却寄》(《啸云山人诗钞》卷三)。

秋,在福州,晤琉球贡使魏学源(有渊)、副使林奕海(文澜),赠以诗,云四海皆兄弟。又以为旧说小琉球属大琉球,在福州鼓山可望见琉球,语皆失实。

作《赠琉球魏贡使有渊》自注:"史传谓小琉球屿近泉州,隶大琉球。天霁登鼓山可望,语皆失实。树梅尝亲至其地考正之。"(《诗钞》卷四)

作《答琉球林副使文澜》(《文钞》卷四)。

秋,游鼓山,宿白云堂。又绘图送蒋镛之楚。又与刘家谋饮于福州酒楼。

作《宿鼓山白云堂》、《〈琴剑渡江图〉送客之楚》(《啸云山人诗钞》卷三)。

刘家谋《答林啸云树梅厦门》自注:"己亥秋与啸云同饮福州酒楼。"(《观海集》卷一)

秋,一家八口在福州,有思乡诗等。

作《忆洪惇甫归台阳将至泉州觅渡书寄二首》、《酒后思乡》、《题画赠周东塘》、《宿吴园》、《秋江小景》(《啸云山人诗钞初编》卷三)。

秋冬间,作《送吴楚峰先生理磋惠邑》(《啸云山人诗钞初编》卷三)。

秋冬间,作《古意》、《美女篇》、《晚访侗庵不值》等诗(《诗钞》卷四)。

冬,往邵武综理盐策,欲游武夷山,不果。

《答琉球林副使文澜》:"我将往采武夷茶,迟汝再来东海槎。诗话楼头辨诗格,烹茶煮雪看梅花。"(《诗钞》卷四)。

作《梦游武夷山作》二首(《诗钞》卷四)。

按:《答琉球林副使文澜》详上。据此诗,树梅拟于是冬往游武夷。

蔡廷兰《林君瘦云四十初度寿言》:"薄游邵武,综理盐策。"(林策勋:《浯江林氏家录》)

按:邵武与武夷山在闽北,往邵武理盐策,便可游武夷。又按:啸云诗文无游武夷山的载述。

是岁,绘澎湖施赈图并歌送蒋镛。

作《〈澎湖施赈图歌〉送蒋怿荃司马归楚》(《诗钞》卷四)。

蒋镛评:"兹惠《施赈图歌》,叙次清囗,有"啸啸马鸣,悠悠旆旌"气象,然确是海岛旱形,字字精能,犹非泛作。敬佩,敬佩!"(林策勋:《诸家评论》,《啸云诗钞》附录,菲律宾宿雾市:大众印书馆1968年重印版)

是岁,曹瑾所修凤山县水利告成,树梅致书陈善后事宜。

作《贺曹明府水利告成并陈善后事宜书》(《文钞》卷一)。

按:所陈善后事宜四事:兴文教,以培士风;修津梁,以通道路;广栽植,以尽地利;辑志乘,以资考镜。

是岁,《旌奖节孝陈孺人墓志铭》(《文钞》卷七)。

是岁,自刻《经验方》。

作《题〈经验方〉》(钞本《啸云山人诗钞初编》卷四)。

道光二十年庚子（1840）三十三岁

二月,往邵武,综理盐策;入光泽侍师高澍然,并与太守何焕奎游乌君山,有诗纪之。

蔡廷兰《林君瘦云四十初度寿言》:"薄游邵武,综理盐策。"(林策勋:《浯江林氏家录》)

作《邻舟》(《诗钞》卷四)。

作《乌君山纪游十六首》,《序》云:"道光庚子二月,自邵武光入泽侍高雨农师,偕何焕奎太守游乌君山,晚宿玉龙古寺,越日乃归。遇景不穷,得句亦夥,盖苦乐参焉。"(《诗钞》卷四)

四月,高澍然为《蘸云诗钞》作《序》,称树梅将门子弟而"折节为儒"。

高澍然《〈啸云山人文钞〉序》:"道光庚子孟夏月,同学友光泽高澍然雨农撰。"(《文钞》卷首;又《抑快轩文集》卷八)

六月,英国侵略军陷定海,又以一艘船舰抵厦门,炮伤军民。

七月,又有两艘攻厦门北岸。闽浙总督邓廷桢驻节泉州,闻林树梅有奇才,嘱按察使常大淳、盐法道文康作书招之,时树梅适游邵武。

六、七月间,在邵武,登诗话楼,怀严羽。为李香农绘《钓台泛月图》并题诗,忆及周凯师。

作《登诗话楼》、《为李香农绘〈钓台泛月图〉并题》、《题画扇》、《和徐钓雪茂才赠韵》(《诗钞》卷四)。

七、八月间,自邵武过晋江。

作《归自邵武过晋江宿周秋屏广文馆舍》(《诗钞》卷四)。

八月,林树梅作书上闽浙总督邓廷桢全闽备海策。

作《上闽浙总督邓公全闽备海策庚子八月》(《文钞》卷十二),即招运米以足兵食、集战船以资攻击、练兵勇以守要区、备金厦以遏冲突、防台澎以安沿海、固内外以杜奸盟。

何焕奎评云:"策洋洒数千言,乃以'逆夷犯闽,将为牵掣援浙'一语觑破敌情,可谓知己知彼。中间足食安民,团练战守,步步精细,语语周详。"(《文钞》卷十二附)

秋,慷慨从军,于海澄刺屿尾察地脉,挥工凿井,为守军掘得甘泉。

《从军纪略》:"(总督颜伯焘)命偕在事诸公,往海澄刺屿尾相地掘井。"(《文钞》卷十一)

汀漳龙道观察徐继畬《林泉记石刻》:"庚子秋,红夷氛及鹭岛,我兵屯刺屿尾为犄角。屿俯海,无淡水,屡掘不得泉。士卒走汲数里外,苦吻燥。林子啸云察地脉,挥工凿之,甘泉涌出,一军尽欢。"(《文钞》卷十二附)

作《海角》:"海角方传檄,诸公正训兵。吾家惟一水,众志自成城。岂

谓功名簿,空嗟岁月更。未应看短剑,慷慨念平生。"(《诗钞》卷四)

是岁,《上官都尉家传》(《啸云山人文钞》卷五)。

按:树梅两过邵武,一为此岁;一在师高澍然卒后的次年,即道光二十二年。此文之后附有高氏评语,故知此文作于是岁无疑。

是岁,作《题平旦钟声图》。

《题平旦钟声图》(《啸云山人诗钞初编》卷四)。

是岁,与蔡廷兰、吕世宜、施琼芳等刻周凯《内自讼斋文集》。

《哭芸皋夫子》四首,其四:"遗编诚我责,失学更谁闲。"自注:"以遗文见托。"(《诗钞》卷三)

《书高雨农夫子〈抑快轩文集〉后》:"周师集,树梅已与吕西邨、蔡香祖两孝廉商校成刻,俾一二同志得以先睹为快矣。"(《文集》卷八)

道光二十一年辛丑(1841) 三十四岁

正月,兴泉永道观察刘耀椿访林树梅,时英人猖獗于粤海。

作《上兴泉永道刘公厦金二岛防御策辛丑正月》(《文钞》卷十二)。

《从军纪略》:"二十一年正月,兴泉永道刘公名耀椿,字庄年,山东安邱人。过访,谓夷至广东转猖獗。因上《厦金二岛防御策》,大意以足食、得人、镇静为要。"(《文钞》卷十一)

二月,上书总督颜伯涛陈守战策,上书汀漳龙道徐继畲海澄刺屿尾置戍策。从徐继畲往海澄刺屿尾勘炮台,徐命名去岁钞树梅所掘井为"林泉",并为之作记刻石。

作《上总督颜公补陈战守八策辛丑二月》(《文钞》卷十二)。

作《上泉漳二巡道海澄刺屿尾置戍策辛丑二月》(《文钞》卷十二)。

《从军纪略》:"二月,总督颜公名伯焘,字鲁舆,广东连平州人。视师厦门,辱下问树梅。极言宜专统驭、信赏罚、审敌势、选前锋、讲火攻、布间谍、设险阻、修砦堡,公采其言。命偕在事诸公往海澄刺屿尾相地掘井,汀漳龙道徐公名继畲,号松龛,山西五台人。为作《林泉记》,刻于石。"(《文钞》卷十一)

《上泉漳二巡道海澄刺屿尾置戍策辛丑二月》附徐继畲《林泉记刻石》:"辛丑二月,余与厦门诸君子奉大府命往勘炮台,群请赐井以名。余谓昔人行军,指梅林以止渴。兹乃绠汲不尽,殆遍地成林,又得林子之相度,即以贤者之姓题曰'林泉',可乎? 众皆曰'诺'。同往者为刘庄年观察、灵容之副戎、陈建津游戎暨余与林子而五。林子名树梅,金门人,奇士也。道光辛丑三月,分巡汀漳龙兵备道山右徐继畬记。"(《文钞》卷十二)

三月,师高澍然卒,作《哭高雨农夫子》二首(《诗钞》卷五)。

三月,偕姬人游白鹿洞诸胜,绘图,有诗。

作《游白鹿洞诸胜》;

作《登嘉兴砦》、《游万石岩望醉仙洞象鼻峰至小桃源》(《诗钞》卷六)。

三月,屯乡勇于白鹿洞岩洞间。复为当道陈利病。

《重游虎溪岩白鹿洞志感》自注:"辛丑三月,予屯乡勇岩洞间。"(《诗钞》卷六)

《从军纪略》:"三月,属树梅团练乡勇千人,分厄要隘。维时随营将吏亦募水勇,多无籍游民。树梅复为陈利病。"(《文钞》卷十一)

闰三月,颜伯焘等为援例,林树梅得布政司经历,又欲会荐改武职,树梅以母老辞。

《从军纪略》:"闰三月,颜、常二公与镇闽将军保公、名昌,字禹言,满洲人。福建巡抚吴公名文镕,字甄甫,江苏仪征人。为援例,得布政司经历,又欲会疏荐改武职,树梅以母老辞。"(《文钞》卷十一)

闰三月,张际亮过访,同游白鹿洞。出三月间所绘《白鹿洞图》请题。

《重游虎溪岩白鹿洞志感》四首,其三:"题壁山灵护,重吟思邈然。辛丑闰三月,张亨甫孝廉过访,留句犹存壁间。"(《诗钞》卷六)

《哭张孝廉亨甫》二首,其二:"往岁高歌处,遗踪得再寻。辛丑闰月,亨甫过访,留诗白鹿洞壁。"(《诗钞》卷七)

张际亮有《厦门白鹿洞观海》二首、瘦云于三月望日携姬人观海登白鹿洞绘图属题时君奉当事聘练乡兵于此》(《思伯子堂诗文集》卷二十九)

四月,仍屯乡勇于白鹿洞岩洞间。

详上。

五月,当局遣散乡勇,树梅仰天长啸。有诗纪之。应龙溪令曹衔达招,往龙溪。

作《散遣乡勇》(《诗钞》卷五)。

七月九日,树梅从龙溪回厦门,适逢英船三十四艘突入青屿,当局愕然。时厦门精锐水师已调往浙江,客兵水勇加起来不过四千,于是嘱树梅急趋高崎,再募乡勇。次日,英军乘风登岸,游击张然等殉难。

《从军纪略》:"七月九日还厦门,适夷船三十四艘突入青屿口,当事愕然……初十日午潮,南风大作,夷乘上风进薄北岸……时树梅赴高崎方急募乡勇,遥闻炮声雷动,俄而诸公先后至,欲索船西渡,为退守同安计。树梅亟进曰:'此时厦城以南,夷虽占据,其迤北而西尚有村落百余,夷固未敢轻窥。宜集兵勇戮力恢复。诸公西渡,厦民何依?'弗听……十五日,夷船窥金门,入中港。"(《文钞》卷十一)

作《厦门书事》诗,其《序》云:"辛丑七月九日,夷船三十四艘乘虚入青屿口,当事愕然。夜半属往高崎再募乡勇,比至,而厦门已失,当事退守同安矣。"诗云:"经年筹备扼重关,孤注如何一掷间。但见鲸鲵来鼓浪,鼓浪屿与厦门对峙。谁移熊虎守轮山?轮山在同安县城北。死生顷刻人争渡,烽火家乡我未还。回忆倚闾愁正切,可怜无计慰慈颜。"(《诗钞》卷五)

作《吊御夷死事诸公》诗,其《序》云:"七月十日,夷犯厦门。领兵官延平副将凌公志、水师游击张公然、汀州守备王君世俊、水师把总纪君国庆、杨君肇基、李君启明等拒战兵溃,皆死之。翼长江公继芸、游击洪公炳势急亦投海死。"诗云:"战守纷纷议不同,一时捍御独诸公。即看壮气能吞敌,始信捐躯是尽忠。大将漫言尸裹革,后军先作鸟惊弓。千秋自有平心论,为诵招魂吊鬼雄。"(《诗钞》卷五)

七月,十九日,适铁岭,出画扇请张际亮题之。

张际亮《题瘦云画扇》,其《序》云:"辛丑七月,厦门失守。时瘦云在彼从军,心甚念之。月之十九日,适铁岭,孝廉以此扇属题,遂草草书之。"(《思伯子堂诗文集》卷二十九)

七月,避乱邑东高文岭义娘祠,有感而发作《义娘祠》;又避兵内官乡作《悯旱时避兵内官乡》(《诗钞》卷五)。

八月,上书汀漳龙道徐继畬论厦门、金门海事。

作《上汀漳龙道徐公论厦金沿海事宜状辛丑八月》略云:"漳、泉沿海及厦门迤北各乡,亟谕绅耆团练丁壮,有警闻金并集,不得以各守己地为辞……

至若死事弁兵宜速优恤,伤残士卒宜速收纳,遭难之民宜速赒济,又皆目前措置之必不可缓者。倘蒙采择,言之大府,迅赐施行,沿海生灵幸甚。"(《文钞》卷十二)

八月,龙溪令曹衔达作书招树梅往龙溪。

曹衔达《书》:"七月初旬,饯送行旌,旋闻厦门失守,未审彼时足下已至省城,抑径归金岛……一月以来,夜不安枕。近虽讹言不一,民情尚为安堵,无迁徙去乡者。衔达处此危疆,急思好友一见,并商机密,徐、赵二公亦然,务恳即日惠临,跂望之至。"(《文钞》卷十一附)

八、九月间,感时事艰难,而壮心不已。过漳州万松关。又偕曹衔达至浦南办械斗。

《怀人绝句》二十二首,其四自注:"曹子安明府招往龙溪策防御,又偕至浦南办械斗。"(《诗集》卷六)

作《得家书》(《诗钞》卷五)。

作《梦先君子军容甚盛》,略云:"倚剑如闻昔日音,一天鼙鼓阵云深。岛门沙草初鸣雁,父老箪壶正望霖。"(《诗钞》卷五)

作《哭林仲环》:"仲环,名玖瓌,金门人,好善有巧思。少时尝得遗金,守俟其人,还之。既长,多读书,工铸剑。又能为炮车船器,皆奇妙适用。近岁夷氛方期,乘时自见,而遽以病死。呜呼!海乡未平,斯人已不可见。惜哉!"(《诗钞》卷五)

作《秋夜大雷雨》、《再过万松关遇毛千戎起凤》(《诗钞》卷五)。

作《对菊》(《诗钞》卷五)。

九月,与龙溪令曹衔达论漳、厦安民防御诸事。

作《与龙溪县曹公论漳厦安民御贼状辛丑九月》略云:"今亟广为招谕,曲缓盗罪,听其自归。奸徒勾夷,尤须用间生其疑贰。如是,则盗贼自戢,商力自纾,民心自安,而劳师縻饷之费,自可因之以节省。所谓专以民为务,而御贼在其中矣。"(《文钞》卷十二)

冬,经泉州、莆田,往福州别业。

作《雨中过洛阳桥拜蔡忠惠公祠》,自注:"公奏籍渔船教习水战。见《福建通志》引公文集。"(《诗钞》卷五)

作《风雨滞涂岭驿》、《长至日抵省城》(《诗钞》卷五)。

是冬或明春,送康允怡之任顺昌;画麻姑像并题诗。

作《喜悟康允怡广文即送之任顺昌》(《诗钞》卷五)。

作《写麻姑像与姬人并题》,有云:"无端海上寇氛起,仙人历劫遗兹图。却从兵燹得呵护,完幅依旧归吾庐。"(《诗钞》卷五)

又作《题试剑石》(《诗钞》卷五)

道光二十二年壬寅(1842) 三十五岁

夏,游鼓山。

作《挈眷游鼓山》四首(《诗钞》卷五)。

夏,经延津往光泽料理师高澍然殡事,与高澍然次子孝敿(幼瞻)同行。

作《寄故乡亲友》(《诗钞》卷五)。

又按:《怀人绝句》二十二首,其十四:"师门回首空关切,上下惊心五百滩。高幼瞻茂才为雨农师次子,自省城同舟至光泽襄师殡事,校录遗文。"(《诗钞》卷六)

又按:《文学高君守耕墓志铭》:"去年秋,以雨农师殡事至光泽。"(《文钞》卷七)详道光二十三年。

六月,作授产条约及家录引,遗诸子俾世守之。

作《〈授产条约〉及〈家录〉引》第一则(《文钞》卷十三)。

秋、冬,在光泽,料理高澍然殡事。与澍然子孝祚(屺民)、孝敿(幼瞻)抄澍然《抑快轩文集》,拟携一部归家山,图剞劂(后未果)。

作《书高雨农夫子〈抑快轩文集〉后》,略云:《抑快轩文集》为光泽高雨农夫子未刊之稿,篇帙繁重,钞刻不易。树梅每与屺民、幼瞻二世兄谈而忧之。爰分缮得七十四卷,欲以寿梓而未逮也……异时携归家山,更图剞劂,使夫子不朽之业得与周师《内自讼斋集》并播艺林。"(《文钞》卷八)

作《题木兰从军图》、《盆松》(《诗钞》卷五)。

冬,光泽县建育婴堂,为作铭并序。

作《乳钟铭并序》,《序》云:"维道光二十有二年十一月,光泽县建育婴堂,成,既祀主神,为诸婴祈福。里人何焕奎太守乃作乳钟纳于室,属金门林树梅为之铭。"(《文钞》卷十四)

冬,游邵武,读《易》,鼓琴万山中。谒李纲祠。游邵南道人峰、大阜冈,与王云峰、王春浦访张玉堂,留三日;于风洞见曹瑾《祷雨碑记》;江立夫邀览其家毓秀园,慷慨论形势;回王家村,春浦囊琴为赠。又游大阜冈。

蔡廷兰:"君既怀才不用,又诸所陈悉废格,知时势噂沓,无足成功名,复退而游邵武,读《易》,鼓琴于万山中,口不复齿时事。"(林策勋:《浯江林氏家录》)

作《李忠定公祠》:"到今涧水怨和议,犹向门前呜咽流。"(《诗钞》卷五)

作《猎人毙豹往观有作》、《建滩行》(《诗钞》卷五)。

作《游道人峰记》(《诗钞》卷六)。

按:《怀人绝句》二十二首,其十五首自注:"张玉堂明经结庐邵武道峰之麓,读《易》数十年,自号'翠萝村叟'。树梅访之,为留三日。"(《诗钞》卷六)

又按:《怀人绝句》二十二首,其十八:"心事平生异酒徒,名园纵酒气偏粗。无端抵掌论形势,惆怅长江万里图。邵武江广文立夫率弟肃轩、行侃,犹子云谷,邀览其家毓秀园。酒酣出《长江图》,慨当局失维防之策。"(《诗钞》卷六)

十一月,以忠孝训诫其子,以为无事近名,庶几得为一乡善人已。

作《〈授产条约〉及〈家录〉引》(《文钞》卷十三)。

是岁,作《从军纪略》。

《从军纪略》:"盖自庚子至今壬寅,不及三年,时事之变迁与身之阅历,可慨也。"(《文钞》卷十一)

是岁,作《书雨农夫子〈抑快轩文集〉后》。

是岁,陈化成战死于宝山,为作传。陈化成与树梅父林廷福历海战三十余年,情如兄弟;化成子廷芳、廷菜,亦与树梅情好无间。

作《江南提督忠愍陈公传》(《文钞》卷六)。

又有《拜忠愍公祠》:"父执公专阃,江南昔驻兵。孤军无后继,一死有余荣。鹭岛归忠骨,泄流带恨声。至今寰海外,犹自仰威名。"(罗元信:《金门佚文访佚》,《金门日报》2003年4月3日)按:此诗作年不详,附系于此。

道光二十三年癸卯(1843) 三十六岁

元月,光泽高南阳(守耕)致书,以远大相期许。

按:《文学高君守耕墓志铭》:"卒之前两月,犹抵书于予,以远大相期许。"(《文钞》卷七）南阳卒于三月，详下。

是岁，自闽北携眷南归金门。

作《携眷南归》、《初抵家作》、《亲旧席中》(《诗钞》卷六）。

是岁，再过厦门、鼓浪屿，英雄志未展，依旧血满腔。

作《再过厦门炮城感旧事》："往事经营血满腔，炮车遗辙尚双双。疾呼未展英雄志，休戚相关父母邦。"(《诗钞》卷六）

作《过鼓浪屿》(《诗钞》卷六）。

作《观筑夷楼》后半云："民居官舍嗟同毁，旧鬼新魂怨不穷。俯瞰孤城如斗大，玻璃窗牖自玲珑。以道署改为楼，高出厦城数倍，附近民居、冢墓皆侵削焉。"(《诗钞》卷六）

七月，外祖母赵太宜人卒，年八十三。

《外祖父陈公外祖母赵太宜人遗事》(《文钞》卷六）。

秋，观兵，有诗志感。又有诗赠曹李芳。

作《霜降观兵辛丑夷氛至今始见操演》、《赠曹李芳归南澳》(《诗钞》卷六）。

作《文学高君守耕墓志铭》(《文钞》卷七）。

冬，重游虎溪岩、白鹿洞，忆及前年海氛掘泉事，并怀亡友陈朝进、友人张际亮。

作《重游虎溪岩白鹿洞志感》四首(《诗钞》卷六）。

冬，遇乡人吴学元（体士）于泉州。

按：《例授州同知吴君体士墓志铭》："君讳学元，字体士，先世居晋江，祖诚甫始迁金门，遂为金门人……树梅去年冬遇君泉州，讶其气体羸惫，心窃忧。"(《文钞》卷七）

是岁，张际亮卒，年四十五。

道光二十四年甲辰（1844）　三十七岁

是岁，有闲适之诗若干首。

作《竹》、《姬人得连理荔枝乞予图之并题小句》、《同心兰花图》、《白牡丹》、《水仙花》等(《诗钞》卷六）。

八月，作《〈朱伯庐先生家居格言集说〉序》。

《〈朱伯庐先生家居格言集说〉序》："近晤里人曾树桂，得读乃祖省轩先生手书《集说》,予喜其用意之善,搜罗之勤……后学林树梅书于鹭江寄舫。"
(道光三十年刊本,据杨永智:《金门林树梅刻书考》,《东海中文学报》2003
年第 15 期)此书不见著录,杨永智有藏本。

十月,作《例授州同知吴君体士墓志铭》(《文钞》卷七),叙平生之谊。

十二月,作《怀人绝句》。

《怀人绝句》二十二首(《诗钞》卷六)。

按:其中其十六怀海坛旧友,《啸云山人诗钞初编》卷二作《怀海坛旧
游》(当作于道光十七年在台湾之时)。纵观二十二首诗,或非一时之作,而
于是岁重加饰润整理,统一体例,题曰《怀人绝句》。

十二月,以为一身承桃林、陈两姓,欲以第五、第六子为陈氏后。

作《〈授产条约〉及〈家录〉引》第三则:"吾以一身承桃两姓,其责亦
綦重哉……兹欲使汝恩、汝念以后陈氏,汝惠等宜从吾姓,毕汝身、汝子、汝孙
有欲复姓者,则非吾与汝所能禁也。呜呼!吾盖念此有年,既不能公义、私恩
均无所负,第就目前之境求为此心之安,其得以自尽者如是而已。天如哀我
林、陈两门,使汝兄弟盈昌蕃衍,未必非吾一身两尽之道也……甲辰嘉平再书。"
(《文钞》卷十三)

是岁,吕世宜为《啸云文钞初编》题签。

按:封面有"啸云文钞初编道光甲辰长至吕世宜谨题"十七字。

又按:《啸云文钞初编》刻成在道光二十七年(1847)。详该年。

道光二十五年乙巳(1845) 三十八岁

元月,初七,乡人吕世宜为树梅篆砚。

吕世宜篆文正文:"啸云校正古文篆砚"八字,落款"吕世宜道光丙午人
日题"十字。(实物照片,见《海峡导报》2006 年 12 月 31 日)

按:周凯《四十九石山房记》:"吕子西邨,好古而辟。凡金石砖甓之文,
摩抚审玩,嗜若生命。善属文,工篆隶。"(《内自讼斋文集》卷八)

二月,厦门林必瑞(砚香)临终,要树梅至榻前。树梅为作《墓志铭》,
并经纪其丧事。

作《太学生林君砚香墓志铭》(《文钞》卷七)。

按:吕世宜评语:"砚香,余金石交。既没,其孤幼弱,无以葬。瘦云悉为

经纪其丧,此足觇友谊之真哉!"(《太学生林君砚香墓志铭》附)

是岁,作《梦先外祖姚赵太宜人》(《诗钞》卷七)。

是岁,游厦门作《无尽岩》、《碧山岩》、《侍母游南普陀上五老峰观海》、《登云顶岩》、《梦游碧玉洞天中有自然石榻》(《诗钞》卷七)。

是岁,访吕世宜于海澄,请吕氏订高澍然文。

作《访吕西邨先生寓居海澄》(《诗钞》卷七)。

是岁,过厦门父执杨立斋泛月楼,并与立斋子石松游;石松亦能诗。

作《过泛月楼在厦门城中父执杨立斋总戎别业》、《赠杨君石松》、《雨中与石松怀友》。(《诗钞》卷七)

冬,与诸将门子游集。

作《冬至喜孙梦九周晴秋杨石松李梦良诸君见过》、《消寒雅集》(《诗钞》卷七)。

道光二十六年丙午(1846)　三十九岁

二月,为友人谢琯樵女兄浣湘《咏雪斋诗草》作跋。

作《咏雪斋诗草跋》,略云:"顷者,吾友诏安谢君琯樵,重晤厦门,以《咏雪斋诗草》见示,乃其女兄芸史先生闺中句也……琯樵行将北游,匆匆言别,漫题卷后而归之。时丙午花朝日,啸云弟林树梅拜手谨跋。"(谢芸史著、李青云注、谢继东校阅:《咏雪斋诗录》卷首,台南:大新出版社1990年版)

按:林树梅《喜晤谢管樵即送之建宁幕府》诗略云:"倾尊共订游山约,启箧教评咏雪诗。出其女兄浣细《咏雪集》索序。"(《诗钞》卷八)"索序",即此篇。

春,游白鹿洞虎溪诸胜;吕世宜招游锦里寓园。

作《春日奉母宴游鹿洞虎溪诸胜》、《散步至虎溪岩始知是日为寒食》、《答西邨先生招游锦里寓园》(《诗钞》卷七)。

春,有诗怀亡友严熙纯、哭张际亮。

作《偶见亡友严熙纯茂才书画感作》、《哭张孝廉亨甫》二首(《诗钞》卷七)。

夏,有诗柬友人;又重游虎溪岩。

作《友人期饮山岩阻风不果诗以柬之》、《重游虎溪避暑小酌时将北行》(《诗钞》卷七)。

九月,游万石岩;观阅兵;北上,过莆田涵江。

作《九日奉母游万石岩》、《制府阅兵厦门》、《过涵江陈氏园亭访主人未遇》(《诗钞》卷七)。

是岁,师李致云(自青)卒作《哭李自青夫子》(《诗钞》卷七)。

是岁,咏夷人自鸣琴;病疥,有诗自嘲。

作《自鸣琴》、《病疥戏同疾者》(《诗钞》卷七)。

是岁,作《闽南道中杂句》六首(《诗钞》卷七)。

是岁,琉球贡使魏学源(有渊)卒。

按:《赠琉球蔡锡谟杨邦锦两秀才》自注:"闻魏大夫有渊去年溘逝,予旧知也。"(《诗钞》卷八)参见道光十九年(1839)。

道光二十七年丁未(1847) 四十岁

春,感慨壮志消磨,又有莫遣岁月空流之情怀,有诗。往福州;有诗赠陈化成子廷芳(莳塘),还勖报国,莫轻言归田。

作《赎琴歌》、《咏怀》二首、(《诗钞》卷八)。

作《重游钓龙台》、《赠陈君莳塘》、《柬石松》:"一春无事闭蜗庐,况味萧然静有余。"(《诗钞》卷八)

四月,辑明杨继盛《年谱》、《家训》于一帙,拟付梓,并为其书后、题诗。

作《书杨忠愍公年谱家训后》略云:"公讳继盛,字仲芳,号椒山,直隶容城人。明嘉靖进士,官兵部员外郎。劾严嵩十罪五奸,死西市……族兄孝时、阮君如山、陈君梅溪咸谓公家训周密,圣贤用心,人生切实要道也。因汇辑一帙,题诗付镌,且识其略。"(《文钞》卷八)

按:杨永智《金门林树梅刻书考》曰:"续刻咸丰元年4月嘉义王朝辅序文2页,再附道光27年4月林树梅序文2页……此两页版心之下还加镌'台郡统领巷,松云轩藏版'木记两行。接着排比陈君选原序5页,其后林树梅题赞1页,并刻'林树梅印'、'瘦云'木印2方。"(《东海中文学报》2003年第15期)

作《题杨忠愍公年谱家训后》(《诗钞》卷七)。

春、夏间,有杂诗多首;重访闽安;晤琉球蔡锡谟、杨邦锦,有诗赠之。

作《诫子诗》七首、《再至闽安镇有感古号龙门,为省会咽喉重地》、《喜晤谢管樵即送之建宁幕府君善书法，画竹尤妙，著有《笋庄吟草》、《赠琉球蔡锡谟杨邦锦两秀才》(《诗钞》卷八)。

夏，郑泽农招饮。

作《端午后一日郑泽农明经招饮即席漫赋》(《诗钞》卷八)。

夏、秋间，有杂诗数首，言幸免火灾又遭水害；又为吕世宜之父传题诗。

作《近况》、《寄内》、《安得》、《先人遗眼镜母宝之命题匣上》、《云悟图》、《四酒诗》、《题砚》、《白桃花》、《梅花》、《燕窝》(《诗钞》卷八)。

作《题〈吕孝子传〉后》(《诗钞》卷八)。

夏、秋间，游厦门，为杨石松寄园题诗十八首；又为石松绘《寄园图》。

作《寄园杂诗》(《诗钞》卷八)。按：《诗钞》仅存十七首。

又作《题许鹤仙为石松绘〈寄园图〉即送其调戍东瀛》(《诗钞》卷八)。

秋，得陈庆镛书，答之。读《红线传》并写图。游厦门，登大观楼、泛鹭江，拟返棹。

作《陈颂南先生惠书赋答》、《偕友登眺大观楼》、《读唐人红线传写图并进》(按："进"疑为"题"之误)、《喜曾壮甫茂才过访》《明日壮甫解缆走笔送之》(《诗钞》卷八)。

作《抽藤叹》，其《序》云："台湾内山产藤，人潜往采，常被生番戕害。为作《抽藤叹》。"(《诗钞》卷八)

作《题鹭江秋泛图》、《谢硕甫陈寿山两孝廉来厦寓荷庵相见率赠》、《听琴》(《诗钞》卷八)。

是岁，有书致邵武王春浦，忆及道光二十二年(1842)游道峰，春浦送琴事。

作《与王春浦茂才书》："然犹偷闲作《赎琴歌》聊以排遣，吾兄览之，亦可怜其心而哀其遇矣。"(《文钞》卷二)

是岁，刻崇祯十四年辛巳(1641)黄道周手书《孝经》。

按：是书卷末有"崇祯辛巳初冬黄道周书于白云库下"和"皇清道光丁未上元金门后学林树梅敬录"落款。

是岁，刻《文昌孝经》(《文钞》卷十三)。

《文昌孝经序》："树梅既刊黄忠端公《孝经赞》，复念《文昌孝经》十八章尤为诵而易晓，欲并梓之，不能一日去诸心。"(《文钞》卷十三)

是岁,自刻《啸云诗钞》八卷。

按:封面有"啸云诗钞初编何广熹拜题"十一字。

是岁,自刻《啸云文钞初编》十四卷。

按:吕世宜《啸云山人文钞》题签在道光二十四年甲子,然此本载录之文《太学生林君砚香墓志铭》(卷七)、《书杨忠愍公年谱家训后》(卷八)、《文昌孝经序》(卷十三)等,均作于甲子之后。此一。其二,蔡廷兰《林君瘦云四十初度寿言》称林树梅之集仍为《静远斋集》而尚无《啸云山人文钞》之书名。树梅是岁年四十,蔡氏所作寿序即使稍早,似也不至于早上两三年。加以是年为树梅整寿,梓书为寿,亦是常理。故可推知《啸云文钞初编》当刻于此岁。

是岁,蔡廷兰为作四十寿言,称树梅为宋代陈亮一类人物。

蔡廷兰《林君瘦云四十初度寿言》略云:"庚辛间,夷讧厦门,大府闻君名,则自邵武征回。监司以下,争愿罗致,君固逊谢不受聘。然所条上诸策,有可防寇患,卫乡里,率抵掌庄论,务求便民。论者谓君以一韦布,抗议达官前,为陈同父一流人。于是当道亟称其才,为叙官六品阶,又将奏移武秩,君复以母老辞。"(林策勋:《浯江林氏家录》)

是岁或稍后,在厦门晤曾以健,曾称树梅声名倾动海内。

曾以健《跋》:"今夏至厦门,读其所著文十四卷,海内名流,评论各精当。诗别刻八卷,苍郁而恬适……益叹啸云之所以倾动海内,其来有自。"(《金门县志》卷十三《艺文志》,金门县1991年版,第1558页)

按:林树梅《啸云诗钞》八卷本刻于是岁。曾文必作于此年或稍后。

道光二十八年戊申(1848) 四十一岁

秋,重游闽安猴屿。

作《自闽安重游侯屿岩》(《啸云山人诗钞续编》)。

是岁,刻陈第《一斋集》。

《书陈一斋先生全集后》(《文钞》卷八)

道光二十九年己酉(1849) 四十二岁

元月,往晋江访陈庆镛,谈海岛情事,并出近著《啸云丛记》,陈氏为之跋,以为可补魏源《海国图志》所未备者。

陈庆镛《林啸云丛记跋》略云:"近复自厦来访,谈及海岛情事,缕缕皆能言之。出所著《丛记》一书……纪载贾舶出入情形,广袤里数,则尤熟焉能详。足补魏默深近刻《海国图志》所未备。是其志远且大者,其言足以致用也。爰述数语,以弁于编。道光二十九年上元后一日。"(《籀经堂类稿》卷十五,光绪九年刊本)

冬,在厦门晤刘家谋,有赠答诗。家谋时将往台湾任教谕。

刘家谋《答林啸云树梅厦门》:"酒酣慷慨谈兵事,正是东南羽檄驰。一瞬沧桑惊变幻,十年岭海怅分离。征途邂后谁身健,薄宦奔波迹又岐。青眼高歌天外至,却从岁暮感相知。己亥秋与啸云同饮福州酒楼,今冬厦门一见,匆匆遽别。"(《观海集》卷一)

是岁前后,家居。渔家之乐,绘图并有诗。

作《庆南轩明府赠弓矢赋长句谢之》,有云:"方今狐鼠尚跳踉,水旱况复随兵戈。"(《啸云诗钞续编》)

作《题女将图二首》、《寓居偶咏》三首、《自题渔家乐图》、《题友人筼月弹琴图》、《葛衣曲》、《再过象鼻峰见大石开口刻石笑二字喜而赋之》、《题瘿木私印匣》、《看剑忆亡友许造如》(《啸云诗钞续编》)。

是岁前后,洋人闻其名,用新式照相术为其拍照,拟传于外国。树梅加印一帧留于家。

林豪《瘦云先生留影镜歌》,其《序》云:"先生家厦门时,洋人闻其名,欲图像以传于外国,乃取洋镜照其面,随淬奇药,影留镜中,历久不退,先生令再淬一幅藏之。"(林豪著、郭哲铭注释:《诵清堂诗集注释》卷三,台湾古籍出版社2008年版)

按:此诗作于树梅卒后,所叙为晚年在厦门之事,附系于此。

道光三十年庚戌(1850) 四十三岁

是岁,刻《朱伯庐先生家居格言集说》。

杨永智《金门林树梅刻书考》:"书后附刊《校刻姓氏》半页,以金门林树梅为首,包括南安、同安、厦门诸地人士共12人,又镌道光30年正月15日曾树桂等人的识语半页,言及这一卷高祖的著述'追遇林君啸云、梁君东圃力劝授梓人,又得诸公共襄厥事,剞劂告成,志其缘起。'"(《东海中文学报》

2003 年第 15 期）杨永智藏厦门文德堂书坊本。

是岁，重刊《胎产必读》。

《重刊胎产必读》封面，镌书名及"庚戌仲冬雕，松云轩藏本，东瀛诸同人捐缘敬刊，本轩住在台郡城内上横街统领巷，印刷各款善书经文"。

《重刊胎产必读》卷首："金门林树梅实夫一字瘦云订正"、"台阳诸同人捐缘松云轩刻"两行共二十四字。据杨永智《金门林树梅刻书考》（《东海中文学报》十五期，2003 年 7 月）此书不见著录，杨永智有藏本。

是岁，刘家谋往台湾任训导，取道厦门，林树梅出所著《啸云丛记》，家谋为题诗，以为此书多谈海国道里。

刘家谋《题啸云丛记》二首，其一："两粤兵戈尚未除，几人筹笔困军储。如何叱咤风云客，绝岛低头但著书。"其二："矮屋三间枕怒涛，狂歌纵饮那能豪。驰情员峤方壶外，甚欲从君踏六鳌。《记》中谈海国道里甚详。"（《观海集》卷二）

是岁，林则徐告病返回福州，召树梅至省垣参其幕，树梅上书论闽省时务并陈六策。又即席赋诗，则徐改其诗两字，时有"两字师"之誉。则徐赠诗称树梅"奇士"。则徐又尝导观所畜鹤，命题赋诗。

作《林少穆先生招赴省城询海上事即席赋呈二首 时先生在告家居被命宣告》，其一："到处饶遗爱，归来寡剩金。情关民瘼急，忧切海氛深。愧我乏奇抱，因公激壮心。引杯领高议，慷慨发长吟。"其二："圣主宣新命，熙朝重旧臣。感恩频出涕，许国欲忘身。更起为霖雨，应教洗槛尘。黠夷都胆落，韬略仰如神。"（《啸云诗钞续编》）

林则徐有《次家啸云树梅见赠韵》二首，其一："瀛壖有奇士，才望重南金。将种论勋远，儒门殖学深。雄文腾剑气，雅咏写琴心。犹抱隆中膝，低徊梁父吟。"其二："相逢话畴昔，感事愧疆臣。瘴海频年劫，冰天万里身。膏肓此泉石，扰壤几风尘。凭杖行筹策，知君笔有神。"（《林则徐诗集》，海峡文艺出版社 1986 年版，第 610 页）

《诵清堂诗集》："林文忠则徐晚年，尝延瘦云至省垣，密询防海之策，瘦云即席为诗云：'到处有遗爱，归来无剩金。'文忠笑曰：'若无剩金，则此酒何从取给乎？'乃改之云：'到处饶遗爱，归来寡剩金。'人以为'两字师'云。"

（许如中：《新金门志·编余杂录》引，金门县 1958 年印行，第 946 页）

《林树梅传》："（林则徐）适筹防海，树梅密参帷幄。"（光绪《金门志》卷十）。

林策勋《从伯祖啸云公传》："上书论闽省时务，并陈六策，谓：'察夷情，以知防备；观形势，以议守御；请移兵，以重控制；督私藏，以充民食；救火灾，以杜惊扰；劝联乡，以资保卫。'文忠器重之。"（林策勋：《浯江林氏家录》，1955 年家印本）

作《少穆先生导观府中驯鹤有作》（《啸云诗钞续编》）

八月，中秋，林则徐为作《跋》语并赠诗。

林则徐评："啸云宗兄幼侍先德，领舟师，历南北洋，故精于筹海。又得古铁笛，登天姥峰吹之。有诗见集中，余因撰：'家传将略金符重，座引仙风铁笛清'二语以赠。时道光庚戌中秋日。"（林策勋：《诸家评论》，《啸云诗钞》附，菲律宾宿雾市：大众印书馆 1868 年重印版）

按："家传"二句为林则徐佚诗，《林则徐诗集》失辑。

十月，上旬，林则徐赴粤。行至泉郡，树梅暂假归里；则徐赠以狐裘，约赴军前，树梅作诗赋别。友人刘存仁孝廉随林则徐从军，树梅有诗送之，并请刘氏迟其西征。途次泉南，桂万超有诗赠则徐，则徐和之，又命树梅和。又有《归策》诗。

作《少穆先生被命督师粤西予随行至泉郡暂假归里解狐裘见赠约赴军前感呈四章即以奉别四首》，其一："故国方多事，夷酋人踞省城寺宇，甚为闾阎之害。安危仗大儒。筹边期可久，视贼本如无。忽奉督师诏，难辞抱恙躯。殷勤语父老，滋蔓恐难图。时诸夷复散占城外，民居于是联乡防备，夷稍敛迹。"（《啸云诗钞续编》）

来新夏《林则徐年谱新编》："十月初一日，林则徐收到清廷任命他为钦差大臣的谕旨。次日即由福州抱病启程。"（"道光三十年"，南开大学出版社 1997 年版，第 698 页）

作《赠刘炯甫孝廉从军粤西》二首（《啸云诗钞续编》）。

谢章铤《孝廉刘征君别传》："君曾入林文忠公幕府，为文忠所信任。"（《赌棋山庄文续》卷一）

作《桂丹盟观察作鸾官韵诗赠少穆先生先生在泉南途次既和之又属予

和勉成一章附呈观察》(《啸云诗钞续编》)

十月,十九日,林则徐卒于途中。树梅感其知爱,为诗招魂。

作《哭少穆先生》二首,《序》云:"与先生别甫旬日,忽得桂丹盟观察来书,言:'先生星轺过漳后,遽得大病,于月之十九日至普宁,大星殒矣!'呜呼!哲人已萎,典型凋丧,彷徨涕零,其将奚归。因叠观察赠先生鸾官韵,聊申一恸。"(《啸云诗钞续编》)

十一、十二月,归隐乡园。

林策勋《从伯祖啸云公传》:"盖生平所抱经济,受知文忠,方欲展其才,而流水高山知音顿渺,自是郁郁寡欢,归隐乡园。"(林策勋:《浯江林氏家录》,1955 年家印本)

清文宗奕𬣞咸丰元年辛亥(1851) 四十四岁

是岁,隐乡园。郁郁以殁。台湾教谕刘家谋闻讣,作诗吊之。此前,树梅两致书信请家谋删诗。

《临终口占》云:"深负平生国士知,盐车老驾欲何之?归来化作孤山鹤,犹守梅花影一枝。"(此诗《诗钞》不载,见光绪《金门志》卷十)

刘家谋《为啸云删诗毕未寄去而讣音至矣》:"岭海茫茫几霸才,重洋两度寄诗来。一编读罢成遗草,商略何因到夜台。"(《观海集》卷三)

是岁或稍晚,金门林豪作诗怀之。

林豪《林瘦云公子》云:"卓荦将门子,掉头谢朝班。孤鹤去不归,白云在空山。素心托流水,诗卷留人间。梅花几度开,夫君何月还。"(《咏金门耆旧诗》十二首其十二,金门县《金门县志》增修本,金门县 1991 年印行)

参考文献

1. 林树梅:《游太姥山图记》,道光十三年刻本。

2. 林树梅:《静远斋文钞》,道光十六年刻本。

3. 林树梅:《啸云山人诗钞初编》四卷,钞本,藏福建师范大学图书馆。

4. 林树梅:《啸云诗钞初编》八卷,钞本,藏福建师范大学图书馆、福建省图书馆。

5. 林树梅:《啸云山人文钞》十卷本,刻本,藏福建省图书馆。

6. 林树梅:《啸云文钞初编》十四卷,藏福建师范大学图书馆。

7. 林树梅:《说剑轩余事》,沈祖彝据郭柏苍钞本传钞,藏福建省图书馆。

8. 林树梅辑:《浯江林氏家录》,收入林策勋《浯江林氏家录》,1955 年家印本。

9. 林树梅:《啸云诗钞》,林策勋编,菲律宾宿雾市:大众印书馆1968年重印版。

10. 林树梅:《啸云诗编校释》,郭哲铭校释,台湾古籍出版有限公司 2005 年版。

11. 林树梅:《啸云诗文钞》,陈茗点校,2010 年打印本。

12. 林策勋辑:《浯江林氏家录》,1955 年版家印本。

13. 林豪:(光绪)《金门志》,《台湾文献丛刊》第 80 种,台湾银行经济研究室 1960 年版。

14. 刘敬:《金门县志》,1921 年钞稿本,藏福建师范大学图书馆。

15. 许如中:《新金门志》,金门县 1958 年版。

16. 金门县:《金门县志》(增修本),金门县 1991 年版。

17. 谢重光、杨彦杰、汪毅夫:《金门史稿》,鹭江出版社 1999 年版。

18. 洪受:《沧海纪遗译释》,郭哲铭译释,金门县文化局 2008 年版。

19. 叶钧培:《金门姓氏分布研究》,金门县 1997 年版。

20. 陈炳容:《金门的古墓与牌坊》,金门县 1997 年版。

21. 叶钧培:《金门姓氏堂号与灯号》,金门县 1999 年版。

22. 卓克华:《古迹·历史·金门人》,台北:兰台出版社 2009 年版。

23. 张荣强:《金门人文探索》,《金门学丛书》第一辑 003,金门县 1996 年版。

24. 张火木:《金门古今战史》,《金门学丛书》第一辑 006,金门县 1996 年版。

25. 杨树清:《金门旅群发展》,《金门学丛书》第一辑 010,金门县 1996 年版。

26. 颜立水:《金门与同安》,《金门学丛书》第二辑 015,金门县 1998 年版。

27. 杨清国:《金门教育史话》,《金门学丛书》第三辑 023,金门县 2001 年版。

28. 叶均培、黄奕展:《金门族谱探源》,《金门学丛书》第三辑 027,金门县 2001 年版。

29. 郭尧龄编:《郑成功与金门》,金门县文献委员会 1969 年初版,1978 年第 3 版。

30. 郭尧龄编:《鲁王与金门》,金门县文献委员会 1971 年版。

31. 金门县文献委员会:《金门先贤录》第一辑,金门县文献委员会 1970 年版。

32. 金门县文献委员会:《金门先贤录》第二辑、第三辑,金门县文献委员会 1972 年版。

33. 赵尔巽:《清史稿》标点本,中华书局 1977 年版。

34. 顾祖禹:《读史方舆纪要》,贺次君、施和金点校,中华书局 2006 年标点本。

35. 陈衍、沈瑜庆:民国《福建通志》,1938 年刻本。

36. 蒋毓英:《台湾府志》,《台湾府志三种》,中华书局 1985 年影印本。

37. 高拱乾:《台湾府志》,《台湾府志三种》,中华书局 1985 年影印本。

38. 范咸:《重修台湾府志》,《台湾府志三种》,中华书局 1985 年影印本。

39. 连横:《台湾诗乘》,《台湾文献丛刊》第 64 种,台湾银行经济研究室 1960 年版。

40. 连横:《台湾通史》,台北:中国国民党文化传播委员会党史馆 2003 年线装排印本。

41. 周凯:《厦门志》,鹭江出版社 1996 年版。

42.（民国）《厦门市志》,方志出版社 1999 年版。

43. 张本政:《〈清实录〉台湾史料专辑》,福建人民出版社 1993 年版。

44. 林乾良:《福建印人传》,福建美术出版社 2006 年版。

45. 朱仕琇:《梅崖居士文集》三十卷《外集》八卷,乾隆四十七年刻本。

46. 张惠言:《茗柯文编》,黄立新点校,上海古籍出版社 1984 年版。

47. 周凯:《内自讼斋文集》,道光二十年刻本。

48. 李祥赓:《古山文抄》十卷,清刻本。

49. 谢金銮:《二勿斋文集》六卷,道光十六年刻本。

50. 谢金銮:《蛤仔难纪略》一卷,《台湾文献丛刊》第 17 种。

51. 郑兼才:《六亭文集》十二卷,嘉庆二十四年刻本,藏福建省图书馆,钞本。

52. 高澍然:《抑快轩文集》七十四卷,谢章铤钞本,藏福建省图书馆。

53. 张际亮:《思伯子堂诗文集》,王飙点校,上海古籍出版社 2007 年版。

54. 林则徐:《林则徐诗集》,郑丽生校笺,海峡文艺出版社 1984 年版。

55. 来新夏:《林则徐年谱》,南开大学出版 1997 年版。

56. 施立业:《姚莹年谱》,黄山书社 2004 年版。

57. 刘家谋:《观海集》,《芑川先生合集》本。

58. 刘家谋:《海音诗》,《芑川先生合集》本。

59. 吕世宜:《受吾庐题跋》,日本大正十二年（1923）本。

60. 吕世宜:《爱吾庐文钞校释》,台北:台湾古籍出版有限公司 2002 年版。

61. 陈庆镛:《籀经堂类稿》二十四卷,光绪九年刻本。

62. 刘存仁撰:《屺云楼全集》,清光绪四年（1878）福州刘氏刻本。

63. 谢浣湘:《咏雪斋诗录》,台南:大新出版社（据 1937 年诏安印本排印）1990 年版。

64. 林豪:《诵清堂诗集注》(上、下),郭哲铭注,台北:台湾书房出版有限公司 2008 年版。

65. 郭柏苍:《补蕉山馆诗》二卷 《郭氏丛刻》本。

66. 郭柏苍:《沁泉山馆诗》二卷 《郭氏丛刻》本。

67. 郭柏苍:《柳湄小谢诗》二卷 《郭氏丛刻》本。

68. 郭柏苍:《葭柎草堂集》三卷《续》一卷,《郭氏丛刻》本。

69. 谢章铤:《赌棋山庄文集》七卷,光绪十年南昌刻本。

70. 谢章铤:《赌棋山庄文续集》二卷,光绪十八年福州刻本。

71. 谢章铤:《赌棋山庄文又续集》二卷,光绪二十四年刻本。

72. 施懿琳等:《全台诗》(1—5),台北:远流出版有限公司 2004 年版。

73. 施懿琳等:《全台诗》(6—12),台南:台湾文学馆 2008 年版。

74. 林昌彝:《射鹰楼诗话》,王镇远、林虞生标点,上海古籍出版社 1988
年版。

75. 林昌彝:《海天琴思录》、《海天琴思续录》,王镇远、林虞生标点,上
海古籍出版社 1988 年版。

76. 郭柏苍:《竹间十日话》《郭氏丛刻》本。

77. 陈衍 :《石遗室诗话》,郑朝宗、石文英点校,人民文学出版社 2004
年版。

78. 郭则澐:《十朝诗乘》,福建人民出版社 2000 年版。

79. 洪春柳:《浯江诗话》,台湾设计家文化出版股份有限公司 1997 年版。

80. 杨永智:《明清时期台南出版史》,台北:学生书局 2007 年版。

81. 施懿琳、廖美玉:《台湾古典文学大事年表》,台北:里仁书局 2008
年版。

82. 刘登翰:《台湾文学史》,海峡文艺出版社 1991 年版。

83. 刘登翰:《中华文化与闽台社会》,福建人民出版社 2002 年版。

84. 陈庆元:《福建文学发展史》,福建教育出版社 1996 年版。

85. 廖一瑾:《台湾诗歌史》,台北:文史哲出版社 1999 年版。

86. 萧致治:《鸦片战争史》,福建人民出版 1996 年版。

87. 彭德清:《中国航海史》(古代航海史),人民交通出版社 1988 年版。

88. 彭德清:《中国航海史》(近代航海史),人民交通出版社 1989 年版。

89. 孙光圻:《海洋交通与文明》,海洋出版社 1993 年版。

90. 郑广南:《中国海盗史》,华东理工大学出版 1998 年版。

91. 席龙飞:《中国造船史》,湖北教育出版社 2000 年版。

92. 韩振华:《航海交通贸易研究》,香港大学亚洲研究中心 2002 年版。

93. 陈在正:《台湾海疆史研究》,厦门大学出版社 2001 年版。

94. 张炜、方堃主编:《中国海疆通史》,中州古籍出版社 2003 年版。

95. 曹虹:《阳湖文派研究》,中华书局 1996 年版。

96. 吴鼎仁:《西邨吕世宜》,台北:优点印刷设计有限公司 2004 年版。

97. 陈益源:《蔡廷兰及其海南杂著》,台北:里仁书店 2006 年版。

98. 朱双一:《闽台文学的文化亲缘》,福建人民出版社 2003 年版。

99. 朱双一:《台湾文学思潮与渊源》,台北:台湾海峡学术出版社 2005 年版。

100. 汪毅夫:《台湾近代文学丛稿》,海峡文艺出版社 1990 年版。

101. 吕良弼、汪毅夫:《台湾文化概观》,福建教育出版社 1993 年版。

102. 汪毅夫:《台湾社会与文化》,海峡文艺出版社 1994 年版。

103. 汪毅夫:《中国文化与闽台社会》,海峡文艺出版社 1997 年版。

104. 汪毅夫:《闽台历史社会与民俗文化》,鹭江出版社 2000 年版。

105. 汪毅夫:《闽台区域社会研究》,鹭江出版社 2004 年版。

106. 汪毅夫:《闽台缘与闽南风——闽台关系、闽台社会与闽南文化研究》,福建教育版社 2006 年版。

107. 汪毅夫等:《连横研究论文选》,厦门大学出版社 2006 年版。

108. 汪毅夫:《闽台地方史研究》,福建教育出版社 2008 年版。

109. 李诠林:《台湾现代文学史稿》,海峡文艺出版社 2007 年版。

110. 金门县文化局:《2007 闽南文化学术研讨会论文集》,台北:翔盟印刷有限公司 2007 年版。

111. 金门县文化局、中兴大学、台湾叙事学会:《2008 闽南文化学术研讨会论文集》,台中:洪记印刷有限公司 2008 年版。

112. 东海大学中文系:《台湾古典文学学术研讨会论文集》,台中:东海大学 2009 年版。

113. 俞元桂:《中国现代散文理论》,广西人民出版社 1984 年版。

114. 俞元桂等：《中国现代散文史》（修订本），山东文艺出版社 2001 年版。

115. 姚春树：《中外杂文散文综论》，福建教育出版社 1997 年版。

116. 姚春树、袁勇麟：《20 世纪中国杂文史》，福建教育出版社 1997 年版。

117. 汪文顶：《现代散文史论》，福建教育出版社 1994 年版。

118. 席扬等：《20 世纪中国文学思潮史论》，时代文艺出版 2001 年版。

119. 袁勇麟：《当代汉语散文流变论》，上海三联书店 2002 年版。

120. 郑家建：《中国文学现代性的起源》，上海三联书店 2002 年版。

121. 朱立立：《知识人的精神私史——台湾现代派小说的一种解读》，上海三联书店 2004 年版。

122. 汪毅夫：《从"福建台湾府"到"福建台湾省"——台湾建省初期闽、台关系的一个侧面》，《福建论坛》2000 年第 1 期。

123. 汪毅夫：《闽台文化史札记》，《福建师范大学学报》2000 年第 3 期。

124. 汪毅夫：《试论明清时期的闽台乡约中国史研究》，《中国史研究》2002 年第 1 期。

125. 汪毅夫：《从刘家谋诗看道咸年间台湾社会之状况——记刘家谋及其〈观海集〉和〈海音诗〉》，《台湾研究集刊》2002 年第 4 期。

126. 汪毅夫：《地域历史人群研究：台湾进士》，《东南学术》2003 年第 3 期。

127. 汪毅夫：《清季驻设福建的外国领馆和外国领事》，《福建师范大学学报》2003 年第 3 期。

128. 汪毅夫：《林树梅作品里的闽台地方史料》，《台湾研究集刊》2004 年第 1 期。

129. 汪毅夫：《清代台湾的幕友》，《东南学术》2004 年第 1 期。

130. 汪毅夫：《文学的周边文化关系——谈台湾文学史研究的几个问题》，《福建师范大学学报》2004 年第 1 期。

131. 汪毅夫：《语言的转换与文学的进程——关于台湾文学的一种解说》，《中国现代文学研究丛刊》2004 年第 1 期。

132. 汪毅夫：《闽南碑刻札记》，《福建论坛》2005 年第 1 期。

133. 汪毅夫:《清代闽台之间的法缘关系》,《瞭望》2005 年第 1 期。

134. 汪毅夫:《闽南民间文献考释举隅》,《福建师范大学学报》2005 年第 2 期。

135. 汪毅夫:《闽台社会史札记》,《台湾研究集刊》2005 年第 3 期。

136. 汪毅夫:《闽台关系史丛谈》,《东南学术》2006 年第 1 期。

137. 汪毅夫:《闽台地方史研究三题》,《福州大学学报》2007 年第 6 期。

138. 陈庆元:《将门子·古文家·诗人》,《福建师范大学学报》1999 年第 1 期 。

139. 陈庆元:《春来杜宇莫啼冤——读林树梅〈修前明鲁王墓即事〉诗兼谈鲁王疑冢真冢与新墓》,《中国典籍与文化》2004 年第 1 期。

140. 杨永智:《金门林树梅刻书考》,台中《东海中文学报》2003 年第 15 期。

141. 袁勇麟:《历史与叙事——浅谈大陆学者所撰台湾文学史的理论视野》,《暨南学报》2006 年第 4 期。

142. 李国强:《新中国海疆史研究 60 年》,《中国边疆史地研究》2009 年第 3 期。

143. 施懿琳:《我家居金门,当门挹溟渤——林树梅〈啸云山人诗文钞〉的海洋书写历史追述》,陈益源主编《2009 闽南文化国际学术研讨会论文集》,台南:禾顺彩色印刷股份有限公司 2009 年版。

144. 施懿琳:《行船·占测·海战——从〈啸云山人文钞〉看林树梅的航海纪要与海防观念》,《台湾古典散文学术研讨会论文集》,台中:东海大学 2009 年版。

145. 游小波:《台湾近代文学的边沿研究》,福建师范大学 2006 年博士学位论文。

146. 黄乃江:《台湾诗钟研究》,福建师范大学 2006 年博士学位论文。

147. 赖丽娟:《刘家谋及其写实诗研究》,高雄:台湾中山大学 2006 年博士学位论文。

后　记

小时候，当人们得知我的籍贯是金门时，总会惊讶"原来你是台湾人哪！"每当此时，我总会挺直小身板纠正道"我是福建金门人！"话虽说得义正言辞，心里却总是疑惑，为什么家乡近在咫尺，我却未曾去过。

金门之于我一直是个迷，除了中高考能加那么三五分（对我来说并没起作用），我对她一无所知。十余年前我开始研究金门文学。父亲时任福建师大文学院院长、福建省金门联合会会长，家中有很多藏书，还有很多珍贵的金门书籍和相关资料。金门也总是寄来一箱箱的《金门日报》、还有《金门文艺》等一些杂志。我如饥似渴，家乡的风土人情、地域文化、文学画卷在我眼前慢慢呈现，故乡的轮廓愈发地清晰，我的文字也开始出现在金门日报副刊及一些期刊杂志。硕士阶段，在朱立立教授的指导下，我完成了论文《近15年来金门原乡文学略论》。

随着"厦门金门两门对开"、"小三通"，两岸民众往来日益频繁，我有幸踏上故乡的土地，遍访先贤足迹，也有机会赴台参加金门学国际研讨会。此时我也已是省、市金联理事，有更多的机会去接触金门、了解金门、研究金门。

博士阶段我师从汪毅夫教授，汪老师"逼着"我去研究金门奇人林树梅。对我而言，这是个崭新的课题，一开始我心里并没有把握。汪老师把他珍藏的《啸云山人文钞初编》和《啸云文钞初编》送给我，一发现相关资料，就马上传送给我，对我进行悉心地指导。

林树梅是闽台学人共同关心的作家和诗人。许多研究资料在大陆不太容易寻找，台湾学界的诸先辈及朋友，或赠书，或帮助复印资料，我对他们的敬重和感激之情，是难以言表的。

在这里尤其要感谢我的父亲陈庆元先生，作为地域文学研究的专家，他引领我走向文学之路，培养了我对金门文化与文学的兴趣。在本书的写作过程中，也给了我很多具体的建议。

　　此书的出版,得到闽南师范大学闽南研究院的资助;在出版过程中,人民出版社詹素娟老师也给予许多具体的指导,铭刻在心。在此一并感谢。

　　最后,要感谢我的家人,感谢家人多年来的支持与关爱。我要对他们说,谢谢!

陈　茗

于厦门理工学院

2016 年 10 月

责任编辑:詹素娟
封面设计:彭世兴

图书在版编目(CIP)数据

海疆文学书写与图像:以金门林树梅为中心/陈 茗 著. —北京:人民出版社,
　2017.1
ISBN 978－7－01－016774－9

Ⅰ.①海… Ⅱ.①陈… Ⅲ.①林树梅(1808—1851)-文学研究 Ⅳ.①I206.5

中国版本图书馆 CIP 数据核字(2016)第 234765 号

海疆文学书写与图像
HAIJIANG WENXUE SHUXIE YU TUXIANG
——以金门林树梅为中心

陈 茗 著

人民出版社 出版发行
(100706　北京市东城区隆福寺街 99 号)

北京中科印刷有限公司印刷　新华书店经销

2017 年 1 月第 1 版　2017 年 1 月北京第 1 次印刷
开本:710 毫米×1000 毫米 1/16　印张:24.5
字数:400 千字

ISBN 978－7－01－016774－9　定价:68.00 元

邮购地址 100706　北京市东城区隆福寺街 99 号
人民东方图书销售中心　电话 (010)65250042　65289539